新《公司法》
裁判精要与实务指南

（股权架构卷）

王俊凯　穆银丽　刘君雅　著

ESSENTIAL JUDGMENTS AND PRACTICAL GUIDE UNDER
THE NEW COMPANY LAW
(SHAREHOLDING STRUCTURE VOLUME)

图书在版编目(CIP)数据

新《公司法》裁判精要与实务指南. 股权架构卷 / 王俊凯, 穆银丽, 刘君雅著. -- 北京：北京大学出版社, 2025. 2. -- ISBN 978-7-301-35900-6

Ⅰ. D922.291.91-62

中国国家版本馆 CIP 数据核字第 20250NM727 号

书　　　名	新《公司法》裁判精要与实务指南（股权架构卷） XIN《GONGSIFA》CAIPAN JINGYAO YU SHIWU ZHINAN（GUQUAN JIAGOU JUAN）
著作责任者	王俊凯　穆银丽　刘君雅　著
策划编辑	陆建华
责任编辑	王馨雨　费悦
标准书号	ISBN 978-7-301-35900-6
出版发行	北京大学出版社
地　　　址	北京市海淀区成府路 205 号　100871
网　　　址	http://www.pup.cn　http://www.yandayuanzhao.com
电子邮箱	编辑部 yandayuanzhao@pup.cn　总编室 zpup@pup.cn
新浪微博	@北京大学出版社　@北大出版社燕大元照法律图书
电　　　话	邮购部 010-62752015　发行部 010-62750672 编辑部 010-62117788
印　刷　者	天津中印联印务有限公司
经　销　者	新华书店
	720 毫米×1020 毫米　16 开本　24.5 印张　425 千字 2025 年 2 月第 1 版　2025 年 2 月第 1 次印刷
定　　　价	88.00 元

未经许可，不得以任何方式复制或抄袭本书之部分或全部内容。
版权所有，侵权必究
举报电话：010-62752024　电子邮箱：fd@pup.cn
图书如有印装质量问题，请与出版部联系，电话：010-62756370

分工

王俊凯 撰写了第一章、第二章、第三章、第四章、第五章,负责全书统稿。

穆银丽 撰写了第六章、第七章、第八章、第九章、第十章。

刘君雅 撰写了第十一章、第十二章、第十三章、第十四章、第十五章。

凡例

一、本书法律、行政法规名称中的"中华人民共和国"省略,其余一般不省略,例如《中华人民共和国民法典》简称《民法典》。

二、"新《公司法》"为2023年12月29日修订的《中华人民共和国公司法》。

三、《民事诉讼法》为2023年9月1日修正的《中华人民共和国民事诉讼法》。

四、本书中下列司法解释及司法文件的全称及对应的简称:

1.《最高人民法院关于当前形势下审理民商事合同纠纷案件若干问题的指导意见》,简称《民商事合同指导意见》;

2.《最高人民法院关于审理与企业改制相关的民事纠纷案件若干问题的规定》,简称《企业改制司法解释》;

3.《最高人民法院关于审理公司强制清算案件工作座谈会纪要》,简称《公司强制清算纪要》;

4.《最高人民法院关于适用〈中华人民共和国公司法〉若干问题的规定(一)》,简称《公司法司法解释(一)》;

5.《最高人民法院关于适用〈中华人民共和国公司法〉若干问题的规定(二)》,简称《公司法司法解释(二)》;

6.《最高人民法院关于适用〈中华人民共和国公司法〉若干问题的规定(三)》,简称《公司法司法解释(三)》;

7.《最高人民法院关于适用〈中华人民共和国公司法〉若干问题的规定(四)》,简称《公司法司法解释(四)》;

8.《最高人民法院关于适用〈中华人民共和国公司法〉若干问题的规定(五)》,简称《公司法司法解释(五)》;

9.《全国法院民商事审判工作会议纪要》,简称《九民会议纪要》;

10.《最高人民法院关于审理证券市场虚假陈述侵权民事赔偿案件的若干规定》,简称《虚假陈述司法解释》;

11.《最高人民法院关于适用〈中华人民共和国民法典〉有关担保制度的解

释》,简称《民法典担保制度司法解释》;

12.《最高人民法院关于适用〈中华人民共和国民法典〉总则编若干问题的解释》,简称《民法典总则编司法解释》;

13.《最高人民法院关于适用〈中华人民共和国民法典〉合同编通则若干问题的解释》,简称《民法典合同编通则司法解释》;

14.《最高人民法院关于适用〈中华人民共和国公司法〉时间效力的若干规定》,简称《公司法时间效力司法解释》;

15.《最高人民法院关于民事执行中变更、追加当事人若干问题的规定》,简称《执行变更追加司法解释》;

16.《最高人民法院关于人民法院强制执行股权若干问题的规定》,简称《执行股权司法解释》;

17.《最高人民法院关于审理民事案件适用诉讼时效制度若干问题的规定》,简称《诉讼时效司法解释》;

18.《最高人民法院关于人民法院网络司法拍卖若干问题的规定》,简称《网络司法拍卖司法解释》;

19.《最高人民法院关于适用〈中华人民共和国民法典〉婚姻家庭编的解释(一)》,简称《民法典婚姻家庭编司法解释(一)》;

20.《最高人民法院关于适用〈中华人民共和国民事诉讼法〉的解释》,简称《民事诉讼法司法解释》。

序 言

一、本卷的缘起

在研习公司法的过程中，经常会碰到几个术语：公司治理、股权架构、公司控制权。

公司治理，是指在公司设立、变更、运行、发展过程中的一切与公司相关的行为。对内，包括制定章程和规章制度、人事任免、员工聘用、生产经营管理、客户资源整合、成本控制、治理机构的设置等；对外，包括与债权人的各种交易、增资减资、合并分立、对外投资、对外担保等。

股权架构，是指为确保公司正常有效运转，将影响公司运转的各因素协调平衡组合而形成的一套机制。这套机制包括股东持股比例的安排，公司内设机构如股东会、董事会、监事会的有效运作及彼此的监督制约，对公司关键人物如控股股东、实际控制人、董事、监事、高级管理人员等职权行使的规制，对股东权利的保护，以及对公司特定行为的规制等。

公司控制权，是指实际控制公司的权力。公司控制权的取得，应当在股权架构的基础上，重点突出对股权架构的掌控，最终实现掌控公司的目的。除了考虑股东自身的持股比例因素的影响，对股权架构中个别因素的有效运用，也可以帮助实现控制公司的目的。

这三者的重要性，根据规制对象的广度，先后的排序应当是公司治理、股权架构、公司控制权；根据规制对象的强度，先后的排序应当是公司控制权、股权架构、公司治理。

本卷的框架设计与其他卷一样，都是经过反复推敲的结果。在初步设计框架时，很容易陷入"公司治理"的误区，认为任何与公司相关的因素都与股权架构直接相关，导致研究对象泛化，反而失去了目标；也容易陷入"公司控制权"的误区，顾及部分研究对象而忽视其他，留下遗憾。本卷名为"股权架构卷"，与其他三卷"股东出资卷""股权转让卷""股权激励卷"同样均带有"股"字，可谓公司法领域的"四股全书"，但本卷并非为了统一而刻意选用"股权架构"这一名称，而是有意从股权架构的角度展开论述,而非从公司治理或公司控制权的角度切入。

笔者认为,"股权架构"一词,关键在于"架构",就好比房屋主体框架结构,强调的是各构件之间的平衡、协调与搭配。它既不像公司治理那样面面俱到,又不像公司控制权那样强调其中某些构件之重要性;它既有公司治理对象的广泛性,又体现了公司控制权对公司掌控的侧重点。此外,它还关注对公司特定行为的规制,从而实现公司平衡协调发展之目标。

首先,股权架构最大的特征在于强调公司组织构件上的协调共生,那么如何合理确定公司的组织构件,是接下来要考虑的问题。在历经长期思考和反复设计的基础上,笔者意识到,公司组织构件首先可以划分为机构、人、物三大类。所谓机构,就是公司治理机构,比如股东会、董事会、监事会、审计委员会等;人,就是公司治理的重要角色,比如法定代表人、董事、监事、高级管理人员、控股股东、实际控制人等;物,是指影响股权架构的公司公章、公司证照等。这三大类占据本卷相当大的篇幅,构成本卷第一部分"股权架构中的治理角色"。

其次,股东权利分为自益权(如财产权)和共益权(如知情权、表决权、诉讼权)。这些权利的行使,是股权架构协调运转的有效检测与监督的手段,构成本卷第二部分"股权架构中的股东权利"。

再次,第一部分和第二部分都是从公司内部视角出发的,而将目光移到公司外部环境,可以发现,控制权交易市场毫无疑问是影响股权架构的直接因素。控制权交易市场中的常见形态有优先股、公司合并分立、上市公司收购等,这些内容构成本卷第三部分"股权架构中的控制权交易"。

最后,同样着眼于公司的外部环境,对公司特定行为(如对外担保、对外投资、关联交易、增资减资、解散清算)的规制意味着对股权架构的"扶正祛邪",当属股权架构不可或缺的内容。同时,基于公司章程在公司法体系中的"母法"地位,其本身就是关于公司各种问题的详尽规则,将行为规制放置于本卷最后位置可以体现其"统领全局"的作用,与其他部分共同构成本卷第四部分"股权架构中的行为规制"。

可见,本卷主题虽为股权架构,但也吸收了公司治理、公司控制权的内容,说明这三者既有区别又彼此联系。

敲定上述公司组织构件后,还面临一个问题:是否应加入"股权架构设计"的内容?谈到"股权架构",自然会联想到"设计"一词,这一普遍流行的观念曾严重影响笔者的判断,在设计本卷框架时,笔者一度认为,股权架构设计的确是本卷不可或缺的内容,从而形成了强烈的"我执"。

但笔者最终认识到,股权架构的设计属于"交易型"的实务内容,而非"争议解决型"的实务内容。前者是运用持股比例、税务筹划、境内外交易主体搭配等系列手段进行的综合性、复杂化的操作流程,依靠的是律师各自的实战经验,难以判断其准确性;而后者则是以司法裁判为视角,依据裁判规则与裁判观点进行梳理建立的内容,具有相当的可预见性、稳定性和可靠性,这在"股权激励卷"中也有同样的阐述。因此,重点呈现与新《公司法》相关的裁判规则、裁判观点,同时辅以律师实务操作指南,才是笔者的任务,也与"裁判精要与实务指南"之定位相符合。

历经长时间的观念调整与技术障碍的扫清,本卷框架体系得以建立,以下即为本卷所要阐述的内容。

二、本卷的框架

第一章,股东会、董事会、监事会。研读新《公司法》,股东会、董事会、监事会必然会跃入眼帘,它们一个是权力机构,一个是执行机构,一个是监督机构。它们既是公司治理的"三驾马车",又是争夺公司控制权的重要战场,也是股权架构的三大支柱,如何强调它们的重要性都不为过。本章先从机构权责和召开程序两大方面进行梳理,然后从公司决议合法性的角度出发,以案例形式从实体法角度论证三大机构的权责、召开程序的具体规则。注意,本书第八章中出现的公司决议内容,是从股东如何提起公司决议效力诉讼的程序法角度来讨论的。本章主要解决的问题是:股东会、董事会、监事会的职权和召开程序,公司治理机构作出的决议效力的认定(公司决议效力存在有效、无效、可撤销、不成立这几种类型)等。

第二章,董事、监事、高级管理人员。股东向公司出资,形成了公司财产,这是公司得以运转的基本前提。公司是拟制的人,其运转必须借助具体的人来实施,比如,董事、监事、高级管理人员(以下简称"董监高"),他们在公司法中享有特殊地位,占据公司重要岗位,履行公司重要职责,会对股权架构产生重大影响,因此,新《公司法》对该群体的行为也进行了重点规制。本章主要解决的问题是:董监高身份的认定,董监高享有的权利和承担的责任,董监高忠实义务、勤勉义务的履行和责任承担,董监高在特别事项(自我交易、关联交易、谋取商业机会、竞业禁止)上的程序规范和责任承担等。

第三章,控股股东、实际控制人。公司内部存在两类特殊群体,即控股股东、实际控制人(以下简称"双控人"),他们因为持股比例较高或者是公司的缔造者而对公司具有极大影响力,能对公司实施直接或间接的控制并左右公司重大决策。双控人无论是在获取信息还是在对资源的利用上都占有巨大优势,容易引起股东压迫,也容易滥用股东权利实施侵害公司其他股东及公司债权人利益的行为,冲击股东有限责任、公司独立人格制度,导致如公司横向人格否认规则、公司纵向人格否认规则、公司逆向人格否认规则的产生,进而对股权架构造成直接、重大的影响,故新《公司法》对其行为进行了重点关注和规制。本章主要解决的问题是:双控人身份的认定,双控人实施侵权行为而产生的公司人格否认类型及构成要件,事实董事、影子董事的构成要件及责任承担等。

第四章,法定代表人。法定代表人是代表公司执行公司事务的人,由董事或者经理担任。法定代表人的法定职责规范,说明其原则上具有代表公司意思表示的外观,但实际上其权利也受到限制,与其他民事主体一样,在从事对外的民事法律行为时,会产生不同的效力。比如,法定代表人的行为是越权代表,还是表见代表,抑或无权代表,其行为效果性质认定不同,公司是否担责、如何担责也将不同,即直接对股权架构产生影响。另外,除非公司章程有规定,原则上推定法定代表人是公司公章、公司证照的持有人,法定代表人的行为也常与公司公章的使用关联起来进行认定。因此本章还涉及公司公章、公司证照问题的讨论。本章主要解决的问题是:法定代表人的行为效果,如何涤除法定代表人,公司公章、公司证照的实务问题等。

第五章,知情权。知情权属于股东的共益权。前面四章讲的是公司治理中的主体,既包括公司治理机构,又包括公司治理人,但似乎忽略了一个极为重要的主体,就是股东。股东作为履行出资义务的人,享有股东资格,享有管理公司的权利,董监高的选任、解聘与委派,均与股东组成的股东会直接关联,其本身就是股权架构的缔造者和维护者。故对股东这个角色,须用大量篇幅,以凸显其地位。本章主要解决的问题是:知情权诉讼适格的主体、知情权的客体(范围)、知情权行使的程序性问题等。

第六章,财产权。财产权属于股东的自益权。股东设立公司的目的之一,是从公司经营生产中获得利润。由此产生的股东的财产性权利有多种表现形式。如果股东财产权行使不当,将导致股东与公司之间产生纠纷,甚至导致股东退出公司,这对股权架构也会产生重大影响。本章主要解决的问题是:股东的股利分配权,包括具体股利分配权和抽象股利分配权,各自分配股利的条件;股东对外转让股权,其他股东如何行使优先购买权;异议股东请求股权回购之构成要件;等等。

第七章,表决权。表决权属于股东的共益权。从表决权行使主体上来看,可以是股东、董事;从表决权的行使方式来看,可以是资本决,也可以是人数决。公司章程可对类别股的表决权作出与持股比例、出资比例不一致的规定。累积投票制适用于选举董事、监事的场合,其计算表决权的方式较为特别。表决权可以与持股比例、出资比例分离,具有相当的灵活性,是影响股权架构的根本性因素。值得注意的是,本章中加入了临时提案权的内容,这是因为临时提案权最终将产生对提案的表决,是争夺公司控制权的重要途径,也是在股权架构中无法被忽视的因素。本章主要解决的问题是:回避表决权、累积投票制、临时提案权、违约股东表决权的排除等。

第八章,诉讼权。诉讼权属于股东的共益权。股东提起诉讼的根本原因,无非是自身利益受到损害(在股东代表诉讼的情况下,表面是基于公司利益受损而提起,但其深层次动机仍是股东自身利益受损)。诉讼被告主体可以是公司、其他股东、董监高。一场诉讼可能导致公司停滞不前,甚至股东会分崩离析,因此,股东诉讼权对股权架构的影响也是显而易见的。本章主要解决的问题是:公司决议效力之诉的程序要素、股东直接诉讼的类型、股东代表诉讼的类型等。

第九章,优先股。新《公司法》规定,股份有限公司可以发行类别股。优先股是类别股的一种,其优先性体现在分红方面,作为对价,股东的表决权、管理公司事务的权利有所弱化。这些有别于普通股的权利内容,可以在公司章程中进行规定。无面额股与优先股、授权资本制均存在密切关联。优先股对股权架构的影响在于,如果作出分红权与表决权不同于普通股的安排,则需要注意表决权的让渡、弱化,以及是否丧失对股权架构的控制。本章主要解决的问题是:优先股协议的识别与效力,无面额股、授权资本制对股权架构的影响等。

第十章,公司合并、分立。在控制权交易中,通常实施公司合并、分立策略以影响股权架构和掌控公司。本章主要解决的问题是:公司合并的类型及责任承担、公司分立的类型及责任承担、简易合并中的实务问题等。

第十一章,上市公司收购。收购无疑是直接冲击股权架构的重磅武器。上市公司收购主要有协议收购、要约收购、间接收购、管理层收购等方式,还可以辅以一致行动协议。本章主要解决的问题是:上市公司收购的主要方式,上市公司收购纠纷的主要类型,一致行动协议的效力、履行、违约、解除问题等。

第十二章,对外担保、关联交易。公司想要盈利,就必须向外扩展,与市场各主体要素签约、交易。在此过程中,公司与自然人一样,会产生对外担保、关联交易等问题,担保与交易不慎,会让公司背负巨额债务,从根本上影响股权架构的稳定性,因此，对公司从事的此类行为必须予以规制。本章主要解决的问题是：公司对外担保的效力、关联关系的认定、关联交易的认定等。

第十三章，增资、减资。公司想要保持生命力和前进的驱动力，就必须获得新增资本，从而提高生产效率，源源不断地创造利润。减资则是基于公司实际资本与从事经营活动能力的不匹配，可能影响债权人利益而设计的制度。增资、减资均会导致股东持股比例发生变化，也会直接影响股权架构的稳定性。本章主要解决的问题是：增资协议的履行和解除、违法减资的后果、不同比减资的实务问题、简易减资与普通减资的区别等。

第十四章，解散、清算。既然公司处于解散清算阶段，那么它与股权架构的关系连接点在哪？公司解散和清算应遵循法定程序，否则将无法产生拆解股权架构之效果，股东、董监高等治理角色仍然需要承担责任。前面章节的内容均是从如何维护、巩固、预防股权架构稳定性的角度展开的，而本章的内容侧重于在公司面临解散清算之无可挽回颓势的特殊情形下，公司股权架构如何依法拆解，从而最终保护股东、债权人的利益。有破有立、有立有破，是事物发展的基本规律。本章主要解决的问题是：法定解散情形的认定，清算的分类及相应的程序，清算义务人制度、强制注销制度实务问题等。

第十五章，公司章程。对全体股东、董监高产生约束力的是公司章程，其还可以对前述十四章公司治理的各方面问题进行个性化规定，可以说是公司的"母法"，也是搭建股权架构最为重要的载体。公司章程位于本卷最后一章，无疑具有统领全局的作用。本章主要解决的问题是：公司章程的约束力、公司章程可以自由规定的内容及效力等。

三、本卷的章节

本系列图书定位为律师实务书籍，为律师办案提供实用、实在的帮助。律师办案的基本思路，首先是了解案情、查看证据；其次是思考与案件密切关联的法律依据，也就是检索请求权基础规范；再次是查阅裁判案例、提炼裁判观点，看能否与案件"对号入座"；最后是看律师实务文章，希望从中找到实务操作的建议或法律理解上的启发。针对律师办案的基本思路，本卷设定每章内容由三小节组成：

第一节，请求权基础规范。该节由两个层次的法律规定组成，一是新《公司法》的规定，将其置于前面，以与"新《公司法》系列图书"的定位吻合；二是其他法律规定，包括《民法典》、公司法司法解释、其他相关的解释，同时收录了司法政策文件，比如《九民会议纪要》，方便读者查阅，也能帮助读者对法律规定形成全面的理解。

第二节，裁判精要。该节对大量的裁判案例进行归纳梳理，仅提炼与该章内容相关的裁判观点，即判决书中"本院认为"的部分，同时对该部分进行处理：首先是简化表达，只有极少数案例的观点难以切割才作全面引用；其次是为了节约版面不引用案情简介，需要查看案情简介的读者可以通过裁判观点前的案号自行检索；最后基于不同角度的裁判观点组合，再用大的观点进行概括，搭建起本章内容的实务框架体系。这亦符合本系列图书"裁判精要"的定位。

第三节，实务指南。该节是笔者关于该章内容的实务心得，内容包括对新《公司法》条文的理解、某些方面的实务操作指引、不同实务要点之间的对比等。

新《公司法》颁布后，实务中仍存在一些需要研究探讨的问题，本书是从笔者亲历的实务经验出发所作的总结提炼，其中难免存在不足、错误之处，恳请各位读者不吝指教。

王俊凯　穆银丽　刘君雅
2025 年 1 月 1 日

目 录

第一部分 股权架构中的治理角色

第一章 股东会、董事会、监事会 ……………………………………… 3

第一节 请求权基础规范 ………………………………………………… 3
一、新《公司法》规定 ………………………………………………… 3
二、其他法律规定 …………………………………………………… 13

第二节 裁判精要 …………………………………………………………… 17
一、公司决议是否成立 ……………………………………………… 17
二、公司决议是否可撤销 …………………………………………… 21
三、公司决议是否有效 ……………………………………………… 30

第三节 实务指南 …………………………………………………………… 38
一、董事会职权变化对股权架构的影响及实务问题 ……………… 38
二、监事职能变化对股权架构的影响及实务问题 ………………… 39
三、新《公司法》中关于国家出资公司的理解 …………………… 40
四、上市公司股东会法律意见书撰写示例 ………………………… 44

第二章 董事、监事、高级管理人员 ……………………………………… 48

第一节 请求权基础规范 ………………………………………………… 48
一、新《公司法》规定 ………………………………………………… 48
二、其他法律规定 …………………………………………………… 52

第二节 裁判精要 …………………………………………………………… 58
一、董监高身份的认定 ……………………………………………… 58
二、违反忠实义务、勤勉义务 ……………………………………… 63

第三节 实务指南 …………………………………………………………… 77
一、董事对第三人责任制度对股权架构的影响及实务问题 ……… 77

二、经理职权变化对股权架构的影响及实务问题 ·················· 79
三、股东催缴失权制度七大热点实务问题 ························ 80
四、违反董事忠实义务、勤勉义务的认定及应对 ·················· 84

第三章 控股股东、实际控制人 ······································ **87**

第一节 请求权基础规范 ··· 87
一、新《公司法》规定 ·· 87
二、其他法律规定 ·· 89

第二节 裁判精要 ·· 93
一、身份的认定 ·· 93
二、公司人格否认 ·· 97
三、资本显著不足 ··· 107

第三节 实务指南 ··· 110
一、控股股东、实际控制人对股权架构的影响及实务问题 ········ 110
二、公司人格否认制度对股权架构的影响及实务问题 ············ 111
三、人格否认制度之构成要件 ······································ 112
四、事实董事、影子董事的构成要件和法律后果 ·················· 115

第四章 法定代表人 ·· **117**

第一节 请求权基础规范 ·· 117
一、新《公司法》规定 ··· 117
二、其他法律规定 ··· 118

第二节 裁判精要 ··· 124
一、法定代表人的行为效果 ··· 124
二、涤除法定代表人 ·· 132
三、公司公章、公司证照 ·· 135

第三节 实务指南 ··· 138
一、法定代表人制度对股权架构的影响及实务问题 ··············· 138
二、公司对外担保实务问题 ··· 140
三、法定代表人签署担保合同的效力类型 ························· 142
四、法定代表人涤除登记若干实务问题 ··························· 146

第二部分　股权架构中的股东权利

第五章　知情权 … **153**

第一节　请求权基础规范 … 153
一、新《公司法》规定 … 153
二、其他法律规定 … 154

第二节　裁判精要 … 155
一、知情权诉讼适格主体 … 155
二、知情权客体 … 161
三、知情权行使的限制 … 163

第三节　实务指南 … 168
一、会计凭证查阅权对股权架构的影响及实务问题 … 168
二、新《公司法》中股东知情权的类型 … 170

第六章　财产权 … **172**

第一节　请求权基础规范 … 172
一、新《公司法》规定 … 172
二、其他法律规定 … 173

第二节　裁判精要 … 174
一、股利分配权 … 174
二、优先购买权 … 177
三、股权回购请求权 … 180

第三节　实务指南 … 182
一、股东行使优先购买权的前提条件 … 182
二、股东优先购买权在特殊场合中的保护 … 183
三、关联诉讼：损害股东利益责任纠纷 … 186

第七章　表决权 … **189**

第一节　请求权基础规范 … 189
一、新《公司法》规定 … 189
二、其他法律规定 … 191

第二节　裁判精要 ... 192
一、回避表决权 ... 192
二、累积投票制 ... 197
三、临时提案权 ... 201

第三节　实务指南 ... 202
一、类别股制度对股权架构的影响及实务问题 ... 202
二、关联交易中的表决权回避规则与公司决议效力的关系 ... 204
三、浅论违约股东表决权的排除 ... 205

第八章　诉讼权 ... 207

第一节　请求权基础规范 ... 207
一、新《公司法》规定 ... 207
二、其他法律规定 ... 210

第二节　裁判精要 ... 216
一、公司决议诉讼 ... 216
二、股东其他直接诉讼 ... 219
三、股东代表诉讼 ... 221

第三节　实务指南 ... 226
一、公司决议无效的认定 ... 226
二、公司决议可撤销的认定 ... 229
三、公司决议不成立的认定 ... 233
四、公司决议纠纷案件的程序要素 ... 235

第三部分　股权架构中的控制权交易

第九章　优先股 ... 241

第一节　请求权基础规范 ... 241
一、新《公司法》规定 ... 241
二、其他法律规定 ... 242

第二节　裁判精要 ... 245
一、名为投资，实为借贷 ... 245
二、实为优先股投资关系 ... 246

三、优先股协议条款的效力 …………………………………… 247
　第三节　实务指南 ……………………………………………………… 250
　　　一、授权资本制对股权架构的影响及实务问题 ……………… 250
　　　二、无面额股制度对股权架构的影响及实务问题 …………… 252
　　　三、关于无面额股、类别股规定的解读 ……………………… 253

第十章　公司合并、分立 …………………………………………… 257
　第一节　请求权基础规范 ……………………………………………… 257
　　　一、新《公司法》规定 ………………………………………… 257
　　　二、其他法律规定 ……………………………………………… 258
　第二节　裁判精要 ……………………………………………………… 259
　　　一、合并 ………………………………………………………… 259
　　　二、分立 ………………………………………………………… 261
　第三节　实务指南 ……………………………………………………… 263
　　　一、新《公司法》公司简易合并实务问题 …………………… 263
　　　二、新《公司法》公司合并、分立实务问题 ………………… 264

第十一章　上市公司收购 …………………………………………… 267
　第一节　请求权基础规范 ……………………………………………… 267
　　　一、新《公司法》规定 ………………………………………… 267
　　　二、其他法律规定 ……………………………………………… 268
　第二节　裁判精要 ……………………………………………………… 272
　　　一、上市公司收购纠纷主要类型 ……………………………… 272
　　　二、一致行动协议 ……………………………………………… 280
　第三节　实务指南 ……………………………………………………… 284
　　　一、公司债券持有人组织性保护制度实务问题 ……………… 284
　　　二、新《公司法》上市公司新制度概述 ……………………… 287

第四部分　股权架构中的行为规制

第十二章　对外担保、关联交易 …………………………………… 291
　第一节　请求权基础规范 ……………………………………………… 291
　　　一、新《公司法》规定 ………………………………………… 291

二、其他法律规定 …………………………………………………… 292
　第二节　裁判精要 …………………………………………………………… 299
　　一、对外担保 ………………………………………………………… 299
　　二、关联交易 ………………………………………………………… 307
　第三节　实务指南 …………………………………………………………… 315
　　一、财务资助制度对股权架构的影响及实务问题 ………………… 315
　　二、关联交易制度对股权架构的影响及实务问题 ………………… 316
　　三、承诺函的效力与公司对外担保规则 …………………………… 318
　　四、如何认定关联交易的正当性 …………………………………… 321

第十三章　增资、减资 …………………………………………………… 324

　第一节　请求权基础规范 …………………………………………………… 324
　　一、新《公司法》规定 ……………………………………………… 324
　　二、其他法律规定 …………………………………………………… 325
　第二节　裁判精要 …………………………………………………………… 326
　　一、增资 ……………………………………………………………… 326
　　二、减资 ……………………………………………………………… 331
　第三节　实务指南 …………………………………………………………… 336
　　一、简易减资制度对股权架构的影响及实务问题 ………………… 336
　　二、新《公司法》普通减资制度实务问题 ………………………… 337

第十四章　解散、清算 …………………………………………………… 339

　第一节　请求权基础规范 …………………………………………………… 339
　　一、新《公司法》规定 ……………………………………………… 339
　　二、其他法律规定 …………………………………………………… 340
　第二节　裁判精要 …………………………………………………………… 344
　　一、解散 ……………………………………………………………… 344
　　二、清算 ……………………………………………………………… 357
　第三节　实务指南 …………………………………………………………… 359
　　一、新《公司法》公司清算义务人制度实务问题 ………………… 359
　　二、新《公司法》强制注销制度实务问题 ………………………… 360

第十五章 公司章程 ··· **362**

第一节 请求权基础规范 ··· 362
一、新《公司法》规定 ··· 362
二、其他法律规定 ··· 363

第二节 裁判精要 ··· 363
一、公司章程的约束力 ··· 363
二、公司章程的约定内容 ·· 365

第三节 实务指南 ··· 366
一、公司章程划分股东会与董事会职权的效力分析 ············ 366
二、如何判断公司章程自行约定内容的效力 ····················· 367

第一部分

股权架构中的治理角色

第一章 股东会、董事会、监事会

第一节 请求权基础规范

一、新《公司法》规定

（一）职权

【有限责任公司】

▶关于股东会

第 58 条 有限责任公司股东会由全体股东组成。股东会是公司的权力机构，依照本法行使职权。

第 59 条 股东会行使下列职权：（一）选举和更换董事、监事，决定有关董事、监事的报酬事项；（二）审议批准董事会的报告；（三）审议批准监事会的报告；（四）审议批准公司的利润分配方案和弥补亏损方案；（五）对公司增加或者减少注册资本作出决议；（六）对发行公司债券作出决议；（七）对公司合并、分立、解散、清算或者变更公司形式作出决议；（八）修改公司章程；（九）公司章程规定的其他职权。

股东会可以授权董事会对发行公司债券作出决议。

对本条第一款所列事项股东以书面形式一致表示同意的，可以不召开股东会会议，直接作出决定，并由全体股东在决定文件上签名或者盖章。

▶关于董事会

第 67 条 有限责任公司设董事会，本法第七十五条另有规定的除外。

董事会行使下列职权：（一）召集股东会会议，并向股东会报告工作；（二）执行股东会的决议；（三）决定公司的经营计划和投资方案；（四）制订公司的利润分配方案和弥补亏损方案；（五）制订公司增加或者减少注册资本以及发行公司债券的方案；（六）制订公司合并、分立、解散或者变更公司形式的方案；（七）决定公司内部管理机构的设置；（八）决定聘任或者解聘公司经理及其报酬事项，并根据经理的提名决定聘任或者解聘公司副经理、财务负责人及其报酬事项;(九)制定公司的基本管理制度;(十)公司章程规定或者股东会授予的其他职权。

公司章程对董事会职权的限制不得对抗善意相对人。

第69条 有限责任公司可以按照公司章程的规定在董事会中设置由董事组成的审计委员会,行使本法规定的监事会的职权,不设监事会或者监事。公司董事会成员中的职工代表可以成为审计委员会成员。①

▶关于监事会

第78条 监事会行使下列职权:(一)检查公司财务;(二)对董事、高级管理人员执行职务的行为进行监督,对违反法律、行政法规、公司章程或者股东会决议的董事、高级管理人员提出解任的建议;(三)当董事、高级管理人员的行为损害公司的利益时,要求董事、高级管理人员予以纠正;(四)提议召开临时股东会会议,在董事会不履行本法规定的召集和主持股东会会议职责时召集和主持股东会会议;(五)向股东会会议提出提案;(六)依照本法第一百八十九条的规定,对董事、高级管理人员提起诉讼;(七)公司章程规定的其他职权。

【股份有限公司】

▶关于股东会

第111条 股份有限公司股东会由全体股东组成。股东会是公司的权力机构,依照本法行使职权。

第112条 本法第五十九条第一款、第二款关于有限责任公司股东会职权的规定,适用于股份有限公司股东会。

本法第六十条关于只有一个股东的有限责任公司不设股东会的规定,适用于只有一个股东的股份有限公司。

▶关于董事会

第120条 股份有限公司设董事会,本法第一百二十八条另有规定的除外。

本法第六十七条、第六十八条第一款、第七十条、第七十一条的规定,适用于股份有限公司。

第152条 公司章程或者股东会可以授权董事会在三年内决定发行不超过已发行股份百分之五十的股份。但以非货币财产作价出资的应当经股东会决议。

董事会依照前款规定决定发行股份导致公司注册资本、已发行股份数发生变

---

① 有限责任公司可以设立审计委员会。

化的,对公司章程该项记载事项的修改不需再由股东会表决。①

第153条 公司章程或者股东会授权董事会决定发行新股的,董事会决议应当经全体董事三分之二以上通过。

▶关于监事会

第121条 股份有限公司可以按照公司章程的规定在董事会中设置由董事组成的审计委员会,行使本法规定的监事会的职权,不设监事会或者监事。

审计委员会成员为三名以上,过半数成员不得在公司担任除董事以外的其他职务,且不得与公司存在任何可能影响其独立客观判断的关系。公司董事会成员中的职工代表可以成为审计委员会成员。

审计委员会作出决议,应当经审计委员会成员的过半数通过。

审计委员会决议的表决,应当一人一票。

审计委员会的议事方式和表决程序,除本法有规定的外,由公司章程规定。

公司可以按照公司章程的规定在董事会中设置其他委员会。②

第131条 本法第七十八条至第八十条的规定,适用于股份有限公司监事会。

监事会行使职权所必需的费用,由公司承担。

(二)召开程序

【有限责任公司】

▶关于股东会

第61条 首次股东会会议由出资最多的股东召集和主持,依照本法规定行使职权。

第62条 股东会会议分为定期会议和临时会议。

定期会议应当按照公司章程的规定按时召开。代表十分之一以上表决权的股东、三分之一以上的董事或者监事会提议召开临时会议的,应当召开临时会议。

第63条 股东会会议由董事会召集,董事长主持;董事长不能履行职务或者不履行职务的,由副董事长主持;副董事长不能履行职务或者不履行职务的,由过半数的董事共同推举一名董事主持。

董事会不能履行或者不履行召集股东会会议职责的,由监事会召集和主持;监事会不召集和主持的,代表十分之一以上表决权的股东可以自行召集和主持。

---

① 股份有限公司的授权资本制度。
② 股份有限公司可以设置审计委员会。

第 64 条 召开股东会会议,应当于会议召开十五日前通知全体股东;但是,公司章程另有规定或者全体股东另有约定的除外。

股东会应当对所议事项的决定作成会议记录,出席会议的股东应当在会议记录上签名或者盖章。

第 65 条 股东会会议由股东按照出资比例行使表决权;但是,公司章程另有规定的除外。

第 66 条 股东会的议事方式和表决程序,除本法有规定的外,由公司章程规定。

股东会作出决议,应当经代表过半数表决权的股东通过。

股东会作出修改公司章程、增加或者减少注册资本的决议,以及公司合并、分立、解散或者变更公司形式的决议,应当经代表三分之二以上表决权的股东通过。

▶关于董事会

第 68 条 有限责任公司董事会成员为三人以上,其成员中可以有公司职工代表。职工人数三百人以上的有限责任公司,除依法设监事会并有公司职工代表的外,其董事会成员中应当有公司职工代表。董事会中的职工代表由公司职工通过职工代表大会、职工大会或者其他形式民主选举产生。①

董事会设董事长一人,可以设副董事长。董事长、副董事长的产生办法由公司章程规定。

第 69 条 有限责任公司可以按照公司章程的规定在董事会中设置由董事组成的审计委员会,行使本法规定的监事会的职权,不设监事会或者监事。公司董事会成员中的职工代表可以成为审计委员会成员。

第 70 条 董事任期由公司章程规定,但每届任期不得超过三年。董事任期届满,连选可以连任。

董事任期届满未及时改选,或者董事在任期内辞任导致董事会成员低于法定人数的,在改选出的董事就任前,原董事仍应当依照法律、行政法规和公司章程的规定,履行董事职务。

董事辞任的,应当以书面形式通知公司,公司收到通知之日辞任生效,但存在

---

① 对该条款的通常理解是,职工数量为 300 人以上的公司一般应当有职工董事,而设有监事会且监事会内含职工代表的可以不设置职工董事。但据笔者了解,部分地区市场监督管理部门认为超过 300 人的有限责任公司,必须同时设置职工监事与职工董事。这与业界通常认知不同,存在争议,建议读者在实务操作中予以注意。

前款规定情形的,董事应当继续履行职务。

第 71 条　股东会可以决议解任董事,决议作出之日解任生效。

无正当理由,在任期届满前解任董事的,该董事可以要求公司予以赔偿。

第 72 条　董事会会议由董事长召集和主持;董事长不能履行职务或者不履行职务的,由副董事长召集和主持;副董事长不能履行职务或者不履行职务的,由过半数的董事共同推举一名董事召集和主持。

第 73 条　董事会的议事方式和表决程序,除本法有规定的外,由公司章程规定。

董事会会议应当有过半数的董事出席方可举行。董事会作出决议,应当经全体董事的过半数通过。

董事会决议的表决,应当一人一票。

董事会应当对所议事项的决定作成会议记录,出席会议的董事应当在会议记录上签名。

第 74 条　有限责任公司可以设经理,由董事会决定聘任或者解聘。

经理对董事会负责,根据公司章程的规定或者董事会的授权行使职权。经理列席董事会会议。

第 75 条　规模较小或者股东人数较少的有限责任公司,可以不设董事会,设一名董事,行使本法规定的董事会的职权。该董事可以兼任公司经理。

▶关于监事会

第 76 条　有限责任公司设监事会,本法第六十九条、第八十三条另有规定的除外。

监事会成员为三人以上。监事会成员应当包括股东代表和适当比例的公司职工代表,其中职工代表的比例不得低于三分之一,具体比例由公司章程规定。监事会中的职工代表由公司职工通过职工代表大会、职工大会或者其他形式民主选举产生。

监事会设主席一人,由全体监事过半数选举产生。监事会主席召集和主持监事会会议;监事会主席不能履行职务或者不履行职务的,由过半数的监事共同推举一名监事召集和主持监事会会议。

董事、高级管理人员不得兼任监事。

第 77 条　监事的任期每届为三年。监事任期届满,连选可以连任。

监事任期届满未及时改选,或者监事在任期内辞任导致监事会成员低于法定人数的,在改选出的监事就任前,原监事仍应当依照法律、行政法规和公司章程的规定,履行监事职务。

第79条 监事可以列席董事会会议,并对董事会决议事项提出质询或者建议。

监事会发现公司经营情况异常,可以进行调查;必要时,可以聘请会计师事务所等协助其工作,费用由公司承担。

第80条 监事会可以要求董事、高级管理人员提交执行职务的报告。

董事、高级管理人员应当如实向监事会提供有关情况和资料,不得妨碍监事会或者监事行使职权。

第81条 监事会每年度至少召开一次会议,监事可以提议召开临时监事会会议。

监事会的议事方式和表决程序,除本法有规定的外,由公司章程规定。

监事会决议应当经全体监事的过半数通过。

监事会决议的表决,应当一人一票。

监事会应当对所议事项的决定作成会议记录,出席会议的监事应当在会议记录上签名。

第83条 规模较小或者股东人数较少的有限责任公司,可以不设监事会,设一名监事,行使本法规定的监事会的职权;经全体股东一致同意,也可以不设监事。

【股份有限公司】

▶关于股东会

第113条 股东会应当每年召开一次年会。有下列情形之一的,应当在两个月内召开临时股东会会议:(一)董事人数不足本法规定人数或者公司章程所定人数的三分之二时;(二)公司未弥补的亏损达股本总额三分之一时;(三)单独或者合计持有公司百分之十以上股份的股东请求时;(四)董事会认为必要时;(五)监事会提议召开时;(六)公司章程规定的其他情形。

第114条 股东会会议由董事会召集,董事长主持;董事长不能履行职务或者不履行职务的,由副董事长主持;副董事长不能履行职务或者不履行职务的,由过半数的董事共同推举一名董事主持。

董事会不能履行或者不履行召集股东会会议职责的,监事会应当及时召集和主持;监事会不召集和主持的,连续九十日以上单独或者合计持有公司百分之十以上股份的股东可以自行召集和主持。

单独或者合计持有公司百分之十以上股份的股东请求召开临时股东会会议

的,董事会、监事会应当在收到请求之日起十日内作出是否召开临时股东会会议的决定,并书面答复股东。

第 115 条 召开股东会会议,应当将会议召开的时间、地点和审议的事项于会议召开二十日前通知各股东;临时股东会会议应当于会议召开十五日前通知各股东。

单独或者合计持有公司百分之一以上股份的股东,可以在股东会会议召开十日前提出临时提案并书面提交董事会。临时提案应当有明确议题和具体决议事项。董事会应当在收到提案后二日内通知其他股东,并将该临时提案提交股东会审议;但临时提案违反法律、行政法规或者公司章程的规定,或者不属于股东会职权范围的除外。公司不得提高提出临时提案股东的持股比例。

公开发行股份的公司,应当以公告方式作出前两款规定的通知。

股东会不得对通知中未列明的事项作出决议。

第 116 条 股东出席股东会会议,所持每一股份有一表决权,类别股股东除外。公司持有的本公司股份没有表决权。

股东会作出决议,应当经出席会议的股东所持表决权过半数通过。

股东会作出修改公司章程、增加或者减少注册资本的决议,以及公司合并、分立、解散或者变更公司形式的决议,应当经出席会议的股东所持表决权的三分之二以上通过。

第 117 条 股东会选举董事、监事,可以按照公司章程的规定或者股东会的决议,实行累积投票制。

本法所称累积投票制,是指股东会选举董事或者监事时,每一股份拥有与应选董事或者监事人数相同的表决权,股东拥有的表决权可以集中使用。

第 118 条 股东委托代理人出席股东会会议的,应当明确代理人代理的事项、权限和期限;代理人应当向公司提交股东授权委托书,并在授权范围内行使表决权。

第 119 条 股东会应当对所议事项的决定作成会议记录,主持人、出席会议的董事应当在会议记录上签名。会议记录应当与出席股东的签名册及代理出席的委托书一并保存。

▶关于董事会

第 121 条 股份有限公司可以按照公司章程的规定在董事会中设置由董事组成的审计委员会,行使本法规定的监事会的职权,不设监事会或者监事。

审计委员会成员为三名以上,过半数成员不得在公司担任除董事以外的其他职务,且不得与公司存在任何可能影响其独立客观判断的关系。公司董事会成员中的职工代表可以成为审计委员会成员。

审计委员会作出决议,应当经审计委员会成员的过半数通过。

审计委员会决议的表决,应当一人一票。

审计委员会的议事方式和表决程序,除本法有规定的外,由公司章程规定。

公司可以按照公司章程的规定在董事会中设置其他委员会。

第 122 条 董事会设董事长一人,可以设副董事长。董事长和副董事长由董事会以全体董事的过半数选举产生。

董事长召集和主持董事会会议,检查董事会决议的实施情况。副董事长协助董事长工作,董事长不能履行职务或者不履行职务的,由副董事长履行职务;副董事长不能履行职务或者不履行职务的,由过半数的董事共同推举一名董事履行职务。

第 123 条 董事会每年度至少召开两次会议,每次会议应当于会议召开十日前通知全体董事和监事。

代表十分之一以上表决权的股东、三分之一以上董事或者监事会,可以提议召开临时董事会会议。董事长应当自接到提议后十日内,召集和主持董事会会议。

董事会召开临时会议,可以另定召集董事会的通知方式和通知时限。

第 124 条 董事会会议应当有过半数的董事出席方可举行。董事会作出决议,应当经全体董事的过半数通过。

董事会决议的表决,应当一人一票。

董事会应当对所议事项的决定作成会议记录,出席会议的董事应当在会议记录上签名。

第 125 条 董事会会议,应当由董事本人出席;董事因故不能出席,可以书面委托其他董事代为出席,委托书应当载明授权范围。

董事应当对董事会的决议承担责任。董事会的决议违反法律、行政法规或者公司章程、股东会决议,给公司造成严重损失的,参与决议的董事对公司负赔偿责任;经证明在表决时曾表明异议并记载于会议记录的,该董事可以免除责任。

第 126 条 股份有限公司设经理,由董事会决定聘任或者解聘。

经理对董事会负责,根据公司章程的规定或者董事会的授权行使职权。经理列席董事会会议。

第 127 条 公司董事会可以决定由董事会成员兼任经理。

第 128 条 规模较小或者股东人数较少的股份有限公司,可以不设董事会,设一名董事,行使本法规定的董事会的职权。该董事可以兼任公司经理。

第 137 条 上市公司在董事会中设置审计委员会的,董事会对下列事项作出决议前应当经审计委员会全体成员过半数通过:(一)聘用、解聘承办公司审计业务的会计师事务所;(二)聘任、解聘财务负责人;(三)披露财务会计报告;(四)国务院证券监督管理机构规定的其他事项。

第 139 条 上市公司董事与董事会会议决议事项所涉及的企业或者个人有关联关系的,该董事应当及时向董事会书面报告。有关联关系的董事不得对该项决议行使表决权,也不得代理其他董事行使表决权。该董事会会议由过半数的无关联关系董事出席即可举行,董事会会议所作决议须经无关联关系董事过半数通过。出席董事会会议的无关联关系董事人数不足三人的,应当将该事项提交上市公司股东会审议。

▶关于监事会

第 130 条 股份有限公司设监事会,本法第一百二十一条第一款、第一百三十三条另有规定的除外。

监事会成员为三人以上。监事会成员应当包括股东代表和适当比例的公司职工代表,其中职工代表的比例不得低于三分之一,具体比例由公司章程规定。监事会中的职工代表由公司职工通过职工代表大会、职工大会或者其他形式民主选举产生。

监事会设主席一人,可以设副主席。监事会主席和副主席由全体监事过半数选举产生。监事会主席召集和主持监事会会议;监事会主席不能履行职务或者不履行职务的,由监事会副主席召集和主持监事会会议;监事会副主席不能履行职务或者不履行职务的,由过半数的监事共同推举一名监事召集和主持监事会会议。

董事、高级管理人员不得兼任监事。

本法第七十七条关于有限责任公司监事任期的规定,适用于股份有限公司监事。

第 132 条 监事会每六个月至少召开一次会议。监事可以提议召开临时监事会会议。

监事会的议事方式和表决程序,除本法有规定的外,由公司章程规定。

监事会决议应当经全体监事的过半数通过。

监事会决议的表决,应当一人一票。

监事会应当对所议事项的决定作成会议记录,出席会议的监事应当在会议记录上签名。

第133条 规模较小或者股东人数较少的股份有限公司,可以不设监事会,设一名监事,行使本法规定的监事会的职权。

【国家出资公司】

第173条 国有独资公司的董事会依照本法规定行使职权。

国有独资公司的董事会成员中,应当过半数为外部董事,并应当有公司职工代表。

董事会成员由履行出资人职责的机构委派;但是,董事会成员中的职工代表由公司职工代表大会选举产生。

董事会设董事长一人,可以设副董事长。董事长、副董事长由履行出资人职责的机构从董事会成员中指定。

第174条 国有独资公司的经理由董事会聘任或者解聘。

经履行出资人职责的机构同意,董事会成员可以兼任经理。

第175条 国有独资公司的董事、高级管理人员,未经履行出资人职责的机构同意,不得在其他有限责任公司、股份有限公司或者其他经济组织兼职。

第176条 国有独资公司在董事会中设置由董事组成的审计委员会行使本法规定的监事会职权的,不设监事会或者监事。

(三)公司决议的效力

第25条 公司股东会、董事会的决议内容违反法律、行政法规的无效。

第26条 公司股东会、董事会的会议召集程序、表决方式违反法律、行政法规或者公司章程,或者决议内容违反公司章程的,股东自决议作出之日起六十日内,可以请求人民法院撤销。但是,股东会、董事会的会议召集程序或者表决方式仅有轻微瑕疵,对决议未产生实质影响的除外。

未被通知参加股东会会议的股东自知道或者应当知道股东会决议作出之日起六十日内,可以请求人民法院撤销;自决议作出之日起一年内没有行使撤销权的,撤销权消灭。

第27条 有下列情形之一的,公司股东会、董事会的决议不成立:(一)未召开股东会、董事会会议作出决议;(二)股东会、董事会会议未对决议事项进行表决;(三)出席会议的人数或者所持表决权数未达到本法或者公司章程规定的人数或者所持表决权数;(四)同意决议事项的人数或者所持表决权数未达到本法或者公司章程规定的人数或者所持表决权数。

第 28 条 公司股东会、董事会决议被人民法院宣告无效、撤销或者确认不成立的,公司应当向公司登记机关申请撤销根据该决议已办理的登记。

股东会、董事会决议被人民法院宣告无效、撤销或者确认不成立的,公司根据该决议与善意相对人形成的民事法律关系不受影响。

二、其他法律规定

(一)民法典层面

【一般性规定】

《民法典》

第 85 条 营利法人的权力机构、执行机构作出决议的会议召集程序、表决方式违反法律、行政法规、法人章程,或者决议内容违反法人章程的,营利法人的出资人可以请求人民法院撤销该决议。但是,营利法人依据该决议与善意相对人形成的民事法律关系不受影响。

第 134 条 民事法律行为可以基于双方或者多方的意思表示一致成立,也可以基于单方的意思表示成立。

法人、非法人组织依照法律或者章程规定的议事方式和表决程序作出决议的,该决议行为成立。

第 157 条 民事法律行为无效、被撤销或者确定不发生效力后,行为人因该行为取得的财产,应当予以返还;不能返还或者没有必要返还的,应当折价补偿。有过错的一方应当赔偿对方由此所受到的损失;各方都有过错的,应当各自承担相应的责任。法律另有规定的,依照其规定。

【效力性规定】

1.《民法典》

第 147 条 基于重大误解实施的民事法律行为,行为人有权请求人民法院或者仲裁机构予以撤销。

第 148 条 一方以欺诈手段,使对方在违背真实意思的情况下实施的民事法律行为,受欺诈方有权请求人民法院或者仲裁机构予以撤销。

第 149 条 第三人实施欺诈行为,使一方在违背真实意思的情况下实施的民事法律行为,对方知道或者应当知道该欺诈行为的,受欺诈方有权请求人民法院或者仲裁机构予以撤销。

第 150 条 一方或者第三人以胁迫手段,使对方在违背真实意思的情况下实施的民事法律行为,受胁迫方有权请求人民法院或者仲裁机构予以撤销。

第 151 条 一方利用对方处于危困状态、缺乏判断能力等情形,致使民事法律行为成立时显失公平的,受损害方有权请求人民法院或者仲裁机构予以撤销。①

第 144 条 无民事行为能力人实施的民事法律行为无效。

第 146 条 行为人与相对人以虚假的意思表示实施的民事法律行为无效。

以虚假的意思表示隐藏的民事法律行为的效力,依照有关法律规定处理。

第 153 条 违反法律、行政法规的强制性规定的民事法律行为无效。但是,该强制性规定不导致该民事法律行为无效的除外。

违背公序良俗的民事法律行为无效。

第 154 条 行为人与相对人恶意串通,损害他人合法权益的民事法律行为无效。②

2.《民法典合同编通则司法解释》

第 16 条 合同违反法律、行政法规的强制性规定,有下列情形之一,由行为人承担行政责任或者刑事责任能够实现强制性规定的立法目的的,人民法院可以依据民法典第一百五十三条第一款关于"该强制性规定不导致该民事法律行为无效的除外"的规定认定该合同不因违反强制性规定无效:(一)强制性规定虽然旨在维护社会公共秩序,但是合同的实际履行对社会公共秩序造成的影响显著轻微,认定合同无效将导致案件处理结果有失公平公正;(二)强制性规定旨在维护政府的税收、土地出让金等国家利益或者其他民事主体的合法利益而非合同当事人的民事权益,认定合同有效不会影响该规范目的的实现;(三)强制性规定旨在要求当事人一方加强风险控制、内部管理等,对方无能力或者无义务审查合同是否违反强制性规定,认定合同无效将使其承担不利后果;(四)当事人一方虽然在订立合同时违反强制性规定,但是在合同订立后其已经具备补正违反强制性规定的条件却违背诚信原则不予补正;(五)法律、司法解释规定的其他情形。

法律、行政法规的强制性规定旨在规制合同订立后的履行行为,当事人以合同违反强制性规定为由请求认定合同无效的,人民法院不予支持。但是,合同履行必然导致违反强制性规定或者法律、司法解释另有规定的除外。

---

① 第 147 条至第 151 条为可撤销的民事法律行为。
② 第 144 条、第 146 条、第 153 条、第 154 条为无效的民事法律行为。

依据前两款认定合同有效,但是当事人的违法行为未经处理的,人民法院应当向有关行政管理部门提出司法建议。当事人的行为涉嫌犯罪的,应当将案件线索移送刑事侦查机关;属于刑事自诉案件的,应当告知当事人可以向有管辖权的人民法院另行提起诉讼。①

第 17 条 合同虽然不违反法律、行政法规的强制性规定,但是有下列情形之一,人民法院应当依据民法典第一百五十三条第二款的规定认定合同无效:(一)合同影响政治安全、经济安全、军事安全等国家安全的;(二)合同影响社会稳定、公平竞争秩序或者损害社会公共利益等违背社会公共秩序的;(三)合同背离社会公德、家庭伦理或者有损人格尊严等违背善良风俗的。

人民法院在认定合同是否违背公序良俗时,应当以社会主义核心价值观为导向,综合考虑当事人的主观动机和交易目的、政府部门的监管强度、一定期限内当事人从事类似交易的频次、行为的社会后果等因素,并在裁判文书中充分说理。当事人确因生活需要进行交易,未给社会公共秩序造成重大影响,且不影响国家安全,也不违背善良风俗的,人民法院不应当认定合同无效。②

→附录参考:司法政策文件《九民会议纪要》

30.【强制性规定的识别】合同法施行后,针对一些人民法院动辄以违反法律、行政法规的强制性规定为由认定合同无效,不当扩大无效合同范围的情形,合同法司法解释(二)第 14 条将《合同法》第 52 条第 5 项规定的"强制性规定"明确限于"效力性强制性规定"。此后,《最高人民法院关于当前形势下审理民商事合同纠纷案件若干问题的指导意见》进一步提出了"管理性强制性规定"的概念,指出违反管理性强制性规定的,人民法院应当根据具体情形认定合同效力。随着这一概念的提出,审判实践中又出现了另一种倾向,有的人民法院认为凡是行政管理性质的强制性规定都属于"管理性强制性规定",不影响合同效力。这种望文生义的认定方法,应予纠正。

人民法院在审理合同纠纷案件时,要依据《民法总则》第 153 条第 1 款和合同法司法解释(二)第 14 条的规定慎重判断"强制性规定"的性质,特别是要在考量强制性规定所保护的法益类型、违法行为的法律后果以及交易安全保护等因素的基础上认定其性质,并在裁判文书中充分说明理由。下列强制性规定,应当认定为"效力性强制性规定":强制性规定涉及金融安全、市场秩序、国家宏观政策等公序

---

① 违反强制性规定不影响合同效力的情形及其后果。
② 违背公序良俗导致合同无效的认定规则。

良俗的;交易标的禁止买卖的,如禁止人体器官、毒品、枪支等买卖;违反特许经营规定的,如场外配资合同;交易方式严重违法的,如违反招投标等竞争性缔约方式订立的合同;交易场所违法的,如在批准的交易场所之外进行期货交易。关于经营范围、交易时间、交易数量等行政管理性质的强制性规定,一般应当认定为"管理性强制性规定"。

31.【违反规章的合同效力】违反规章一般情况下不影响合同效力,但该规章的内容涉及金融安全、市场秩序、国家宏观政策等公序良俗的,应当认定合同无效。人民法院在认定规章是否涉及公序良俗时,要在考察规范对象基础上,兼顾监管强度、交易安全保护以及社会影响等方面进行慎重考量,并在裁判文书中进行充分说理。

(二)公司法层面

《公司法司法解释(四)》

第1条 公司股东、董事、监事等请求确认股东会或者股东大会、董事会决议无效或者不成立的,人民法院应当依法予以受理。

第4条 股东请求撤销股东会或者股东大会、董事会决议,符合民法典第八十五条、公司法第二十二条第二款规定的,人民法院应当予以支持,但会议召集程序或者表决方式仅有轻微瑕疵,且对决议未产生实质影响的,人民法院不予支持。

第5条 股东会或者股东大会、董事会决议存在下列情形之一,当事人主张决议不成立的,人民法院应当予以支持:(一)公司未召开会议的,但依据公司法第三十七条第二款或者公司章程规定可以不召开股东会或者股东大会而直接作出决定,并由全体股东在决定文件上签名、盖章的除外;(二)会议未对决议事项进行表决的;(三)出席会议的人数或者股东所持表决权不符合公司法或者公司章程规定的;(四)会议的表决结果未达到公司法或者公司章程规定的通过比例的;(五)导致决议不成立的其他情形。

→附录参考:司法政策文件《九民会议纪要》

3.【民法总则与公司法的关系及其适用】民法总则与公司法的关系,是一般法与商事特别法的关系。民法总则第三章"法人"第一节"一般规定"和第二节"营利法人"基本上是根据公司法的有关规定提炼的,二者的精神大体一致。因此,涉及民法总则这一部分的内容,规定一致的,适用民法总则或者公司法皆可;规定不一致的,根据《民法总则》第11条有关"其他法律对民事关系有特别规定的,依照其规定"的规定,原则上应当适用公司法的规定。但应当注意也有例外情况,主要表现在两个方面：一是就同一事项，民法总则制定时有意修正公司法有关条款的，应当适用民法总则的规定。例如，《公司法》第32条第3款规定："公司应当将股东的姓名或者名称及其出资额向公司登记机关登记；登记事项发生变更的，应当办理变更登记。未经登记或者变更登记的，不得对抗第三人。"而《民法总则》第65条的规定则把"不得对抗第三人"修正为"不得对抗善意相对人"。经查询有关立法理由，可以认为，此种情况应当适用民法总则的规定。二是民法总则在公司法规定基础上增加了新内容的，如《公司法》第22条第2款就公司决议的撤销问题进行了规定，《民法总则》第85条在该条基础上增加规定："但是营利法人依据该决议与善意相对人形成的民事法律关系不受影响。"此时，也应当适用民法总则的规定。[①]

第二节　裁判精要

一、公司决议是否成立

（一）会议召开的事实要件

1. 公司章程未规定可以不召开股东会会议而直接作出决定，全体股东亦未以书面形式一致同意可以不召开股东会会议而直接作出决定并由全体股东在决定文件上签名盖章；股东会决议上所盖的公司印章已被会议之前的声明作废，法定代表人签字并非其本人签字的，股东会决议不成立。

在(2018)粤03民终23175号案中，二审法院认为：涉案股东会决议形成时并未召开股东会，形成时适用的达菲房地产公司章程也没有规定可以不召开股东会而直接作出任免董事的决定，股东亦未以书面形式一致同意不召开股东会而直接作出决定并在文件上签名、盖章，故该股东会决议的形成程序不符合法律规定。该股东会决议上加盖的美达国际公司印章已由美达国际公司在《南方都市报》刊登声明停止使用并作废，决议上美达国际公司代表人"张某某"的签字非其本人所写，且无证据表明是张某某委托授权他人代为签字，故该股东会决议上加盖的美达国际公司印章及"张某某"签字均不能视为美达国际公司的意思表示，不具有法律效力。基于此，应认定该股东会决议不成立，达菲房地产公司据此进行的工商变更登记事

[①] 上述几点同样适用于《公司法》和《民法典》的关系与适用问题，在公司决议纠纷案件的审理中可参照适用。

项也应向工商部门办理撤销登记。

2. 未实际召开董事会、股东会，且未经授权或授权不符合公司章程规定而由他人代签名的，董事会决议、股东会决议不成立。

在(2020)苏1182民初1876号案中，关于案涉董事会是否实际召开的问题，一审法院认为：虽然案涉董事会决议公告载明会议为现场召开，但根据李某的陈述及李某与被告董事会秘书张某的通话录音，能够表明案涉董事会会议并未以现场方式实际召开，故对原告就案涉董事会会议未实际召开的主张予以采信。综上，被告在未通知原告、未实际召开董事会，且没有原告出具的授权委托书的情况下，由他人代原告在董事会决议上签名的行为，符合法律规定的公司未召开会议等导致董事会决议不成立的情形，故对原告要求确认案涉董事会决议不成立的诉讼请求予以支持。

关于股东大会决议是否成立的问题，虽然被告在全国股份转让系统指定信息披露平台上披露了召开案涉股东大会会议的通知，但根据李某的陈述及李某与被告董事会秘书张某的通话录音，能够表明案涉股东大会亦未实际召开，仅由各股东在股东大会会议记录及会议决议签字页上签名。根据被告公司章程的规定，股东若需委托他人代为参加股东大会并表决，除在授权委托书上载明代理人姓名外，还应载明对各议案是否具有表决权及对各议案的表决指示等，但被告提供的原告对李某的授权委托书并不符合公司章程的规定，且被告在审理中亦未提供其他证据证明原告对案涉股东大会相关议案出具的具体表决意见。因此，被告依据案涉授权委托书通知李某代原告签署股东大会会议记录及会议决议签字页，并按被告自己的意思记录原告的表决意见的行为，侵害了原告作为股东的表决权。此外，被告明知原告出具的授权委托书不符合公司章程的规定，但仍然利用其有效期，要求李某代原告在股东大会会议记录、会议决议签字页上签字，有滥用原告授权委托书之嫌。综上，被告在未实际召开股东大会，且在原告的授权委托书授权范围不符合公司章程及公司法规定的情况下，由他人代原告在股东大会决议签名的行为，符合法律规定的公司未召开会议等导致股东大会决议不成立的情形，故对原告确认案涉股东大会决议不成立的诉讼请求予以支持。

（二）会议召集的程序要件

1. 股东会会议召开之前没有通知股东，股东没有参加股东会会议，股东会决议上也并非股东本人签名的，股东会决议不成立。

在(2021)鲁民终623号案中，二审法院认为：贝克汉邦公司的股东为李某、宋某某和许某三人,没有证据表明贝克汉邦公司在召开股东会会议前通知了李某和宋某某,李某和宋某某也没有参加股东会会议,所形成的股东会决议上三位股东的签名均非本人所签,且代理签字的人员身份不明。贝克汉邦公司和许某在审理中主张是由许某与公司实际控制人宋某某参加股东会并形成的决议,但对该事实未能提供充分证据证明,股东会决议不成立。

2. 虽然股东会会议送达程序违法系股东会决议撤销事由,但参加股东会会议是股东固有的权利,未向股东送达会议通知意味着缺少应参会股东的意思表示,并非属于决议可撤销的情形,而属于决议不成立的情形。

在(2023)京03民终2181号案中,关于涉案股东会决议是否不成立的问题,二审法院认为:首先,该股东会决议缺乏成立的意思表示要件。虽然全体股东亲笔签字或加盖公章处签有"胡某某""李某某""尚某某""沈某某""赵某"字样,并加盖了建筑技术公司的公章,但尚某某、胡某某主张其二人未参加该次会议且该次股东会决议上的签名并非其二人书写,中技金谷公司认可二人未参加该次会议,并表示决议形成时二人并未签名,其交给代办公司办理工商登记,不清楚工商备案的涉案股东会决议为何有二人签名,且未申请鉴定。

其次,中技金谷公司未将会议通知向胡某某有效送达。一方面,中技金谷公司将会议通知邮寄至北京门窗发展有限公司住所地,该公司已于2018年8月17日腾退,地上物已经交给拆迁公司;另一方面,中技金谷公司虽留存了胡某某的手机号,但该邮件并未被签收,而是将派件地址变更后退回中技金谷公司,且根据胡某某提交的证据,其在该邮件收寄期间身处境外,客观上也不具备签收该邮件的条件。

最后,未向股东送达会议通知并非股东会决议可撤销的情形。中技金谷公司主张决议已经由持有表决权70%以上的股东通过,无论尚某某、胡某某是否参会、表决,均不影响决议的效力。对此,依据《公司法》规定,虽然股东会议送达程序违法系股东会决议撤销事由,但参加股东会议是股东固有的、基本的权利。本案股东会召开通知并未送达公司股东胡某某,这与提前通知时间不足等简单的程序违法不同,未送达会议通知剥夺了胡某某参加股东会议的基本权利,故未向股东送达会议通知并非股东会决议可撤销的情形,涉案股东会决议因缺少应当参会股东的意思表示而缺乏成立要件,因此,股东会决议不成立。

3. 没有向股东发出召集会议通知的,股东会决议不成立。

在(2019)沪01民终10925号案中,二审法院认为:现有证据不足以证明康浦公司曾向福集公司发出将于2018年8月3日召开股东会会议的通知,存在召集对象上的瑕疵，且属严重瑕疵，系争股东会决议不成立。

（三）会议表决的程序要件

1. 股东尚未被除名时属于有表决权的股东，股东会直接排除了该股东的表决权，股东会决议未达到法定表决权比例的，该股东会决议不成立。

在（2018）最高法民再328号案中，再审法院认为：凯发公司股东会决议的第一项内容就是解除张某某的股东资格，鉴于被除名股东张某某不享有表决权，应由剩余65%表决权的三分之二以上表决权多数通过，该项决议才合法有效。而在决议解除张某某的股东资格时，李某尚未被除名，属于有表决权的股东。但李某既未参加此次股东会并行使表决权，亦未委托他人代为行使所持的35%表决权。原审在李某未参加股东会决议，亦未查明李某是否存在抽逃出资且公司是否履行了法定的催收及通知程序的情况下，直接排除了李某的表决权，认定仅有代表30%表决权的股东通过的决议仍属合法有效，确有错误。在此情形下，关于解除张某某股东资格的股东会决议仅有30%表决权的股东通过，未达到法定表决权比例，股东会决议不成立。

2. 不符合公司章程约定的就某事项须经出席最低人数的董事通过的董事会决议不成立。

在（2016）鲁02民终2137号案中，一审法院认为：根据公司章程，凡属年度计划之外，且超过5%总年度预算（包括贷款在内）的债务的产生的决议，应经出席会议的至少9名董事投票通过。根据董事会决议事项内容，2015年计划产品销售收入为3390万欧元，产品销售毛利率7.6%，税后利润450万欧元。而在该次董事会需要决议通过的《成本优化方案》所涉及的预算补偿金高达686.7万欧元，远远超过其章程中约定的5%比例，故该协议通过应经9名以上董事同意方能成立。然而，该决议仅有7名董事签字同意，故董事会关于通过《成本优化方案》的决议尚不成立。二审法院持相同观点。

3. 应区分股东会决议和股东会会议记录。判断公司决议的效力，应围绕公司决议本身来考量，而不是会议记录。同时应注意审查公司章程对拟表决的事项有无特别约定，违反此约定的可能导致决议不成立；反之，决议成立。

在（2015）穗中法民二终字第138号案中，关于案涉股东会决议是否成立的问题，二审法院认为：首先，公司召开股东会议后，应形成股东会议决议及会议记录。其中，会议记录是对股东会所议事项的决定的书面记录，可以理解为一种文书和载体，是一种形式上的文书；而股东会决议，是股东会对所议事项作出的最终决定，具备实质性的内容。会议记录是对股东讨论过程的记录,可能包括不同的观点;股东会决议则是对股东会讨论议题最后结果的记录。本案股东会决议明确记载了决议的内容,应属于股东会决议。

其次,涉案股东会决议的事项并非涉及有关公司资本或合并等重大事项,而是涉及人事调整及财务审计的事项。根据公司章程规定,涉案决议事项应由股东按照出资比例行使表决权。孙某某持有新创博公司70%的股份,且其已经在涉案股东会决议上签名同意该决议结果。按照资本多数决原则,股东会决议已经成立。

二、公司决议是否可撤销

(一)决议可撤销

1. 董事会的召集程序、表决方式违反法律、行政法规或者公司章程的,仅属于董事会决议可撤销的事由,并不属于决议不成立的事由。

在(2022)苏02民终7352号案中,二审法院认为:拍字节公司章程规定,董事长不能履行职务或者不履行职务的,由半数以上董事共同推举一名董事召集和主持。在民事裁定中,依照《变更委派代表函》的记载以及当时吕某某作为云焱公司法定代表人的身份确认,其有权以圣和芯企业的名义提起诉讼,并未否认陶某的拍字节公司董事身份。《变更委派代表函》也仅明确了陶某不再担任云焱公司委派至圣和芯企业执行合伙事务的代表,并不涉及对陶某拍字节公司董事身份的免除。涉案董事会的召开背景是,多名董事认为吕某某作为董事长长期怠于履行义务,且董事会议题为解除吕某某总经理/CEO职位,重新聘任总经理/CEO人选。对此,由拍字节公司董事黄某某召集、陶某主持涉案董事会,符合拍字节公司章程的规定。即便陶某真如吕某某所认为的无权召集和主持涉案股东会会议,但是依照《公司法》的规定,涉案董事会的召集程序、表决方式违反法律、行政法规或者公司章程的,也仅属于涉案董事会决议可撤销的事由,并不属于决议不成立的事由。

2. 在公司章程没有对监事的构成比例作出规定的情况下,发生构成比例调整的情况应当经过公司权力机构,即股东会的决定。公司有关监事人员由职工代表取代原股东代表,实质上行使了股东会对于监事人员构成比例的决定权,董事会作出不提交股东会审议的决议缺乏依据,应当被撤销。

在(2018)粤01民终17313号案中,二审法院认为:东凌国际公司的章程规定,监事会由3名监事组成,监事会应当包括股东代表和适当比例的公司职工代表,其中职工代表的比例不低于三分之一。监事会中的职工代表由公司职工通过职工代表大会、职工大会或者其他形式民主选举产生。根据上述规定,东凌国际公司的监事会由 3 名人员组成,章程对于股东代表、职工代表的比例未作规定,应根据《公司法》有关监事制度的规定及东凌国际公司监事人员的实际情况予以判断。

本案是由职工代表监事取代原股东代表监事而引发的纠纷,即东凌国际公司在改选监事为周某某后因监事人员构成比例发生变化而引起争议。《公司法》中有关监事中的职工代表比例不得低于三分之一的规定,目的是保护职工权益,强化职工作为公司利益相关者的地位,并不是否定股东对公司的管理地位,在公司章程没有对监事的构成比例作出规定的情况下,发生构成比例调整的情况应该经过公司权力机构股东大会的决定。现东凌国际公司有关监事人员由职工代表取代原股东代表,实质上行使了股东大会对于监事人员构成比例的决定权。中农公司作为东凌国际公司的股东之一,提出的三份提案,均是针对东凌国际公司有关监事人员的任免问题,属于公司章程规定的股东大会的职权范围,东凌国际公司董事会作出不提交股东大会审议的决议缺乏依据,原审法院撤销该决议并无不当。

3. 董事长或公司大股东可以委托代理人主持会议。股东在股东大会休会超过一定时间之后,没有询问是否继续开会就离开会场的,不能免除公司履行通知股东召开股东大会的时间、地点的义务。投票清点非法定的程序。

在(2013)桂民提字第 154 号案中,关于股东大会主持人身份问题,再审法院认为:法律未禁止公司董事长或公司大股东委托代理人主持会议。此外,公司董事会决议明确同意推荐李某某作为 2011 年 11 月 11 日股东大会的主持人,得到了董事会全体董事一致同意,二审认定其无权主持股东大会的判决错误,应予以纠正。

关于股东大会休会后再次召开的问题,2011 年 11 月 11 日上午,公司股东大会休会 30 分钟,本应于 9 时 50 分准时继续开会,但公司并没有按时继续开会,且在没有通知包括卢某某、杨某某在内的 21 名股东的情况下,于当天上午 10 时 20 分,即超过原定的休会时间之后再次召开股东大会,违反了《公司法》及公司章程中关于公司召开股东大会应提前告知各股东时间、地点的规定。虽然卢某某、杨某某等 21 名股东在股东大会休会超过 30 分钟之后,没有询问是否继续开会就离开会场,但这并不能免除公司履行通知股东召开股东大会的时间、地点的义务,因此公司认为卢某某、杨某某等股东在没有询问是否继续开会的情况下擅自离开,应视为自动放弃权利的理由不成立,不予支持。

关于股东会对选举监事会监事的事项进行决议的问题,公司在 2011 年 10 月 11 日和 10 月 27 日关于召开 2011 年度股东大会的通知中均未列明选举监事会监事的事项,但却对选举监事会监事的事项进行了决议,违反了《公司法》规定。虽然公司章程仅禁止临时股东大会对通知中未列明的事项作出决议,而对股东大会的决议事项没有进行任何禁止和限制,但未将股东大会决议事项提前通知股东,这与《公司法》的规定不符。

关于股东大会的表决投票的问题,公司2011年度股东大会的表决方式采取一票一表决权的方式,对所有事项的表决均由超过三分之二表决权的股东通过,符合《公司法》和公司章程中关于表决方式的规定,表决方式是合法有效的。虽然公司2011年度股东大会表决结果报告单、选举公司董事会董事结果报告单、选举公司监事会监事结果报告单的监票员栏签名的两个人不是公司的监事,违反了公司章程中"每一审议事项的表决投票,应当至少有两名股东代表和一名监事参加清点,并由清点人代表当场公布表决结果"的规定,但公司章程对投票清点的规定并非《公司法》的要求。二审判决对此认定有误,予以纠正。再审法院最终维持二审法院判决,撤销了股东大会决议。

4.公司未依法有效通知全部股东参加股东会而作出决议,表决权没有达到法定或章程约定的比例的,股东会决议应予撤销。

在(2016)最高法民再182号案中,关于2007年3月6日股东会的召集与通知的问题,再审法院认为:副食品公司除原董事长周某某以外的4名董事于2007年2月14日发出了召开3月6日股东会的通知,并公布了议题,后股东会于2007年3月6日按时召开,由张某某主持。

在通知时间方面,此次股东会会议于召开前15日发出了通知,符合《公司法》及公司章程的规定。

在会议召集与主持方面,犯罪嫌疑人,即公司原董事长周某某被取保候审,可认定确有"董事长不能履行职务或者不履行职务"的事由发生,因副食品公司无副董事长,由董事张某某主持股东会会议并无不当。

在通知人数方面,股东会会议实际参会81人,其中78人在会议通知的送达回执上签字,齐某某称未收到通知,在送达回执上没有其签名,同时也没有注明原因。有限责任公司股东实际参加股东会并作出真实意思表示,是决议有效的必要条件,因此股东会的召开,不仅要在《公司法》或者公司章程规定的期限内通知全体股东,而且应以一定的方式有效地通知股东。公司未依法通知全部股东参加股东会而作出决议,剥夺了包括齐某某在内的未受通知的股东就公司重大事项表达意见、参与决策等重大权利,股东会的召集程序违反了《公司法》及公司章程的规定。

此外,经核算,副食品公司在2007年3月6日股东会上所作的修改公司章程的决议仅有114票同意,未达总表决权227票的三分之二。因修改公司章程的决议未经代表三分之二表决权的股东通过,股东会上作出的增选公司董事至7人,增选公司监事至5人的决议违反了原公司章程的规定。综上,股东会决议应予撤销。

(二)决议不可撤销

1. **股东在开会期间退场,属于对权利的放弃,不能视为无法召开股东会议,且其后股东会议继续进行并形成决议,决议经过符合法律和公司章程规定的表决权比例的股东通过的,股东会决议有效,该决议不应被撤销。**

在(2018)甘0103民初2158号案中,关于兰州黄河股东大会决议是否应该撤销的问题,一审法院认为:根据法律规定,代表十分之一以上表决权的股东或三分之一以上的董事等提议召开临时股东会议,属于法定权利,涉及公司的治理结构,新盛投资公司章程中"股东会会议必须由全体股东参加方可召开"的条款限制了股东会的召开,并不符合《公司法》的规定。2017年4月27日,新盛投资公司召开了2017年第一次临时股东会。新盛投资公司的会议记录显示昱成公司推荐的董事谭某某、冯某某列席会议,在主持人宣布会议召开时,股东昱成公司退场。昱成公司自行退出召开的股东会议的行为,属于对权利的放弃,不能视为无法召开股东会议,且其后新盛投资公司临时股东会议继续进行并形成决议,符合新盛投资公司章程中"股东会决议须经出席会议的股东持有二分之一表决权的股东同意方可作出"的规定。

前述事实表明,至少在2017年4月27日,新盛投资公司确实召开过股东会议并作出相关股东会决议。故此,在2017年4月28日兰州黄河召开2016年度股东大会之前,新盛投资公司召开了临时股东会议并形成决议。新盛投资公司根据该决议在兰州黄河股东大会上的投票行为有效。原告昱成公司认为,新盛投资公司召开的该次临时股东会违反了《公司法》和公司章程规定的理由不能成立,对其撤销兰州黄河2016年度股东大会决议的请求不予支持。

2. **股东会有权对公司增加注册资本作出决议,但对股东是否认缴公司新增资本、认缴多少不能作出决议。股东会决议签章同意关于新增注册资本由股东以现金方式缴付的内容,本质上属于股东间对新增资本优先认缴权的约定,属于股东之间的协议,而不是股东会作为公司的权力机构行使职权作出的决议,应当适用《合同法》相关规定。**

在(2015)民二终字第313号案中,关于许某某等申请撤销的协议内容属股东间的协议还是股东会决议,以及该撤销权的行使应适用《合同法》①还是《公司法》的问题,二审法院认为:2013年1月25日滨海公司股东会决议明确以下内容,即全体股东就曹某某清偿所欠许某某债务而将其所持滨海公司全部股权质押给许某某之事宜达成一致,决议第四项明确全体股东知悉并同意监督曹某某于2013年1月25日向许某某履行出具的债务确认书中的其他承诺事项;2013年1月29日滨海公司股东会决议第二项明确滨海公司新增注册资本2000万元,由曹某某以现金方式支付。

从上述文件的签署日期及所载内容看,全体股东就股东间的债权债务关系和公司增资事宜作出了整体安排,故在确认各股东权利义务及可能承担的法律责任时,应将上述文件作为一个整体加以分析认定。同时,2013年1月29日滨海公司股东会决议载明的内容,并非全部属于股东会职权范围。股东会有权对公司增加注册资本作出决议,但对股东是否认缴公司新增资本、认缴多少不能作出决议。股东会作出该决议时适用《公司法》关于"公司新增资本时,股东有权优先按照实缴的出资比例认缴出资"的规定,即认缴新增资本是股东的法定权利。滨海公司全体股东在2013年1月29日股东会决议签章同意的关于新增注册资本2000万元由曹某某以现金方式缴付的内容,本质上属于股东间对新增资本优先认缴权的约定,属于股东之间的协议,而非股东会作为公司的权力机构行使职权作出的决议。一审法院认定上述三份文件的内容具有关联性,认定滨海公司全体股东就曹某某同意偿还许某某3800万元债务,许某某等同意曹某某单独增资并放弃优先认缴出资的权利达成协议,许某某等申请撤销的协议内容属于股东间的协议,应当适用《合同法》的相关规定,并无不妥。曹某某请求撤销股东会决议的主张不能成立。

3. 未于会议召开15日前通知股东(但委派人员参加会议);开会通知仅记载议题,未附具体议案内容;股东参加了股东会但中途退出会议,上述行为不属于撤销股东会会议的理由。

在(2014)浙甬商终字第1130号案中,关于会议召开的通知时间的问题,二审法院认为:召开股东会会议,应当于会议召开15日前通知全体股东。该会议通知期间的起算应以开元华城公司发出通知时间为准,从公司发出通知的次日起算至开会前1日,满15日为止。按此方式,开元华城公司未于会议召开15日前通知华城集团公司(与规定期间相差1日),该程序瑕疵情形轻微,且华城集团公司已派员参加股东会尚不能构成涉讼股东会决议撤销的事由。

---

① 现《民法典》合同编。

关于开元华城公司未提供具体议案内容的问题，从法律对有限责任公司召开股东会的通知未强调要求列明审议事项的规定情形看，列明审议事项并非有限责任公司召开股东会通知的法定要求。同时，在开元华城公司的章程中也未见此项要求。故从通知的适当性考虑，开元华城公司在涉讼通知中记载了股东会待审议议题，且事后股东会会议作出的决议也未超出该通知所载明的议题范围，该情形不违反法律、行政法规或者公司章程，应当认为开元华城公司履行了必要的通知义务。

关于华城集团公司代表被迫离开会场的问题，华城集团公司知晓开元华城公司安排在同一天、同一地点先后召开董事会会议和股东会会议的情况，且董事会会议拖延导致股东会会议召开时间迟延1.5个小时，非开元华城公司故意导致，依常理并无不当之处。而华城集团公司所称的其委派的参加股东会会议的代表在召开董事会时被要求退出会场，属于董事长在主持董事会时履行职责所为，并无不当。综上，股东会决议合法有效，不应被撤销。

4. 丧失股东资格的股东不得参与表决，否则该决议可撤销。

在(2013)沪一中民四(商)终字第926号案中，二审法院认为：根据甲公司章程的规定，股东与公司脱离人事关系(正常退休仍可保留原股份)或将个人职业资格关系转移出公司的，股东资格自动丧失。该条并未将"股东与公司脱离人事关系"限定为主动脱离，在没有其他证据予以反驳的情形下，胡某被甲公司解除劳动合同关系属于甲公司章程规定的"股东与公司脱离人事关系"，符合股东资格自动丧失的情形。但是，由于股东资格的丧失涉及公司全体股东的利益，属于公司经营中的重大事项变更，为避免公司控股股东滥用公司经营管理权以及保护关联股东的合法权益，关于股东资格的丧失的决定应经股东会作出，只有在股东会作出除名决议并将该决议送达被除名的股东时才对被除名的股东发生法律效力，即胡某的股东资格自公司有效决议送达之时丧失。

对于公司除名决议，被除名股东不仅要遵守表决权回避制度，而且其所拥有的表决权数也不应计入计算特定多数的总表决权之内，即公司章程规定的表决比例应基于其他股东所持的股份数计算。由于胡某与涉案股东会决议存在利害关系，应当排除其表决权。公司其余股东所持有的80%的股份应当折算为100%进行表决。案涉两份股东会决议的同意比例已经达到其余股东所持股权比例的75%，符合公司章程中确定的表决比例，故表决程序并无不当。案涉两份股东会决议程序合法，内容不违反公司章程的规定，不存在可撤销事由。

5. 在公司决议撤销之诉中,法院无须审查董事会决议解聘公司经理的原因是否存在,以及决议所依据的事实是否属实。解聘总经理的原因不存在的,并不导致董事会决议被撤销。

在(2010)沪二中民四(商)终字第436号案中,二审法院认为:董事会决议免去李某某总经理职务的原因不存在的,并不导致董事会决议被撤销。首先,公司法的精神为尊重公司自治,公司内部法律关系原则上由公司自治机制调整,司法机关原则上不介入公司内部事务;其次,佳动力公司的章程中未对董事会解聘公司经理的职权作出限制,也未规定董事会解聘公司经理必须基于一定原因,该章程内容未违反公司法的强制性规定,应认定有效,因此,佳动力公司董事会可以行使公司章程赋予的权力,作出解聘公司经理的决定。故法院应当尊重公司自治原则,无须审查佳动力公司董事会解聘公司经理的原因是否存在,即无须审查决议所依据的事实是否属实、理由是否成立。综上,原告李某某请求撤销董事会决议的诉讼请求不成立,依法应予以驳回。

6. 公司未将股东有效表决权计入表决结果,侵害了股东权益,但是股东会的召集程序不存在瑕疵,股东实际参加了股东会,按其真实意思表示就各项议案进行了表决,故违法限制股东上述表决权导致的后果系程序瑕疵中的计票错误,可以通过重新计票的方式来弥补。如果重新计票后的结果对决议的表决通过没有实质性影响,则不宜以存在上述程序性瑕疵为由,轻易否定决议的效力。如果重新计票结果对决议的表决通过产生实质性影响,则上述程序性瑕疵对决议效力的影响可能会涉及撤销或不成立两种后果。

在(2021)京0108民初2026号案中,一审法院认为:虽然恒泰公司违反《公司法》和公司章程的规定,未将两原告有效表决权计入表决结果,侵害其股东权益,但是案涉股东大会的召集程序不存在瑕疵,两原告实际参加了案涉股东大会,按其真实意思表示就各项议案进行了表决,故违法限制两原告上述表决权导致的后果系程序瑕疵中的计票错误,可以通过重新计票的方式来弥补。如果重新计票后的结果对决议的表决通过没有实质性影响,则不宜以存在上述程序性瑕疵为由,轻易否定决议的效力。如果重新计票结果对决议的表决通过产生实质性影响,则上述程序性瑕疵对决议效力的影响可能会涉及撤销或不成立两种后果。

在案涉股东大会表决中,两原告对议案1投反对票,该议案最终未通过;两原告对议案2投赞成票,该议案最终通过,即议案1、2的投票结果与两原告的投票方向一致。故上述两项议案是否将前述争议股份表决权计入,均不影响投票结果,未对决议产生实质影响,且议案1本身未成立。据此,对两原告要求撤销决议该部分的请求不予支持。

议案3采用累积投票制,两原告针对议案3包含的两项议案均投0票。根据决议记载,表决结果张某某获得的选举票数为165493813,孔某某获得的选举票数为111016429。计算通过比例时,应以两人分别获得的选举票数除以出席会议股东所持有效表决权股份总数。按照正确的表决权票数重新计算后,张某某获得的选举票数占出席会议有效表决权股份的比例过半数,议案通过;故涉及张某某的议案计票错误未对决议产生实质影响,对两原告要求撤销决议该部分的请求不予支持。

孔某某获得的选举票数占出席会议有效表决权股份总数的比例未过半数,根据《公司法》及恒泰公司章程的规定,股东大会普通决议应由出席股东大会的股东所持表决权的二分之一以上通过,故议案经重新计票后,表决结果应当认定为未通过,重新计票结果将对决议产生实质影响。依据《公司法司法解释(四)》的规定,股东大会的表决结果未达到《公司法》或者公司章程规定的通过比例的,决议不成立。综上所述,孔某某当选为恒泰公司第六届董事会非独立董事的决议内容不成立。

(三)轻微瑕疵的认定

1. 未提交证据证明涉案临时股东会经过了董事会的召集程序,亦未提交证据证明董事会存在不能履行或者不履行召集股东会会议职责的情况,且此情形造成公司决议可能被撤销,应当继续审查是否系轻微瑕疵及是否对决议产生实质影响。对程序轻微瑕疵的判断,可以从程序瑕疵是否会影响股东获取参会或表决所需的信息、是否会导致股东无法公平参与多数意思的形成、是否会影响最终决议结果等角度入手。

在(2020)京01民终5555号案中,关于涉案公司决议是否应当被撤销的问题,一审法院认为:鼎复公司在本案中未提交证据证明涉案临时股东会经过了董事会的召集程序,亦未提交证据证明董事会存在不能履行或者不履行召集股东会会议职责的情况。因此,可以认定涉案股东会召集程序的确存在瑕疵,接下来应分析该瑕疵是否系轻微瑕疵及是否对决议产生实质影响。

首先,涉案股东会会议于开会15日前通知了公司的股东,郭某亦收到通知,但未参会,故本次股东会的召集程序并不影响郭某获取参会的信息或参与表决所需的信息,未参会系其自愿对股东权利的处分;其次,股东会的召集仅是表决前的发起程序,涉案股东会是否由董事会召集并不导致郭某无法参加表决,以及无法公平参与多数意思的形成;最后,会议表决事项为更换董事和监事,参会股东所持表决权占公司表决权的59.1123%,代表公司56.6376%的表决权股东表决同意。更换公司董事、监事依据鼎复公司章程的规定属于股东会的职权范围,且不属于公司章程中规定的必须经代表三分之二以上表决权的股东通过的事项,故该表决结果符合公司章程对于股东会更换董事监事的决议比例,且已取得半数以上股东同意。故本次股东会非由董事会召集并未对决议结果产生实质性影响。综上,涉案股东会会议召集程序上的瑕疵,应认定为轻微瑕疵,涉案股东会决议依法不应当被撤销。二审法院持相同观点。

2. 股东会会议未通知股东参会,剥夺了股东的参会权、议事权和表决权,属于程序重大瑕疵,股东会决议应被撤销。

在(2021)川01民终19820号案中,一审法院认为:胡某某被移出股东微信群,无法接收股东会召开的通知,而鹏程公司没有证据证明以其他方式履行了通知义务,会议召集程序存在瑕疵,但决议经参会的46名股东签字表决同意,表决方式没有违反法律、行政法规或者公司章程。根据法律规定,鹏程公司股东会的召集程序有轻微瑕疵,但未对决议产生实质影响,一审法院对胡某某要求撤销股东会决议的诉讼请求不予支持。

二审法院认为:鹏程公司于2021年4月22日召开的股东会议未通知胡某某参会,剥夺了胡某某作为鹏程公司股东的参会权、议事权和表决权,属于程序重大瑕疵,一审法院对此认定为程序轻微瑕疵显然不当。胡某某于2021年6月7日向一审法院递交起诉状诉请撤销该决议,撤销权的行使处于法律规定的期间内,案涉股东会决议应予撤销,对胡某某的诉讼请求予以支持。

3. 没有提前15天通知股东,但该瑕疵没有妨碍股东公平参与多数意思的形成和获知对其作出意思表示所需的必要信息的,股东会决议不应被撤销。

在(2021)京0101民初9248号案中,一审法院认为:本案在召集股东会方面虽然没有依照公司章程提前15日通知,但监事王某某在微信群中表示受股东文都公司委托,召集股东会并通知时间定于2021年1月18日12时30分,摩之玛公司的法定代表人马某知情并提议将时间改在当日14时,后股东会作出决议。法院认为本次股东会召集存在程序瑕疵,但该瑕疵没有妨碍股东公平参与多数意思的形成和获知对其作出意思表示所需的必要信息,不具有影响决议结果的可能性,故对摩之码撤销股东会决议的诉讼请求不予支持。

4.违反提前15日通知的规定,但通知时间得到股东认可,或者股东在会议召开前已经知道通知会议事宜且没有异议,或者股东通过其他方式对会议时间予以变通,属于通知时间上的瑕疵得到补正,股东会会议不应被撤销。

在(2009)一中民终字第929号案中,一审法院认为:科普诺公司章程对股东会通知时间没有作例外约定,《公司法》将通知期限规定为提前15日,是为了保障股东有足够的时间对股东会审议的事项进行相应准备,确保股东有效行使权利。违反提前15日通知的规定,是否影响股东会决议的效力,还应根据实质情况加以衡量和判断。如果虽未提前15天通知,但通知时间得到股东认可,或者股东在会议召开前通过其他渠道已经知道通知会议事宜,并且没有对此提出异议,或者股东知道会议时间后,通过其他方式对会议时间予以变通,则通知时间上的瑕疵得到救济。本案中,喻某于会议召开前2天通知刘某,刘某接到通知后,提议将时间推迟到6月29日,可见临时股东会在6月29日召开已得到双方的认可,并且双方均实际参加了会议。会议通知时间上存在的瑕疵已得到救济,并不影响股东会决议的效力。二审法院持相同观点。

三、公司决议是否有效

(一)涉及股东利益

【关于增资减资】

1.股东优先认缴新增资本的权利属于形成权,股东按其出资比例认缴新增资本是法定的权利,剥夺股东对新增资本优先认缴权的股东会决议无效。

在(2021)浙05民终1046号案中,二审法院认为:除全体股东另有约定外,各股东均有权优先按照实缴的出资比例认缴新增资本。本案中,照山公司作出的股东会决议确定由陆某某认缴新增资本500万元,但照山公司未提交证据证明全体股东曾就不按照出资比例优先认缴新增资本达成一致的约定,也未提交证据证明陆某某放弃了行使优先认缴新增资本的权利。股东优先认缴公司新增资本的权利属于形成权,股东按其出资比例认缴新增资本是法定的权利,股东会决议剥夺了陆某某对新增资本的优先认缴权,因此,实质上剥夺陆某某对新增资本行使优先认缴权的内容无效。

2.《公司法》关于股东享有增资优先认缴权的规定不属于效力性强制规定,股东会决议的内容是关乎增资的,除应考量通过决议在程序上是否合法之外,还需要考量增资目的正当性,据此判断股东会决议是否有效。

在(2019)京02民终3289号案中,二审法院认为:涉案决议第二项关于公司增加注册资本金 3500 万元的内容符合《公司法》及立马水泥公司章程关于增资表决权比例的规定,在立马水泥公司面临较大的环保压力,需要资金解决公司发展问题的情况下,其增资目的也具有正当性,不存在部分股东滥用资本多数决故意稀释小股东持股比例的情形,应属合法有效。涉案决议第四项关于兰溪立马公司增资的内容未超出该公司有权优先认缴的范围,故该项决议应属有效。涉案决议第三项中章某认缴的增资金额虽侵害了徐某享有的增资优先认缴权,但因《公司法》关于股东享有增资优先认缴权的规定不属于效力性强制规定,考虑到立马水泥公司增资的目的正当性,以及徐某可以行使其他权利进行救济,为维护交易安全和节约社会资源,认定涉案决议第三项不属于无效并无不当。

3. 对于不同比减资,应由全体股东一致同意;利用大股东的优势地位,以多数决的形式使得股东会作出违法减资的决议的,股东会决议无效。

在(2017)苏 02 民终 1313 号案中,二审法院认为:联通公司未通知陈某某参加股东会,而直接作出关于减资的股东会决议,从形式上看仅仅是召集程序存在瑕疵,但从决议的内容上看,联通公司股东会作出的关于减资的决议已经违反法律,陈某某可以请求确认该股东会决议无效。理由如下:

首先,《公司法》规定,股东会会议作出减少注册资本的决议,必须经代表三分之二以上表决权的股东通过。该规定中"减少注册资本"仅指公司减少注册资本,不包括减资在股东之间的分配。由于存在同比减资和不同比减资两种情况,不同比减资会直接改变公司设立时的股权分配情况,如果只要经三分之二以上表决权的股东通过就可以作出不同比减资的决议,那么实际上是以多数决的形式改变了公司设立时经发起人一致决所形成的股权架构,故对于不同比减资,应由全体股东一致同意,除非另有约定。

其次,联通公司对部分股东进行减资,却未对陈某某进行减资,导致陈某某持有的联通公司股权从 3% 增加至 9.375%。从联通公司提供的资产负债表、损益表看,联通公司的经营状态显示为亏损,故陈某某持股比例的增加实际上增加了陈某某作为股东所承担的风险,损害了陈某某的股东利益。

最后,股东应当遵守法律、行政法规和公司章程,依法行使股东权利,不得滥用股东权利损害公司或者其他股东的利益。联通公司召开的四次股东会均未通知陈某某参加,并且利用大股东的优势地位,以多数决的形式通过了不同比减资的决议,直接剥夺了陈某某作为小股东的知情权、参与重大决策权等程序权利,也在一定程度上损害了陈某某作为股东的实质利益。

【关于出资】

1.股东会决议的内容涉及解除股东资格的,应注意债权人是否已通过诉讼方式对其权益进行了救济。如果存在此方式,则解除股东资格属于对股东的双重惩罚,此类股东会决议无效。

在(2022)最高法民再215号案中,关于案涉股东会决议是否合法有效的问题,再审法院认为:《公司法司法解释(三)》关于"有限责任公司的股东未履行出资义务或者抽逃全部出资,经公司催告缴纳或者返还,其在合理期间内仍未缴纳或者返还出资,公司以股东会决议解除该股东的股东资格,该股东请求确认该解除行为无效的,人民法院不予支持"的规定,虽然认可了公司对股东资格的解除,但这种解除股东资格的方式相较于其他救济方式更为严厉,也更具有终局性,因此该规定的适用场合应限定于股东未履行出资义务或者抽逃全部出资的情形,而未全面履行出资义务或者抽逃部分出资的股东不适用该规则。

本案中,一是汤泊公司的章程确认虹口大酒店的出资为5940万元,而他案生效判决确认虹口大酒店抽逃出资5420.2万元,故属于抽逃部分出资的情形;二是在虹口大酒店对汤泊公司还存在直接或间接的债权的情形下,汤泊公司通过抵销权实现其对虹口大酒店的出资债权,亦未实质损害汤泊公司、公司股东及其债权人的利益;三是王某某、黑豹公司已通过诉请虹口大酒店返还抽逃出资的方式进行了权利救济,并在他案生效判决中得到支持,若本案认可其通过解除股东资格的方式再行权利救济,对虹口大酒店而言属于双重惩罚,会产生两份生效判决相互矛盾的后果。因此,对王某某、黑豹公司诉请确认解除虹口大酒店股东资格的股东会决议合法效力的主张,不予支持。

2.出资期限提前涉及股东期限利益,也涉及对股东自益权的处分,应由全体股东通过协议的方式予以约定处分,而不应由股东会通过多数决方式予以任意变更,否则将构成滥用股东权利,损害其他股东的利益,且该股东会决议无效。

在(2021)沪02民终8430号案中,二审法院认为:首先,股东出资的内容包括出资金额、出资方式和出资时间等,股东依据公司章程约定的出资时间享有相应的期限利益。潮旅公司的章程明确规定,3名股东的出资时间均为2039年12月31日前。在此之前,包括倪某某在内的股东均无出资义务,即便王某1与王某2均已提前实缴出资,亦无法推定倪某某构成拖延出资。其次,涉案变更股东出资期限的决议内容系仅针对小股东倪某某,依据查明事实,王某1与王某2系一致行动人,在案证据无法证明其已实缴出资,在王某1、王某2与倪某某享有同等出资期限利益且目前均未实缴的情形下,王某1与王某2利用股东会多数决原则,通过决议剥夺倪某某的出资期限利益,构成股东滥用权利损害其他股东的利益,违反了《公司法》的强制性规定,应属无效。最后,关于潮旅公司所称其经营急需资金,王某1已为公司承担相关费用等,均不构成要求倪某某缩短出资的法定事由,也不构成潮旅公司通过股东会决议以修改章程的方式缩短倪某某出资期限的法定事由。综上所述,一审法院认定涉案股东会决议中"通过公司章程修正案"内容无效,具有法律依据,予以确认。

3.通过股东会决议修改出资期限不适用资本多数决规则。

在(2019)沪02民终8024号案中,关于股东会决议修改股东出资期限是否适用资本多数决规则的问题,二审法院认为:首先,我国实行公司资本认缴制,除法律另有规定外,法律赋予公司股东出资期限利益,允许各股东按照章程规定的出资期限缴纳出资。其次,修改股东出资期限直接影响各股东的根本权利,其性质不同于公司增资、减资、解散等事项。后者决议事项一般与公司直接相关,但并不直接影响公司股东的固有权利。例如,增资过程中,不同意增资的股东,其已认缴或已实缴部分的权益并未改变,仅可能因增资而被稀释股份比例。最后,股东出资期限系公司设立或股东加入公司成为股东时,公司各股东之间形成的一致合意,股东按期出资虽系各股东对公司的义务,但本质上属于各股东之间的一致约定,而非公司经营管理事项。法律允许公司自治,但应以不侵犯他人合法权益为前提。公司经营过程中,如有法律规定的情形需要各股东提前出资或加速到期,应基于法律规定,而不能以资本多数决方式。故此,本案股东会决议修改股东出资期限不应适用资本多数决规则。综上,章某、何某某、蓝某某等股东形成的临时股东会决议,剥夺了姚某某作为公司股东的出资期限利益,限制了姚某某的合法权益,股东会决议无效。

4.股东会作出的按照股东实缴出资比例分配公司剩余财产的决议合法有效。

在(2013)沪二中民四(商)终字第1009号案中,二审法院认为:股东按照实缴的出资比例分红,"出资比例"理应指向实缴出资所占的比例,而非认缴出资所占的比例。捷仁公司历年分红均以各股东实缴出资比例为基准,各方均无异议,故涉案股东会决议中所涉及的股东先行收回各自的实际投资款项,再按照实缴出资比例分配剩余财产的内容并不违反《公司法》及捷仁公司章程的相关规定,应属有效。此外,根据《公司法司法解释(三)》的规定,股东未全面履行出资义务的,公司根据股东会决议对其剩余财产分配请求权等作出合理限制的,属有效行为。基于此,捷仁公司股东会决议作出的按照戴某某实缴出资比例分配公司剩余财产的规定不违反前述法律规定，体现了公平合理的原则。

【关于股权转让、提案权等】

1. 对于无法达到股东一致同意的情况，禁止股东对外转让股权，且未规定任何救济途径，严重损害了股东对其股份的基本处分权，公司章程作出此规定的条款无效，依据公司章程作出的股东会决议也无效。

在（2017）云01民终2233号案中，二审法院认为：2011年10月28日股东会决议和章程修正案中涉及对股权转让规则的调整，内容为"公司的股东之间可相互转让其全部或者部分股权；本公司股东持有的股权不允许对外转让，对外转让行为无效，但经本公司持有股权100%比例同意的除外"，《公司法》虽然规定有限责任公司章程对股权转让另有规定的从其规定，但章程规定不能违反法律规定，损害股东的合法权利。就股权性质而言，其具备股东财产权的性质，因此对股权对应的财产权利依法应当保护。《公司法》虽然基于有限责任公司的人合性赋予了公司章程对股权转让作出特殊规定的权力，但如果章程规定违反法律规定，侵害股东合法权益，应当无效。

仟龙公司2011年10月28日召开的股东会对公司章程的修订仅包括如下内容，即除非公司全部股东同意，否则禁止公司股东对外转让股权。对于无法达到全部股东同意的情况，禁止股东对外转让股权，且未规定任何救济途径，严重损害了股东对其股份的基本处分权；在形成该项内容时，本案上诉人赵某并未参加股东会表决，事后也未进行追认。因此，该条款因违反法律规定，损害股东合法权利而无效。

2. 法律未规定有限责任公司的股东及监事在已经确定股东会召开日期并通知后是否当然享有临时增加提案的权利；股东会会议召开前向股东会发出临时提案，仅涉及股份有限公司依法召开股东会的程序，并非判断涉诉股东会会议程序是否存在瑕疵的法定依据，该股东会决议有效。

在（2019）皖0202民初4801号案中，关于涉诉股东会是否系临时股东会，以及原告作为股东、监事提议的补充审议事项提案在2019年3月18日召开的股东会未进行审议的问题，一审法院认为：涉诉股东会应为临时股东会，原告的上述诉讼主张是否成立，取决于有限责任公司股东及监事是否可以对已经确定召开日期并已通知的股东会享有临时增加提案的权利，也取决于《公司法》和公司章程对此的规定。首先，从《公司法》和公司章程的规定来看，有限责任公司中代表十分之一以上表决权的股东、不设监事会的公司的监事对临时股东会有召集的权利，但并未规定在已经确定股东会召开日期并通知后是否当然享有临时增加提案的权利。

此外,《公司法》有关有限责任公司股东会召开程序的规定内容中,并未涉及股东提案权利的规定内容,而福海国际家具公司本身为有限责任公司,从《公司法》的其他规定内容来看,作为股份有限公司单独或者合计持有公司3%以上股份的股东,可以在股东大会召开10日前提出临时提案并书面提交董事会,董事会再提交股东大会审议。由此看来,股东临时提案权的合法行使问题,仅系与股份有限公司依法召开股东大会的程序有关。因此,原告在涉诉股东会会议召开前,向股东会发出临时提案,其行为本身虽并无不当,但却并非判断涉诉股东会议程序是否存在瑕疵的法定依据,因此股东会决议有效。

(二)涉及公司利益

1. 公司是否以及如何增资扩股,是公司自治的范畴,法律没有明确的禁止性规定。持有超过三分之二表决权的股东表决通过的,公司决议有效。

在(2019)最高法民终469号案中,关于案涉股东会决议的效力的问题,二审法院认为:公司是否以及如何增资扩股,是公司自治的范畴,法律没有明确的禁止性规定。郑某某(持有凤凰公司20%的股权)在《西安商报》发表声明,明确表示不出席2017年3月31日的股东会会议并对增资扩股的议题发表了意见。凤凰公司于2017年3月31日召开股东会会议,余某1、余某2、余某3(共持有凤凰公司80%的股权)参加了会议并就增资扩股及其具体方式作出了决议。上述决议的形成符合《公司法》和凤凰公司章程的规定,不违反法律、行政法规的强制性规定。郑某某通过提起诉讼对增资扩股方式的合理性提出异议,主张股东会会议无权决定增资扩股的方式,从而间接否定股东会决议的效力,缺乏法律依据。同时,郑某某未能提交证据证明案涉股东会会议召集的程序、表决的方式、决议的内容存在违反法律、行政法规的情形或者存在违反公司章程的情形,其主张决议无效亦缺乏事实依据,不予支持。

2. 认定决议效力还应当结合决议的正当性、各主体间的利益衡量等方面综合判断。公司急需资金解决发展面临的系列问题,并且不存在部分股东滥用资本多数决故意稀释小股东持股比例的情形的,该公司决议有效。

在(2019)京民申6018号案中,关于侵害股东增资优先认缴权的股东会决议是否一律认定为无效的问题,再审法院认为:徐某主张北京立马水泥有限公司违反了《公司法》(2018年)中"公司新增资本时,股东有权优先按照实缴的出资比例认缴出资"的规定,侵害了徐某作为股东的增资优先认缴权,进而依据《公司法》(2018

年)中"公司股东会或者股东大会、董事会的决议内容违反法律、行政法规的无效"的规定,主张股东会决议无效。本案一、二审判决皆认定北京立马水泥有限公司因无充分证据证明就公司增资事宜履行了通知徐某的义务,致使涉案公司决议第三项内容侵害了徐某的增资优先认缴权,对此不持异议。

对于《公司法》(2018 年)中"决议内容违反法律、行政法规的无效",应理解为决议内容违反了法律、行政法规的效力性强制性规定的,才可以认定无效,而《公司法》无论是从形式上还是从实质上,都无法认定为效力性强制性规定,违反该规定不能一律认定无效,还应当结合决议的正当性、各主体间的利益衡量等综合判断。本案中,在北京立马水泥有限公司面临着较大的环保压力,急需资金解决公司发展问题,其增资具有正当性,不存在部分股东滥用资本多数决故意稀释小股东持股比例的情形。涉案决议第三项中章某认缴的增资金额虽侵害了徐某享有的增资优先认缴权,但因该条并非效力性强制性规定,考虑到公司增资目的的正当性,以及徐某可以行使其他权利进行救济,为维护交易安全、节约社会资源、防止产生更大的不公正,原审认定涉案协议有效并无不当。

3. 无正当理由撤回有利害关系的诉讼,存在损害公司、股东、公司债权人的权利的可能性,且未说明和证明其作出的决议具有正当、合理的理由的,包含该内容的股东会决议无效。

在(2017)京 03 民终 5017 号案中,一审法院认为:外贸新创公司股东会决议的部分内容为撤销对德信合丰公司、马某等诉讼,以及授权公司董事会和监事会具体负责撤诉事宜。

首先,外贸新创公司基于解决纠纷的需要,已就不同的纠纷分别起诉德信合丰公司和马某,二者是否损害外贸新创公司利益,是否应对外贸新创公司承担法律责任,应当由法院审理确定。在不能及时、有效解决纠纷的情形下,公司股东会决议撤回对股东马某和马某独资控股的德信合丰公司的诉讼,损害了外贸新创公司的诉讼利益。

其次,在外贸新创公司诉德信合丰公司借款合同纠纷一案诉讼中,外贸新创公司已经申请财产保全,法院已经对德信合丰公司采取保全措施。现马某一方股东以召开股东会并形成股东会决议的方式,由外贸新创公司撤回诉讼。外贸新创公司撤诉将导致解除对德信合丰公司的财产的保全。故该决议存在损害公司、股东、公司债权人权利的可能性,并使外贸新创公司面临因为申请保全而被诉讼之风险,也直接侵害了外贸新创公司作为民事主体的利益。

最后，表决同意通过该次股东会的股东为马某方股东，决议内容涉及马某及马某独资控股的德信合丰公司，在外贸新创公司与马某和德信合丰公司存在纠纷的情形下，马某方股东未说明和证明其作出的决议具有正当性及合理性，且股东会决议的实施将阻止外贸新创公司通过合法方式维护公司利益。综上，马某方股东作出的与马某本人及其独资控股的德信合丰公司相关的股东会决议，可能会损害外贸新创公司的利益。故确认股东会决议无效。二审法院持相同观点。

（三）涉及债权人利益

1.在公司亏损的情况下，公司向股东返还减资部分股权对应的原始投资款，实际是未经清算程序通过定向减资的方式变相向个别股东分配公司剩余资产。这不仅有损公司其他股东的利益和公司的财产权，而且严重损害公司债权人的利益，涉及该内容的股东会决议无效。

在(2018)沪01民终11780号案中，上诉人华某某认为案涉股东会决议的第二项有损公司其他股东、公司以及其他债权人的利益，应属无效，而被上诉人圣甲虫公司则认为该内容并未违反法律、行政法规的规定，应属有效。对此，法院认为，圣甲虫公司的财务报表显示，公司自2018年2月至10月之间处于严重亏损状况，公司决议作出之时公司的净资产为8423242.68元，到2018年10月的净资产仅为2317650.37元。如果允许圣甲虫公司向某某公司返还500万元投资款，将导致公司的资产大规模减少，损害了公司的财产和信用基础，也损害了公司其他股东和债权人的利益。因此，上诉人华某某主张案涉股东会决议的第二项无效具有事实和法律依据，应予支持。

2.公司减资时未通知债权人构成瑕疵减资。瑕疵减资仅损害对公司减资前的注册资本产生合理信赖利益的债权人权益，并未损害所有债权人的合法利益，以瑕疵减资、逃避债务为由要求确认减资决议无效的，不予支持。

在(2021)京03民终9223号案中，二审法院认为：首先，决议是公司形成意思表示的法律行为。减资本质上属于公司内部行为，是公司意思自治的范畴。一般情况下，减资行为按照法律规定和公司章程规定的程序作出即有效。我国相关法律法规并未规定减资时未通知债权人构成无效。其次，减资时未通知债权人构成瑕疵减资。瑕疵减资仅损害了对公司减资前的注册资本产生合理信赖利益的债权人权益，并未损害所有债权人的合法利益，并不当然导致减资无效。若瑕疵减资导致减资当然无效，则难免影响公司的经营稳定和交易安全，也干涉了公司根据其经营需要作出调整注册资本的自治权。再次，北京趣游公司上诉主张根据破产法原理，先减资、后破产足以证明涉案决议系以逃避公司债务为目的,但其并未提供相关证据加以证明,故其仅以减资、破产发生的时间顺序主张涉案决议系以逃避债务为目的,依据不足,不予采纳。最后,根据法律规定和减资公司及相关人员减资时出具的债务清偿声明,权益受损的债权人可以要求减资股东和相关人员对其债权承担清偿责任,其合法权益并非不可救济。故对北京趣游公司以瑕疵减资、逃避债务为由要求确认减资决议无效的主张不予支持。

第三节 实务指南

一、董事会职权变化对股权架构的影响及实务问题

新《公司法》确立了董事会中心主义,从而取代了股东会中心主义。董事会由职业经理人、专业人士和具有丰富经营管理经验的人士组成,可以及时掌握市场最新动态并作出最新决策,从而保障公司持续稳定经营。

无论是股东会中心主义还是董事会中心主义,董事会在公司治理中都占据举足轻重的地位。对公司控制权的争夺,无论是在过去还是现在,都集中在董事会上。掌控了董事会,就意味着掌控了公司。董事会对公司的影响是全方位的,对股权架构更是会产生重大影响。

新《公司法》对股东会和董事会职权进行了调整,部分职权从股东会转移至董事会,同时还可以根据公司章程,由股东会对董事会进行授权。因此,董事会职权在新《公司法》时代得到了空前强化。想要掌握公司控制权,并稳住自己设想中的股权架构,就要对董事会进行全面掌控,可谓"牵一发而动全身"。

1. 规范依据

请参阅本章第一节请求权基础规范的相关内容。

2. 新《公司法》对董事会经营权的扩大

根据新《公司法》第67条的规定,董事会可以决定公司的经营计划和投资方案;制订公司的利润分配方案和弥补亏损方案;制订公司增加或者减少注册资本以及发行公司债券的方案;制订公司合并、分立、解散或者变更公司形式的方案;决定聘任或者解聘公司经理及其报酬事项,并根据经理的提名决定聘任或者解聘公司副经理、财务负责人及其报酬事项等。这些都是与经营权相关的权利。

同时,根据新《公司法》第152条的规定,公司章程或者股东会可以授权董事会

在3年内决定发行不超过已发行股份50%的股份,即董事会是授权资本制的具体实施者。由此可见,董事会经营权得到了极大的强化。

3. 新《公司法》对董事会监督职能的强化

新《公司法》第69条规定,有限责任公司可以按照公司章程的规定在董事会中设置由董事组成的审计委员会,行使本法规定的监事会的职权,不设监事会或者监事。第121条规定,股份有限公司可以按照公司章程的规定在董事会中设置由董事组成的审计委员会,行使《公司法》规定的监事会的职权,不设监事会或者监事。第137条规定,上市公司在董事会中设置审计委员会的,董事会对下列事项作出决议前应当经审计委员会全体成员过半数通过:聘用、解聘承办公司审计业务的会计师事务所;聘任、解聘财务负责人;披露财务会计报告;国务院证券监督管理机构规定的其他事项。

新《公司法》在赋予董事会更多权利的同时,也对其赋予了更多的监督义务,这正是权利义务相对等原则的体现。

新《公司法》对董事会职权的设计,通过法律规定、公司章程约定、股东会授权这三种方式来实现。其中,对于股东会授权是否应在合理边界内行使,以及合理边界的认定,实践中仍有争议。

二、监事职能变化对股权架构的影响及实务问题

监事职能,包括监事会职能,以及审计委员会在董事会中行使的监督职能。根据新《公司法》第78条规定,监事可以行使的职权包括:检查公司财务;对董事、高级管理人员执行职务的行为进行监督,对违反法律、行政法规、公司章程或者股东会决议的董事、高级管理人员要求改正、提出解任的建议;当董事、高级管理人员的行为损害公司的利益时,要求董事、高级管理人员予以纠正;提议召开临时股东会会议,在董事会不履行本法规定的召集和主持股东会会议职责时召集和主持股东会会议;向股东会会议提出提案;对董事、高级管理人员提起诉讼。

从监事的职权来看,监事在掌控公司控制权方面也发挥着重大作用,比如,享有向股东会的提案权,这直接影响公司的实际经营管理,也可以在恶意收购中起到阻却作用。资本市场的诸多生动案例表明,对董事会控制权争夺固然非常重要,但也不能轻视对监事会的掌控,监事会及监事对公司股权架构也会产生巨大的影响。

1. 规范依据

新《公司法》第69条、第121条。

2. 审计委员会的设置

有限责任公司、股份有限公司均可设置审计委员会。

3. 审计委员会的人员构成

对于有限责任公司,根据新《公司法》第 69 条规定,由董事组成,没有数量限制;对于股份有限公司,新《公司法》第 121 条规定,由董事组成,有数量的限制,即审计委员会成员为 3 名以上,过半数成员不得在公司担任除董事以外的其他职务,且不得与公司存在任何可能影响其独立客观判断的关系。

4. 审计委员会的人员选任

通过审计委员会的人员构成可以看出,无论是有限责任公司还是股份有限公司,审计委员会的成员均是董事。因此,根据董事的选任规则,应由股东会来决议选任,依据为新《公司法》第 59 条第 1 款第 1 项关于股东会职权的规定(同时适用于有限责任公司与股份有限公司)。

5. 审计委员会的职权

依据新《公司法》第 69 条、第 121 条的规定,审计委员会的职权与监事会的职权相同,即可参照新《公司法》第 78 条关于监事会职权的规定。

6. 审计委员会与董事会的选择

根据新《公司法》第 69 条、第 121 条的规定,公司只能在审计委员会与监事会之间二选一,两者不能同时设立。

三、新《公司法》中关于国家出资公司的理解

(一)整体理解

1. 分类

国家出资公司 = 国有独资公司 + 国有资本控股公司

2. 概念

国有独资公司,是指典型的一人公司,由国有资产监督管理机构代表国家履行出资人职责和义务。

国有资本控股公司,包括绝对控股和相对控股。具体指国有资本的出资额在股权架构中占 50% 以上,或者虽然不足 50% 但表决权足以对股东会决议产生重大影响的公司,或根据协议规定由国家拥有实际控制权的企业(协议控制)。对于实行类别股的公司,应根据表决权比例而非出资额比例来判断国有资本的控股情况。

3. 公司形式

既可以是有限责任公司,也可以是股份有限公司。

4. 法律适用

首先应优先适用本章所列规范,其次适用其他章节所列规范。

(二)区分理解

1. 国家出资公司

国家出资公司只包括国有独资公司和国有资本控股公司的一级公司,不包括一级公司设立的二级、三级等下属层级的公司。比如,国有独资公司 A 全资设立了有限公司 B,B 不属新《公司法》定义的"国家出资公司",而属于国有企业,本质属于 A 设立的公司,B 在公司法层面属于一人有限公司(如果 B 是股份公司,则属于一人股份有限公司)。

2. 国家出资公司 ≠ 国家出资企业

《企业国有资产法》第 5 条规定:"本法所称国家出资企业,是指国家出资的国有独资企业、国有独资公司,以及国有资本控股公司、国有资本参股公司。"

可见,国家出资企业包含的类型有很多,覆盖了本条国家出资公司的两种类型。其中,国有资本参股公司是指国有资本未达到控股地位的情形,如果到达控股地位,就属于国家出资公司中的"国有资本控股公司"。

3. 国有参股公司 ≠ 国有企业

(1)国有参股企业

通俗地说,国有参股企业是指具有部分国家资本金,但不由国家控股的企业。

《国有企业参股管理暂行办法》第 2 条规定:"本办法所称国有企业是指各级国有资产监督管理机构履行出资人职责的企业及其子企业,参股是指国有企业在所投资企业持股比例不超过 50%且不具有实际控制力的股权投资。"

(2)国有企业

根据《国家统计局关于对国有公司企业认定意见的函》,国有企业有广义、狭义之分。广义的国有企业是指具有国家资本金的企业,可分为三个层次:纯国有企业、国有控股企业、国有参股企业。狭义的国有企业仅指纯国有企业,纯国有企业包括国有独资企业、国有独资公司和国有联营企业三种形式,企业的资本金全部为国家所有。

《最高人民法院关于如何认定国有控股、参股股份有限公司中的国有公司、企业人员的解释》规定:"为准确认定刑法分则第三章第三节中的国有公司、企业人员,现对国有控股、参股的股份有限公司中的国有公司、企业人员解释如下:国有公司、企业委派到国有控股、参股公司从事公务的人员,以国有公司、企业人员论。"

全国人大常委会法工委编写的《中华人民共和国合伙企业法释义》第3条认为,国有企业的概念则较宽泛,可以理解为包括国有独资企业、国有控股企业和国有控股公司。

4."国有全资企业""国有全资公司"

(1)国有全资企业

《国资委关于促进企业国有产权流转有关事项的通知》第1条第2款规定:"本通知所称国有全资企业,是指全部由国有资本形成的企业"。

(2)国有全资公司

该概念与隶属于国家出资公司中的"国有独资公司"非常相似,但并非完全相同。

《国务院办公厅关于进一步完善国有企业法人治理结构的指导意见》规定:"国有独资公司不设股东会,由出资人机构依法行使股东会职权。以管资本为主改革国有资本授权经营体制,对直接出资的国有独资公司,出资人机构重点管好国有资本布局、规范资本运作、强化资本约束、提高资本回报、维护资本安全。对国有全资公司、国有控股企业,出资人机构主要依据股权份额通过参加股东会议、审核需由股东决定的事项、与其他股东协商作出决议等方式履行职责,除法律法规或公司章程另有规定外,不得干预企业自主经营活动。"

《国有企业公司章程制定管理办法》第2条规定:"国家出资并由履行出资人职责的机构监管的国有独资公司、国有全资公司和国有控股公司章程制定过程中的制订、修改、审核、批准等管理行为适用本办法。"

综上所述,国有独资公司与国有全资公司是分别阐述的两个独立概念,但至于什么是"国有全资公司",上述文件没有解释。

有观点认为,国有全资公司是指由两个国有企业投资主体设立的公司,而国有独资公司是指由一个国有企业投资主体设立的公司,区别仅仅在于投资主体数量的不同。也有观点认为,国有独资企业主要指改制前的全民所有制企业。

(三)各概念外延范围大小的比较

1.组织形态上

(1)国有企业>国家出资企业

前者的组织形态包括各类全民所有制企业、合伙企业、公司等;后者只包括全民所有制企业、公司,不包括合伙企业。其中国有独资企业是指全民所有制企业,受《全民所有制工业企业法》的调整,国资委监管的97家中央企业在完成改制前基本均系全民所有制企业。

（2）国家出资企业>国家出资公司

前者的组织形态包括全民所有制企业、公司；后者仅限于公司。故从组织形态上看，结论为：国有企业>国家出资企业>国家出资公司。

（3）国有全资企业>国有全资公司

上述三类比较均建立在"企业的组织形态>公司的组织形态"之比较基础上。

2. 层级上

国家出资企业、国家出资公司均指一级企业，不包含二级、三级等下属企业，即其全资或参股设立的子公司不属于国家出资企业、国家出资公司，而属国有企业范围；而国有企业既可以是一级企业，也可以是其他各层级的从属公司。

《国有企业境外投资财务管理办法》第2条规定："本办法所称国有企业，是指国务院和地方人民政府分别代表国家履行出资人职责的国有独资企业、国有独资公司以及国有资本控股公司，包括中央和地方国有资产监督管理机构和其他部门所监管的企业本级及其逐级投资形成的企业。"

故从层级上看，结论为：国有企业>国家出资企业+国家出资公司。

3. 从出资额占比来看

国有独资公司与国有全资公司中的国有资本出资比例相同，均为100%；国有全资公司的国资出资比例大于或等于国有资本控股公司中的国资出资比例；同时，国有全资公司的国资出资比例也大于或等于国家出资公司中的国资出资比例；而国有企业的国资出资比例则大于或等于国有参股公司中的国资出资比例。由此可见，通过国资出资比例的差异，可以清晰区分国有独资公司、国有全资公司、国有资本控股公司、国家出资公司、国有企业以及国有参股公司等相关概念。

以上三点是对新《公司法》第168条的理解。另外，还可对第169条作如下理解：

关键词："授权"。一直以来，国资委专门履行企业国有资本出资人职能，属于该条所规定的"国有资产监督管理机构"。然而，授权对象不仅限于国资委，还包括其他被授权的机构或部门，即代行国家股东职权的主体不仅局限于国资委，而是范围有所扩大。

出资人主体与代行国家股东职权的主体并不相同。前者划分为两类：对于中央国家出资公司，由国务院作为代表国家的出资人主体；对于地方国家出资公司，由地方人民政府作为代表国家的出资人主体。这两类出资人主体均可授权国资委或其他机构、部门来代表其履行出资人职责,即出资人主体是一回事,而代表出资人主体履职的机构则是另一回事(基于授权关系)。

该法条实际上包含两个层面的代表代行:首先,由国务院或地方人民政府代表国家进行出资;其次,由被授权的主体(国资委或其他机构、部门)代表国务院或地方人民政府行使管理职责。因此,可以得出以下等式:履行出资人职责的机构=代行出资人职责的国资委或其他被授权机构、部门。

代出资人主体履行的职责主要包括股东会职权,且在某些特殊事项上不得再授权董事会代为行使(新《公司法》第172条)。

四、上市公司股东会法律意见书撰写示例

×律师事务所关于×股份有限公司×年第×次股东会的法律意见书
(注:法律意见书的标题)

致:×股份有限公司

×律师事务所(以下简称"本所")接受×股份有限公司(以下简称"公司")的委托,根据《中华人民共和国公司法》(以下简称《公司法》)、《中华人民共和国证券法》(以下简称《证券法》)及其他相关法律、行政法规、部门规章和规范性文件(以下简称"法律、行政法规和规范性文件"),以及现行有效的《×股份有限公司章程》(以下简称《公司章程》)的规定,就公司×年第×次临时股东会(以下简称"本次股东会")有关事项出具法律意见书(以下简称"本法律意见书")。

(注:此为致函式法律意见书。开头部分表明律师事务所与上市公司的委托代理关系;明确出具法律意见书的法律依据,除新《公司法》之外,还包括《证券法》,以及主要的上市公司规则规章。新《公司法》已把有限责任公司的股东会与股份有限公司的股东大会统称为股东会,故本小节采用股东会的术语。)

为出具本法律意见书,本所律师对本次股东会所涉及的有关事项进行审查,查阅了本所律师认为出具本法律意见书必须查阅的文件。公司已向本所保证,公司提供的所有文件正本及副本均为真实、完整,公司已经向本所披露了一切足以影响本法律意见书出具的事实和文件,且无任何隐瞒、遗漏之处。

(注:此为律师履职的概述,即为出具本法律意见书做了哪些工作,描述不限于查阅了哪些文件,还可以作出与事实相符的其他描述。对于查阅了哪些文件,亦应予列明。此外,本部分还应包括公司对律所的保证陈述。)

在本法律意见书中,本所仅对本次股东会的召集及召开程序、出席会议人员的

资格及召集人资格、表决程序及表决结果是否符合《公司法》《证券法》和《上市公司股东大会规则》等法律、行政法规和规范性文件及《公司章程》的规定发表意见，不对本次股东会所审议的议案内容及其包含的事实或数据的真实性和准确性发表意见，亦不对会计、审计、公司投资价值分析等非法律领域的专业事项发表意见。

本法律意见书中对有关会计报表、审计报告或其他专业报告中某些数据和结论的引述，并不表明本所对这些数据、结论的真实性和准确性作出任何明示或默示的保证。对于该等数据、结论的内容，本所以及本所律师并不具备核查和作出评价的适当资格。本所同意将本法律意见书作为本次股东会的公告材料，随同其他须公告的信息向公众披露，本所律师将依法对本法律意见书承担相应责任。

除此以外，未经本所书面同意，本法律意见书不得为任何其他人用于其他目的或用途。

（注：这是关于律所的免责声明，表明本法律意见书对哪些具体事项发表意见，以及强调仅从法律角度来发表意见，而非从会计、审计、投资等角度发表意见；文件涉及的数据、结论、报表等真实性及合法性亦与律所无关。律所承诺允许该法律意见书公开披露并承担责任。）

本所律师根据相关法律、行政法规和规范性文件的要求，按照律师行业公认的业务标准、道德规范和勤勉尽责精神，对本次股东会的相关文件和有关事实进行了核查和验证，现出具法律意见如下：

一、本次股东会的召集、召开程序

（一）本次股东会的召集

本次股东会由公司第×届董事会临时会议决议召开，并履行了相关的通知和公告程序。具体如下：

……

（注：此处描述公司在召开本次股东会前履行通知与公告程序的情况，包括何年何月何日，公司董事会在什么报纸、网站以公告形式发布了股东会公告及通知、相关议案，须列明时间、文件内容、报纸名称、网址，并简要描述公告文件中是否提及了股东会召开的时间、会议地点、召集人、会议审议议案、投票方式、股权登记日、参加现场会议登记办法、参加网络投票的说明、会议出席对象、股东委托代理人出席会议情况、代理人行使表决权的说明及公司的通信地址、联系人等事项。）

（二）本次股东会的召开

本次股东会采取现场投票与网络投票相结合的方式召开。本次股东会的现场会议于×年×月×日(具体时间点)在×市×区×路×号×楼会议室召开,公司董事长×先生(或女士)主持本次股东会,完成了全部会议议程。网络投票通过深圳证券交易所网络投票系统进行,交易系统投票平台的投票时间为股东会召开当日的交易时间段……,互联网投票平台的投票时间为股东会召开当日的……

(注:此处描述股东会会议召开的具体地址,同时对网络投票的时间和投票平台给予明确记录。对于会议主持人情况也要明确,如果不是由董事长主持的,需要记载新的主持人是否已根据《公司章程》的相关规定,经半数以上董事共同推举产生。)

本所律师认为,本次股东会的召集、召开程序符合法律、行政法规、规范性文件和《公司章程》的规定。

(注:就股东会的召集和召开程序发表法律意见,此为第一次意见。)

二、本次股东会出席会议人员的资格、召集人资格

根据《召开股东会通知》,凡在股权登记日收市后在中国证券登记结算有限责任公司深圳分公司登记在册的公司股东,均有权出席股东会,并可以以书面形式委托代理人出席会议和参与表决。该代理人不必为公司股东。

(注:此处描述参加会议均应具备股东资格,其可委托代理人出席会议和参与表决。)

经验证本次股东会的现场会议登记资料等证明文件及深证所信息网络有限公司统计确认,出席本次股东会的股东和代理人人数及所持有表决权的股份数情况为:

1. 出席会议的股东和代理人人数为×人;
2. 所持有表决权的股份总数(股)为×股;
3. 所持有表决权股份数占公司有表决权股份总数的比例(%)为×%。

(注:此处描述出席股东会的股东和代理人人数及所持有表决权的股份数情况,以具体准确的数据呈现。)

除上述公司股东和代理人外,出席本次股东会现场会议的人员还包括公司董事、监事、高级管理人员,以及本所律师和其他相关人员。本次股东会的召集人为公司董事会。

(注:此处描述出席股东会的人员身份类别。)

本所律师认为,本次股东会出席会议人员的资格、召集人资格合法有效。

(注:就出席股东会人员资格、召集人是否合法有效发表意见,此为第二次意见。)

三、本次股东会的表决程序、表决结果

本次股东会审议的议案如下：

......

（注：列明股东会会议讨论表决的议案的名称。）

本次股东会对列入会议通知中的所有议案进行了审议，会议采用现场投票和网络投票相结合的表决方式。出席现场会议的股东（包括股东代理人，下同）以记名投票方式进行表决，表决时根据有关规定分别进行监票、验票、计票。本次股东会网络投票结束后，证券交易所信息网络有限公司向公司提供了合并现场投票和网络投票数据后的本次股东会投票的表决权总数和表决情况的统计数据。

经本所律师核查，本次股东会审议通过了上述议案。其中，涉及关联股东回避表决的议案（第×、×、×项），关联股东已回避表决，由非关联股东进行表决；涉及特别决议事项的议案（第×、×项）获得出席本次股东会的股东所持表决权的三分之二以上通过；涉及影响中小投资者利益的重大事项的议案（第×、×、×项），对中小投资者的表决单独计票。本次股东会实际审议的议案与公司董事会在《召开股东会通知》中公告的议案一致，未出现在会议审议过程中对议案进行修改的情形。

（注：首先，描述会议采取哪些方式进行投票，现场投票还是网络投票，或者两者兼顾，以及投票过程的简单描述；其次，描述律所核查投票结果情况，厘清涉及回避表决、特别事项表决、影响中小投资者利益重大事项的表决事项，并依法对投票结果进行判断。）

本所律师认为，本次股东会的表决程序、表决结果合法有效。

（注：对股东会的表决程序、表决结果发表法律意见，此为第三次意见。）

四、结论意见

综上所述，本所律师认为，公司本次股东会的召集、召开程序符合法律、行政法规、规范性文件和《公司章程》的规定；本次股东会出席会议人员的资格、召集人资格合法有效；本次股东会的表决程序、表决结果合法有效。

（注：在前述三次法律意见的基础上，对股东会会议召开的真实性合法性发表总的法律意见。）

本法律意见书正本一式两份，经本所盖章并由经办律师签字后生效。

（注：此处法律意见书的生效时间。最后是由律所负责人签字，两个经办律师签字并加盖律所公章。）

第二章 董事、监事、高级管理人员

第一节 请求权基础规范

一、新《公司法》规定

（一）权利义务

第 74 条 有限责任公司可以设经理，由董事会决定聘任或者解聘。

经理对董事会负责，根据公司章程的规定或者董事会的授权行使职权。经理列席董事会会议。

第 80 条 监事会可以要求董事、高级管理人员提交执行职务的报告。

董事、高级管理人员应当如实向监事会提供有关情况和资料，不得妨碍监事会或者监事行使职权。

第 126 条 股份有限公司设经理，由董事会决定聘任或者解聘。

经理对董事会负责，根据公司章程的规定或者董事会的授权行使职权。经理列席董事会会议。

第 178 条 有下列情形之一的，不得担任公司的董事、监事、高级管理人员：（一）无民事行为能力或者限制民事行为能力；（二）因贪污、贿赂、侵占财产、挪用财产或者破坏社会主义市场经济秩序，被判处刑罚，或者因犯罪被剥夺政治权利，执行期满未逾五年，被宣告缓刑的，自缓刑考验期满之日起未逾二年；（三）担任破产清算的公司、企业的董事或者厂长、经理，对该公司、企业的破产负有个人责任的，自该公司、企业破产清算完结之日起未逾三年；（四）担任因违法被吊销营业执照、责令关闭的公司、企业的法定代表人，并负有个人责任的，自该公司、企业被吊销营业执照、责令关闭之日起未逾三年；（五）个人因所负数额较大债务到期未清偿被人民法院列为失信被执行人。

违反前款规定选举、委派董事、监事或者聘任高级管理人员的，该选举、委派或者聘任无效。

董事、监事、高级管理人员在任职期间出现本条第一款所列情形的,公司应当解除其职务。

第179条 董事、监事、高级管理人员应当遵守法律、行政法规和公司章程。

第180条 董事、监事、高级管理人员对公司负有忠实义务,应当采取措施避免自身利益与公司利益冲突,不得利用职权牟取不正当利益。

董事、监事、高级管理人员对公司负有勤勉义务,执行职务应当为公司的最大利益尽到管理者通常应有的合理注意。

公司的控股股东、实际控制人不担任公司董事但实际执行公司事务的,适用前两款规定。

第181条 董事、监事、高级管理人员不得有下列行为:(一)侵占公司财产、挪用公司资金;(二)将公司资金以其个人名义或者以其他个人名义开立账户存储;(三)利用职权贿赂或者收受其他非法收入;(四)接受他人与公司交易的佣金归为己有;(五)擅自披露公司秘密;(六)违反对公司忠实义务的其他行为。

第182条 董事、监事、高级管理人员,直接或者间接与本公司订立合同或者进行交易,应当就与订立合同或者进行交易有关的事项向董事会或者股东会报告,并按照公司章程的规定经董事会或者股东会决议通过。

董事、监事、高级管理人员的近亲属,董事、监事、高级管理人员或者其近亲属直接或者间接控制的企业,以及与董事、监事、高级管理人员有其他关联关系的关联人,与公司订立合同或者进行交易,适用前款规定。

第183条 董事、监事、高级管理人员,不得利用职务便利为自己或者他人谋取属于公司的商业机会。但是,有下列情形之一的除外:(一)向董事会或者股东会报告,并按照公司章程的规定经董事会或者股东会决议通过;(二)根据法律、行政法规或者公司章程的规定,公司不能利用该商业机会。

第184条 董事、监事、高级管理人员未向董事会或者股东会报告,并按照公司章程的规定经董事会或者股东会决议通过,不得自营或者为他人经营与其任职公司同类的业务。

第185条 董事会对本法第一百八十二条至第一百八十四条规定的事项决议时,关联董事不得参与表决,其表决权不计入表决权总数。出席董事会会议的无关联关系董事人数不足三人的,应当将该事项提交股东会审议。

第186条 董事、监事、高级管理人员违反本法第一百八十一条至第一百八十四条规定所得的收入应当归公司所有。

第 187 条 股东会要求董事、监事、高级管理人员列席会议的,董事、监事、高级管理人员应当列席并接受股东的质询。

第 193 条 公司可以在董事任职期间为董事因执行公司职务承担的赔偿责任投保责任保险。

公司为董事投保责任保险或者续保后,董事会应当向股东会报告责任保险的投保金额、承保范围及保险费率等内容。

第 232 条 公司因本法第二百二十九条第一款第一项、第二项、第四项、第五项规定而解散的,应当清算。董事为公司清算义务人,应当在解散事由出现之日起十五日内组成清算组进行清算。

清算组由董事组成,但是公司章程另有规定或者股东会决议另选他人的除外。

清算义务人未及时履行清算义务,给公司或者债权人造成损失的,应当承担赔偿责任。

第 265 条 本法下列用语的含义:(一)高级管理人员,是指公司的经理、副经理、财务负责人,上市公司董事会秘书和公司章程规定的其他人员。(二)控股股东,是指其出资额占有限责任公司资本总额超过百分之五十或者其持有的股份占股份有限公司股本总额超过百分之五十的股东;出资额或者持有股份的比例虽然低于百分之五十,但依其出资额或者持有的股份所享有的表决权已足以对股东会的决议产生重大影响的股东。(三)实际控制人,是指通过投资关系、协议或者其他安排,能够实际支配公司行为的人。(四)关联关系,是指公司控股股东、实际控制人、董事、监事、高级管理人员与其直接或者间接控制的企业之间的关系,以及可能导致公司利益转移的其他关系。但是,国家控股的企业之间不仅因为同受国家控股而具有关联关系。

（二）责任承担

第 22 条 公司的控股股东、实际控制人、董事、监事、高级管理人员不得利用关联关系损害公司利益。

违反前款规定,给公司造成损失的,应当承担赔偿责任。①

第 51 条 有限责任公司成立后,董事会应当对股东的出资情况进行核查,发现股东未按期足额缴纳公司章程规定的出资的,应当由公司向该股东发出书面催缴

---

① 利用关联关系损害公司利益赔偿责任。

书,催缴出资。

未及时履行前款规定的义务,给公司造成损失的,负有责任的董事应当承担赔偿责任。①

第 53 条 公司成立后,股东不得抽逃出资。

违反前款规定的,股东应当返还抽逃的出资;给公司造成损失的,负有责任的董事、监事、高级管理人员应当与该股东承担连带赔偿责任。②

第 125 条 董事会会议,应当由董事本人出席;董事因故不能出席,可以书面委托其他董事代为出席,委托书应当载明授权范围。

董事应当对董事会的决议承担责任。董事会的决议违反法律、行政法规或者公司章程、股东会决议,给公司造成严重损失的,参与决议的董事对公司负赔偿责任;经证明在表决时曾表明异议并记载于会议记录的,该董事可以免除责任。③

第 163 条 公司不得为他人取得本公司或者其母公司的股份提供赠与、借款、担保以及其他财务资助,公司实施员工持股计划的除外。

为公司利益,经股东会决议,或者董事会按照公司章程或者股东会的授权作出决议,公司可以为他人取得本公司或者其母公司的股份提供财务资助,但财务资助的累计总额不得超过已发行股本总额的百分之十。董事会作出决议应当经全体董事的三分之二以上通过。

违反前两款规定,给公司造成损失的,负有责任的董事、监事、高级管理人员应当承担赔偿责任。④

第 188 条 董事、监事、高级管理人员执行职务违反法律、行政法规或者公司章程的规定,给公司造成损失的,应当承担赔偿责任。

第 191 条 董事、高级管理人员执行职务,给他人造成损害的,公司应当承担赔偿责任;董事、高级管理人员存在故意或者重大过失的,也应当承担赔偿责任。⑤

第 192 条 公司的控股股东、实际控制人指示董事、高级管理人员从事损害公司或者股东利益的行为的,与该董事、高级管理人员承担连带责任。

第 211 条 公司违反本法规定向股东分配利润的,股东应当将违反规定分配的利润退还公司;给公司造成损失的,股东及负有责任的董事、监事、高级管理人员应

---

① 未及时履行催缴出资义务的赔偿责任。
② 股东抽逃出资的连带赔偿责任。
③ 董事会决议致损的赔偿责任。
④ 违规财务资助的赔偿责任。
⑤ 第 188 条、第 191 条为执行职务造成的损害赔偿责任。

当承担赔偿责任。①

第 226 条 违反本法规定减少注册资本的,股东应当退还其收到的资金,减免股东出资的应当恢复原状;给公司造成损失的,股东及负有责任的董事、监事、高级管理人员应当承担赔偿责任。②

第 232 条 公司因本法第二百二十九条第一款第一项、第二项、第四项、第五项规定而解散的,应当清算。董事为公司清算义务人,应当在解散事由出现之日起十五日内组成清算组进行清算。

清算组由董事组成,但是公司章程另有规定或者股东会决议另选他人的除外。

清算义务人未及时履行清算义务,给公司或者债权人造成损失的,应当承担赔偿责任。③

第 238 条 清算组成员履行清算职责,负有忠实义务和勤勉义务。

清算组成员怠于履行清算职责,给公司造成损失的,应当承担赔偿责任;因故意或者重大过失给债权人造成损失的,应当承担赔偿责任。④

二、其他法律规定

(一)民法典层面

《民法典》

第 83 条 营利法人的出资人不得滥用出资人权利损害法人或者其他出资人的利益;滥用出资人权利造成法人或者其他出资人损失的,应当依法承担民事责任。

营利法人的出资人不得滥用法人独立地位和出资人有限责任损害法人债权人的利益;滥用法人独立地位和出资人有限责任,逃避债务,严重损害法人债权人的利益的,应当对法人债务承担连带责任。

第 84 条 营利法人的控股出资人、实际控制人、董事、监事、高级管理人员不得利用其关联关系损害法人的利益;利用关联关系造成法人损失的,应当承担赔偿责任。

第 179 条 承担民事责任的方式主要有:(一)停止侵害;(二)排除妨碍;(三)消除危险;(四)返还财产;(五)恢复原状;(六)修理、重作、更换;(七)继续履行;

---

① 违规分配利润的赔偿责任。
② 违规减资的赔偿责任。
③ 未及时履行清算义务的赔偿责任。
④ 怠于履行清算职责的赔偿责任。

(八)赔偿损失;(九)支付违约金;(十)消除影响、恢复名誉;(十一)赔礼道歉。

法律规定惩罚性赔偿的,依照其规定。

本条规定的承担民事责任的方式,可以单独适用,也可以合并适用。

第1165条 行为人因过错侵害他人民事权益造成损害的,应当承担侵权责任。

依照法律规定推定行为人有过错,其不能证明自己没有过错的,应当承担侵权责任。

第1167条 侵权行为危及他人人身、财产安全的,被侵权人有权请求侵权人承担停止侵害、排除妨碍、消除危险等侵权责任。

(二)公司法层面

1.《公司法司法解释(二)》

第18条 有限责任公司的股东、股份有限公司的董事和控股股东未在法定期限内成立清算组开始清算,导致公司财产贬值、流失、毁损或者灭失,债权人主张其在造成损失范围内对公司债务承担赔偿责任的,人民法院应依法予以支持。

有限责任公司的股东、股份有限公司的董事和控股股东因怠于履行义务,导致公司主要财产、账册、重要文件等灭失,无法进行清算,债权人主张其对公司债务承担连带清偿责任的,人民法院应依法予以支持。

上述情形系实际控制人原因造成,债权人主张实际控制人对公司债务承担相应民事责任的,人民法院应依法予以支持。

第19条 有限责任公司的股东、股份有限公司的董事和控股股东,以及公司的实际控制人在公司解散后,恶意处置公司财产给债权人造成损失,或者未经依法清算,以虚假的清算报告骗取公司登记机关办理法人注销登记,债权人主张其对公司债务承担相应赔偿责任的,人民法院应依法予以支持。

第20条 公司解散应当在依法清算完毕后,申请办理注销登记。公司未经清算即办理注销登记,导致公司无法进行清算,债权人主张有限责任公司的股东、股份有限公司的董事和控股股东,以及公司的实际控制人对公司债务承担清偿责任的,人民法院应依法予以支持。

公司未经依法清算即办理注销登记,股东或者第三人在公司登记机关办理注销登记时承诺对公司债务承担责任,债权人主张其对公司债务承担相应民事责任的,人民法院应依法予以支持。

第21条 按照本规定第十八条和第二十条第一款的规定应当承担责任的有限责任公司的股东、股份有限公司的董事和控股股东,以及公司的实际控制人为二人以上的,其中一人或者数人依法承担民事责任后,主张其他人员按照过错大小分担责任的,人民法院应依法予以支持。

2.《公司法司法解释(三)》

第13条 股东未履行或者未全面履行出资义务,公司或者其他股东请求其向公司依法全面履行出资义务的,人民法院应予支持。

公司债权人请求未履行或者未全面履行出资义务的股东在未出资本息范围内对公司债务不能清偿的部分承担补充赔偿责任的,人民法院应予支持;未履行或者未全面履行出资义务的股东已经承担上述责任,其他债权人提出相同请求的,人民法院不予支持。

股东在公司设立时未履行或者未全面履行出资义务,依照本条第一款或者第二款提起诉讼的原告,请求公司的发起人与被告股东承担连带责任的,人民法院应予支持;公司的发起人承担责任后,可以向被告股东追偿。

股东在公司增资时未履行或者未全面履行出资义务,依照本条第一款或者第二款提起诉讼的原告,请求未尽公司法第一百四十七条第一款规定的义务而使出资未缴足的董事、高级管理人员承担相应责任的,人民法院应予支持;董事、高级管理人员承担责任后,可以向被告股东追偿。

第14条 股东抽逃出资,公司或者其他股东请求其向公司返还出资本息、协助抽逃出资的其他股东、董事、高级管理人员或者实际控制人对此承担连带责任的,人民法院应予支持。

公司债权人请求抽逃出资的股东在抽逃出资本息范围内对公司债务不能清偿的部分承担补充赔偿责任、协助抽逃出资的其他股东、董事、高级管理人员或者实际控制人对此承担连带责任的,人民法院应予支持;抽逃出资的股东已经承担上述责任,其他债权人提出相同请求的,人民法院不予支持。

第27条 股权转让后尚未向公司登记机关办理变更登记,原股东将仍登记于其名下的股权转让、质押或者以其他方式处分,受让股东以其对于股权享有实际权利为由,请求认定处分股权行为无效的,人民法院可以参照民法典第三百一十一条的规定处理。

原股东处分股权造成受让股东损失,受让股东请求原股东承担赔偿责任、对于未及时办理变更登记有过错的董事、高级管理人员或者实际控制人承担相应责任的,人民法院应予支持;受让股东对于未及时办理变更登记也有过错的,可以适当减轻上述董事、高级管理人员或者实际控制人的责任。

3.《公司法司法解释(四)》

第 12 条 公司董事、高级管理人员等未依法履行职责,导致公司未依法制作或者保存公司法第三十三条、第九十七条规定的公司文件材料,给股东造成损失,股东依法请求负有相应责任的公司董事、高级管理人员承担民事赔偿责任的,人民法院应当予以支持。

4.《公司法司法解释(五)》

第 1 条 关联交易损害公司利益,原告公司依据民法典第八十四条、公司法第二十一条规定请求控股股东、实际控制人、董事、监事、高级管理人员赔偿所造成的损失,被告仅以该交易已经履行了信息披露、经股东会或者股东大会同意等法律、行政法规或者公司章程规定的程序为由抗辩的,人民法院不予支持。

公司没有提起诉讼的,符合公司法第一百五十一条第一款规定条件的股东,可以依据公司法第一百五十一条第二款、第三款规定向人民法院提起诉讼。

第 3 条 董事任期届满前被股东会或者股东大会有效决议解除职务,其主张解除不发生法律效力的,人民法院不予支持。

董事职务被解除后,因补偿与公司发生纠纷提起诉讼的,人民法院应当依据法律、行政法规、公司章程的规定或者合同的约定,综合考虑解除的原因、剩余任期、董事薪酬等因素,确定是否补偿以及补偿的合理数额。

5.《公司强制清算纪要》

29. 债权人申请强制清算,人民法院以无法清算或者无法全面清算为由裁定终结强制清算程序的,应当在终结裁定中载明,债权人可以另行依据公司法司法解释二第十八条的规定,要求被申请人的股东、董事、实际控制人等清算义务人对其债务承担偿还责任。股东申请强制清算,人民法院以无法清算或者无法全面清算为由作出终结强制清算程序的,应当在终结裁定中载明,股东可以向控股股东等实际控制公司的主体主张有关权利。

6.《公司法时间效力司法解释》

第 5 条 公司法施行前的法律事实引起的民事纠纷案件,当时的法律、司法解释已有原则性规定,公司法作出具体规定的下列情形,适用公司法的规定:……(二)对公司监事实施挪用公司资金等禁止性行为、违法关联交易、不当谋取公司商业机会、经营限制的同类业务的赔偿责任认定,分别适用公司法第一百八十一条、第一百八十二条第一款、第一百八十三条、第一百八十四条的规定;(三)对公司董事、高级管理人员不当谋取公司商业机会、经营限制的同类业务的赔偿责任认定,分别适用公司法第一百八十三条、第一百八十四条的规定;(四)对关联关系主体范围以及关联交易性质的认定,适用公司法第一百八十二条、第二百六十五条第四项的规定。

7.《最高人民法院关于〈中华人民共和国公司法〉第八十八条第一款不溯及适用的批复》

河南省高级人民法院:

你院《关于公司法第八十八条第一款是否溯及适用的请示》收悉。经研究,批复如下:

2024年7月1日起施行的《中华人民共和国公司法》第八十八条第一款仅适用于2024年7月1日之后发生的未届出资期限的股权转让行为。对于2024年7月1日之前股东未届出资期限转让股权引发的出资责任纠纷,人民法院应当根据原公司法等有关法律的规定精神公平公正处理。

本批复公布施行后,最高人民法院以前发布的司法解释与本批复规定不一致的,不再适用。

8.《企业破产法》

第125条 企业董事、监事或者高级管理人员违反忠实义务、勤勉义务,致使所在企业破产的,依法承担民事责任。

有前款规定情形的人员,自破产程序终结之日起三年内不得担任任何企业的董事、监事、高级管理人员。

(三)其他

【证券法层面】

《证券法》

第85条 信息披露义务人未按照规定披露信息,或者公告的证券发行文件、定期报告、临时报告及其他信息披露资料存在虚假记载、误导性陈述或者重大遗漏,致使投资者在证券交易中遭受损失的,信息披露义务人应当承担赔偿责任;发行人的控股股东、实际控制人、董事、监事、高级管理人员和其他直接责任人员以及保荐人、承销的证券公司及其直接责任人员,应当与发行人承担连带赔偿责任,但是能够证明自己没有过错的除外。

【执行层面】

1.《执行变更追加司法解释》

第21条 作为被执行人的公司,未经清算即办理注销登记,导致公司无法进行清算,申请执行人申请变更、追加有限责任公司的股东、股份有限公司的董事和控股股东为被执行人,对公司债务承担连带清偿责任的,人民法院应予支持。

第 22 条　作为被执行人的法人或非法人组织,被注销或出现被吊销营业执照、被撤销、被责令关闭、歇业等解散事由后,其股东、出资人或主管部门无偿接受其财产,致使该被执行人无遗留财产或遗留财产不足以清偿债务,申请执行人申请变更、追加该股东、出资人或主管部门为被执行人,在接受的财产范围内承担责任的,人民法院应予支持。

2.《执行股权司法解释》

第 8 条　人民法院冻结被执行人股权的,可以向股权所在公司送达协助执行通知书,要求其在实施增资、减资、合并、分立等对被冻结股权所占比例、股权价值产生重大影响的行为前向人民法院书面报告有关情况。人民法院收到报告后,应当及时通知申请执行人,但是涉及国家秘密、商业秘密的除外。

股权所在公司未向人民法院报告即实施前款规定行为的,依照民事诉讼法第一百一十四条的规定处理。

股权所在公司或者公司董事、高级管理人员故意通过增资、减资、合并、分立、转让重大资产、对外提供担保等行为导致被冻结股权价值严重贬损,影响申请执行人债权实现的,申请执行人可以依法提起诉讼。

→附录参考:司法政策文件《九民会议纪要》

14.【怠于履行清算义务的认定】公司法司法解释(二)第 18 条第 2 款规定的"怠于履行义务",是指有限责任公司的股东在法定清算事由出现后,在能够履行清算义务的情况下,故意拖延、拒绝履行清算义务,或者因过失导致无法进行清算的消极行为。股东举证证明其已经为履行清算义务采取了积极措施,或者小股东举证证明其既不是公司董事会或者监事会成员,也没有选派人员担任该机关成员,且从未参与公司经营管理,以不构成"怠于履行义务"为由,主张其不应当对公司债务承担连带清偿责任的,人民法院依法予以支持。

15.【因果关系抗辩】有限责任公司的股东举证证明其"怠于履行义务"的消极不作为与"公司主要财产、账册、重要文件等灭失,无法进行清算"的结果之间没有因果关系,主张其不应对公司债务承担连带清偿责任的,人民法院依法予以支持。

第二节 裁判精要

一、董监高身份的认定

（一）董事、监事身份的认定

1. 公司与董事之间的委任关系并不排斥劳动合同关系的存在。

在（2020）最高法民再50号案中，一审法院认为：孙某某与麦达斯轻合金存在劳动关系。我国尚未建立独立于劳动关系之外的职业经理人制度，作为企业高级管理人员的董事长，除了企业法定代表人的身份，还具有与企业形成劳动关系的职工身份。2017年7月20日，经麦达斯控股董事会决定任命孙某某为麦达斯轻合金董事长、法定代表人，自该日起，孙某某与麦达斯轻合金建立了劳动关系。2018年2月7日，麦达斯控股董事会决定免去孙某某麦达斯轻合金董事长、法定代表人的职务，未对孙某某任命其他职务，也未解除与孙某某的劳动关系。麦达斯控股免去孙某某董事长职务只是对其岗位的变更，不必然导致劳动关系解除。同时，麦达斯控股并未在本公司对孙某某有过职务任命，孙某某与麦达斯控股之间并不存在劳动关系。

二审法院认为：孙某某职务系由麦达斯轻合金的出资人，即麦达斯控股任命及免除，其并非麦达斯轻合金招用的劳动者，二者没有建立劳动关系的合意。根据麦达斯轻合金章程，结合麦达斯控股任免决定，孙某某由股东委派行使董事职权，法律关系性质是由股东雇用或委托管理公司。除此之外孙某某无其他职务，其工作性质是履行麦达斯控股委托指派的行为，不符合劳动关系应当具备的"由用人单位招用、受用人单位各项规章制度管理、从事用人单位安排的有报酬的劳动"的特征。在自然人与法人之间，除劳动关系外，法律并不禁止雇用及委托等法律关系的存在，故一审判决以"我国目前并无职业经理人制度"为由，认定孙某某与麦达斯轻合金形成事实劳动关系的法律依据不充分，对其请求麦达斯轻合金支付免职后工资的主张亦不予支持。

再审法院认为：麦达斯轻合金与孙某某之间存在事实上的劳动合同关系。2017年7月20日，孙某某被麦达斯控股调任其全资子公司麦达斯轻合金任董事长兼法定代表人，月薪税后7万元。自此，孙某某既作为麦达斯轻合金的董事、董事长参与董事会行使公司法赋予的职权，又作为麦达斯轻合金的法定代表人参与公司的日常经营管理。从《公司法》的角度看,公司依据章程规定及股东会决议聘任董事行使法定职权,且董事同意任职并依法开展委托事项,公司与董事之间即形成委任关系,从双方法律行为的角度看实为委托合同关系。但公司与董事之间的委任关系并不排斥劳动合同关系的存在,即二者之间在符合特定条件时还可以同时构成劳动法上的劳动合同关系。《公司法》规定"两个以上的国有企业或者两个以上的其他国有投资主体投资设立的有限责任公司,其董事会成员中应当有公司职工代表;其他有限责任公司董事会成员中可以有公司职工代表",这就以法律形式明确肯定了董事与公司之间可以形成劳动关系,委任关系与劳动关系并非绝对排斥、不能兼容。

本案中,孙某某于 2017 年 7 月被任命为麦达斯轻合金董事长,与公司形成委任关系。孙某某虽未与麦达斯轻合金签订书面劳动合同,但其被任命为董事长的同时,还担任公司法定代表人,负责公司融资、对外协调及财务管理等大量具体经营管理事务,受公司规章制度管理和约束,麦达斯轻合金按月向其支付工资并委托外服公司代缴"五险一金"费用。故孙某某基于担任法定代表人而从事除董事职权以外的公司其他具体业务,并以工资为主要生活来源等事实,符合劳动关系的构成要素,足以认定麦达斯轻合金与孙某某同时形成委任关系和事实上的劳动合同关系。因此,孙某某关于与麦达斯轻合金存在劳动合同关系的主张,予以支持。

2. 未登记在册的董事如果满足公开以董事身份活动、承担董事应履行的责任,以及和其他董事同等地参与公司事务的管理三项条件,可以认定为事实董事。

在(2017)最高法民终 869 号案中,关于邱某某认可案涉股权转让协议是否使得单某某代表富亿公司签约的行为构成有效的问题,二审法院认为:单某某、邱某某均向一审法院提供了香港特别行政区的法律,主张根据香港特别行政区的相关法律,股东名册登记只是表面证据,并不具有结论性的证据效力。邱某某是富亿公司的隐名股东,且未登记在册的董事如果满足公开以董事身份活动、承担董事应履行的责任,以及和其他董事同等地参与公司事务的管理三项条件,可以认定为事实董事。因此,邱某某是富亿公司的事实董事。

然而,本案并非富亿公司股东以及董事的资格确认纠纷。单某某代表富亿公司签约的行为,系行使董事代表权,涉及的是富亿公司章程规定的董事会表决权规则,并不以邱某某是否为富亿公司的隐名股东作为先决问题。富亿公司章程也没有对事实董事是否享有表决权、是否应当与登记董事同等计算表决权以及如何形成多数表决权等问题作出规定。《备忘录》明确记载因缺乏胡某某授权,需要再行商议股权转让协议,表明即使邱某某是富亿公司的事实董事,富亿公司的董事业已对股权转让协议的授权达成一致,即富亿公司对外转让股权需要得到胡某某的书面同意,而非事实董事与一名登记董事即形成董事会多数决。

本案中,邱某某亦没有反诉请求确认其为富亿公司的股东或董事。因此,邱某某是否为富亿公司隐名股东以及事实董事并非本案争点及需要审理的问题。一审判决对于邱某某是否为富亿公司的隐名股东以及事实董事的问题进行实体认定是不正确的,予以纠正。邱某某在二审中为证明其为富亿公司隐名股东及事实董事,提交了相关证据并申请证人出庭做证,本院对该部分证据不作评价。邱某某如认为其为富亿公司隐名股东或事实董事,应向富亿公司登记地法院,即香港特别行政区的法院主张权利,本案中不予处理。单某某、邱某某、万利公司关于因邱某某同意而使得案涉股权转让协议符合富亿公司董事会多数决之表决权规定的上诉理由,不予采信。单某某代表富亿公司向万利公司转让所持有的鸿港公司80%的股权,未经富亿公司章程规定的董事会授权,不符合董事达成的合意,且叶某某或胡某某均拒绝予以追认,故单某某的行为不能代表富亿公司的真实意思表示,并构成越权代表的滥用董事代表权行为。一审判决认定案涉股权转让协议不是富亿公司的真实意思表示是正确的,予以维持。

3. 成为职工代表监事的必要条件是与公司签订劳动合同或者存在事实劳动关系。

在(2017)沪02民终891号案中,二审法院认为:《公司法》规定,有限责任公司设监事会,其成员不得少于3人。监事会应当包括股东代表和适当比例的公司职工代表,其中职工代表所占比例不得低于三分之一,具体比例由公司章程规定。监事会中的职工代表由公司职工通过职工代表大会、职工大会或者其他形式民主选举产生。该冷藏物流公司的公司章程规定,公司设监事会,成员3人,监事会中有职工代表1人,由公司职工通过职工代表大会、职工大会或者其他形式民主选举产生。该冷藏物流公司于2014年4月30日通过的股东会决议第二项决定设立监事会,聘请徐某某、孔某某为股东代表监事,免去魏某1监事职务,另一名职工监事由魏某2担任。经审理查明,魏某2曾经担任该冷藏物流公司执行董事,于2008年退休。从目前证据来看,自2008年退休,魏某2与该冷藏物流公司并无劳动关系;该冷藏物流公司职工代表大会决议的与会职工签名栏中出现的朱某某、范某、杨某某、凌某某、张某5人中只有范某与张某可被认定为某冷藏物流公司的职工。因此,鉴于形成前述职工代表大会决议的程序不符合相关法律规定,且魏某2并非该冷藏物流公司职工,不具备担任职工监事的资格,法院认为系争股东会决议中任命魏某2为该冷藏物流公司职工监事的内容违反公司法关于职工监事的规定,应属无效;监事会是一个整体,同期组成以魏某2为职工监事的监事会的决议内容也应归于无效。

(二)高级管理人员身份的认定

1. 依据公司章程,总经理缺席或不能工作时,代理行使总经理职责从事相关活动,实际上行使公司高级管理人员职权的人,可以认定该代理为公司的高级管理人员。

在(2019)最高法民申2728号案中,关于周某在甘肃中集华骏公司任职期间,甘肃中集华骏公司与青海同海达公司2008年2月29日至2009年7月31日之间签订的加工承揽合同是否属于关联交易,以及周某是否应当承担赔偿责任的问题,再审法院认为:《公司章程》规定"公司设总经理一人,副总经理若干人,正、副总经理由董事会聘请""总经理直接对董事会负责,执行董事会的各项决定,组织领导公司的日常生产、技术和经营管理工作。副总经理协助总经理工作,当总经理缺席或不能工作时,代理行使总经理的职责"。2007年7月30日,甘肃中集华骏公司聘任周某担任公司营销部经理,全面主持公司销售和采购供应的工作。

在此期间,甘肃中集华骏公司并没有设立副总经理,周某实际上行使的是公司高级管理人员的职权。周某之妻高某某和亲戚成立青海同海达公司及转让公司股权的行为,与周某任营销部经理及离任具有同步性,周某未如实向公司报告该事项,在与青海同海达公司交易之后,周某利用其职权,不及时回收资金,与青海同海达公司的交易给甘肃中集华骏公司造成了损失。周某在青海同海达公司未向甘肃中集华骏公司支付货款的情况下,利用职权继续与青海同海达公司签订合同和供货,周某的行为客观上给甘肃中集华骏公司造成了经济损失,应当承担赔偿责任。

2. 判断当事人是否属于高管,不应拘泥于对高管聘任和解聘手续的形式审查,而应坚持实质审查标准,即根据当事人是否享有公司高管的权利并实际履行了高管职责,结合当事人对外意思表示内容、签署重要文件情况等事实作出判断。

在(2017)鄂民终698号案中,二审法院认为:对于湛某某在台方独资公司期间,即2012年5月18日以前担任精湛公司总经理一职这一事实,双方当事人无异议。对于鄂台合资期间湛某某是否担任公司总经理,双方存在较大分歧。精湛公司主张湛某某在合资公司期间一直担任总经理,直至2013年1月公司结束合资,合营变更为鄂方独资为止,湛某某主张其自2012年5月18日之后便不再担任公司总经理,而担任董事一职。对此,法院认为,在判断当事人是否属于高管时,不应拘泥于对公司高管聘任和解聘手续的形式审查,而应坚持实质审查标准,即根据当事人是否享有公司高管的权利并实际履行了高管职责,结合当事人对外意思表示内容、签署重要文件情况等事实作出判断。2012年4月26日,合资公司章程规定总经理的聘任由董事会决定,精湛公司虽未提交董事会决议证明,但从其提交的其他证据分析,湛某某在2012年5月18日至其正式退出精湛公司期间仍然主持精湛公司的日常经营管理工作,行使总经理的职权,拥有审批重大财务支出的权力,签署公司的日常业务文件,直至其正式退出精湛公司,在上述期间内属公司高级管理人员。

3.依据员工与公司之间签订的合作协议确定员工的职权范围,如果员工对公司的整体经营管理不享有任何职权,公司也未能证明员工实际行使了公司高级管理人员的职权,则该员工不属于高级管理人员。

在(2017)沪01民终12579号案中,关于马某某是否为新月公司的高级管理人员的问题,二审法院认为:首先,新月公司二审确认,马某某是新月公司聘任的驻伊朗代表处的总代表、经理,而非新月公司的经理,新月公司的章程及客观上的经理、执行董事为一人,即公司的法定代表人,但马某某在口头上及对外称呼上是新月公司的副总经理,享受副总经理的待遇;其次,马某某与新月公司之间没有正式的劳动合同关系,新月公司出具的《终止、解除劳动合同书》《解除劳动合同证明》均没有事实基础,仅用于解除马某某驻伊朗代表处总代表、经理的职务;再次,马某某个人与新月公司之间订有《合作协议》,约定马某某应履行本职工作,尽职尽责认真完成新月公司交办的工作,协调与伊朗各部门的友谊和业务事宜,促使合作项目顺利进行,并在开展业务过程中及时向北京总部汇报工作。从上述协议来看,马某某的职权范围明确限定于负责、执行伊朗代表处的工作事务,同时依约收取项目的效益佣金和业务提成,对新月公司的整体经营管理不享有任何职权,据此可以确定马某某只是作为新月公司雇佣的一个驻外机构及特定项目的执行负责人;最后,关于马某某是否实际行使了新月公司高级管理人员的职权,对此新月公司没有承担必要的举证责任。就新月公司举证的马某某任职期间的所作所为,包括参与伊朗项目的联络、洽谈、签约等活动,均未超出马某某作为新月公司驻伊朗代表处总代表、经理的职责范围。伊朗项目是否为公司的核心业务,属于新月公司内部的、某个经营期间的评估结果,不能以此作为衡量参与项目的负责人即为公司高级管理人员的定性标准。另外,因新月公司的商业秘密被非法侵害,其合法权益已经生效判决获得赔偿,马某某亦非该案件中新月公司起诉并经依法认定的侵害主体之一。综上,马某某既非新月公司章程确定的股东、董事、监事,也不具有公司法或新月公司章程规定的高级管理人员职位或职权,依法不能界定其为新月公司的高级管理人员。

4. 分公司负责人负责该分公司的日常经营及各项事务,其薪资待遇远高于普通管理人员,可以被认定为高级管理人员。

在(2020)粤01民终4015号案中,二审法院认为:张某自2015年3月27日起即任中瑞广州分公司负责人,该公司在性质上虽为分公司,但其人员仍为中瑞公司人员。中瑞广州分公司作为中瑞公司的分支机构,不仅有独立的办公场所、工商营业执照,而且可以自己的名义对外从事经营活动。张某作为中瑞广州分公司原登记公示的负责人,负责该分公司的日常经营及各项事务,其薪资待遇远高于普通管理人员,故张某当时的身份符合《公司法》规定的高级管理人员的特征。

5. 对于高级管理人员的主体认定,应按照《公司法》的规定,以公司章程及其他具有效力性、决策性的公司文件为依据。对于仅负责某项具体业务的部门管理人员,即便其享有一定管理权限,亦不属于公司法意义上的高级管理人员范畴。

在(2018)粤01民终10460号案中,二审法院认为:公司高级管理人员的职权范围直接与公司的整体利益相关联,对其任命人选、薪资报酬等事项均须经特定程序进行。对于公司高级管理人员的主体认定,应当严格按照《公司法》的规定,以公司章程及其他具有效力性、决策性的公司文件作为依据。对于仅负责某项具体业务的部门管理人员,即便其享有一定管理权限,亦不属于公司法意义上的高级管理人员范畴。本案中,东戈公司仅以周某任职销售总监及其工资报酬含"管理绩效"一项即主张其属于公司高级管理人员,显然不符合法律规定。东戈公司经法院释明后仍未能提供公司章程等有效文件证实销售总监有别于一般部门管理人员职位的特定性。因此,法院对东戈公司主张的周某系其司高级管理人员的事实不予确认。

二、违反忠实义务、勤勉义务

(一)诉讼主体资格

1. 非公司股东不能作为损害股东利益纠纷诉讼的原告。

在(2018)鄂05民终2303号案中,二审法院认为:汤某某提交的药品零售有限公司章程、自然人股东身份证明及股东会决议证实,药品零售有限公司的股东为李某某、金某某和张某某,并非汤某某。因此,汤某某在未确认其为药品零售有限公司股东的情况下,不具备适格的诉讼主体资格,无法提起损害股东利益责任之诉。

2. 被告不属高级管理人员,不应以其为高级管理人员为由将其列为被告。

在(2020)沪02民终135号案中,二审法院认为:《公司法》中高级管理人员的含义为,公司的经理、副经理、财务负责人,上市公司董事会秘书和公司章程规定的其他人员。据此，即便加丹公司提供的名片及邀请函显示蒋某为项目执行总监，蒋某在形式上也不满足高管的上述条件，应当从蒋某的实质职权进一步判断。在劳动合同之一中蒋某职务为亚洲区采购，在劳动合同之二中其职务为采购，现加丹公司提供的邮件所载蒋某与同事、客户的沟通内容，均未超出蒋某作为采购人员的履职范畴，因此，蒋某不属加丹高级管理人员，不将其列为被告。

3. 监事不是损害股东利益纠纷诉讼中适格的被告主体。

在(2018)京0105民初81563号案中，一审法院认为：损害股东利益责任纠纷的侵权主体应当是公司董事和高级管理人员。赵某1担任森哲公司的执行董事和经理，赵某2担任监事，冉某某、徐某某和孙某某则仅为森哲公司原股东，不担任任何职务；升哲公司则系赵某1和赵某2等人成立的其他公司，与森哲公司没有隶属关系。因此，赵某1、冉某某、徐某某、孙某某和升哲公司均不是损害股东利益责任纠纷中的适格侵权主体，不能作为被告，范某某要求该5人承担赔偿责任的主张于法无据，不予支持。

4. 公司监事对公司及全体股东负有忠实和勤勉义务，其未能勤勉履职给他人造成损失的，应当承担补充赔偿责任。

在(2021)闽民终540号案中，二审法院认为：陈某某作为公司监事，亦对公司及全体股东负有忠实和勤勉义务，其应按照相关法律法规及公司章程的规定，认真履行对公司财务及人员的监督职责，但陈某某未对财务报告的真实性尽到审慎调查核实的义务，存在未勤勉履职的行为，而且其亦无相反证据(如相关会议记录等)证明其已尽到了勤勉义务。因此，对于众和股份虚假陈述给投资者造成的损失，监事陈某某存在过失，应当承担赔偿责任。基于对陈某某的专业知识背景、职能定位及主观过错程度的综合考量，其与独立董事均存在对公司的经营信息获取不足的问题，且主观上均存在轻微过失，而且监事并非董事会成员，未参与公司决策和管理，更难以全面掌握公司经营信息，故酌定陈某某对原告因众和股份虚假陈述所遭受的损失，在3%(269197.51元×3%≈8075.93元)的范围内承担补充赔偿责任。

(二)损害股东利益

【侵权行为形态】

1. 侵害剩余财产分配权表现为在公司清算解散的前提下，董事、监事、高级管理人员未按照法律、行政法规或者公司章程规定向股东分配公司的剩余财产。在公司未进入清算解散程序的情况下，执行董事根据有效的股东会决议转让公司资产，不能认定为侵害股东剩余财产权的行为。

在(2013)民一终字第126号案中，关于谭某某是否有权请求黎某2、彩星公司及黎某3承担损害赔偿责任的问题,二审法院认为:谭某某在本案中主张黎某2、彩星公司及黎某3低价转让案涉资产侵害其利益,其实质是主张黎某2、彩星公司及黎某3转让案涉资产侵害经纬公司的财产权益,进而侵害其股权所代表的财产权益。法院认为,公司制度的核心在于股东的财产权与公司的财产权相互分离,股东以投入公司的财产为代价获得公司的股权,股东对公司财产并不享有直接权利。经纬公司是案涉资产的所有权人,谭某某仅对其投资享有股东权益,对公司的财产并不享有直接请求权。

基于此,《公司法》规定,在董事、监事、高级管理人员执行公司职务时违反法律、行政法规或者公司章程的规定,给公司造成损失的情况下,符合一定条件的股东有权要求公司监事、执行董事提起诉讼;在公司怠于提起诉讼时,符合一定条件的股东可以提起公司代表诉讼。本案中的经纬公司已经根据谭某某的通知向彩星公司提起诉讼并形成他案民事诉讼案件,经纬公司在该诉讼中败诉。谭某某依据《公司法》所享有的权利已经行使,谭某某再提起本案诉讼,事实依据及法律理由仍然是交易造成经纬公司损失进而侵害其股东利益,显然不能成立。

侵害剩余财产分配权表现为在公司清算解散的前提下,董事、监事、高级管理人员未按照法律、行政法规或者公司章程的规定向股东分配公司的剩余财产。在公司未进入清算解散程序的情况下,执行董事根据有效的股东会决议转让公司资产,不能认定为侵害股东剩余财产权的行为。即使该交易转让价格明显过低,股东也只能依据《公司法》相关规定的途径寻求救济。换言之,本案中,谭某某无权请求黎某2、彩星公司及黎某3承担赔偿责任。

2. 公司利益不等同于股东利益,股东直接起诉要求赔偿的损失一般是指股东知情权、表决权、分红权等直接权益的损失。

在(2020)川民终1459号案中,关于宜宾戎宸运业公司、黄某某的行为是否直接损害了四川智慧交通公司的股东利益,以及能否直接要求黄某某、宜宾戎宸运业公司向其承担赔偿损失责任的问题,二审法院认为:宜宾临港客运站公司的董事长黄某某及控股股东宜宾戎宸运业公司的行为,直接侵害了宜宾临港客运站公司的利益,而宜宾临港客运站公司作为独立经营的有限责任公司,具有独立的法律人格,公司利益并不等同于股东利益。四川智慧交通公司作为公司股东,受到的只是间接利益损失,而法律所规定的股东直接起诉,要求公司股东或公司高级管理人员赔偿的损失一般是指股东享有的知情权、表决权、分红权等直接权益的损失。因此,四川智慧交通公司以股东身份上诉,要求判令宜宾临港客运站公司的董事长黄某某及控股股东宜宾戎宸运业公司赔偿其股东损失的主张不能成立,不予支持。此外,四川智慧交通公司将侵权法的相关规定作为其行使请求权的法律依据,但《公司法》与《侵权责任法》(已失效)是特别法与一般法的关系,特别法优于一般法适用,本案应当适用《公司法》的规定。

3.董事未依法履行职责准备公司文件及材料给股东造成损失的,应承担赔偿责任。

在(2020)沪01民终3550号案中,二审法院认为:首先,本案系因叶某作为A公司的股东无法行使股东知情权而引发的侵权损害赔偿之诉。由于公司是否准备有关文件及材料并非股东所能证明,股东只对公司不能提供有关文件资料,导致其无法查询、复制的事实承担举证责任。现叶某已提供证据证明,相关股东知情权诉讼判决生效后,因A公司未履行义务而被法院终结执行程序,且A公司的法定代表人周某(本案被上诉人)亦被司法拘留。在此情况下,关于A公司依法制作或保存了相关财务会计报告、会计账簿和会计凭证的举证责任应当转移,周某作为A公司的执行董事应当对此承担举证责任。

其次,周某在本案一、二审过程中,均称A公司备有财务会计报告、会计账簿和会计凭证,因A公司欠付办公场所的租赁费而被查封,这些文件材料均被一并查封。然而,在另一起股东知情权纠纷案件中,作为A公司法定代表人的周某并未就此提出抗辩。结合周某在他案执行过程中关于A公司于2014年租赁办公场所的陈述,法院有理由认为,周某所述办公场所实际并非A公司的租赁物业。又鉴于周某未能提供相关租赁合同及相关文件材料被查封的证据等,故周某关于因办公场所被查封导致财务会计报告、会计账簿和会计凭证无法获得的辩解,缺乏事实依据。周某作为A公司的执行董事就A公司已建立和保存了财务会计报告、会计账簿和会计凭证的事实未能提供证据证明,应当承担举证不能的后果。

4.关联交易中损害股东利益的,应承担赔偿责任。

在(2020)沪01民终7597号案中,一审法院认为:堀某作为某控股公司董事,在以自己的全资公司收购某控股公司持有的某投资公司股权的关联交易中,所确定的股权转让价格显著低于该股权的公允市场价值,有违公平、合理处理公司事务的原则,导致杨某某可以获得的按该股权转让款的30%计算的股息减少,堀某的行为对杨某某造成了不公平的损害,对于杨某某要求堀某赔偿股权公允市场价值与实际股权转让价格差额的30%的损失的请求,予以支持。

5.公司董事对于股东出资不具有直接验资的法定职责,其信赖公司提供的验资报告并据此履行相应的管理职能,不具主观过错,不构成未尽忠实勤勉义务。

在(2018)最高法民申6184号案中,再审法院认为:郭某某和食品公司在两次增资时均提供了相应的验资报告。本案中,4个董事作为对于股东出资不具有直接验资的法定职责,其信赖郭某某和食品公司提供的验资报告并据此履行相应管理职能,不存在主观过错。在没有其他相反证据证明的情况下,对雪樱花公司关于4个董事未尽忠实勤勉义务的主张不予支持。

6.公司法定代表人、执行董事,违反公司章程、股东会决议,撤回公司的对外投资,给对方公司造成损失的,其应对公司的侵权行为承担补充赔偿责任。

在(2020)鲁民终125号案中,二审法院认为:王某在案涉会议纪要、盘点移交报告中均签字,对于案涉资产系青岛昌盛源公司投入一林公司的资产的事实知晓,并参与了相关的履行行为,但其作为青岛昌盛源公司的法定代表人、执行董事,违反一林公司章程、股东会决议,撤回青岛昌盛源公司对一林公司的投资,导致青岛昌盛源公司对一林公司侵权行为的发生,其未尽到作为青岛昌盛源公司的执行董事的勤勉忠实义务,应对青岛昌盛源公司的赔偿责任承担补充赔偿责任。郭某某虽在案涉股东会决议、章程签订时系青岛昌盛源公司的一人股东,但将其持有的青岛昌盛源公司的股权转让给王某、黄某某,其虽为一林公司监事,但一林公司、孙某某没有证据证明郭某某参与了实际决策或实施了侵占行为,一林公司、孙某某主张郭某某承担责任证据不足;一林公司、孙某某要求山东昌盛源公司、广奥公司对案涉损失承担连带责任的主张,亦没有提供充分证据证明,不予支持。

【责任承担】

1.确定损失额时,应考虑是否参与公司的经营管理、是否有财务账册证、资产及盈利状况是否可查清、公司注销的背景、当事人的过错程度等因素。

在(2020)粤01民终17635号案中,二审法院认为:王某某、周某应当赔偿的损失数额,取决于冯某某在大东公司股权的损失数额。王某某、周某上诉主张冯某某的损失应当以2019年7月31日期末余额5341.94元为准,还应扣减注销过程中的支出等,法院对其上诉主张不予采纳,理由如下。首先,冯某某从未参与大东公司的经营管理,而王某某作为该司执行董事、总经理及清算组成员,周某作为公司监事及清算组成员,均未能提供该司的财务账册证明经营期间的盈余状况,在公司清算时又未对该司进行审计,造成该司的资产状况及清算结果无法查清,对此王某某、周某应当承担举证不能的后果。其次,王某某与周某在2018年4月就股权转让达成协议,王某某于2018年5月21日向周某发送解除合作协议,但双方均拒绝向法庭提交该协议的完整版本,亦拒绝提交双方之间的银行流水明细证明解除协议的履行情况,亦应承担举证不能的法律后果。再次,王某某提交的大东公司2019年7月31日的资产负债表载明该司期初的所有者权益(股东权益)是171520.61元,期末数为5341.94元,而大东公司在2019年7月17日已出具清算报告,称该司已停止经营,各项业务已清算完毕。因此,一审法院参考大东公司注销的背景因素、王某某和周某的过错程度、大东公司的部分财务报表等因素,酌情确定以期初数171520.61元作为冯某某在该司的股权损失的计算基数并无不当,予以维持。

2.董事违反勤勉义务与忠实义务,原告已就具体的损失承担了举证责任,董事未能举证对此反驳的,将承担赔偿责任。

在(2017)京0101民初5692号案中,一审法院认为:剑桥控股亚洲公司通过举证,已经证明李某某、俞某存在违反董事的勤勉义务与忠实义务的情形。就其具体的损失,剑桥控股亚洲公司认为,根据2014年在知情权诉讼过程中对科文国略公司财务账簿的查阅及审计意见,可以确定当时科文国略公司尚余可变现资产11337531元,此后科文国略公司再未实际经营,现在已无任何资产。基于李某某、俞某之前的行为及其对科文国略公司实际的控制程度,科文国略公司全部财产的损失都应由李某某、俞某承担。李某某、俞某否认剑桥控股亚洲公司的上述意见,但未能说明科文国略公司现在的资产状况,也未提供任何证据,包括科文国略公司的历次董事会决议,科文国略公司的任何财务、经营资料予以证明己方观点。而且,李某某方在庭审中以科文国略公司"已不存在"的表述对其进行描述,可推定科文国略公司现已处于无人员、无财产、无场所的非经营状态。

根据剑桥控股亚洲公司在科文国略公司的持股比例及其2014年行使知情权的结果,认定剑桥控股亚洲公司的损失为科文国略公司当时可变现资产11337531元的30%,即3401259.3元。剑桥控股亚洲公司其余的诉讼请求没有充分客观证据予以证明,不予支持。剑桥控股亚洲公司要求国略投资公司、科文剑桥公司承担责任的主张没有法律依据,不予支持。李某某、俞某不认可剑桥控股亚洲公司的主张,但没有提供相应证据,应当承担举证不能的法律后果。判决自本判决生效之日起十日内,李某某、俞某共同赔偿剑桥控股亚洲公司3401259.3元。

3. 要求董事承担"相应"责任，应有证据加以证明，并依据过错程度确定责任范围，而不能仅因其同时具有法定代表人的身份推定其违反法定义务。增资不实是法律上推定的事实，而该证据已经时隔多年，远远超过法律规定的财务凭证最长保存时间，此种情况下，因公司无法举证而要求董事承担未尽忠实勤勉义务的责任，对董事而言过于苛刻。

在（2017）粤03民终14642号案中，二审法院认为：《公司法司法解释（三）》规定董事承担"相应"责任，应有证据加以证明，并依据过错程度确定责任范围，权责相应，而不能仅因其同时具有股东的法定代表人的身份推定其违反法定义务。本案中，国丰投资公司债务是在他案中产生的，就天大公司对中信实业银行深圳分行南山支行的债务承担连带清偿责任。进一步追究国丰投资公司增资不实的责任，责任的承担主体是其股东，即登喜富公司，因董事杨某某具有登喜富公司法定代表人的身份而追究其监管责任并无法律依据。本案的债权人华融资产仅提供了初步证据，登喜富公司因无法完成举证责任而承担相应法律后果，其增资不实乃是法律上推定的事实，而该证据已经时隔二十多年，远超法律规定的财务凭证的最长保存时间，此种情况下，因公司无法举证而要求董事承担未尽忠实勤勉义务的责任，对董事而言过于苛刻。杨某某对登喜富公司的案涉债务承担连带清偿责任无事实及法律依据，其该项上诉请求成立，予以支持。

4. **董事长、总经理未监督股东履行出资义务，放任股东抽逃出资的，应当与该股东承担连带赔偿责任。**

在（2021）最高法民申4683号案中，关于信诺公司是否应向水体公司返还出资款及相应利息的问题，再审法院认为：第一，水体公司股东大会形成决议、修订公司章程确认了增资事项，并将有关事项在工商管理部门进行登记，符合公司增资的法定条件和程序，信诺公司负有增资出资义务。第二，信诺公司向水体公司的银行账户转账完成增资，会计师事务所出具验资报告后，次日出资款以往来款的形式被转入南昌晨源贸易有限公司账户，该转出行为未经任何法定程序，亦非基于正常的交易关系，信诺公司以获取验资为目的，短暂地将资金转入并转出的行为，构成抽逃出资，应当承担返还义务。第三，水体公司进行增资时，李某某担任水体公司的执行董事、总经理，系公司法定代表人，其不但未监督股东履行出资义务，反而放任并协助股东抽逃出资，应对信诺公司的返还出资责任承担连带责任。

（三）损害公司利益

【自我交易、关联交易】

1. 判断自我交易的标准：交易的一方主体是否具备董监高身份；交易是否经公司股东会讨论同意；董监高是否获得不当利益。

在（2019）渝05民终7775号案中，二审法院认为：董事、高级管理人员不得违反公司章程的规定或者未经股东会同意，与本公司订立合同或者进行交易。董事、高级管理人员违反前述规定所得的收入应当归公司所有。

关于顾某某是否系福川公司高管的问题，顾某某否认自己系福川公司高管。会计师事务所重庆分所作出的《经济往来司法会计书证审查意见书》明确载明"顾某某2012年8月至2015年8月期间在福川公司任财务总监"，结合他人在公安机关的陈述，足以认定顾某某系公司财务负责人，应当属于公司的高级管理人员。

关于借款是否经公司股东会讨论同意的问题，顾某某在二审举示《通知》，证明其向公司的借款已经公司股东会同意。根据《通知》载明内容，福川公司向公司在职员工借款，金额为10万~50万元，借款利息为年利率10%，且并未规定逾期利息。但本案所涉借款共计两笔，分别为50万元、40万元，借款利息约定分别为年利率15%、10%，逾期加收月利率3%的利息。故该份通知载明的内容与案涉两笔借款存在较大差异，本案所涉借款在金额、利息标准方面远远大于通知所规定的公司向员工借款的标准。故该份通知即使属实，亦不足以证明案涉全部借款已经取得公司全体股东会的同意。

关于顾某某是否应向福川公司支付利息的问题，公司高管未经公司股东会同意与公司进行交易所得收入应归公司所有，该条规定并不以是否实际损害公司利益为前提。顾某某在担任福川公司高管期间，向公司出借款项并收取利息，其与公司订立借款合同的行为，需要经公司股东会同意。根据顾某某举示的《通知》，公司员工最多可以向公司借款50万元，利息不超过10%。故在该范围内的借款经过了股东会决议，上诉人福川公司应当支付给顾某某，顾某某超过该决议部分收取的利息及逾期利息均应归入福川公司。

2. 实际控制人利用职务便利，与公司签订《商品房买卖合同》，将争议商铺出售给自己，侵犯了公司及股东的合法权益的，其行为无效，所签订的《商品房买卖合同》亦无效。

在（2021）桂04民终800号案中，二审法院认为：案涉《商铺产权分割协议书》是在星元公司股东协商一致的情况下达成，在没有充分证据予以证实该协议违法或损害第三人利益的情况下,一审法院认定该协议有效并无不当。至于涉案商铺转让行为及涉案商品房买卖合同的效力问题,郑某1出具的《对于法院在庭审中需要核实问题的回答》,认可星元公司是其委托郑某2管理,公司的公章及法定代表人私章是其在2014年3月12日开始委托郑某2管理的。因此,应认定郑某2是星元公司的实际控制人。郑某2利用其作为星元公司实际控制人的便利,与星元公司签订《商品房买卖合同》,将争议商铺出售给自己,侵犯了星元公司及股东的合法权益,其行为无效,所签订的《商品房买卖合同》亦无效。

3. 公司章程中没有允许董事、高级管理人员同本公司订立合同或者进行交易的规定,董事假借他人的名义与公司订立借款合同,出借资金给公司并收取高额利息的,该利息应当归入公司所有。

在(2020)渝民终543号案中,二审法院认为:根据《公司法》的规定,董事、高级管理人员除公司章程规定或者股东会同意外,不得与本公司订立合同或者进行交易。该规定是为了保障董事、高级管理人员对公司的忠实义务的有效履行,必须严格遵守。本案中,冷某某作为云创公司的执行董事兼总经理,属于规定中的高级管理人员,理应履行对公司的忠实义务。由于云创公司章程中没有允许董事、高级管理人员同本公司订立合同或者进行交易的明确规定,且冷某某假借他人的名义与云创公司订立借款合同,出借资金给云创公司,并未经股东会同意或得到另一股东谢某的同意。冷某某的前述行为已经违反了《公司法》的规定。冷某某出借资金给云创公司并收取了高额利息,利息收入应当归公司所有。

4. 判定公司决议是否系股东滥用股东权利,以及是否损害公司或其他股东利益时,不能仅因涉及关联交易,就认定股东会、董事会决议当然无效。

在(2017)最高法民终416号案中,二审法院认为:东圣公司董事会、股东会作出关于收购海隆公司并授权某组织收购工作的决议,参与表决的董事及股东代表与决议事项有关联关系,确属于公司关联交易。但涉及关联交易的决议无效,还需要违反《公司法》(2013年)"公司股东应当遵守法律、行政法规和公司章程,依法行使股东权利,不得滥用股东权利损害公司或者其他股东的利益"和"公司的控股股东、实际控制人、董事、监事、高级管理人员不得利用其关联关系损害公司利益"之规定,也即须判定公司决议是否系股东滥用股东权利,以及是否损害公司或其他股东利益,而不能仅因涉及关联交易,就认定股东会、董事会决议当然无效。

本案中,东圣公司董事会及股东会决议作出时,各方董事及股东代表均参加会议并一致表决通过,对决议内容未提出异议。参与表决的董事及股东代表与决议事项虽具有关联关系，但法律并未对其行使表决权作出限制，并不能因此认定其行为构成滥用股东权利。至于董事会或股东会的召开是否违反公司章程中关于会议召集程序的相关规定，应为董事会或股东会决议撤销的事由，不属于对相关决议效力认定的依据。

此外，就案涉决议内容而言，其中关于收购海隆公司并授权某组织收购工作的内容并未涉及具体的交易条件等事项，现有证据不能证明该决议内容损害了公司或其他股东的利益。至于东圣公司基于董事会及股东会决议，与金最公司、东陶公司和海隆公司签订《股权转让协议》是否构成恶意串通、抽逃出资的问题，属于股权转让合同应否以及能否继续履行的问题，不构成案涉董事会及股东会决议对公司或其他股东利益的损害，不影响本案对东圣公司董事会及股东会决议效力的认定。故案涉董事会及股东会决议并不具备违反法律、行政法规的情形，一审判决关于东圣公司董事及股东恶意串通，利用关联交易损害公司及股东利益，违反法律规定的认定不当，予以纠正。

【谋取公司商业机会】

1. 经理在履行职务的过程中，获得了案外人有意采购公司产品的商业机会，却未向公司披露该商业机会，隐瞒公司实际完成了整个交易，并且从中谋取了实际利润，构成了谋取商业机会的行为。该行为对公司造成的损害赔偿额，可以根据证据酌定。

在（2014）沪一中民三（民）终字第1218号案中，一审法院认为：陈某在履行销售经理职责的过程中，获得了案外人太原金宜公司有意采购孚兰公司经销产品的商业机会，却未向孚兰公司披露该商业机会，而是私自收取了案外人太原金宜公司的定金，并利用其销售经理的身份向上游企业订货，且在隐瞒孚兰公司的情况下实际完成了整个交易，并且从中谋取了实际利润。这一事实充分说明陈某未能履行对公司勤勉、忠实的义务，且实际篡夺了孚兰公司的商业机会，通过该隐瞒方式实际侵害了孚兰公司潜在的可得利益，理应承担相应的法律后果。孚兰公司并无具有足够证明力的证据证明陈某通过该笔交易谋取的利润为17000元，故根据陈某于公安部门的询问笔录中自认其从该笔交易中获利1万元左右，酌情确定陈某赔偿孚兰公司经济损失1万元。

2. 公司的高管在代表公司进行项目磋商过程中，成立了自己控股的公司并以控股公司谋取了其所任职的公司商业机会，新成立的控股公司与该高管应对任职公司的损失承担连带赔偿责任。

在（2020）最高法民申1025号案中，再审法院认为：张某与北京华业公司在2017年9月底前存在劳动关系，北京华业公司任命张某为公司副总经理，结合张某代表北京华业公司在"授权签字人"处签字与深圳平安公司签订合作协议、与双龙管委会签订《项目投资协议》等相关事实,认定张某系北京华业公司的高级管理人员。张某成立的贵阳华业公司的名称与北京华业公司近似,足以让商务局的工作人员误以为贵阳华业公司系北京华业公司授权,张某成立贵阳华业公司时尚为北京华业公司的高管,且正在磋商合作及项目投资事宜,张某在代表北京华业公司与双龙管委会签订《项目投资协议》后,在合同履行过程中成立了贵阳华业公司,在之后不足一个月时间内,贵阳华业公司就与双龙管委会签订《项目投资协议》及相关补充协议;贵阳华业公司与双龙管委会签署的《项目投资协议》及相关补充协议,北京华业公司与双龙管委会签署的《项目投资协议》,它们的内容与合作模式基本一致,仅存在合作方名称等细微变更的事实。

原审从张某的行为脉络分析,认为其行为违反了对北京华业公司的勤勉忠实义务,据此认定张某利用高管职务及承办经手项目便利谋取了属于北京华业公司的商业机会。张某作为北京华业公司的高管,在代表北京华业公司与双龙管委会就项目进行磋商的过程中,作为持股90%的股东成立了贵阳华业公司,并以贵阳华业公司名义谋取了属于北京华业公司的商业机会,贵阳华业公司违反诚实信用原则,故贵阳华业公司与张某应对北京华业公司的损失承担连带赔偿责任。

3.滥用控股股东地位,将业务交由与其具有关联关系的公司经营,并且对此不能作出合理的解释,篡夺属于公司的商业机会的,应对公司损失承担赔偿责任。

在(2019)最高法民终350号案中,二审法院认为:大陆桥公司为天博公司的控股股东,中铁物流公司、中铁外服公司与大陆桥公司之间存在关联关系。天博公司作为博钢铁路专用线的产权人,有权决定是否允许他人在该专用线上从事货运代理,并且其自身有资格、有能力在该专用线上从事国内货物运输代理业务,但控股股东大陆桥公司滥用其控股股东地位,将该业务交由与其具有关联关系的公司经营,并且对此不能作出合理的解释,篡夺属于公司的商业机会,违反同业禁止的义务,损害了天博公司的利益。根据《公司法》规定,大陆桥公司在此范围内应当对天博公司在博钢铁路专用线损失的代理费承担赔偿责任。大陆桥公司的相关关联公司与大陆桥公司构成共同侵权,应对天博公司的损失承担连带赔偿责任。

4.利用职务便利为自己或者他人谋取属于公司的商业机会,自营或者为他人经营与所任职公司同类业务的,违规所得的收入归公司所有,给公司造成损失的,应当承担赔偿责任。

在(2015)沪二中民四(商)终字第793号案中,二审法院认为:宋某1受聘担任鑫波公司总经理,全权负责加工、销售香肠肉制品等公司业务。然而其在任职期间,另行与其父亲宋某2及案外人樊某某共同设立了申根公司。申根公司的经营范围包括销售香肠、火腿等肉制品,且实际在网店中大量销售了鑫波公司生产的香肠类制品,从中获利。宋某1与其父亲宋某2合计持有申根公司80%的股权,故宋某1称其并不参与申根公司的经营决策,亦从未获利,有悖常理。申根公司另一股东樊某某同时是漫趣公司的法定代表人,漫趣公司曾经在宋某1担任鑫波公司总经理期间受托为鑫波公司代为申请香肠品牌的商标注册,但漫趣公司最终将该品牌据为己有,宋某1亦未对此提出异议或采取相应措施。基于此,结合一般商事规律、普通大众认知及公序良俗,推定宋某1利用职务便利为自己及申根公司谋取了本属于鑫波公司的商业机会,并且申根公司经营了与鑫波公司同类的业务,违反了《公司法》中高管的忠实、勤勉义务,损害了鑫波公司的利益,并使自身获利,故而应当承担相应法律责任。

5. 原告应对被告存在谋取公司商业机会的行为进行举证。

在(2013)集民初字第2992号案中,关于夏某、杨某是否谋取客贝利公司的商业机会的问题,一审法院认为:首先,原告提交的证据显示,夏某、杨某在离开客贝利公司之后,于2013年6月至7月期间为案外人孟加拉博西尼亚公司服务,证据并未体现夏某、杨某有操控孟加拉博希尼亚公司扣货、拖延向原告的客户出口订单货品的行为,无证据显示客贝利公司与孟加拉博西尼亚公司之间的冲突系由夏某、杨某造成。其次,属于客贝利公司的帐篷订购单被更改至孟加拉博希尼亚公司是由于客贝利公司与孟加拉博希尼亚公司之间存在冲突,客贝利公司的客户高某为了自身利益决定更改供应商,而且该事宜也经过了客贝利公司法定代表人边某某的同意。再次,被告博西尼亚公司的名称与孟加拉博西尼亚公司的名称虽存在混淆,但客贝利公司与孟加拉博西尼亚公司之间的利益是相互区分和独立的,被告博西尼亚公司的名称与孟加拉博西尼亚公司的名称混淆可能导致存在对孟加拉博西尼亚公司的不正当竞争,但该不正当竞争侵害的是孟加拉博西尼亚公司的利益,而不是客贝利公司的利益。综上,原告提交的证据不足以证明夏某、杨某存在谋取客贝利公司商业机会的行为。

【竞业禁止】

1. 构成竞业禁止,需要符合高级管理人员损害公司利益责任的四个要件:主体要件,即责任主体为高级管理人员;损害行为要件,即在执行职务过程中实施了违反了法律或者公司章程的行为;损害事实要件,即公司发生了损失;因果关系要件,即损害行为与损失两者之间具有直接联系。

在(2017)京03民终13040号案中,二审法院认为:铭泰设备公司、铭泰热力公司主张吕某某离职之后成立了存在竞争关系的万博新昌公司并聘用了原铭泰设备公司的员工,造成了公司损失。在一审诉讼中,铭泰设备公司、铭泰热力公司明确表示其起诉是基于《公司法》,即吕某某违反高管义务。因此,铭泰设备公司、铭泰热力公司在本案中的请求权基础是《公司法》中的高级管理人员履行职务存在过错。本案中,铭泰设备公司、铭泰热力公司起诉主张的吕某某于2012年2月离职并于2012年4月成立万博新昌公司的行为已不属于履行高级管理人员管理公司、经营业务、履行职责的行为,不符合主体要件及损害行为要件。故铭泰设备公司、铭泰热力公司以《公司法》高级管理人员履职存在过错为由要求其承担赔偿责任不符合法律规定,一审法院判决吕某某向铭泰热力公司支付违约金属于法律适用错误,应予纠正。

2. 即使公司高级管理人员未实际谋取公司的商业机会,但只要该高级管理人员对公司负有忠实义务,其自营或为他人经营与所任职公司同类业务的行为就应予以禁止。判断利用职务便利为自己或者他人谋取属于公司的商业机会,应以该高级管理人员是否实际利用在公司任高级管理人员的职务便利为前提。

在(2013)集民初字第2992号案中,关于夏某、杨某是否对客贝利公司负有忠实义务的问题,一审法院认为:《公司法》禁止的是董事、高级管理人员违反公司忠实义务的行为,故公司依据该规定禁止其高级管理人员从事法律列明的行为,应以该高级管理人员对公司负有忠实义务为前提。如果公司的高级管理人员实际未在公司履行高级管理人员职务并已在为其他公司进行服务,且公司对此予以认可,根据公平原则,公司不得再要求该高级管理人员对公司负忠实义务。另外,判断公司高级管理人员是否存在未经股东会同意,利用职务便利为自己或者他人谋取属于公司的商业机会,自营或者为他人经营与所任职公司同类的业务的行为,应以该高级管理人员是否实际利用了在公司任高级管理人员的职务便利为前提。

被告夏某、杨某于2013年5月开始已实际未在原告客贝利公司履行职务,且客贝利公司亦于2013年6月开始停发夏某、杨某的工资并停止为二人缴交社保费用。从原告提交的夏某、杨某二人在2013年6月至7月期间发送给客贝利公司法定代表人边某某、营业部经理胡某某的多封邮件来看,夏某、杨某二人在该期间实际在为孟加拉博希尼亚公司服务,并与客贝利公司联系合作事宜,杨某在与客贝利公司就客贝利公司向孟加拉博希尼亚公司提供帐篷样品所需支架和图样进行邮件沟通时,其署名处明确标注了"博希尼亚(厦门)休闲用品有限公司",客贝利公司对此亦知情,并多次表示会向博希尼亚公司提供样品所需支架和图样,说明客贝利公司已认可夏某、杨某未实际在客贝利公司履行高级管理人员职务,以及夏某、杨某为孟加拉博希尼亚公司服务的行为,亦未对杨某以被告博希尼亚公司名义发送邮件与客贝利公司联系合作事宜提出异议,在此情况下,客贝利公司继续要求夏某、杨某对客贝利公司履行忠实义务,有违公平,于法无据。

3. 公司并未投产开业的时间,可以作为竞业禁止的时间起点;公司出现僵局并未召开董事会的时间,可以作为竞业禁止的时间讫点。认定从事竞业禁止活动所获取的收入范围,可以根据两家公司的经营范围的重叠之处,酌定纳入公司归入权范畴的数额。

在(2013)一中民初字第13957号案中,一审法院认为:法博洋公司投产开业期为2007年7月1日,陈某某2009年1月6日以书面形式依法向法博洋公司提出了查阅、复制财务资料的申请,法博洋公司于2009年1月10日以回函的形式拒绝了陈某某的申请;2009年3月11日,法院立案受理了陈某某诉法博洋公司股东知情权纠纷一案。显然,最迟至2009年1月10日,法博洋公司已出现公司公章的持章人与公司法定代表人董事长陈某某意志不一致的情形,陈某某作为法博洋公司工商登记的法定代表人、董事长,在公司内部纠纷中不能代表公司意志。由于法博洋公司在2007年7月以前并未投产开业,故陈某某竞业禁止的时间起点为2007年7月;由于2009年1月以后法博洋公司出现法定代表人与公司意志不一致的情况且公司从未召开董事会,陈某某本人没有实际经营该企业,无法"利用职务便利"从事竞业禁止行为,故陈某某竞业禁止的截止时间为2009年1月。因此,陈某某从事竞业禁止活动的时间起讫点应为2007年7月至2009年1月。

对于陈某某因从事竞业禁止活动所获取的收入范围,根据他案生效民事判决书,已认定法博洋公司与爱迪士上海公司的经营均涉及中央式管道的洗尘、清洁,属于同类业务。而爱迪士上海公司的经营范围包括设计、生产和销售住宅和商用建筑内机械式中央通风系统、中央式管道洗尘系统、真空泵及配件、风机配件,以及暖通空调系统的风口、消声器及上述同类产品的批发、进出口业务及相关配套业务。因此,陈某某任职爱迪士上海公司所获取收入只有涉及中央式管道的洗尘、清洁部分收入方属于法博洋公司可请求纳入公司归入权范畴的数额。对此收入的具体数额,法博洋公司、陈某某均未举证证明,证据显示,在2007年7月1日至2009年1月期间,陈某某在爱迪士上海公司申报工资额为1799877.22元。鉴于法博洋公司2007年开业以来直至2008年均处于亏损状态且2009年未年检的事实状态,两公司规模不一样,重合的范围仅有一种,故酌定法博洋公司涉及中央式管道的洗尘、清洁部分的业务收入为人民币20万元。

4.董事对公司所负的忠实义务、竞业禁止义务应不限于董事所任职的公司自身,还应包括公司的全资子公司、控股公司。

在(2021)最高法民申1686号案中,关于李某是否违反了对美谷佳公司、华佗在线公司所负忠实义务和竞业禁止义务的问题,再审法院认为:首先,李某对美谷佳公司负有忠实义务和竞业禁止义务。原审查明,在2015年4月28日之前,李某担任美谷佳公司的法定代表人、董事长和总经理。根据《公司法》,李某在作为美谷佳公司的董事、总经理期间对美谷佳公司负有法定的忠实义务和竞业禁止义务,不得篡夺美谷佳公司的商业机会。其次,李某对华佗在线公司亦负有忠实义务和竞业禁止义务。《公司法》规定的关于董事对公司所负的忠实义务、竞业禁止义务应不限于董事所任职的公司自身,还应包括公司的全资子公司、控股公司等,如此方能保障公司及其他股东的合法权益,真正实现设置忠实义务、竞业禁止义务的立法本意。本案中,美谷佳公司是华佗在线公司的全资股东,双方利益具有明显的一致性,李某对美谷佳公司所负的忠实义务和竞业禁止义务应自然延伸至美谷佳公司的子公司华佗在线公司。最后,李某实施了损害华佗在线公司利益的行为。本案中,华佗在线公司于2014年1月已经获得和省二医合作网络医院项目的商业机会,省二医在与友德医公司于2014年11月20日签订《友德医网络医院合作协议》后,转而与友德医公司合作网络医院项目,并终止与华佗在线公司就网络医院项目的合作。李某出具的《情况说明》中关于其代表的美谷佳公司技术方、创始人团队和牧某某等资本方在经营美谷佳公司、华佗在线公司过程中出现矛盾等陈述,可以证明李某在担任美谷佳公司董事长、总经理及技术团队主要负责人期间,未经美谷佳公司股东会同意,另行操控友德医公司将华佗在线公司与省二医合作的网络医院项目交由友德医公司经营,非法获取了本属华佗在线公司的商业机会,损害了华佗在线公司及其母公司美谷佳公司的利益。据此,原判决认定李某违反了对美谷佳公司和华佗在线公司所负忠实义务和竞业禁止义务,并无不当。

第三节　实务指南

一、董事对第三人责任制度对股权架构的影响及实务问题

董事、高级管理人员对第三人承担的责任,可简称为董事对第三人责任。因新

《公司法》实行董事会中心主义，董事在公司治理中起到极为重要的作用。一旦董事不履行忠实勤勉义务、违反信义义务，很容易利用其身份和职务便利实施损害公司利益的行为，导致公司治理涣散，最终危及公司的股权架构。因此，规范和规制董事、高级管理人员履行职务的行为，也就成为必然。

1. 规范依据

新《公司法》第191条。

2. 董事、高级管理人员的认定

董事不仅包括担任职务的董事，还包括影子董事、事实董事。高级管理人员，不仅包括公司聘请的担任职务的高级管理人员，还包括事实上履行高级管理人员职责的人员、影子高级管理人员。也就是说，对董事、高级管理人员实行的是实质上的、事实上的认定标准。

如果控股股东、实际控制人、法定代表人同时具有董事、高级管理人员的身份，即事实董事，他们也应遵循董事对第三人的责任制度。新《公司法》第180条规定："董事、监事、高级管理人员对公司负有忠实义务，应当采取措施避免自身利益与公司利益冲突，不得利用职权牟取不正当利益。董事、监事、高级管理人员对公司负有勤勉义务，执行职务应当为公司的最大利益尽到管理者通常应有的合理注意。公司的控股股东、实际控制人不担任公司董事但实际执行公司事务的，适用前两款规定。"

对于前述的影子董事、影子高级管理人员，见新《公司法》第192条规定："公司的控股股东、实际控制人指示董事、高级管理人员从事损害公司或者股东利益的行为的，与该董事、高级管理人员承担连带责任。"

3. 董事对第三人的责任

董事对第三人的责任，以董事、高级管理人员执行公司职务为前提。

4. "他人"之范围

理论上包含股东、债权人、公司内部其他人员，以及与公司交易的任何主体等。

5. 赔偿责任

原则上，应由公司承担赔偿责任；在董事、高级管理人员存在故意或重大过失的情况下，由董事、高级管理人员自行承担责任。新《公司法》第191条对此表述为"董事、高级管理人员存在故意或者重大过失的，也应当承担赔偿责任"。从语义上看，对该条可以作两种理解：先由公司承担赔偿责任，再由董事、高级管理人员承担补充责任；或者由董事、高级管理人员直接自行承担责任。但对于外部的债权人而言,其必然会主张公司对此承担责任,或者主张公司、董事、高级管理人员共同承担连带赔偿责任。

本章第一节请求权基础规范"一、新《公司法》规定"之"(二)责任承担"部分,系统梳理了包括利用关联关系损害公司利益赔偿责任、未及时履行催缴出资义务赔偿责任、对股东抽逃出资连带赔偿责任、董事会决议致损赔偿责任、违规财务资助赔偿责任、执行职务造成损害赔偿责任、违规分配利润赔偿责任、未及时履行清算义务赔偿责任、怠于履行清算职责赔偿责任等董事承担责任的情形,可作为理解董事对第三人责任制度的参考。

值得注意的是,根据《最高人民法院关于〈中华人民共和国公司法〉第八十八条第一款不溯及适用的批复》的规定,2024年7月1日起施行的新《公司法》第88条第1款仅适用于2024年7月1日之后发生的未届出资期限的股权转让行为。对于2024年7月1日之前股东未届出资期限转让股权引发的出资责任纠纷,人民法院应当根据原公司法等有关法律的规定精神公平公正处理。

二、经理职权变化对股权架构的影响及实务问题

经理是指由董事会决定聘任的,对董事会负责并根据公司章程的规定或者董事会的授权行使职权的常设机构。

经理属于新《公司法》所界定的"高级管理人员"。通常认为,尽管新《公司法》实行董事会中心主义,但董事会的具体经营管理权又下沉至经理层面,经理享有相当大程度的业务决策权。

前文已述,对公司控制权的争夺往往聚焦在对董事会的争夺上,而对经理的争夺又往往是董事会争夺的关键。因为经理在商业实践上有着丰富的经验,掌握着公司的客户,以及销售渠道等业务上的关键资源,所以对经理的争夺就是对公司关键资源的争夺。当然,关键资源的枯萎或断绝,会使公司的生存陷入危难之际,所谓"皮之不存,毛将焉附",足见经理也会对公司治理、股权架构产生重大影响。

1. 规范依据

新《公司法》第74条、第126条。

2. 经理的职权源于公司章程的规定和董事会的授权

新《公司法》第74条、第126条的规定,只是明确了经理享有列席董事会会议的权利,其他权利则根据公司章程的规定或者董事会的授权来确定。在与由经理代表的公司从事交易之前,最好先审查该公司章程对经理权限有无规定,没有规定的,则应审查其是否得到了董事会的授权,授权期限、范围、事项等均需要明确。如果公司章程有规定,且董事会也出具授权书,则应审查授权书与公司章程是否冲突。在有冲突的情形下,公司章程具有优先于董事会授权的效力。

3. 经理行为效力的判断

除了依据上述第2点提及的公司章程规定、董事会授权来判断经理行为效力,还可以依据《民法典》第170条中关于职务代理人制度的规定来判断经理的行为效力,该条规定:"执行法人或者非法人组织工作任务的人员,就其职权范围内的事项,以法人或者非法人组织的名义实施的民事法律行为,对法人或者非法人组织发生效力。法人或者非法人组织对执行其工作任务的人员职权范围的限制,不得对抗善意相对人。"

三、股东催缴失权制度七大热点实务问题

(一)全体董事都要展现出催缴的姿态?

新《公司法》第51条第2款规定,董事会未及时履行催缴出资义务(核查出资情况、发出书面催缴通知)给公司造成损失的,负有责任的董事应当承担赔偿责任。那么,所谓的"负有责任的董事",是指全体董事吗?

笔者认为,首先应由董事会形成催缴出资决议,然后再履行核查义务,最后发出催缴出资的通知。决议中应明确履行催缴出资义务的具体董事名单,名单中任一董事履行催缴出资义务的行为之效果均及于全体董事;如果没有确定具体名单,董事会的任一董事都可以履行催缴出资义务,其行为之效果也及于全体董事。因此,没有必要每个董事都展现出催缴的姿态。该条文中"负有责任的董事",是指董事会决议中确定履行催缴出资义务的董事名单中的成员,在决议没有确定催缴出资义务的董事名单的情形下,董事会的每个董事均为"负有责任的董事"。

注意,在对催缴出资事项进行表决时,关联董事仍须回避表决。若剔除关联董事后剩余董事不足3人的,应参照新《公司法》第185条规定,将该事项提交股东会审议。

(二)股东失权后,其他股东转让股权的,如何处理该失权股权比例?

新《公司法》第52条第2款规定,被催缴出资的股东丧失的股权应当依法转让,或者相应减少注册资本并注销该股权;6个月内未转让或者注销的,由公司其他股东按照其出资比例足额缴纳相应出资。也就是说,将股东丧失的那部分股权转为公司的库存股后,在6个月内要么将其转让给其他股东或公司外部人员,要么启

动实质减资程序进行注销,未在这一期限内履行这些义务的,由其他股东按出资比例进行回购,以保持股权架构的稳定性。如果其他股东在回购该失权股权之前就转让自己的股权而退出公司的,应如何处理其对应的失权股权?对此,需要通过股权转让的原理来解决。

新《公司法》第 88 条第 1 款规定,股东转让已认缴出资但未届出资期限的股权的,由受让人承担缴纳该出资的义务;受让人未按期足额缴纳出资的,转让人对受让人未按期缴纳的出资承担补充责任。

新《公司法》第 88 条第 2 款规定,未按照公司章程规定的出资日期缴纳出资或者作为出资的非货币财产的实际价额显著低于所认缴的出资额的股东转让股权的,转让人与受让人在出资不足的范围内承担连带责任;受让人不知道且不应当知道存在上述情形的,由转让人承担责任。

第一种情形是,如果其他股东在失权股权的 6 个月处置期未届满时就转让股权,其他股东的回购条件尚未触发,其应回购的失权股权属于上述新《公司法》第 88 条第 1 款规定的"未届出资期限的股权",由股权受让人来承担回购义务,股权转让人(原其他股东)承担回购的补充责任。

第二种情形是,如果其他股东在失权股权的 6 个月处置期届满后才转让股权的,其他股东的回购条件已经触发,其应回购的失权股权属于上述新《公司法》第 88 条第 2 款规定的"未按照公司章程规定的出资日期缴纳出资",股权转让人与受让人对其回购的出资承担连带责任;受让人不知道且不应当知道存在上述情形的,由转让人承担回购失权股权的责任。

另一个值得注意的问题是,"其他股东"的时间节点应如何界定?这关乎股东是否应当履行按期出资比例足额缴纳相应出资的问题。笔者认为,应以新《公司法》第 52 条第 1 款规定的失权通知发出之日作为界定"其他股东"的时间节点,因为此时股东确定丧失其未缴纳出资的股权,其他股东回购失权股权的条件也被触发(此为附件条件的回购义务,即以公司在 6 个月内未转让或者注销失权股权作为回购失权股权的前提条件)。

(三)催缴失权与抽逃出资有何关系?

股东抽逃出资时,董事会是否可以启动催缴出资程序?当然可以,只是董事会此时存在一个难题,就是无法判断股东是否构成抽逃出资,除非有裁判文书对此已作出认定,否则,这种判断就并非像判断催缴失权制度中的"未按期足额缴纳公司章程规定的出资"的前提条件那么容易。在认定为抽逃出资行为的前提下,为了保障公司资本维持制度,董事会发出催缴通知要求股东补足出资,最终作出股东失权决议,没有任何法律上的障碍。

（四）催缴失权与出资加速到期有何关系？

根据新《公司法》第54条的规定,公司不能清偿到期债务的,公司或者已到期债权的债权人有权要求已认缴出资但未届出资期限的股东提前缴纳出资。此种"已认缴出资但未届出资期限"的提前出资是否属于第51条催缴失权制度中的"未按期足额缴纳公司章程规定的出资"？笔者认为,在出资加速到期的情况下,可以直接转为催缴失权程序,由董事会催缴出资,再确定股东是否失权,两者可以相互衔接。

（五）催缴失权与股东除名有何关系？

根据《公司法司法解释（三）》第17条的规定,股东除名制度适用的前提是股东完全未履行出资义务或者抽逃全部出资,并由股东会来作出除名决议。催缴失权制度中存在催缴失权异议之诉讼,股东除名制度中存在针对股东会决议的效力之诉；这两种制度是可以互相衔接的,当股东被催缴出资而失去其认缴的全部股权时,就符合了股东除名条件,可以将催缴失权程序转入除名程序。此时,董事会作出的100%失权通知与股东会作出的除名决议,产生相同的效力,即股东持有股权比例确定为0%,不再享有股东资格。

（六）催缴失权异议之诉与公司效力决议之诉有何关系？

新《公司法》第52条规定,在公司发出催缴出资通知载明的宽限期内仍没有履行出资义务的股东,丧失其未缴纳出资的股权,股东对失权有异议的,应当自接到失权通知之日起30日内,向人民法院提起诉讼。此为催缴失权异议之诉,该诉讼针对的也是董事会决议（作出股东失权事项决议）。

公司决议效力之诉与催缴失权异议之诉存在相似之处。新《公司法》第25条规定,公司股东会、董事会的决议内容违反法律、行政法规的无效,此为公司决议无效之诉。新《公司法》第26条规定了公司决议可撤销之诉,股东自决议作出之日起60日内,可以请求人民法院撤销；未被通知参加股东会会议的股东自知道或者应当知道股东会决议作出之日起60日内,可以请求人民法院撤销；自决议作出之日起1年内没有行使撤销权的,撤销权消灭。新《公司法》第27条则规定了公司决议不成立之诉。

公司无效之诉与公司决议不成立之诉均不存在诉讼时效问题,并非如公司决议可撤销之诉存在60日的除斥期间（最长1年）。催缴失权异议之诉中的30日也属于除斥期间,它与公司决议撤销之诉中的 60 日有何关系？二者是特别规定与一般规定的关系。股东若聚焦于失权事项本身而对董事会决议提起诉讼,优先适用 30 天除斥期间的规定；在超过 30 天除斥期间后没有行使催缴失权异议之诉权利的,股东仍然存在补救机会,可以以董事会决议存在召集程序、表决方式违反法律、行政法规或者公司章程,或者决议内容违反公司章程为由主张撤销决议,同样可能达到对失权的救济。如果涉及失权事项的董事会决议无效或不成立,则提起的确认之诉不存在除斥期间问题,随时可提起诉讼,这样也可以达到对失权的救济。

（七）谁来作出催缴出资决定？

公司法领域的"催缴失权"制度,从名称上看,由两部分组成:一是催缴出资,二是未缴出资股权的丧失。新《公司法》第 51 条第 1 款规定,董事会对股东出资情况核查后,"应当由公司向该股东发出书面催缴书,催缴出资"。为什么这里不直接写应当由董事会向该股东发出书面催缴书,催缴出资呢？

第 52 条第 1 款前半部分也规定了公司发出书面催缴书催缴出资,而没有直接规定董事会发出书面催缴书催缴出资,这就涉及作出催缴出资决定的主体问题。董事会核查出资后,不必然只能由董事会来作出催缴出资的决定,理论上至少存在两种有权决定催缴出资的主体：

一是法定代表人。新《公司法》第 11 条第 1 款规定,法定代表人以公司名义从事的民事活动,其法律后果由公司承受。同时根据第 10 条第 1 款规定,公司的法定代表人按照公司章程的规定,由代表公司执行公司事务的董事或者经理担任。因此,在公司中担任法定表人的董事、经理因为代表公司执行公司事务,有权决定催缴出资。

二是股东会。新《公司法》第 59 条并没有明确规定股东会享有催缴出资的职权,但实质上间接规定了股东会在催缴失权方面也享有职权。根据该条第 1 款第 5 项、第 8 项的规定,对公司增加或者减少注册资本作出决议、修改公司章程均属于股东会的法定职权。如前所述,催缴股东出资和股东失权环节共同构成催缴失权制度的两大环节。在催缴环节中,股东会当然不必出现；但在股东失权环节中,失权通知以发出为生效要件,失权通知发出之日即股东丧失未缴纳出资股权之日,这也就是公司股权架构实质变动之日。接下来因涉及注销而产生的减资程序,或在公司内部转让股权由其他股东按照其出资比例足额缴纳相应出资,才完成股东失权程序的闭环,亦属股东失权环节的一部分,它们都将导致持股比例的变化,最终应由股东会通过决议修改公司章程,股东会在此时并不能缺位。

既然股东会在末端的股东失权环节没有缺位，那么为了保持行为前后的连贯性和一致性，在前端的决定催缴出资的环节，自然也由股东会来实施比较适宜。

在新《公司法》实行董事会中心主义的背景下，催缴失权制度中的全套行为，包括决定催缴出资均由董事会来作出，这当然最好。因为董事会作为经营决策机关，有专业的商业运作能力和判断能力，催缴失权制度的实施有忠实和勤勉义务作为保障，客观上也更有利于保持其实施过程中行为的连贯性和一致性。

四、违反董事忠实义务、勤勉义务的认定及应对

（一）违反董事忠实义务的认定及应对

新《公司法》第180条第1款规定，董事、监事、高级管理人员对公司负有忠实义务，应当采取措施避免自身利益与公司利益发生冲突，不得利用职权牟取不正当利益。

此条即为对董事忠实义务的规定，从该条文可以判断出认定董事违反忠实义务的标准是：董事自身利益与公司利益冲突和董事利用职权牟取了不正当利益。只要符合其中一项，即构成违反忠实义务。

1. 董事自身利益与公司利益冲突

（1）自我交易。新《公司法》第182条第1款规定，董事、监事、高级管理人员，直接或者间接与本公司订立合同或者进行交易，应当就与订立合同或者进行交易有关的事项向董事会或者股东会报告，并按照公司章程的规定经董事会或者股东会决议通过。

（2）关联交易。新《公司法》第182条第2款规定，董事、监事、高级管理人员的近亲属，董事、监事、高级管理人员或者其近亲属直接或者间接控制的企业，以及与董事、监事、高级管理人员有其他关联关系的关联人，与公司订立合同或者进行交易，适用前款规定。

2. 董事利用职权牟取不正当利益

（1）谋取公司商业机会。新《公司法》第183条规定，董事、监事、高级管理人员，不得利用职务便利为自己或者他人谋取属于公司的商业机会。但是，有下列情形之一的除外：①向董事会或者股东会报告，并按照公司章程的规定经董事会或者股东会决议通过；②根据法律、行政法规或者公司章程的规定，公司不能利用该商业机会。

（2）违反竞业限制。新《公司法》第184条规定，董事、监事、高级管理人员未向

董事会或者股东会报告,并按照公司章程的规定经董事会或者股东会决议通过,不得自营或者为他人经营与其任职公司同类的业务。

(3)侵占公司财产。新《公司法》第181条规定,董事、监事、高级管理人员不得有下列行为:①侵占公司财产、挪用公司资金;②将公司资金以其个人名义或者以其他个人名义开立账户存储;③利用职权贿赂或者收受其他非法收入;④接受他人与公司交易的佣金归为己有;⑤擅自披露公司秘密;⑥违反对公司忠实义务的其他行为。

3.对违反董事忠实义务行为的应对措施

(1)在涉及自我交易、关联交易、谋取公司商业机会、竞业禁止的事项上,应在公司内部强化积极向公司报告制度,要求董事积极履行信息披露义务,并在公司章程中对违反这些规程之后果作出规定。

(2)由公司行使归入权。即对涉及自我交易、关联交易、谋取公司商业机会、竞业禁止的事项上所产生的收益,由公司请求董监高将收益返还给公司。

(3)由公司行使对董监高因违反忠实造成公司损失的赔偿请求权。

(4)公司不行使上述权利的,股东可以依法提起股东代表诉讼,所得利益归属公司。

(二)违反董事勤勉义务的认定及应对

新《公司法》第180条第2款规定,董事、监事、高级管理人员对公司负有勤勉义务,执行职务应当为公司的最大利益尽到管理者通常应有的合理注意。

此条即为对董事勤勉义务的规定,从该条文可以判断出认定董事违反勤勉义务的标准是没有为公司的最大利益尽到管理者通常应有的合理注意。这个标准比较模糊,对于何为"管理者通常应有的合理注意"没有明确规定,也不像董事忠实义务那样专门设计了诸如自我交易、关联交易等具体例子,对此,可参考上市公司治理方面的相关规定来认定。

1.《上市公司治理准则》的判断标准

第21条规定,董事应当遵守法律法规及公司章程有关规定,忠实、勤勉、谨慎履职,并履行其作出的承诺。

第22条规定,董事应当保证有足够的时间和精力履行其应尽的职责。董事应当出席董事会会议,对所议事项发表明确意见。董事本人确实不能出席的,可以书面委托其他董事按其意愿代为投票,委托人应当独立承担法律责任。独立董事不得委托非独立董事代为投票。

2.《上市公司章程指引》的判断标准

第98条规定,董事应当遵守法律、行政法规和本章程,对公司负有下列勤勉义务:①应谨慎、认真、勤勉地行使公司赋予的权利,以保证公司的商业行为符合国家法律、行政法规以及国家各项经济政策的要求,商业活动不超过营业执照规定的业务范围;②应公平对待所有股东;③及时了解公司业务经营管理状况;④应当对公司定期报告签署书面确认意见,保证公司所披露的信息真实、准确、完整;⑤应当如实向监事会提供有关情况和资料,不得妨碍监事会或者监事行使职权;⑥法律、行政法规、部门规章及本章程规定的其他勤勉义务。公司可以根据具体情况,在章程中增加对本公司董事勤勉义务的要求。

3. 实务中的判断标准

(1)董事行使职权是否符合公司章程的规定,是否超出章程规定的职权范围。

(2)在实施重大行为时,是否依据公司章程规定履行了向股东会、董事会报告的职责,是否将拟交易的情况包括交易对手、交易价格、违约责任等关键条款向公司股东作了汇报请示并取得了大多数股东的同意。

(3)决定交易行为和实施交易行为,是否遵从了商业规则并从有利于公司最佳利益角度而为之。

(4)产生的损害是否存在不可抗力因素或者存在第三人的过错。

4. 对违反董事勤勉义务行为的应对措施

(1)在公司章程中设计勤勉义务履行行为的具体类型。

(2)在公司章程中设计董监高具体的职权及履职程序。

(3)在涉及重大交易行为时,实行汇报、商议、集体决策制度。

第三章　控股股东、实际控制人

第一节　请求权基础规范

一、新《公司法》规定

第 21 条　公司股东应当遵守法律、行政法规和公司章程,依法行使股东权利,不得滥用股东权利损害公司或者其他股东的利益。

公司股东滥用股东权利给公司或者其他股东造成损失的,应当承担赔偿责任。

第 22 条　公司的控股股东、实际控制人、董事、监事、高级管理人员不得利用关联关系损害公司利益。

违反前款规定,给公司造成损失的,应当承担赔偿责任。

第 23 条　公司股东滥用公司法人独立地位和股东有限责任,逃避债务,严重损害公司债权人利益的,应当对公司债务承担连带责任。

股东利用其控制的两个以上公司实施前款规定行为的,各公司应当对任一公司的债务承担连带责任。

只有一个股东的公司,股东不能证明公司财产独立于股东自己的财产的,应当对公司债务承担连带责任。[①]

第 89 条　有下列情形之一的,对股东会该项决议投反对票的股东可以请求公司按照合理的价格收购其股权:(一)公司连续五年不向股东分配利润,而公司该五年连续盈利,并且符合本法规定的分配利润条件;(二)公司合并、分立、转让主要财产;(三)公司章程规定的营业期限届满或者章程规定的其他解散事由出现,股东会通过决议修改章程使公司存续。

自股东会决议作出之日起六十日内,股东与公司不能达成股权收购协议的,股东可以自股东会决议作出之日起九十日内向人民法院提起诉讼。

---

① 新《公司法》已全面确立纵向和横向的人格否认制度,但仍未确立逆向人格否认制度。

公司的控股股东滥用股东权利，严重损害公司或者其他股东利益的，其他股东有权请求公司按照合理的价格收购其股权。

公司因本条第一款、第三款规定的情形收购的本公司股权，应当在六个月内依法转让或者注销。

第160条 公司公开发行股份前已发行的股份，自公司股票在证券交易所上市交易之日起一年内不得转让。法律、行政法规或者国务院证券监督管理机构对上市公司的股东、实际控制人转让其所持有的本公司股份另有规定的，从其规定。

公司董事、监事、高级管理人员应当向公司申报所持有的本公司的股份及其变动情况，在就任时确定的任职期间每年转让的股份不得超过其所持有本公司股份总数的百分之二十五；所持本公司股份自公司股票上市交易之日起一年内不得转让。上述人员离职后半年内，不得转让其所持有的本公司股份。公司章程可以对公司董事、监事、高级管理人员转让其所持有的本公司股份作出其他限制性规定。

股份在法律、行政法规规定的限制转让期限内出质的，质权人不得在限制转让期限内行使质权。

第180条 董事、监事、高级管理人员对公司负有忠实义务，应当采取措施避免自身利益与公司利益冲突，不得利用职权牟取不正当利益。

董事、监事、高级管理人员对公司负有勤勉义务，执行职务应当为公司的最大利益尽到管理者通常应有的合理注意。

公司的控股股东、实际控制人不担任公司董事但实际执行公司事务的，适用前两款规定。

第182条 董事、监事、高级管理人员，直接或者间接与本公司订立合同或者进行交易，应当就与订立合同或者进行交易有关的事项向董事会或者股东会报告，并按照公司章程的规定经董事会或者股东会决议通过。

董事、监事、高级管理人员的近亲属，董事、监事、高级管理人员或者其近亲属直接或者间接控制的企业，以及与董事、监事、高级管理人员有其他关联关系的关联人，与公司订立合同或者进行交易，适用前款规定。

第192条 公司的控股股东、实际控制人指示董事、高级管理人员从事损害公司或者股东利益的行为的，与该董事、高级管理人员承担连带责任。

第265条第1款 本法下列用语的含义：……（二）控股股东，是指其出资额占有限责任公司资本总额超过百分之五十或者其持有的股份占股份有限公司股本总额超过百分之五十的股东；出资额或者持有股份的比例虽然低于百分之五十，但依其出资额或者持有的股份所享有的表决权已足以对股东会的决议产生重大影响的股东。(三)实际控制人,是指通过投资关系、协议或者其他安排,能够实际支配公司行为的人。……

二、其他法律规定

(一)民法典层面

《民法典》

第83条 营利法人的出资人不得滥用出资人权利损害法人或者其他出资人的利益;滥用出资人权利造成法人或者其他出资人损失的,应当依法承担民事责任。

营利法人的出资人不得滥用法人独立地位和出资人有限责任损害法人债权人的利益;滥用法人独立地位和出资人有限责任,逃避债务,严重损害法人债权人的利益的,应当对法人债务承担连带责任。

第84条 营利法人的控股出资人、实际控制人、董事、监事、高级管理人员不得利用其关联关系损害法人的利益;利用关联关系造成法人损失的,应当承担赔偿责任。

(二)公司法层面

1.《公司法司法解释(二)》

第18条 有限责任公司的股东、股份有限公司的董事和控股股东未在法定期限内成立清算组开始清算,导致公司财产贬值、流失、毁损或者灭失,债权人主张其在造成损失范围内对公司债务承担赔偿责任的,人民法院应依法予以支持。

有限责任公司的股东、股份有限公司的董事和控股股东因怠于履行义务,导致公司主要财产、账册、重要文件等灭失,无法进行清算,债权人主张其对公司债务承担连带清偿责任的,人民法院应依法予以支持。

上述情形系实际控制人原因造成,债权人主张实际控制人对公司债务承担相应民事责任的,人民法院应依法予以支持。

第19条 有限责任公司的股东、股份有限公司的董事和控股股东,以及公司的实际控制人在公司解散后,恶意处置公司财产给债权人造成损失,或者未经依法清算,以虚假的清算报告骗取公司登记机关办理法人注销登记,债权人主张其对公司债务承担相应赔偿责任的,人民法院应依法予以支持。

第20条 公司解散应当在依法清算完毕后,申请办理注销登记。公司未经清算即办理注销登记,导致公司无法进行清算,债权人主张有限责任公司的股东、股份有限公司的董事和控股股东,以及公司的实际控制人对公司债务承担清偿责任的,人民法院应依法予以支持。

公司未经依法清算即办理注销登记,股东或者第三人在公司登记机关办理注销登记时承诺对公司债务承担责任的,债权人主张其对公司债务承担相应民事责任的,人民法院应依法予以支持。

第21条 按照本规定第十八条和第二十条第一款的规定应当承担责任的有限责任公司的股东、股份有限公司的董事和控股股东,以及公司的实际控制人为二人以上的,其中一人或者数人依法承担民事责任后,主张其他人员按照过错大小分担责任的,人民法院应依法予以支持。

2.《最高人民法院关于正确审理企业破产案件为维护市场经济秩序提供司法保障若干问题的意见》

16. 人民法院在审理债务人人员下落不明或财产状况不清的破产案件时,要从充分保障债权人合法利益的角度出发,在对债务人的法定代表人、财务管理人员、其他经营管理人员,以及出资人等进行释明,或者采取相应罚款、训诫、拘留等强制措施后,债务人仍不向人民法院提交有关材料或者不提交全部材料,影响清算顺利进行的,人民法院就现有财产对已知债权进行公平清偿并裁定终结清算程序后,应当告知债权人可以另行提起诉讼要求有责任的有限责任公司股东、股份有限公司董事、控股股东,以及实际控制人等清算义务人对债务人的债务承担清偿责任。

3.《执行变更追加司法解释》

第20条 作为被执行人的一人有限责任公司,财产不足以清偿生效法律文书确定的债务,股东不能证明公司财产独立于自己的财产,申请执行人申请变更、追加该股东为被执行人,对公司债务承担连带责任的,人民法院应予支持。

4.《公司法时间效力司法解释》

第4条 公司法施行前的法律事实引起的民事纠纷案件,当时的法律、司法解释没有规定而公司法作出规定的下列情形,适用公司法的规定:……(四)不担任公司董事的控股股东、实际控制人执行公司事务的民事责任认定,适用公司法第一百八十条的规定;(五)公司的控股股东、实际控制人指示董事、高级管理人员从事活动损害公司或者股东利益的民事责任认定,适用公司法第一百九十二条的规定;……

→附录参考:司法政策文件《九民会议纪要》

10.【人格混同】认定公司人格与股东人格是否存在混同,最根本的判断标准是公司是否具有独立意思和独立财产,最主要的表现是公司的财产与股东的财产是否混同且无法区分。在认定是否构成人格混同时,应当综合考虑以下因素:(1)股东无偿使用公司资金或者财产,不作财务记载的;(2)股东用公司的资金偿还股东的债务,或者将公司的资金供关联公司无偿使用,不作财务记载的;(3)公司账簿与股东账簿不分,致使公司财产与股东财产无法区分的;(4)股东自身收益与公司盈利不加区分,致使双方利益不清的;(5)公司的财产记载于股东名下,由股东占有、使用的;(6)人格混同的其他情形。

在出现人格混同的情况下,往往同时出现以下混同:公司业务和股东业务混同;公司员工与股东员工混同,特别是财务人员混同;公司住所与股东住所混同。人民法院在审理案件时,关键要审查是否构成人格混同,而不要求同时具备其他方面的混同,其他方面的混同往往只是人格混同的补强。

11.【过度支配与控制】 公司控股股东对公司过度支配与控制,操纵公司的决策过程,使公司完全丧失独立性,沦为控制股东的工具或躯壳,严重损害公司债权人利益,应当否认公司人格,由滥用控制权的股东对公司债务承担连带责任。实践中常见的情形包括:(1)母子公司之间或者子公司之间进行利益输送的;(2)母子公司或者子公司之间进行交易,收益归一方,损失却由另一方承担的;(3)先从原公司抽走资金,然后再成立经营目的相同或者类似的公司,逃避原公司债务的;(4)先解散公司,再以原公司场所、设备、人员及相同或者相似的经营目的另设公司,逃避原公司债务的;(5)过度支配与控制的其他情形。

控制股东或实际控制人控制多个子公司或者关联公司,滥用控制权使多个子公司或者关联公司财产边界不清、财务混同,利益相互输送,丧失人格独立性,沦为控制股东逃避债务、非法经营,甚至违法犯罪工具的,可以综合案件事实,否认子公司或者关联公司法人人格,判令承担连带责任。

12.【资本显著不足】 资本显著不足指的是,公司设立后在经营过程中,股东实际投入公司的资本数额与公司经营所隐含的风险相比明显不匹配。股东利用较少资本从事力所不及的经营,表明其没有从事公司经营的诚意,实质是恶意利用公司独立人格和股东有限责任把投资风险转嫁给债权人。由于资本显著不足的判断标准有很大的模糊性,特别是要与公司采取"以小博大"的正常经营方式相区分,因此在适用时要十分谨慎,应当与其他因素结合起来综合判断。

13.【诉讼地位】 人民法院在审理公司人格否认纠纷案件时,应当根据不同情形确定当事人的诉讼地位:(1)债权人对债务人公司享有的债权已经由生效裁判确认,其另行提起公司人格否认诉讼,请求股东对公司债务承担连带责任的,列股东为被告,公司为第三人;(2)债权人对债务人公司享有的债权提起诉讼的同时,一并提起公司人格否认诉讼,请求股东对公司债务承担连带责任的,列公司和股东为共同被告;(3)债权人对债务人公司享有的债权尚未经生效裁判确认,直接提起公司人格否认诉讼,请求公司股东对公司债务承担连带责任的,人民法院应当向债权人释明,告知其追加公司为共同被告。债权人拒绝追加的,人民法院应当裁定驳回起诉。

16.【诉讼时效期间】公司债权人请求股东对公司债务承担连带清偿责任,股东以公司债权人对公司的债权已经超过诉讼时效期间为由抗辩,经查证属实的,人民法院依法予以支持。

公司债权人以公司法司法解释(二)第18条第2款为依据,请求有限责任公司的股东对公司债务承担连带清偿责任的,诉讼时效期间自公司债权人知道或者应当知道公司无法进行清算之日起计算。

(三)证券法层面

1.《证券法》

第24条 国务院证券监督管理机构或者国务院授权的部门对已作出的证券发行注册的决定,发现不符合法定条件或者法定程序,尚未发行证券的,应当予以撤销,停止发行。已经发行尚未上市的,撤销发行注册决定,发行人应当按照发行价并加算银行同期存款利息返还证券持有人;发行人的控股股东、实际控制人以及保荐人,应当与发行人承担连带责任,但是能够证明自己没有过错的除外。

股票的发行人在招股说明书等证券发行文件中隐瞒重要事实或者编造重大虚假内容,已经发行并上市的,国务院证券监督管理机构可以责令发行人回购证券,或者责令负有责任的控股股东、实际控制人买回证券。

第93条 发行人因欺诈发行、虚假陈述或者其他重大违法行为给投资者造成损失的,发行人的控股股东、实际控制人、相关的证券公司可以委托投资者保护机构,就赔偿事宜与受到损失的投资者达成协议,予以先行赔付。先行赔付后,可以依法向发行人以及其他连带责任人追偿。

2.《上市公司治理准则》

第63条 控股股东、实际控制人对上市公司及其他股东负有诚信义务。控股股东对其所控股的上市公司应当依法行使股东权利,履行股东义务。控股股东、实际控制人不得利用其控制权损害上市公司及其他股东的合法权益,不得利用对上市公司的控制地位谋取非法利益。

3.《上市公司章程指引》

第 40 条 公司的控股股东、实际控制人不得利用其关联关系损害公司利益。违反规定给公司造成损失的,应当承担赔偿责任。

公司控股股东及实际控制人对公司和公司社会公众股股东负有诚信义务。控股股东应严格依法行使出资人的权利,控股股东不得利用利润分配、资产重组、对外投资、资金占用、借款担保等方式损害公司和社会公众股股东的合法权益,不得利用其控制地位损害公司和社会公众股股东的利益。

4.《上市公司收购管理办法》

第 84 条 有下列情形之一的,为拥有上市公司控制权:(一)投资者为上市公司持股 50%以上的控股股东;(二)投资者可以实际支配上市公司股份表决权超过 30%;(三)投资者通过实际支配上市公司股份表决权能够决定公司董事会半数以上成员选任;(四)投资者依其可实际支配的上市公司股份表决权足以对公司股东大会的决议产生重大影响;(五)中国证监会认定的其他情形。

第二节　裁判精要

一、身份的认定

(一)不予认定

1.股东持有股份较多,董事长、监事由股东委派,股东牵头发起承办公司事务的,不足以证明股东享有的表决权可以对股东会的决议产生重大影响,该股东不构成控股股东,无须据此对公司债务承担连带责任。

在(2014)深中法商终字第 2130 号案中,关于恒裕公司是否属于万通公司控股股东的问题,二审法院认为:首先,恒裕公司不属于持股比例 50%以上的股东;其次,万通公司的章程规定,股东出席股东大会,所持每一股份有一票表决权,恒裕公司持有万通公司 40%的股份,其享有的表决权比例亦为 40%。万通公司的 5 名董事会成员中,恒裕公司推荐的董事候选人仅有 2 名,虽然恒裕公司属于持有股份较多者,万通公司企业档案资料亦记载其首任董事长李某某系恒裕公司委派,且恒裕公司的法定代表人龚某某一直担任万通公司的监事,以及恒裕公司作为万通公司的牵头发起单位承办公司的筹办事务,但仅此不足以证明恒裕公司所享有的表决权已足以对万通公司股东会的决议产生重大影响,恒裕公司关于其不属于万通公司控股股东的上诉理由成立,予以采信。东方公司诉请恒裕公司对万通公司的债务承担连带责任依据不足,不能成立。

2.虽然身份为法定代表人,但并未获得公司股份,无法通过行使股权来参与公司经营管理并获益者,不属于实际控制人。

在(2018)豫民终603号案中,二审法院认为:有限责任公司股东权益依附在公司资产之上,如果公司资产整体转让给他人,而股东股权未予转让,则会出现受让人支付对价后却无法享受公司生产经营利益,股东出让公司资产享受资产转让利益后仍能不断享有股权利益的不公平现象。在签订案涉《转让协议》后,通过工商变更登记,宋某某已成为中美公司的法定代表人,但其并未获得中美公司的股权,无法通过行使股权来控制中美公司并获得股权利益。此外,宋某某签订《转让协议》的重要目的是获得铝土矿公司的股份,从铝土矿公司的经营中获得利益,但《转让协议》签订后,铝土矿公司的股份还属于中美公司,宋某某未获得中美公司的股份,无法通过控制中美公司而参与铝土矿公司的经营管理并获益。同时一审法院还调查查明,宋某某未实际参与铝土矿公司的经营管理,且在签订《转让协议》后未实际控制中美公司。

(二)予以认定

1.通过自己或自己设立的公司成为该目标公司控股股东,长期实际控制、支配目标公司,对目标公司的债权债务享有实际的决定与支配权,交易款亦全部流向该控股股东的,可以认定该控股股东为公司的实际控制人,对目标公司债务承担连带责任。

在(2019)最高法民终30号案中,关于杜某1、杜某2是否应当承担连带清偿责任的问题,二审法院认为:原审判决认定杜某1、杜某2是能盛公司的实际控制人有事实依据。理由如下:第一,《股权转让合同》是2012年签订的,而付款凭证是2015年入账的,款项不足以证明其性质是出资,何某某实际受让能顺公司持有的能盛公司股权的真实性存疑,杜某1、杜某2通过何某某实际控制能盛公司的事实有高度可能性,并无不当。第二,即便何某某是能盛公司登记股东的事实存在,但与认定杜某1、杜某2是能盛公司的实际控制人并不矛盾,也可以作出杜某1、杜某2是能盛公司实际控制人的认定。第三,杜某1、杜某2自能盛公司设立后不久,即通过成为该公司控股股东,或者使其控股的能顺公司成为能盛公司的控股股东等方式,长期实际控制、支配能盛公司。第四,自2012年3月起,能顺公司已不是能盛公司的股东,然而,原审中中石化江西分公司提交的录音证据显示,本案纠纷发生后,为向能盛公司追索案涉货款,中石化江西分公司多次与杜某1、杜某2协商了具体还款事宜,表明杜某1、杜某2对能盛公司的债权债务具有实际的决定与支配权。第五,从本案货款支付后的资金流向情况看,能盛公司收到中石化江西分公司支付的货款后,将部分款项转付给能源交通公司、隆泰公司,能源交通公司又将部分款项转付给杜某1、何某某等人。综上,认定杜某1、杜某2系能盛公司实际控制人的事实具有高度可能性,应当对能盛公司所负的本案债务承担连带责任,并无不当。

2.各关联公司均由同一主体实际控制,属于同一利益主体。在同一实际控制人的控制下,通过虚假诉讼方式将巨额资产转移至其他公司,各公司法人人格沦为实际控制人恶意转移资产以逃避巨额债务的工具,该实际控制人应对公司及关联公司的债务承担连带清偿责任。

在(2019)最高法民终20号案中,二审法院认为:安发达公司、胜龙公司及绿得公司均由陈某某等实际控制,属于同一利益主体。在同一实际控制人的控制下,在胜龙公司、绿得公司负债累累的情况下,三公司通过虚假诉讼方式将胜龙公司及绿得公司巨额的资产转移至安发达公司。安发达公司、胜龙公司及绿得公司缺乏独立意志,不具有独立人格,其法人人格沦为实际控制人恶意转移资产以逃避胜龙公司、绿得公司巨额债务的工具,严重损害了债权人的利益。上述行为违背了法人制度设立的宗旨,违背了诚实信用原则,安发达公司对胜龙公司及绿得公司债务应当承担连带清偿责任。

3.适用公司人格否认制度的关键是审查公司人格是否混同,其他方面是否混同只是人格混同的补强,仅凭人员、业务等方面的关联表象,不能认定公司人格已形骸化,成为实际控制人谋取利益的工具。

在(2020)最高法民终185号案中,二审法院认为:适用公司人格否认制度的关键前提是公司人格混同,对此最根本的衡量标准是公司是否具有独立意思和独立财产,公司与股东或关联方是否已相互融合、无法区分,而在实质上成为单一主体。案涉《转让协议》约定煤矿采矿权转移至肥矿光大公司名下,在实际履行过程中,煤矿资产交接于肥矿光大公司。除在相关申报材料、日常文件中山能贵州公司将案涉煤矿表述为其公司集团资产外,并无证据显示山能贵州公司实际管理、经营或直接享有该煤矿收益。柳某某、马某某亦未提供证据证明山能贵州公司无偿使用、转移肥矿光大公司财产或滥用控制地位操纵肥矿光大公司决策而导致肥矿光大公司丧失独立性。

柳某某、马某某主张山能贵州公司与肥矿光大公司在业务、人员、办公场所等方面交叉混同。法院认为，肥矿光大公司的控股股东肥矿能源公司是山能贵州公司的全资子公司，该三家公司在业务、工作人员等方面存在一定重合是投资关联关系的正常表象，不违反法律规定。如前所述，适用公司人格否认制度的关键是审查公司人格是否混同。公司其他方面是否混同只是人格混同的补强。在现有证据不能证明山能贵州公司与肥矿光大公司人格混同的情况下，仅凭两公司在人员、业务等方面的关联表象不能认定肥矿光大公司人格已形骸化，成为山能贵州公司谋取利益的工具。柳某某、马某某要求山能贵州公司与肥矿光大公司承担连带责任的主张依据不足，不予支持。

4. 实际控制人利用其地位转移公司财产，致使公司无力偿还债务，严重损害了债权人的合法权益，实际控制人对债权人承担连带赔偿责任。

在（2021）最高法民申 4488 号案中，关于梁某 1 的责任认定的问题，再审法院认为：证据显示，力天公司的实际出资人和发起人为安某、梁某 1 及梁某 2，孙某、杨某受力天公司实际控制人梁某 1 和梁某 2 的指示担任公司法定代表人、监事，力天公司的经营收入已由梁某 1 和梁某 2 转入由其控制的关联公司泰裕公司；张某某受泰裕公司实际控制人梁某 1 和梁某 2 指示代持股份并担任公司法定代表人，未参与公司经营和管理，公司全部业务均由梁某 1 和梁某 2 负责处理。在生效的其他案件中，执行法院对梁某 1 作为泰裕公司的实际控制人作出了限制消费令的认定。

梁某 1 在一审中虽对与梁某 2、张某某、杨某之间的亲属关系予以否认，但认可其系梁某 2 之父、杨某和张某某之舅。丰亿公司预付力天公司的案涉部分货款 4200 万元由泰裕公司收取，泰裕公司未能提供充分证据证明其收取力天公司款项存在正当合理理由。力天公司现已不再实际经营，无力偿还多笔到期债务。综合全案事实和证据，认定梁某 1 利用其实际控制人地位，转移力天公司财产，致使力天公司无力偿还丰亿公司债务，严重损害了债权人丰亿公司的合法权益，判令梁某 1 对力天公司案涉债务承担连带赔偿责任，并无不当。

5. 股东同时为多家公司的实际控制人，其中一家公司为另外一家公司提供担保，不等同于公司为实际控制人提供担保。

在（2021）最高法民申 5103 号案中，再审法院认为：虽然颜某某系尤夫公司及尤航公司的实际控制人，但即便颜某某是筑荟公司的实际控制人，且尤航公司为筑荟公司提供担保，也不属于为实际控制人提供担保的情形。北京银行上海分行审查了尤航公司唯一股东尤夫公司出具的股东决定，尽到了自身的审查义务。在公司的对外担保中,认定担保债权人是否善意的前提是存在法定代表人越权担保的情况。就本案而言,这一前提并不存在,尤夫公司及尤航公司主张北京银行上海分行非善意,亦缺乏事实基础。

6. 对成为实际控制人具体时点的判断,核心在于对成为实际控制人的标志性事件的认定,比如控制董事会和管理层并最终支配公司重大的决策活动。是否存在特定的股权投资关系,并非认定实际控制人的法定要件。

在(2017)京01行初1372号案中,关于顾某某成为慧球科技"实际控制人"的具体时点的问题,一审法院认为:第一,最迟不晚于2014年12月29日,顾某某已经能够控制公司的董事会及管理层,从而能够支配公司的重大决策活动。此时顾某某不仅已经实际负责慧球科技的经营管理并担任董事长,而且在其他10名董事、监事及高级管理人员中,7名董事、监事及高级管理人员均来自顾某某作为实际控制人并任董事长的斐讯技术,花某某、李某某及刘某某3名独立董事也全部由顾某某联系出任相应职务,故此时顾某某已明显能够控制公司的董事会及管理层。第二,顾某某与慧球科技的第二大股东中信证券所持股份之间的关联关系,对于认定顾某某是实际控制人具有补强的作用,但并非标志性事件。第三,被诉处罚决定认定郡原地产的实际控制人许某某与顾某某签订的一致行动协议等事实,在于说明顾某某逐步获得控制权的过程,并非认定顾某某成为慧球科技实际控制人具体时点的依据。

二、公司人格否认

(一)纵向人格否认

1. 公司和股东之间的资金往来是否有财务记载,是否定公司人格的重要考虑因素之一。在有财务记载的情况下,可证明股东与公司之间的法律关系是借贷或者借用,即如果公司作了财务记载,一般不构成人格混同;反之,股东无偿使用公司资金财产并不作财务记载的,可以证明公司人格不独立,已成为股东的工具。

在(2021)最高法知民终380号案中,关于王某某、宋某某、周某是否应当对大道公司涉案债务承担连带责任的问题,二审法院认为:核心在于本案能否突破股东对公司债务不承担责任的一般规则,例外地判令其承担连带责任,本案的责任基础是否认公司人格,认定公司与股东人格混同。

关于王某某、周某存在使用大道公司财产的情形的问题,法律并不禁止股东与公司之间的资金借贷或者借用等活动,这种使用活动并不必然属于无偿使用或用于偿还股东的债务。对于大道公司而言,大额款项转入与转出并未减少其资产和降低其偿债能力,大道公司收支基本相抵。王某某、周某客观上并无明显侵占大道公司财产的行为,在案证据不足以认定其无偿使用公司资金用于偿还股东的债务。

关于大道公司与王某某、周某之间的资金往来是否有财务记载的问题,公司和股东之间的资金往来是否有财务记载是否定公司人格的重要考虑因素之一。在有财务记载的情况下,可证明股东与公司之间的法律关系是借贷或者借用,股东与公司是两个独立的民事责任主体,即如果公司作了财务记载,一般不构成人格混同;反之,股东无偿使用公司资金、财产,不作财务记载的,可以证明公司人格不独立,已成为股东的工具。这时,应否定公司的人格。本案中,一方面,大道公司提交了公司账户的银行流水,创梦公司对于该银行流水的真实性并无异议,该银行流水完整显示了大道公司与王某某、周某之间的资金往来。另一方面,对于争议款项,大道公司提交了其记账凭证,王某某、周某对于相关资金往来亦予以认可,该事实基本可以证明大道公司与股东个人资金账户独立,往来款项均有账目记载且能够相互区分。因此,大道公司与王某某、周某之间的资金往来有财务记载,并非混同且无法区分。

关于王某某、周某使用大道公司资金的行为是否足以否认大道公司人格的问题,在无人格混同的情况下,基于股东财产与公司财产的分离,股东转让股权是股东对自有权利的处分,对公司财产和其对外偿债能力并不产生直接影响。本案中,现有证据不足以证明大道公司存在资金或者财产被其股东无偿使用且未作财务记载,或资金被用于偿还股东的债务且未作财务记载等应当否定创梦公司人格独立的情形,因此,王某某与大道公司之间的资金往来不属于股东滥用公司法人独立人格和股东有限责任,逃避债务,损害债权人利益的情形,创梦公司关于大道公司与其股东构成人格混同的主张不能成立,创梦公司请求周某对大道公司涉案债务承担连带清偿责任的理由亦不能成立。

2. 公司是否处于停产状态、是否实际经营,均为企业自主经营的范畴,与股东是否滥用公司法人独立地位无关;股东公司没有外方员工参与经营、没有召开董事会作出决议,亦与股东是否滥用公司法人独立地位无关。在未达到对法人人格混同可能性的合理怀疑程度之证明情况下,不具备对公司法人人格否认主张适用举证责任倒置原则的条件。普通公司(非一人公司)人格否认诉讼并非适用于举证责任倒置,只有债权人举证提交让人产生合理怀疑的初步证据,举证责任才转移分配给被告。

在(2015)民二终字第85号案中,关于海马公司是否滥用通海公司法人独立地位和股东有限责任,是否应适用举证责任倒置原则分配举证责任,海马公司是否应当对通海公司债务承担连带责任的问题,二审法院认为:在审理法人人格否认案件时,考虑到债权人因处于信息劣势局面而举证困难等因素,人民法院通常会根据上述规定合理分配举证责任,在债权人用以证明股东滥用公司法人独立地位和股东有限责任的证据令人产生合理怀疑的情形下,应将没有滥用的举证责任分配给被诉股东。但上述举证责任调整的前提,应是作为原告方的债权人已举出盖然性的证据证明股东存在滥用公司法人独立地位和股东有限责任的行为以及由此产生了损害的结果,而不是当然的举证责任倒置。

嘉宸公司提出其已举证证明海马公司与通海公司存在法人人格混同的情形,但提出的四项证明内容均不能证明海马公司滥用通海公司法人独立人格和股东有限责任,未达到对法人人格混同可能性的合理怀疑程度,本案不具备对嘉宸公司法人人格否认主张适用举证责任倒置原则的条件。嘉宸公司关于海马公司滥用通海公司法人独立地位和股东有限责任,海马公司应当对通海公司债务承担连带责任的主张,不予支持。

(二)横向人格否认

1. 各公司人员混同、业务混同、财务高度混同,导致各自财产无法区分,已丧失独立人格,构成人格混同,应对债权人承担连带清偿责任。

在(2011)苏商终字第0107号案中,二审法院认为:川交工贸公司与川交机械公司、瑞路公司构成人格混同原因有三:一是三个公司的人员混同。三个公司的经理、财务负责人、出纳会计、工商手续经办人均相同,其他管理人员亦存在交叉任职的情形,川交工贸公司的人事任免存在由川交机械公司决定的情形。二是三个公司的业务混同。三个公司实际经营中均涉及工程机械相关业务,经销过程中存在共用销售手册、经销协议的情形;对外进行宣传时信息混同。三是三个公司的财务混同。三个公司使用共同账户,以王某某的签字作为具体用款依据,对其中的资金及支配无法证明已作区分;三个公司与徐工机械公司之间的债权债务、业绩、账务及返利均计算在川交工贸公司名下。因此,三个公司之间表征人格的因素(人员、业务、财务等)高度混同,导致各自财产无法区分,已丧失独立人格,构成人格混同。

关于川交机械公司、瑞路公司应当对川交工贸公司的债务承担连带清偿责任的问题,公司人格独立是其作为法人独立承担责任的前提。公司的独立财产是公司独立承担责任的物质保证,公司的独立人格也突出地表现在财产的独立上。当关联公司的财产无法区分,丧失独立人格时,就丧失了独立承担责任的基础。公司股东滥用公司法人独立地位和股东有限责任,逃避债务,严重损害公司债权人利益的,应当对公司债务承担连带责任。三个公司虽在工商登记部门登记为彼此独立的企业法人,但实际上相互之间界限模糊、人格混同,其中川交工贸公司承担所有关联公司的债务却无力清偿,又使其他关联公司逃避巨额债务,严重损害了债权人的利益。上述行为违背了法人制度设立的宗旨,违背了诚实信用原则,川交机械公司、瑞路公司对川交工贸公司的债务应当承担连带清偿责任。

2. 人员混同是指两公司之间在组织机构和人员上存在严重的交叉、重叠;业务混同是指两公司之间具有相同的业务活动,在经营过程中彼此不分;财务混同是指公司之间账簿不分、公司账户混同,或者两者之间不当冲账;财产混同是指公司之间财产归属不明、难以区分各自的财产。

在(2019)最高法民申 3825 号案中,关于福海公司与碳化硅公司是否人格混同、是否应当承担给付责任的问题,再审法院认为:认定两公司之间人格混同,需要从人员混同、业务混同、财务或财产混同三个方面进行综合认定,并且主张人格混同的当事人应承担举证证明责任。

首先,人员混同是指两公司之间在组织机构和人员上存在严重的交叉、重叠。股东方面,福海公司与碳化硅公司之间股东并不完全一致;管理人员及工作人员方面,虞某某并未举证证明福海公司与碳化硅公司的公司董事、监事、高级管理人员交叉任职,财务、出纳工作人员一致;职责范围方面,其亦未举证证明福海公司工作人员办理、签收案涉地下车库工程的全部资料。不能仅以福海公司的一名工作人员签收了案涉地下车库竣工决算申请报告,从而推断出两公司之间人员混同。

其次,业务混同是指两公司之间具有相同的业务活动,在经营过程中彼此不分。如同一业务有时以这家公司名义进行,有时又以另一家公司名义进行,以至于与之交易的对方当事人无法分清与哪家公司进行交易活动。福海公司的经营范围为房地产开发、经营,碳化硅公司的经营范围为碳化硅及其附属产品的生产、加工及销售等,两公司的经营范围明显不同。

再次,财务或财产混同是认定构成人格混同的另一实质因素。财务混同是指公司之间账簿不分、公司账户混同,或者两者之间不当冲账。财产混同是指公司之间财产归属不明、难以区分各自的财产。如二者的住所地、营业场所相同,共同使用同一办公设施、机器设备,公司之间的资金混同、各自的收益不加区分,公司之间的财产随意调用等。本案中,虞某某仅举证证明福海公司支付了地下车库的部分工程款,既未举证证明两公司之间存在账簿不分、账户混同的财务混同情形,也未举证证明两公司之间存在营业场所相同、公司资产混同等财产混同情形。福海公司的付款行为,不排除存在应碳化硅公司请求代替支付地下车库工程款的可能性,故不能认定福海公司与碳化硅公司之间财务或财产混同。

最后,仲裁裁决书仅认定地下车库实际权属人为福海公司,并未认定福海公司是地下车库工程的发包人,也未认定福海公司与碳化硅公司之间存在人格混同情况。综上,虞某某提供的上述证据没有形成完整的证据链,不足以认定福海公司与碳化硅公司之间存在人员、业务、财务或财产混同的情形。故福海公司与碳化硅公司之间无充分证据证明构成人格混同,福海公司不承担责任。

3. 关联公司关系有可能使公司仅具备法律形式上独立人格的外观,但实质上公司已经失去了独立意志,丧失了独立的法人人格。关联公司的人格混同表现为三点:人员混同、业务混同、财务混同。

在(2022)津02民终583号案中,二审法院认为:关联公司人格混同的表征因素有三点:人员混同、业务混同、财务混同。人格混同是指关联公司之间在组织机构和人员上存在严重的交叉、重叠。如关联公司之间董事相互兼任、高级管理人员交叉任职,甚至雇员也相同,最典型的情形是"一套人马,多块牌子"。本案中,汇杰公司的股东为张某1持股90%,张某2持股10%,汇特公司的股东为张某1持股84.5783%,张某2持股9.3976%,张某3持股6.0241%,可以看出张某1为两家公司持股超过50%股本的人员,系控股股东,即对两家公司均可产生重大影响的股东,能够实际支配公司行为的人。业务混同是指关联公司从事相同的业务活动,在经营过程中彼此不分。如同一业务以一家公司的名义进行,又以另一公司的人员进行实际业务往来,以至于与之交易的对方当事人无法分清是在与哪家公司进行交易活动。本案中,《电器产品购销合同》中委托代理人处标注"马某某",送货单中有刘某、鲍某某签字,在庭审中,汇杰公司陈述认可马某某的意思表示,且马某某、刘某、鲍某某三人均为汇特公司员工,同时经企查查信息显示及汇杰公司、汇特公司的诉讼代理人庭审陈述,汇杰公司与汇特公司的住所地、营业场所相同。故可以认定汇杰公司与汇特公司在业务中存在混同。财务混同是指关联公司之间账簿、账户混同,或者两者之间不当冲账。本案中,汇特公司向金日达公司支付两笔款项共计3万元。庭审中,汇特公司称其公司财务人员转账错误,但在转账的行为与录音文件中,张某1陈述"最近这几天要是有钱,能解决个一两万元"相互对应。同时,在庭审中,汇杰公司陈述其已经向金日达公司支付了116834元,录音中,张某1陈述"现在共差十几万,也不是太多",故可以认定汇特公司支付相应款项是明知而为，汇杰公司、汇特公司存在合账的情况，应当认定财务混同。故一审法院认为，汇杰公司与汇特公司表征人格的因素（人员、业务、财务）高度混同，导致各自财产无法区分，已丧失独立人格，属于关联公司且构成人格混同。

（三）逆向人格否认

1.《公司法》没有规定逆向人格否认制度，法院对该类请求不予支持。

在（2013）浙嘉商外终字第 18 号案中，二审法院认为：股东滥用公司独立人格逃避债务，由股东为公司之债负连带责任，而原告系被告阳光朗乡公司之股东，亦即被告济商运营公司的债权人，其诉请被告阳光朗乡公司对其股东被告济商运营公司的债务承担连带责任（逆向法人人格否认）或者诉请被告济商运营公司的关联公司被告阳光朗乡公司承担连带责任（横向法人人格否认），因目前尚无相关法律规范规定，不予支持。

2.母公司与子公司构成人格混同，母公司对子公司的债务承担连带责任，可以视为逆向人格否认的特殊形式。

在（2019）豫民再 99 号案中，关于星光公司与星辉公司是否构成人格混同，应否承担连带支付下欠货款及逾期付款违约金的责任的问题，再审法院认为：首先，星光公司与星辉公司系母子公司关系，两家公司的工商注册地址相同、法定代表人均为王某某，星光公司的股东郝某某系星辉公司的董事。在履行案涉四份购销合同时，货物验收单上的业务员、联系人存在交叉、混同。其次，星辉公司的经营范围完全包含在星光公司经营范围内，2000 年 12 月，星辉公司与许继公司签订的合同货物直接由星光公司接收，许继公司也针对星辉公司开具了增值税专用发票，两家公司的业务存在交叉、混同，在付款上也存在交叉、混同。上述事实表明，星光公司与星辉公司在从事与许继公司的业务时，已实际构成人格混同，其行为违背了法人制度设立的宗旨，损害了债权人利益，判令星光公司与星辉公司承担连带责任并无不当。

3.《公司法》并未规定公司对股东债务承担责任（逆向人格否认），对该类请求不予支持。

在（2020）鲁 01 民终 12076 号案中，关于泰诺公司的责任承担问题，二审法院认为：马某某要求泰诺公司对其原股东信伟公司的债务承担连带责任，实质系对公司的逆向人格的否认，对此《公司法》并未作出相关的法律规定。关于马某某主张的信伟公司与泰诺公司人格混同，因人格混同最根本的判断标准是公司是否具有独立意思和独立财产，以及公司的财产与股东的财产是否混同且无法区分，马某某提交的证据不足以证实信伟公司与泰诺公司存在财产混同的情形，其仅依据两公司的法定代表人同一、对外宣传中的联系方式同一、经营范围同一的事实主张两公司人格混同无法律依据。综上，马某某要求泰诺公司对信伟公司的债务承担连带责任的主张无事实及法律依据，不予支持。

4. 反向刺破公司面纱制度与《公司法》的相关规定冲突，且公司唯一股东已变更，逆向否认公司法人人格不能适用。

在（2019）沪0112民初7369号案中，一审法院认为：原告基于逆向人格否认为依据起诉雷汇公司，在公司法理论中，人格否认即刺破公司面纱制度的本质是，当法人运用背离法律赋予法人人格的初衷而为他人控制和操纵，已不再具有独立性质时，法律将无视法人的独立人格而追究法人背后的操纵者的法律责任。《公司法》对公司法人人格否认制度的权利主体和责任主体作了明确规定，反向刺破公司面纱制度与该条规定相冲突，且本案雷汇公司唯一股东已于2017年8月26日由雷某1变更为雷某2。从时间角度与现行法律两方面来看，逆向否认公司法人人格均不能适用。原告要求被告雷汇公司承担连带责任的请求不成立。

（四）一人公司人格否认

1. 在诉讼中提交原始财务资料进行司法审计，由于材料不全，鉴定机构并没有作出确定的有关认定股东与公司的财产相互独立的鉴定报告的，一人股东应当承担举证不能的法律后果，对债务承担连带责任。

在（2019）最高法民终30号案中，二审法院认为：一人有限责任公司的股东不能证明公司财产独立于股东自己的财产的，应当对公司债务承担连带责任。《公司法》对一人有限公司的股东应否对公司的债务承担连带责任实行举证责任倒置原则，即一人有限公司的股东应当举证证明其个人财产与公司财产独立，否则就应当对公司债务承担连带责任。原审中，经中石化江西分公司申请，原审法院要求能盛公司、能顺公司、隆泰公司、杜某1、杜某2、何某某等提交上述公司与有关行政主管机关备案会计报表相一致的原始财务资料进行司法审计，虽然之后何某某与能盛公司、能顺公司提交了部分材料，但由于材料不全，鉴定机构并没有作出确定的有关认定何某1与能盛公司的财产相互独立的鉴定报告。对此，何某1应当承担举证不能的法律后果，对本案债务承担连带责任。

2. 企业所得税汇算清缴鉴证报告以及内部控制鉴证报告不涉及企业财产独立的问题，也不对财产独立情况发表意见，年度审计报告未披露关联交易，违反会计和审计准则，故股东不能证明其与公司之间财产独立，构成公司人格否认。

在（2022）最高法民终69号案中，二审法院认为：怡某股份公司在案涉债务产生时作为怡某电脑公司的唯一股东,应对其与怡某电脑公司之间财产独立承担举证责任。怡某股份公司主张怡某电脑公司2014年度及2015年度的审计报告、企业所得税汇算清缴鉴证报告,以及怡某电脑公司的内部控制鉴证报告、关联交易的专项审计报告,以及二审中提交的关于财务是否独立的专项审计报告可以证明怡某电脑公司的财产独立于怡某股份公司的财产。对此,怡某股份公司与怡某电脑公司在一审中提交的某会计师事务所出具的《报告说明》已经载明,企业所得税汇算清缴鉴证报告以及内部控制鉴证报告不涉及企业财产独立的问题,不对财产独立情况发表意见,故怡某电脑公司的企业所得税汇算清缴鉴证报告和内部控制鉴证报告不能证明其与怡某股份公司之间财产独立。

关于怡某电脑公司的年度财务审计报告、关联交易的专项审计报告以及财务是否独立的专项审计报告能否达成怡某股份公司的证明目的的问题,怡某电脑公司在2016年及之后仍有大量的资金收支,但怡某电脑公司仅提交其2014年及2015年度的财务审计报告,无法反映其在2016年及之后的财务状况。而且,在怡某电脑公司的主要经营业务就是将其从冲某公司购得的设备销售给怡某股份公司的情况下,怡某电脑公司的年度审计报告未对这种关联交易进行披露,违反了相关会计和审计准则。虽然关于关联交易的专项审计报告和关于财务是否独立的专项审计报告披露了相关关联交易,但也仅是依据财务资料对相关账目记载进行的审计,没有对两家公司之间的关联交易是否公平作出评价。在怡某电脑公司的主要收入来源是向其全资母公司怡某股份公司销售设备的货款的情况下,此种关联交易是否公平对认定两家公司之间的财产是否独立至关重要。综上,怡某股份公司提交的证据不足以证明其财产与怡某电脑公司的财产相互独立,判决怡某股份公司对怡某电脑公司在他案中应承担的义务负连带清偿责任,并无不当。

3. 国有独资公司不属于一人公司,不适用一人公司追加规定。

在(2023)新民终8号案中,关于七冶公司与贵冶公司是否存在人格混同的问题,二审法院认为:七冶公司和贵冶公司均为国有独资公司,从法人性质来看不能适用一人有限公司的规定。作为被追加和变更的被执行人,其并未参与执行依据的审判活动却要承担法律责任,因此,追加、变更应当谨慎。七冶公司与贵冶公司作为国有企业接受国有资产监管部门的监督,结合七冶公司提交的经过会计师事务所的审计的七冶公司和贵冶公司的审计报告,七冶公司已基本能够证明其财产与被执行人贵冶公司的财产相互独立,七冶公司和贵冶公司建立了独立规范的财务制度、财务支付明晰、经过外部审计、具有独立的经营场所、具有独立的工作人员,系具有独立意思和独立财产的法人。故西凯公司以人格混同为理由,追加七冶公司为被执行人的主张没有事实和法律依据。

4.担任一人股东时间较短并不免除股东对于公司资产与自身资产独立的举证责任,公司停止经营不必然意味着财务往来完全停止,审查重点在于公司是否存在独立的财务报表。

在(2020)粤03民终26517号案中,二审法院认为:改造者投资公司是改造者餐饮公司的100%持股股东,而涉案债务发生后,林某某曾担任改造者投资公司的100%持股股东。改造者投资公司作为改造者餐饮公司的唯一股东,未举证证明其资产与改造者餐饮公司财务独立,应对改造者餐饮公司的债务承担连带责任。原审判令改造者投资公司承担连带清偿责任,改造者投资公司并未上诉。林某某曾为改造者投资公司的100%持股股东,如其不能证明自身财务与改造者投资公司财务独立,则应对改造者投资公司对力德公司所负债务承担连带责任。

林某某主张其任唯一股东期间,改造者餐饮公司已经停止经营,其担任一人股东的时间非常短暂。对此,法院认为,担任一人股东时间较短并不免除林某某对于公司资产与自身资产独立的举证责任。改造者餐饮公司停止经营不必然意味着改造者投资公司的财务往来完全停止,公司是否实际经营并非审查重点,其重点在于作为一家至今合法存续的公司,是否存在独立的财务报表,从而证明股东个人财产独立于公司财产。林某某并未完成充分举证,应对改造者投资公司所负债务向力德公司承担连带清偿责任。

5.《公司法》未规定一人股东的连带责任可扩大至该股东的独资股东,要求多层级一人股东承担连带责任的请求没有法律依据。

在(2022)京0112民初29186号案中,一审法院认为:喜七达科技公司系一人有限责任公司,喜七哒教育公司作为其股东未证明公司财产独立于股东的财产,应当对喜七达科技公司债务承担连带责任。关于李某某要求七田真公司承担连带责任的请求,根据《民法典》第178条第3款的规定,连带责任由法律规定或者当事人约定。《公司法》仅规定一人公司股东在不能证明财产独立时对公司债务承担连带责任,并未规定一人公司股东的连带责任可扩大至该股东的独资股东,在法律并无明确规定的情况下,连带责任应仅限于该一人公司的股东,不应于一案中无限制地溯及该一人公司股东的股东;此外,李某某亦未举证证明存在当事人约定的七田真公司承担连带责任的情形,故对李某某的该诉讼请求不予支持。

6.《专项审计报告》能够证明股东与一人公司财产相互独立,且与公司的年度审计报告等在案证据相互吻合的,认定股东承担了举证责任,不构成公司人格否认。

在(2017)最高法民终569号案中,二审法院认为:新力公司为一人有限责任公司,北部湾港股份公司系其唯一股东。北部湾港股份公司已提交《专项审计报告》证明其与新力公司的财产相互独立,不存在混同,且该证据与新力公司年度的审计报告等在案证据相互吻合,北部湾港股份公司已承担相应的举证责任,无须对新力公司的债务承担连带责任。

7. 一人有限责任公司或股东能举证证明股东财产与公司财产分别列支列收、单独核算、利润分别分配和保管、风险分别承担的,应认定公司财产和股东财产分离。股东和公司承担了公司财产和股东财产独立的初步证明责任,此时举证责任转移到诉讼当事人对方,若对方未提出股东与公司构成财产混同的证据,则判定股东和一人公司不构成人格否认。

在(2020)最高法民终479号案中,二审法院认为:湘电风能公司和湘潭电机公司为证明相互财产独立提供了以下证据:湘电风能公司的注册资金变化及出资情况、湘电风能公司的财务制度汇总、湘电风能公司与湘潭电机公司的三年财务审计报告、湘电风能公司与湘潭电机公司的营业执照及内部章程。对此,法院认为,一人有限责任公司如股东和公司能举证证明,其股东财产与公司财产分别列支列收、单独核算、利润分别分配和保管、风险分别承担,应认定公司财产和股东财产分离。本案中,股东和公司承担了公司财产和股东财产独立的初步证明责任,而弈成科技公司和南通东泰公司并未提出湘电风能公司和湘潭电机公司构成财产混同的任何证据,亦未指出审计报告中存在哪些可能构成财产混同的问题。一审判决认为湘电风能公司和湘潭电机公司不构成财产混同,对湘潭电机公司承担连带责任的主张不予支持,并无不当。

8.《审计报告》仅能反映公司的负债及利润情况,没有包含公司完整的流水资料,未能实质反映公司与股东之间的资金往来和财产走向,不足以证明股东的财产独立于公司,应进行公司人格否认。

在(2020)最高法民终727号案中,二审法院认为:利招公司法定代表人为于某某,股东为于某某、汪某,分别持有公司70%、30%的股份;盛尊公司的法定代表人为于某某,股东为利招公司,持股100%。由此可见,盛尊公司为利招公司成立的一人有限责任公司。利招公司在二审中提供的《审计报告》等证据仅能反映公司的负债及利润情况,不能反映利招公司与盛尊公司的财产走向情况,不足以证明利招公司的财产独立于盛尊公司,利招公司依法应对盛尊公司的债务承担连带责任。

9. 一人公司人格否定后,公司股东所承担的连带责任是其自身所应承担的债务清偿责任,而非基于公司股东身份代替公司清偿,此种连带责任并不因股权的转让而消灭。

在(2011)沪二中民四(商)终字第54号案中,关于上诉人股权转让之后是否仍应对公司所负债务承担连带责任的问题,二审法院认为:首先,永悦公司为一人有限责任公司,根据法律规定,上诉人不能证明公司财产独立于自己的财产的,应当对公司债务承担连带责任。其次,公司人格否认是指在法定条件下否认公司的独立人格,而直接追究公司背后股东的责任。因此,公司人格否定后,公司股东所承担的连带责任是其自身所应承担的债务清偿责任,而非基于公司股东身份代替公司清偿,所以此种连带责任并不因为股权的转让而消灭。最后,系争《印刷合同》是上诉人作为永悦公司的唯一股东及法定代表人与被上诉人签订的,对由此产生的债务判令上诉人承担连带责任,并无不当。虽然在系争《印刷合同》的履行过程中,上诉人将股权转让给了原审被告徐某某,但上诉人对永悦公司的债务需要承担连带责任,因此其与徐某某之间的《股权转让协议》不能对抗债权人,协议双方均须对公司债务承担连带责任。至于公司债务具体承担比例,双方可在债务履行完毕后,再通过其他方式予以解决。

三、资本显著不足

1. 从公司所从事的行业性质和该行业的风险来看,公司应当具备一定数量的合理资本以应对资本市场波动带来的风险损失。但公司从成立至对外转让全部股权之日,均未投入任何资金,公司资本显然不符合公司经营业务、规模和经营风险的最低要求,此时应认定公司资本显著不足,并构成对公司形式的滥用,属于否认公司独立主体资格的重要理由。

在(2017)皖0123民初4502号案中,关于腾龙公司资本显著不足问题的问题,一审法院认为:期货市场风云变幻,损益难测,高风险和高回报并存。腾龙公司从事的是期货代理业务,用专业知识代理原告操作期货资金账户,系属从事较高风险业务的经营活动。从腾龙公司所从事的行业性质和该行业的风险来看,腾龙公司应当具备一定数量的合理资本以应对资本市场波动带来的风险损失。

但是,腾龙公司在成立时,两原始股东实缴出资皆为0元,且从设立登记后到经营期间,直至对外转让全部股权之日,亦未缴纳任何出资,因此腾龙公司的资本显然不符合公司经营业务、规模和经营风险的最低要求,呈现公司资本显著不足的状态。

2. 股东实际投入公司的资本数额与公司经营所隐含的风险相比明显不匹配,股东利用较少资本从事力所不能及的经营,实质是恶意利用公司独立人格和股东有限责任把投资风险转嫁给债权人,应认定公司资本显著不足。

在(2020)皖1623民初5468号案中,一审法院认为:2011年5月4日,应某某等发起股东签订了《合作协议书》,约定各股东在利辛县开发房地产项目,投资2亿元,1000万元用于主持成立公司,1.8亿元(实际1.9亿元)用于购买土地。2012年8月10日中泰公司注册成立,注册资本800万元,后变更为1000万元。2012年12月23日中泰公司股东会作出决议,将购买土地款1.9亿元作为中泰公司借款,按月息1.8%计算。截至2020年9月30日,各股东与公司之间有多笔往来款项,其中包括股东收回借款1.12亿元、中泰公司支付股东借款利息21574651元。由此看出,股东实际投入公司的资本数额与公司经营所隐含的风险相比明显不匹配,而且在中泰公司成立前各股东已经明确2亿元用于开发房地产,因此中泰公司在经营过程中资本显著不足,股东利用较少资本从事力所不能及的经营,实质是恶意利用公司的独立人格和股东有限责任把投资风险转嫁给债权人,不属于被告辩称的"以小博大"正常的经营活动。

3. 股东投入的资本数额与公司经营所隐含的风险已经达到明显不匹配的程度,且已持续一定的时间,应认定公司资本显著不足。

在(2021)沪01民终4825号案中,二审法院认为:史某某、深赜公司陈述,深赜公司自2017年12月成立以来从未实际经营过,深赜公司的设立系为了收购某公司包括王某某在内的30位自然人股东的股权。据查明的事实,史某某向深赜公司投入资金合计8400万元(包括出资额5000万元),但与深赜公司需要支付的某公司及王某某等30位自然人股东的股权受让价款相差甚远,且深赜公司现无法支付王某某等30位自然人股东剩余50%股权受让款。综合上述事实,股东史某某投入的资本数额与深赜公司经营所隐含的风险已经达到明显不匹配的程度,股权转让协议签订至今已有一定的时间,史某某利用较少的资本从事力所不能及的经营,表明其并没有从事公司经营的诚意,实质上就是利用深赜公司的独立人格和股东有限责任把投资风险转嫁给债权人王某某。因此,深赜公司已符合资本显著不足的情形。

4. 就注册资本而言，公司采取"以小博大"的方式进行经营并不违法，公司对外承担债务的财产并非以注册资本为唯一来源，仅以注册资本低于交易价格且尚未出资到位为由主张公司资本显著不足的理由不充分，不构成公司人格否认。

在（2019）沪01民终15745号案中，二审法院认为：公司人格否认的构成要件有二，一是股东故意实施了滥用公司法人独立地位及股东有限责任的行为；二是该行为致使公司财产不足以清偿公司债务，严重损害了债权人利益。程峰公司于本案中既主张了公司人格否认类型中的纵向否认——人格混同，又主张了横向否认——控制股东的过度支配与控制，还主张康扬庄公司存在资本显著不足的情形。就注册资本而言，公司采取"以小博大"的方式进行经营并不违法。何况，公司对外承担债务的财产并非以注册资本为唯一来源。程峰公司仅以康扬庄公司注册资本为500万元，低于系争施工合同约定的工程造价，且尚未出资到位为由，主张该康扬庄公司资本显著不足，缺乏充分依据。本案不能认定康扬庄公司、蒋记公司和凯瑟薇庭公司构成公司人格否认，程峰公司无权要求康扬庄公司、蒋记公司和凯瑟薇庭公司对工程款债务承担连带清偿责任。

5. 将股东实际投入公司的资本数额与公司的注册资本比较，判断公司经营所隐含风险相比明显不匹配的，应认定公司资本显著不足并构成公司人格否定。

在（2019）云民终1035号案中，一审法院认为：虽然佳青公司主张系应冠旭公司昆明分公司的要求将案涉合同运营管理费支付到崔某的个人账户，但佳青公司、崔某并未提交证据证明崔某收取款项后又交还给佳青公司及该款项的实际具体去向。在此，崔某作为股东，其自身收益与公司盈利并未加以区分，存在公司与股东之间利益不清、公司财务与个人财务混同的情形。此外，佳青公司的注册资本仅为10万元，表明崔某实际投入公司的资本数额与本案佳青公司经营所隐含风险相比明显不匹配，存在资本显著不足。崔某在佳青公司与冠旭公司昆明分公司的纠纷解决前，将其股份全部转让他人，亦存在明显的逃避责任意图。崔某作为佳青公司的唯一股东，未能证明其财产与公司财产相互独立，应当就佳青公司对本案的债务承担连带清偿责任。

6. 公司注册资本的数额大小不是否定公司人格的依据。

在（2022）粤07民终3998号案中，二审法院认为：公司注册资本仅是公司成立登记时的抽象数额，仅能代表股东的出资承诺，并不能代表公司在经营过程中可能获得的资本规模。聚品汇公司的注册资本数额并不意味着公司的经营规模只能在

20万元以内,公司还可以通过银行贷款、民间借贷、抵押、外部债权投资等各种渠道融资,公司经营项目未来的收益也是公司潜在的资本。故注册资本数额大小非否定公司人格的依据。

7. 为保障交易的相对安全,公司应有风险防控能力,在交易之前应尽到必要的注意义务,对交易对象的注册资本、经营能力及公司信誉进行审查,尤其应清楚了解公司的注册资本;我国法律没有规定可依据注册资本而限制交易金额,以公司注册资本过低为由否定对方的公司人格,缺乏事实和法律依据。

在(2016)粤01民终1517号案中,二审法院认为:为保障交易的相对安全,公司本身应有风险防控能力,在与对方公司进行交易之前应尽到必要的注意义务,对交易对象的注册资本、经营能力及公司信誉进行审查。本案中,织布厂在与越优公司进行交易的时候,对越优公司的注册资本等情况应该有所了解;我国法律没有规定可依据注册资本而限制交易金额,故织布厂以越优公司注册资本过低为由主张越优公司存在欺诈行为,进而否定越优公司人格,缺乏事实和法律依据,不予采信。

越优公司的股东前后发生变化,是其公司内部协商后,经过工商部门核准变更登记的,并未改变公司的注册资本及股份出资总额等,不影响织布厂向越优公司主张债权。织布厂以此为由要求认定越优公司存在虚假经营行为,亦无任何理据,不予采纳。如上文所述,越优公司股东刘某某以个人名义出具支票用于支付货款,也可以是正常的经济往来,是其公司内部的财务问题,该行为并不足以证明越优公司与其股东之间存在混同,也不能表明刘某某有同意为公司债务提供担保的意思表示。故织布厂据此要求刘某某、崔某某对涉案债务承担连带清偿责任,亦缺乏依据,不予支持。

第三节 实务指南

一、控股股东、实际控制人对股权架构的影响及实务问题

控股股东、实际控制人凭借控股地位和对公司的实际支配能力,通过各种行为影响股权架构,比如,滥用表决权,通过股东会决议控制董事会关于人事的任免,以达到控制公司经营管理的目的;以不合理的价格增资,改变公司股东的原有持股比例,以达到稀释其他股东股权,掌控公司的目的;利用控股地位和实际支配能力,无

故解除相关人员的职务;滥用股东提案权;等等。

控股股东、实际控制人实施上述行为相当方便,监事会对其难以发挥实际监督作用。新《公司法》从诸多方面对控股股东、实际控制人的权责进行了规定,规范系统完整齐全,很好地保护了小股东的利益和债权人的利益,也对股权架构的稳定运行起到非常重要的作用。

1. 规范依据

请参阅本章第一节请求权基础规范之"一、新《公司法》规定"。

2. 控股股东不得滥用股东权利损害公司和其他股东的利益

详见新《公司法》第21条。

3. 控股股东、实际控制人不得利用关联关系损害公司利益

详见新《公司法》第22条。

4. 控股股东不得利用股东权利损害公司债权人利益

详见新《公司法》第23条,其中第1款规定了纵向人格否认制度,也叫顺向人格否认,即股东对公司债务承担连带责任;第2款规定的是横向人格否认制度,即关联公司对对方的债务承担连带责任;第3款规定的是一人公司人格否认制度。在新《公司法》体系中,并没有明确规定逆向人格否认制度,亦称反向人格否认,即公司对股东产生的债务承担连带责任,但其在实践中是存在的。

5. 控股股东不得滥用权利损害其他股东利益,否则其他股东有权请求公司以合理价格收购其股权

详见新《公司法》第89条第3款。

6. 控股股东应遵循法律关于转让所持有股份的特别规定

详见新《公司法》第160条。《首次公开发行股票注册管理办法》第45条第1款、第2款也规定:"发行人应当在招股说明书中披露公开发行股份前已发行股份的锁定期安排,特别是尚未盈利情况下发行人控股股东、实际控制人、董事、监事、高级管理人员股份的锁定期安排。发行人控股股东和实际控制人及其亲属应当披露所持股份自发行人股票上市之日起三十六个月不得转让的锁定安排。"

7. 控股股东、实际控制人具有"事实董事"身份的,同样需要承担忠实义务与勤勉义务

详见新《公司法》第180条。

二、公司人格否认制度对股权架构的影响及实务问题

公司人格否认制度,也称揭开公司面纱、刺破公司面纱、直索责任、透视理论

等,是指当公司股东通过滥用公司法人独立地位和股东有限责任来逃避债务,严重损害债权人利益时,债权人可以否定公司的法人资格和股东的有限责任,直接请求股东、公司及关联公司对其债务承担连带责任的法律制度。

公司人格否认制度是在前述控股股东、实际控制人实施一系列不当行为后,法律对其采取的制裁措施。公司法人人格一旦被否定,诸如公司治理、股权架构都将形同虚设,会产生"皮之不存,毛将焉附"的最坏结果。当然,这种否定是针对特定的具体的事件而言,并非由点及面,可以通过建立良好且适当的股权架构,有效的监督机制、信息披露机制、报告机制等对股东的此类行为进行制约。

1. 规范依据

新《公司法》第23条。

2. 纵向公司人格否认制度

股东对公司的债务承担连带责任(新《公司法》第23条第1款)。这种责任是直接连带责任,而非补充连带责任,无须等到公司无财产可执行时才可直接对股东主张权利。

3. 横向公司人格否认制度

关联公司,如兄弟公司对对方的债务承担连带责任(新《公司法》第23条第2款)。

4. 逆向公司人格否认制度

公司对股东的债务承担连带责任。新《公司法》对此没有规定。

5. 一人公司人格否认制度

只有一个股东的公司,股东不能证明公司财产独立于股东自己的财产的,应当对公司债务承担连带责任(新《公司法》第23条第3款)。该类纠纷案在诉讼中适用举证责任倒置原则。

另外,《九民会议纪要》对公司人格否认适用情形作了阐述,其中第10条规定的是公司人格形骸化,即公司人格与股东人格混同;第11条规定的是过度支配与控制;第12条规定的是公司资本显著不足。具体请参阅本章第一节请求权基础规范之"二、其他法律规定"中"(二)公司法层面"。

三、人格否认制度之构成要件

新《公司法》重构了公司人格否认制度,包括纵向人格否认(顺向人格否认)、横向人格否认,实务中也较为少见地出现了逆向人格否认。

（一）纵向人格否认

纵向人格否认是指股东对公司的债务承担连带责任,根据新《公司法》第23条第1款,其构成要件如下。

1. 主体要件

（1）原告。公司人格否认制度适用的前提是公司对外负债,债权人提起诉讼,故适格原告主体为公司的债权人。

（2）被告。因股东滥用公司法人独立地位和股东有限责任,适格的被告主体原则上是公司、股东,但还应对债权人对公司享有的债权是否已经确定、是否与债务纠纷一并提起等情形作出区分：

A. 债权人对债务人公司享有的债权已经由生效裁判确认,其另行提起公司人格否认诉讼,请求股东对公司债务承担连带责任的,列股东为被告,公司为第三人（《九民会议纪要》第13条第1项）。

B. 债权人对债务人公司享有的债权提起诉讼的同时,一并提起公司人格否认诉讼,请求股东对公司债务承担连带责任的,列公司和股东为共同被告（《九民会议纪要》第13条第2项）。

C. 债权人对债务人公司享有的债权尚未经生效裁判确认,直接提起公司人格否认诉讼,请求公司股东对公司债务承担连带责任的,人民法院应当向债权人释明,告知其追加公司为共同被告。债权人拒绝追加的,人民法院应当裁定驳回起诉（《九民会议纪要》第13条第3项）。

（3）第三人。见上述规定。

2. 行为要件

纵向人格否认的行为要件是股东以逃避债务为目的,滥用公司法人独立地位和股东有限责任。

《九民会议纪要》列举了三类股东滥用权利行为的表现：一是人格混同（第10条）,二是过度控制与支配（第11条）,三是资本显著不足（第12条）。纵向人格否认制度可被归类为"人格混同""资本显著不足"。

《九民会议纪要》第10条提出了判断人格混同的三个角度：人员混同、财产混同、业务混同。各类混同的滥用行为可谓千奇百怪、五花八门,举证责任要求较高,司法裁判观点也不尽相同,但丰富多彩的裁判观点也为"公司人格否认"的认定提供了更多灵活性和视角。

《九民会议纪要》第12条提出了"资本显著不足"问题,司法判决也呈现丰富的案例样本。比如,公司资本明显无法满足其业务规模与风险需求,被认定为资本显著不足;股东投入的资本数额与公司经营的风险明显不匹配,且已持续了一定的时间,被认定为资本显著不足;至于"以小博大"的经营方式是否构成公司人格否认,实务中有观点认为,就注册资本而言,公司采取"以小博大"的方式进行经营并不违法,公司对外承担债务的财产并非以注册资本为唯一来源,仅以注册资本低于交易价格且尚未出资到位为由主张公司资本显著不足的理由不充分,不构成公司人格否认。

3. 结果要件

公司人格否认的结果要件为"严重损害公司债权人利益"。具体而言,首先要有公司无法清偿债务之后果,至于这个后果是否"严重",法律并无明确标准,应由法院裁量。

(二)横向人格否认

横向人格否认是指关联公司,如兄弟公司、子公司之间对公司的债务承担连带责任。根据新《公司法》第23条第2款,其构成要件如下。

1. 主体要件

(1)原告。与纵向人格否认一样,横向人格否认的前提是公司对外负债,债权人提起诉讼,故适格原告主体为公司的债权人。

(2)被告。结合《九民会议纪要》第13条的规定,可以参照纵向人格否认中被告主体的阐述。有两点值得注意:第一,新《公司法》第23条第2款的规定,使用了"控制"一词,意味着不仅适用于控股情形,还适用于实际控制情形,且该企业为关联企业,如果属于不被同一股东控股或控制的非关联企业,则不适用横向人格否认制度,不属于适格被告主体。第二,对于负债公司背后的股东能否列为被告的问题,实践中有争议,根据"三角刺破说",债务先由负债公司流向滥权股东,再由滥权股东流向兄弟关联公司,形成三角流动关系,链条中的各主体均须承担责任。

(3)第三人。请参见上述《九民会议纪要》第13条规定。

2. 行为要件

(1)普通有限公司。与纵向人格否认的行为要件一样,必须有股东滥用公司法人独立地位和股东有限责任之行为,行为之目的是逃避债务。横向人格否认制度可归入《九民会议纪要》第11条的"过度支配与控制"。

(2)一人股东公司。一人股东公司可以是一人有限责任公司,也可以一人股份有限公司。在这种特殊形态的公司类型下,原告无须直接证明股东的滥权行为,且适用举证责任倒置原则,即在"股东不能证明公司财产独立于股东自己的财产"情形出现时,可推定一人股东实施了滥权行为,适用横向人格否认制度,由一人股东对公司债务承担连带责任。

关于股东如何证明公司财产独立于股东自己的财产的问题,首先适用举证责任倒置原则,由股东先举证其财产与公司财产相互独立,这种证据一般是规范的做账资料以及年度审计报告。但这仅是形式上的,也可以对审计报告的内容进行实质审查,若发现报告没有关于股东的进出账记录、未能反映股东资金动态与公司资金动态关系等,审计报告会被否定,股东仍须对公司债务承担连带责任。因此举证责任比较苛刻。

3.结果要件

与纵向人格否认一样,需要具备"严重损害公司债权人利益"之构成要件,至少需要达到公司无法清偿债务之后果,至于这个后果是否"严重",法律并无明确标准,应由法院裁量。"严重"的标准是人格否认制度中的共性问题。

（三）逆向人格否认

逆向人格否认是指由公司对股东的债务承担连带责任。法律并没有明确规定此种类型,实务中也只限定在一人股东公司的情形中,判决公司对股东债务承担连带责任,其构成要件可以参考横向人格否认制度。

四、事实董事、影子董事的构成要件和法律后果

（一）事实董事

1.构成要件

事实董事,就是形式上不是董事,但实际上以董事之名行使管理公司权利的人。新《公司法》第180条第3款规定,公司的控股股东、实际控制人不担任公司董事但实际执行公司事务的,适用前两款规定。根据该条款规定,事实董事的构成要件如下。

（1）主体限于控股股东、实际控制人（以下简称"双控人"）。

（2）双控人不担任公司董事职务。

（3）双控人实际执行公司事务。即以董事名义行事,事实上行使董事权力,并和其他按照程序选举任命的董事一并参与公司事务,以董事名义对外签订合同等。行使董事权力的范围即新《公司法》第67条规定的董事会职权范围及公司章程规定的董事职权范围。

在举证上,要提供董事会会议决议和会议记录,上面除应显示双控人签名之外,还应显示有正式的董事签名。如果只是双控人与其他公司的非董事人员签字,尚不能充分证明其为事实董事。

2. 法律后果

双控人一旦被认定为事实董事,则应承担新《公司法》规定的董事的所有责任。换言之,就是同样应履行忠实义务和勤勉义务。这些责任包括但不限于利用关联关系损害公司利益赔偿责任、未及时履行催缴出资义务赔偿责任、对股东抽逃出资连带赔偿责任、董事会决议致损赔偿责任、违规财务资助赔偿责任、违规减资赔偿责任、违规分配利润赔偿责任、未及时履行清算义务赔偿责任、怠于履行清算职责赔偿责任等。

(二)影子董事

1. 构成要件

影子董事,就是背后指示、操纵正式的董事来管理公司的人,二者如影随形。新《公司法》第192条规定,公司的控股股东、实际控制人指示董事、高级管理人员从事损害公司或者股东利益的行为的,与该董事、高级管理人员承担连带责任。根据该条款规定,影子董事的构成要件如下。

(1)主体限于双控人。

(2)存在指示董事、高级管理人员从事损害公司或者股东利益的行为。对于"指示",实务中的方式分为明示或暗示、书面或口头、一次性或长期持续,具体以公司或其他股东利益受损为实质的判断标准。

2. 法律后果

与事实董事一样,双控人一旦被认定为影子董事,则须承担新《公司法》规定的董事的所有责任,履行忠实义务和勤勉义务。

上述新《公司法》第180条第3款、第192条的规定,与第21条、第22条共同构成"双控人"的规范体系。

第四章 法定代表人

第一节 请求权基础规范

一、新《公司法》规定

（一）对内权责

第 35 条 公司申请变更登记，应当向公司登记机关提交公司法定代表人签署的变更登记申请书、依法作出的变更决议或者决定等文件。

公司变更登记事项涉及修改公司章程的，应当提交修改后的公司章程。

公司变更法定代表人的，变更登记申请书由变更后的法定代表人签署。

第 55 条第 2 款 出资证明书由法定代表人签名，并由公司盖章。

第 149 条第 3 款 股票采用纸面形式的，还应当载明股票的编号，由法定代表人签名，公司盖章。

第 196 条 公司以纸面形式发行公司债券的，应当在债券上载明公司名称、债券票面金额、利率、偿还期限等事项，并由法定代表人签名，公司盖章。

（二）对外权责

第 10 条 公司的法定代表人按照公司章程的规定，由代表公司执行公司事务的董事或者经理担任。

担任法定代表人的董事或者经理辞任的，视为同时辞去法定代表人。

法定代表人辞任的，公司应当在法定代表人辞任之日起三十日内确定新的法定代表人。

第 11 条 法定代表人以公司名义从事的民事活动，其法律后果由公司承受。

公司章程或者股东会对法定代表人职权的限制，不得对抗善意相对人。

法定代表人因执行职务造成他人损害的，由公司承担民事责任。公司承担民事责任后，依照法律或者公司章程的规定，可以向有过错的法定代表人追偿。

第 32 条第 1 款　公司登记事项包括：……（五）法定代表人的姓名；……

第 34 条　公司登记事项发生变更的，应当依法办理变更登记。

公司登记事项未经登记或者未经变更登记，不得对抗善意相对人。

第 46 条第 1 款　有限责任公司章程应当载明下列事项：……（七）公司法定代表人的产生、变更办法；……

第 95 条第 1 款　股份有限公司章程应当载明下列事项：……（八）公司法定代表人的产生、变更办法；……

第 178 条第 1 款　有下列情形之一的，不得担任公司的董事、监事、高级管理人员：……（四）担任因违法被吊销营业执照、责令关闭的公司、企业的法定代表人，并负有个人责任的，自该公司、企业被吊销营业执照、责令关闭之日起未逾三年；……

二、其他法律规定

（一）民法典层面

1.《民法典》

第 61 条　依照法律或者法人章程的规定，代表法人从事民事活动的负责人，为法人的法定代表人。

法定代表人以法人名义从事的民事活动，其法律后果由法人承受。

法人章程或者法人权力机构对法定代表人代表权的限制，不得对抗善意相对人。

第 62 条　法定代表人因执行职务造成他人损害的，由法人承担民事责任。

法人承担民事责任后，依照法律或者法人章程的规定，可以向有过错的法定代表人追偿。

第 81 条　营利法人应当设执行机构。

执行机构行使召集权力机构会议，决定法人的经营计划和投资方案，决定法人内部管理机构的设置，以及法人章程规定的其他职权。

执行机构为董事会或者执行董事的，董事长、执行董事或者经理按照法人章程的规定担任法定代表人；未设董事会或者执行董事的，法人章程规定的主要负责人为其执行机构和法定代表人。

第 89 条　事业单位法人设理事会的，除法律另有规定外，理事会为其决策机构。事业单位法人的法定代表人依照法律、行政法规或者法人章程的规定产生。

第 91 条　设立社会团体法人应当依法制定法人章程。

社会团体法人应当设会员大会或者会员代表大会等权力机构。

社会团体法人应当设理事会等执行机构。理事长或者会长等负责人按照法人章程的规定担任法定代表人。

第 94 条 捐助人有权向捐助法人查询捐助财产的使用、管理情况,并提出意见和建议,捐助法人应当及时、如实答复。

捐助法人的决策机构、执行机构或者法定代表人作出决定的程序违反法律、行政法规、法人章程,或者决定内容违反法人章程的,捐助人等利害关系人或者主管机关可以请求人民法院撤销该决定。但是,捐助法人依据该决定与善意相对人形成的民事法律关系不受影响。

第 170 条 执行法人或者非法人组织工作任务的人员,就其职权范围内的事项,以法人或者非法人组织的名义实施的民事法律行为,对法人或者非法人组织发生效力。

法人或者非法人组织对执行其工作任务的人员职权范围的限制,不得对抗善意相对人。

第 171 条 行为人没有代理权、超越代理权或者代理权终止后,仍然实施代理行为,未经被代理人追认的,对被代理人不发生效力。

相对人可以催告被代理人自收到通知之日起三十日内予以追认。被代理人未作表示的,视为拒绝追认。行为人实施的行为被追认前,善意相对人有撤销的权利。撤销应当以通知的方式作出。

行为人实施的行为未被追认的,善意相对人有权请求行为人履行债务或者就其受到的损害请求行为人赔偿。但是,赔偿的范围不得超过被代理人追认时相对人所能获得的利益。

相对人知道或者应当知道行为人无权代理的,相对人和行为人按照各自的过错承担责任。

第 172 条 行为人没有代理权、超越代理权或者代理权终止后,仍然实施代理行为,相对人有理由相信行为人有代理权的,代理行为有效。

第 504 条 法人的法定代表人或者非法人组织的负责人超越权限订立的合同,除相对人知道或者应当知道其超越权限外,该代表行为有效,订立的合同对法人或者非法人组织发生效力。

第 532 条 合同生效后,当事人不得因姓名、名称的变更或者法定代表人、负责人、承办人的变动而不履行合同义务。

2.《民法典总则编司法解释》

第 27 条　无权代理行为未被追认,相对人请求行为人履行债务或者赔偿损失的,由行为人就相对人知道或者应当知道行为人无权代理承担举证责任。行为人不能证明的,人民法院依法支持相对人的相应诉讼请求;行为人能够证明的,人民法院应当按照各自的过错认定行为人与相对人的责任。①

第 28 条　同时符合下列条件的,人民法院可以认定为民法典第一百七十二条规定的相对人有理由相信行为人有代理权:(一)存在代理权的外观;(二)相对人不知道行为人行为时没有代理权,且无过失。

因是否构成表见代理发生争议的,相对人应当就无权代理符合前款第一项规定的条件承担举证责任;被代理人应当就相对人不符合前款第二项规定的条件承担举证责任。②

第 29 条　法定代理人、被代理人依据民法典第一百四十五条、第一百七十一条的规定向相对人作出追认的意思表示的,人民法院应当依据民法典第一百三十七条的规定确认其追认意思表示的生效时间。③

3.《民法典合同编通则司法解释》

第 20 条　法律、行政法规为限制法人的法定代表人或者非法人组织的负责人的代表权,规定合同所涉事项应当由法人、非法人组织的权力机构或者决策机构决议,或者应当由法人、非法人组织的执行机构决定,法定代表人、负责人未取得授权而以法人、非法人组织的名义订立合同,未尽到合理审查义务的相对人主张该合同对法人、非法人组织发生效力并由其承担违约责任的,人民法院不予支持,但是法人、非法人组织有过错的,可以参照民法典第一百五十七条的规定判决其承担相应的赔偿责任。相对人已尽到合理审查义务,构成表见代表的,人民法院应当依据民法典第五百零四条的规定处理。

合同所涉事项未超越法律、行政法规规定的法定代表人或者负责人的代表权限,但是超越法人、非法人组织的章程或者权力机构等对代表权的限制,相对人主张该合同对法人、非法人组织发生效力并由其承担违约责任的,人民法院依法予以支持。但是,法人、非法人组织举证证明相对人知道或者应当知道该限制的除外。

法人、非法人组织承担民事责任后,向有过错的法定代表人、负责人追偿因越

---

① 无权代理中相对人恶意的推定。
② 表见代理中认定相对人相信行为人有代理权。
③ 追认意思表示的作出对象与生效时间。

权代表行为造成的损失的,人民法院依法予以支持。法律、司法解释对法定代表人、负责人的民事责任另有规定的,依照其规定。①

第 21 条 法人、非法人组织的工作人员就超越其职权范围的事项以法人、非法人组织的名义订立合同,相对人主张该合同对法人、非法人组织发生效力并由其承担违约责任的,人民法院不予支持。但是,法人、非法人组织有过错的,人民法院可以参照民法典第一百五十七条的规定判决其承担相应的赔偿责任。前述情形,构成表见代理的,人民法院应当依据民法典第一百七十二条的规定处理。

合同所涉事项有下列情形之一的,人民法院应当认定法人、非法人组织的工作人员在订立合同时超越其职权范围:(一)依法应当由法人、非法人组织的权力机构或者决策机构决议的事项;(二)依法应当由法人、非法人组织的执行机构决定的事项;(三)依法应当由法定代表人、负责人代表法人、非法人组织实施的事项;(四)不属于通常情形下依其职权可以处理的事项。

合同所涉事项未超越依据前款确定的职权范围,但是超越法人、非法人组织对工作人员职权范围的限制,相对人主张该合同对法人、非法人组织发生效力并由其承担违约责任的,人民法院应予支持。但是,法人、非法人组织举证证明相对人知道或者应当知道该限制的除外。

法人、非法人组织承担民事责任后,向故意或者有重大过失的工作人员追偿的,人民法院依法予以支持。②

第 22 条 法定代表人、负责人或者工作人员以法人、非法人组织的名义订立合同且未超越权限,法人、非法人组织仅以合同加盖的印章不是备案印章或者系伪造的印章为由主张该合同对其不发生效力的,人民法院不予支持。

合同系以法人、非法人组织的名义订立,但是仅有法定代表人、负责人或者工作人员签名或者按指印而未加盖法人、非法人组织的印章,相对人能够证明法定代表人、负责人或者工作人员在订立合同时未超越权限的,人民法院应当认定合同对法人、非法人组织发生效力。但是,当事人约定以加盖印章作为合同成立条件的除外。

合同仅加盖法人、非法人组织的印章而无人员签名或者按指印,相对人能够证明合同系法定代表人、负责人或者工作人员在其权限范围内订立的,人民法院应当认定该合同对法人、非法人组织发生效力。

---

① 越权代表的合同效力。
② 职务代理与合同效力。

在前三款规定的情形下,法定代表人、负责人或者工作人员在订立合同时虽然超越代表或者代理权限,但是依据民法典第五百零四条的规定构成表见代表,或者依据民法典第一百七十二条的规定构成表见代理的,人民法院应当认定合同对法人、非法人组织发生效力。①

第23条 法定代表人、负责人或者代理人与相对人恶意串通,以法人、非法人组织的名义订立合同,损害法人、非法人组织的合法权益,法人、非法人组织主张不承担民事责任的,人民法院应予支持。法人、非法人组织请求法定代表人、负责人或者代理人与相对人对因此受到的损失承担连带赔偿责任的,人民法院应予支持。

根据法人、非法人组织的举证,综合考虑当事人之间的交易习惯、合同在订立时是否显失公平、相关人员是否获取了不正当利益、合同的履行情况等因素,人民法院能够认定法定代表人、负责人或者代理人与相对人存在恶意串通的高度可能性的,可以要求前述人员就合同订立、履行的过程等相关事实作出陈述或者提供相应的证据。其无正当理由拒绝作出陈述,或者所作陈述不具合理性又不能提供相应证据的,人民法院可以认定恶意串通的事实成立。②

4.《民法典担保制度司法解释》

第7条 公司的法定代表人违反公司法关于公司对外担保决议程序的规定,超越权限代表公司与相对人订立担保合同,人民法院应当依照民法典第六十一条和第五百零四条等规定处理:(一)相对人善意的,担保合同对公司发生效力;相对人请求公司承担担保责任的,人民法院应予支持。(二)相对人非善意的,担保合同对公司不发生效力;相对人请求公司承担赔偿责任的,参照适用本解释第十七条的有关规定。

法定代表人超越权限提供担保造成公司损失,公司请求法定代表人承担赔偿责任的,人民法院应予支持。

第一款所称善意,是指相对人在订立担保合同时不知道且不应当知道法定代表人超越权限。相对人有证据证明已对公司决议进行了合理审查,人民法院应当认定其构成善意,但是公司有证据证明相对人知道或者应当知道决议系伪造、变造的除外。

第12条 法定代表人依照民法典第五百五十二条的规定以公司名义加入债务

---

① 印章与合同效力。
② 代表人或代理人与相对人恶意串通的合同效力。

的,人民法院在认定该行为的效力时,可以参照本解释关于公司为他人提供担保的有关规则处理。

(二)其他

→附录参考:司法政策文件《民商事合同指导意见》

12、当前在国家重大项目和承包租赁行业等受到全球性金融危机冲击和国内宏观经济形势变化影响比较明显的行业领域,由于合同当事人采用转包、分包、转租方式,出现了大量以单位部门、项目经理乃至个人名义签订或实际履行合同的情形,并因合同主体和效力认定问题引发表见代理纠纷案件。对此,人民法院应当正确适用合同法第四十九条关于表见代理制度的规定,严格认定表见代理行为。

13、合同法第四十九条规定的表见代理制度不仅要求代理人的无权代理行为在客观上形成具有代理权的表象,而且要求相对人在主观上善意且无过失地相信行为人有代理权。合同相对人主张构成表见代理的,应当承担举证责任,不仅应当举证证明代理行为存在诸如合同书、公章、印鉴等有权代理的客观表象形式要素,而且应当证明其善意且无过失地相信行为人具有代理权。

14、人民法院在判断合同相对人主观上是否属于善意且无过失时,应当结合合同缔结与履行过程中的各种因素综合判断合同相对人是否尽到合理注意义务,此外还要考虑合同的缔结时间、以谁的名义签字、是否盖有相关印章及印章真伪、标的物的交付方式与地点、购买的材料、租赁的器材、所借款项的用途、建筑单位是否知道项目经理的行为、是否参与合同履行等各种因素,作出综合分析判断。

→附录参考:司法政策文件《九民会议纪要》

41.【盖章行为的法律效力】司法实践中,有些公司有意刻制两套甚至多套公章,有的法定代表人或者代理人甚至私刻公章,订立合同时恶意加盖非备案的公章或者假公章,发生纠纷后法人以加盖的是假公章为由否定合同效力的情形并不鲜见。人民法院在审理案件时,应当主要审查签约人于盖章之时有无代表权或者代理权,从而根据代表或者代理的相关规则来确定合同的效力。

法定代表人或者其授权之人在合同上加盖法人公章的行为,表明其是以法人名义签订合同,除《公司法》第 16 条等法律对其职权有特别规定的情形外,应当由法人承担相应的法律后果。法人以法定代表人事后已无代表权、加盖的是假章、所盖之章与备案公章不一致等为由否定合同效力的,人民法院不予支持。

代理人以被代理人名义签订合同,要取得合法授权。代理人取得合法授权后,以被代理人名义签订的合同,应当由被代理人承担责任。被代理人以代理人事后已无代理权、加盖的是假章、所盖之章与备案公章不一致等为由否定合同效力的,人民法院不予支持。

第二节　裁判精要

一、法定代表人的行为效果

(一)表见代表

1. 债权人签约时对公司董事会决议进行了形式审查,已尽到必要的注意义务的,应当认定其为善意。即使法定代表人的行为越权,在债权人善意的情况下,也应认定其行为构成表见代表,担保行为对公司仍发生法律效力。

在(2019)最高法民终1791号案中,二审法院认为:案涉《最高额保证合同》除具备有效的形式要件(加盖商融担保公司有效公章,并由时任法定代表人刘某某签字)外,商融担保公司另向民生银行太原分行提供了加盖该公司公章的董事会决议复印件,可以证明民生银行太原分行在签订上述《最高额保证合同》时对商融担保公司董事会决议进行了形式审查,已尽到必要的注意义务,应当认定其构成善意。即使刘某某的行为越权,因其时为商融担保公司的法定代表人,在民生银行太原分行善意的情况下,也应认定其行为构成表见代表,对商融担保公司仍发生法律效力。此外,商融担保公司系以为他人提供担保为主营业务的担保公司,案涉担保业务属于商融担保公司主要业务范围,无论商融担保公司机关决议是否对刘某某进行了授权,均不能认定担保合同的签订违反了商融担保公司的真实意思表示。故有关商融担保公司董事会决议的真实性问题,对案涉《最高额保证合同》的效力并不构成影响。

2. 债权人应审慎审查作为保证人的公司之资格及基本情况,以确定保证人是否有资格和能力担保债务。如果债权人没有向法定代表人确认该担保合同是否取得公司的同意,即债权人在公司为其法定代表人提供担保是否取得全体股东的同意的事宜上未尽审慎义务,则在主观上不构成善意,法定代表人的签约行为不构成表见代表,作为保证人的公司无须为法定代表人的个人债务承担连带保证责任。

在(2019)粤民再51号案中,关于陆洲公司是否应对陈某某的借款本息承担连带责任的问题,二审法院认为:陈某某与叶某某签订《借款合同》,个人向被上诉人叶某某借款200万元,同时签订《保证合同》,保证人是兆晟公司、陆洲公司,为陈某某上述个人债务承担连带担保责任。本案中陈某某既是陆洲公司的股东,又是陆洲公司的实际控制人,故陆洲公司为陈某某的借款提供担保前,应召开股东会,并获得除陈某某之外其他出席会议的股东所持表决权的过半数通过。叶某某在二审庭审中自认其签订合同时知道陈某某系陆洲公司的法定代表人,且陈某某持股80%。叶某某作为债权人,应当审慎审查保证人的资格及基本情况,以确定保证人是否有资格和能力担保债务,叶某某在明知陆洲公司应当有其他股东的存在的前提下,却并没有向陈某某确认该担保合同是否取得陆洲公司的同意,由此可以认定,叶某某在陆洲公司为其股东(陈某某)提供担保是否取得全体股东的同意的事宜上未尽审慎义务,在主观上并不构成善意,陈某某以陆洲公司名义对其个人借款提供担保的行为不符合表见代表。

同时,《保证合同》所盖的陆洲公司印章,经鉴定与陆洲公司备案的印章不是同一印章,《保证合同》所涉及的事项不能认定为陆洲公司的行为,陈某某虽然借款时是公司的法定代表人,但其在《保证合同》中使用的是陆洲公司未经备案的印章,故该借贷行为应认定为陈某某的个人行为,应由陈某某承担相应的民事责任。综上,因陈某某的行为不构成表见代表,以及叶某某并非善意出借人,故陆洲公司无须为陈某某的个人债务承担连带保证责任。

3. 法定代表人在担保关系中加盖公章,虽因未经公司股东会决议而属于越权签订担保合同的行为,但债权人有理由相信法定代表人上述行为系公司的真实意思表示,属于善意相对人,法定代表人的行为构成表见代表,担保合同对公司发生法律效力。

在(2017)最高法民终865号案中,二审法院认为:对于公司为他人提供担保的合同是否对公司发生法律效力的认定,因涉及对担保合同相对人利益的保护,除应考虑《公司法》的规定外,还应结合《合同法》《担保法》等相关法律规范综合判断。本案中,徐某1在案涉借款明细及还款承诺函中加盖中度旅游公司公章,并承诺中度旅游公司为本案提供连带保证,虽因未经中度旅游公司股东会决议而属于越权签订担保合同的行为,但根据本案事实,徐某2有理由相信徐某1上述行为系中度旅游公司的真实意思表示。因此,本案担保合同对中度旅游公司发生法律效力。原审判决基于徐某2在本案中属于善意相对人,以及结合本案借款实际系因中度旅游公司房地产开发项目资金需要而发生,该公司作为用款人对本案借款提供担保亦符合其利益的事实,认定中度旅游公司应当为本案借款承担连带保证责任,并无不当。

4.债权人未具体审核所谓的法定代表人与其公司之间的关系,没有明确其有无职权或是否取得公司同意担保的委托授权,存在过错;合同的签订地点及参与人员并不足以引起债权人对所谓法定代表人享有代理权的合理信赖;债权人没有核实公司的法定代表人变更信息,也存在过错。债权人并非善意无过失,所谓法定代表人的行为不构成表见代表。

在(2019)苏民再383号案中,再审法院认为:章某的行为不应认定为构成表见代表,凯润小贷公司主张环庄公司对涉案借款承担保证责任不能成立。首先,从章某的身份来看,其并非环庄公司的法定代表人,只是环庄公司的董事及环庄公司的股东诚馨公司的法定代表人,因此章某并无代表环庄公司履行签订担保合同的职权。凯润小贷公司并未具体审核章某与环庄公司之间的关系,以明确其有无职权或是否取得环庄公司同意担保的委托授权,故凯润小贷公司存在过错。

其次,从担保合同的订立过程来看,凯润小贷公司在一审庭审中主张系章某将合同带入环庄公司办公场所内加盖的印章,对此并未提供充分证据证明。从合同的签订地点及参与人员来看,该订立行为并不足以引起凯润小贷公司对章某享有代理权产生合理信赖。

再次,从担保合同上的印章来看,涉案合同除加盖有环庄公司的公章外,还在"法定代表人"处加盖了环庄公司原法定代表人周某1的私章。在该《最高额保证合同》订立前一个月,环庄公司的法定代表人已由周某1变更为周某2,而该变更信息在借贷审核过程中通过企业信用信息公示系统即可查询而知,凯润小贷公司未能核实上述信息,存在过错。

最后,凯润小贷公司作为专业的贷款机构,理应知晓在接受环庄公司对外担保时,应要求其提供同意担保的董事会或股东会决议,而环庄公司否认就涉案担保形成过上述决议。凯润小贷公司并无充分证据证明环庄公司董事会或股东会形成决议同意对涉案借款提供担保,因此凯润小贷公司未按照《公司法》的规定要求环庄公司提供同意担保的决议文件,未尽谨慎审查义务,存在过错。

综上,由于凯润小贷公司对章某是否享有代理权未尽到谨慎合理的审核义务,仅凭章某持有相关环庄公司印章,不足以证明章某享有对外担保的代理权外观,因此,凯润小贷公司的信赖利益不应获得法律特别保护。

5.表见代理是指行为人没有代理权、超越代理权或者代理权终止后实施代理行为,其前提条件是合同的相对人在主观上是善意的、无过失的。善意是指相对人不知道或者不应当知道行为人实际上无权代理;无过失是指相对人的不知道不是因为其大意造成的。相对人明知或者理应知道行为人没有代理权、超越代理权或者代理权已终止仍与行为人签订合同的,不构成表见代理。

在(2020)晋民再232号案中,再审法院认为:上诉人所提供的李某1的身份证彩色扫描件,并不能证明在银行办理保证合同事宜时,代签人持有李某1的身份证原件。即便代签人持有该原件,银行作为金融机构,在签订大额保证合同时未要求代签人出具书面的委托手续,存在重大过失,故上诉人所称构成表见代理之理由不能成立。李某1从未委托他人在案涉保证合同上签名,也从未为案涉贷款提供保证的意思表示,上诉人主张表见代理的理由不能成立,李某1不承担保证责任。

(二)越权代理

1.公司章程中未载明对外提供担保应由股东会决议还是由董事会决议的,法定代表人在办理公司对外担保事务时,应当经过股东会决议程序,否则构成越权代理。

在(2020)最高法民终908号案中,二审法院认为:案涉《保证合同》签订时,三河建设公司设有股东会,未设董事会,仅设有执行董事一人,为刘某某。三河建设公司章程中未载明对外提供担保应由股东会决议还是由董事会决议。刘某某作为三河建设公司法定代表人,以三河建设公司名义为他人提供担保,应当由公司机关的决议授权。在不设董事会而只设执行董事的公司中,执行董事必要时可以行使董事会职权。刘某某同时作为公司的法定代表人和执行董事,在代表三河建设公司对外提供担保时,应当经过股东会决议程序。再担保公司关于刘某某的签字行为也应当认定为三河建设公司履行了决议程序的主张没有事实与法律依据,不予支持。

刘某某越权代表三河建设公司签订《保证合同》,而合同相对方再担保公司没有审查三河建设公司的股东会决议,非善意相对人,该代表行为无效,所签订的《保证合同》对三河建设公司不发生效力。再担保公司在签约及审查过程中不严谨,应承担一定过错责任。刘某某为三河建设公司的执行董事、法定代表人,其对外实施损害公司利益行为时,三河建设公司未能及时发现和制止损害结果的发生,负有用人不当、管理不善的过错责任,三河建设公司应对再担保公司利益损失承担赔偿责任,责任范围为主债务人不能清偿债务部分的二分之一。

2. 担保行为涉及公司及股东的重大利益，不是法定代表人所能单独决定的事项，必须以股东会、董事会等公司机关的决议作为授权的基础和来源，缺乏该程序而提供担保的，构成越权代表。

在（2021）最高法民终303号案中，二审法院认为：首先，相关《保证合同》《应收账款质押合同》《应收账款质押登记合同》（以下简称"保证合同系列文件"）虽有时任天翔水务公司法定代表人周某某的签字，但担保行为涉及公司及股东的重大利益，不是法定代表人所能单独决定的事项，必须以股东会、董事会等公司机关的决议作为授权的基础和来源。中泰创盈公司并未提交证据证明在订立案涉保证合同系列文件时，对股东会决议以及表决程序是否合法进行了审查，故无法认定植瑞公司构成善意，案涉保证合同系列文件无效。

其次，关于案涉保证合同系列文件无效后的责任承担问题。因案涉保证合同系列文件无效，故天翔水务公司对本案主债权不承担连带保证责任。原债权人植瑞公司因未尽到审查公司机关决议的义务，对案涉保证合同系列文件的无效具有过错。而案涉合同的担保人天翔水务公司的法定代表人周某某能够在未经公司机关决议的情况下签订多份担保合同，表明天翔水务公司内控制度不完善，对公司对外提供担保行为缺乏必要的约束机制。天翔水务公司在签订保证合同系列文件、进行质权登记、多次接到植瑞公司及中泰创盈公司的书面函件后，应当知道时任法定代表人的周某某超越权限对外订立担保合同，但均未提出任何异议或向登记机关申请异议登记，亦存在明显过错。因此，天翔水务公司对案涉保证合同系列文件的无效亦有过错，应当依法承担债务人天翔股份不能清偿部分二分之一的民事责任。

3. 公司对外担保、公司债务加入同样需要遵循公司股东会决议或者董事会决议的程序，否则构成越权代理。

在（2019）最高法民终1451号案中，二审法院认为：昆丰集团公司章程规定的"包括大额对外投资，重大资产的转让、出售、抵债、受让，以及为他人（不含子公司）提供担保等"情形，属于应由股东会决定的重大事项，而非法定代表人可以单独决定的事项。时任昆丰集团公司法定代表人刘某某在《债务确认书》上签字确认为兴隆公司提供担保，超越了法律和公司章程规定的权限。瓮福农资公司知道或者应当知道昆丰集团公司为他人提供担保，应依照公司章程规定的权限行事。据此，瓮福农资公司应当合理审慎地审查昆丰集团公司的章程及有关决议或者决定文件。鉴于瓮福农资公司知道或应当知道刘某某代表昆丰集团公司签订《债务确认书》为兴隆公司提供担保超越代表权限，刘某某的签字亦不能视为符合昆丰集团公司大多数股东的意思表示,故该《债务确认书》应认定为无效。

时任昆丰集团公司法定代表人刘某某以昆丰集团公司的名义向瓮福农资公司表示承担兴隆公司的债务,该行为在性质上属于债务加入。该债务加入相比为他人提供担保,可能会对昆丰集团公司及其股东的权益造成更为不利的影响,故该债务加入的意思表示同样需要公司股东会或者董事会决议。刘某某以昆丰集团公司法定代表人的名义作出上述债务加入的意思表示,属于越权代表。基于上述法律规定,瓮福农资公司知道或应当知道刘某某在《会议纪要》上签字确认加入债务系超越代表权限,故该《会议纪要》亦应认定为无效。

时任昆丰集团公司法定代表人刘某某在未按公司章程规定的经股东会决议的情况下,擅自决定为他人提供担保,是导致《债务确认书》无效的原因之一。刘某某以昆丰集团公司法定代表人的名义签订《债务确认书》《会议纪要》的行为属职务行为,昆丰集团公司应对刘某某的职务行为后果承担责任,昆丰集团公司对《债务确认书》《会议纪要》关于连带责任约定无效具有过错,应承担相应责任。对于刘某某签订《债务确认书》《会议纪要》的权限,瓮福农资公司未尽谨慎审查义务,其亦具有过错,同样应承担相应责任。

(三)无权代表、有权代表

1. 董事长因故不能履职时,理应通过法定程序让渡职权或者进行改选,而不能通过概括授权的方式让渡董事长职权。同时作为法定代表人的董事长不能正常履行其董事长及法定代表人的职务时,在未经公司股东会或董事会决议的情况下,出具授权委托书将其公司董事长、法定代表人的职权概括授权给他人,违反了《公司法》规定,他人不能因此获得公司法定代表人及董事长的权限,其代表公司签约的行为属无权代表,而非公司的真实意思表示。

在(2019)最高法民再35号案中,关于《债权转让合同》及《债权转让通知书》是否合法有效的问题,再审法院认为:董事长因故不能履职时,理应通过法定程序让渡职权或者进行改选,而不能通过概括授权的方式让渡董事长职权。

本案中,袁某某因被采取监视居住措施而不能正常履行其董事长及法定代表人的职务时,在未经公司股东会或董事会决议的情况下,向丁某某出具《授权委托书》,委托其"代为行使物资储备公司董事长和法定代表人的职权、保管公司公章印鉴并依法开展公司经营活动",系将其公司董事长、法定代表人的职权概括授权给丁某某,违返了《公司法》规定,丁某某不能因此获得物资储备公司法定代表人及董事长的权限,其代表物资储备公司与物资集团公司签订《债权转让合同》的行为属无权代表,而非物资储备公司的真实意思表示。

物资集团公司作为物资储备公司的股东及选派袁某某、丁某某至物资储备公司担任董事的派出单位,对于上述情形应属明知,其并非《债权转让合同》的善意相对方,无权主张善意相对人的权利。判断合同是否有效应以合同成立为前提,在无权代表的情况下,如果不构成表见代表,被代表方亦不予追认,合同则未在被代表方和相对人之间成立,不存在合同产生效力的前提。概言之,本案丁某某无权代表物资储备公司履行董事长职权,其签订的《债权转让合同》不能代表物资储备公司的真实意思,应认定为无效。

2. 各董事在已作为被告参与股东代表诉讼的情况下,又就该诉讼中合作公司的代表权及代理权问题作出决议,明显属于利益冲突的情形,并在实质上排除了法定代表人代表该公司参与诉讼的权利,诉讼不应依据决议确定公司的代表权及代理权,而应由法定代表人代表公司进行诉讼。

在(2019)最高法民终991号案中,二审法院认为:根据案涉合营合同等约定,人民大润发公司董事会系公司的最高权力机构,其可通过决议等方式决定公司的一切重大事项。但是在人民商场公司以康成公司及其委派到合作公司的黄某某等四名董事为被告提起股东代表诉讼的情况下,该四名董事特就该诉讼中合作公司的代表权及代理权问题作出决议,明显属于利益冲突的情形,并在实质上排除了合作公司法定代表人郭某某代表该公司参与诉讼的权利,该决议行为显非善意,故本案诉讼不应依据该决议确定人民大润发公司的代表权及代理权。公司法定代表人系依照法律或者法人章程的规定,代表其从事民事活动的负责人。法人由其法定代表人代为参加诉讼,郭某某作为人民大润发公司的法定代表人,代表该公司进行诉讼符合法律规定。

3. 因公司代表权而产生的外部争议,应以工商登记为准。对于公司与股东之间的内部争议,应以有效的股东会决议为准,即使未办理法定代表人变更登记,亦应当认定公司的法定代表人已经更换为股东会决议所确定的人选。

在(2019)最高法民申2566号案中,再审法院认为:欧菲公司召开股东会,该公司的股东高某及另外两方股东代表周某某、王某参加会议。该次股东会形成决议:即日起,选举周某某担任公司执行董事兼总经理;对成立至今的财务状况及现有资产进行清理,由高某移交给周某某。一审法院认定欧菲公司的法定代表人已经更换为周某某并无不当。公司法定代表人变更应当办理变更登记,其意义在于向社会公示公司意志代表权的基本状态。工商登记的法定代表人对外具有公示效力,如果涉及公司以外的第三人因公司代表权而产生的外部争议,应以工商登记为准。

对于公司与股东之间的内部争议,应以有效的股东会决议为准,并在公司内部产生法定代表人变更的法律效果。本案系欧菲公司与其股东的公司内部纠纷,即使未办理法定代表人变更登记,亦当认定欧菲公司的法定代表人已经更换为周某某,周某某有权代表欧菲公司进行本案诉讼。

4. 法律并未要求法定代表人必须具有股东身份,法定代表人在变更登记前依法有权代表公司提起诉讼。

在(2013)民申字第8号案中,再审法院认为:薛某某自柏伦宝公司成立时起至今,一直是该公司企业法人营业执照上登记的法定代表人,在变更登记前依法有权代表柏伦宝公司提起本案诉讼。虽然该公司的股东会议纪要显示,薛某某已将其股份转让给王某,但经询问,薛某某称该股权转让并未实际履行。《公司法》并未要求法定代表人必须具有股东身份,因此薛某某是否属于股东不影响其作为法定代表人代表柏伦宝公司提起本案诉讼。

5. 选举法定代表人的股东会决议被确认无效后,依据该股东会决议进行工商登记的法定代表人不能代表公司的意志,即使无法确定谁是真正的法定代表人,也不当然导致公司提起诉讼的意思表示不真实,只要控股股东认可公司提起诉讼的行为,就可以认为诉讼行为是公司的真实意思表示。

在(2015)民四终字第58号案中,一审法院认为:韩某某依据股东会决议被任命为海盟公司的法定代表人,并办理了工商登记变更。至海盟公司因未按规定参加年检被注销营业执照止,韩某某系海盟公司的法定代表人,并以法定代表人身份提起本案诉讼。诉讼期间,任命韩某某为法定代表人的股东会决议被另案确认为无效,韩某某丧失海盟公司法定代表人资格。

经工商登记的法定代表人对外具有公示效力,涉及公司以外的第三人因公司代表权而产生的外部争议,应以工商登记为准。而对于公司与股东之间产生的内部争议,则应以有效的股东会任免决议为准,并在公司内部产生法定代表人变动的法律效果。因此,任命韩某某为海盟公司法定代表人的股东会决议被认定无效,在公司内部产生的后果是韩某某不能代表海盟公司的真实意思。海盟公司原法定代表人张某某虽表示认可本案诉讼及相关诉讼行为,但张某某的法定代表人身份已经进行了工商登记变更,不能因韩某某的法定代表人身份被认定无效而自然恢复张某某的法定代表人身份。因此,张某某所作出的意思表示亦不代表海盟公司,海盟公司提起本案诉讼的真实性无法确认,原告起诉应予驳回。

再审法院认为:任命韩某某为海盟公司法定代表人,免去张某某法定代表人职务的股东会决议被确认无效后,即使无法确定谁是真正的法定代表人,也不当然导致海盟公司提起本案诉讼的意思表示不真实。韩某某、张某某均认可海盟公司提起本案诉讼及相关诉讼行为。持有公司90%股权的控股股东也明确认可了本案诉讼行为。因此,可以认定海盟公司提起本案诉讼是得到法定代表人认可或者授权的,也是得到控股股东同意的,是公司的真实意思。一审法院以韩某某、张某某所作出的意思表示均不代表海盟公司,海盟公司提起本案诉讼的真实性无法确认为由驳回起诉,属于法律适用错误。

二、涤除法定代表人

1. 法定代表人辞任后,变更或涤除法定代表人登记的诉讼请求具有诉的利益,该纠纷系平等主体之间的民事争议,属于人民法院受理民事诉讼的范围。

在(2020)最高法民再88号案中,一审法院认为:变更公司法定代表人应当先由公司股东会作出决议,再向工商部门办理变更登记,法院不能强制公司作出决议变更法定代表人。故王某某请求变更公司法定代表人及确认公司行为与其无关的诉讼请求不属于人民法院民事案件的受案范围,王某某的起诉不符合法定受理条件,裁定对王某某的起诉不予受理。二审法院持相同观点。

再审法院认为:王某某该项诉讼请求系基于其已离职之事实,请求终止其与赛瑞公司之间法定代表人的委任关系并办理法定代表人变更登记,该纠纷属平等主体之间的民事争议。根据王某某所称,其自2011年5月30日即已从赛瑞公司离职,至今已近9年,足见赛瑞公司并无自行办理法定代表人变更登记的意愿。因王某某并非赛瑞公司股东,其亦无法通过召集股东会等公司自治途径,就法定代表人的变更事项进行协商后作出决议。若人民法院不予受理王某某的起诉,则王某某因此所承受的法律风险将持续存在,且无任何救济途径。故王某某对赛瑞公司办理法定代表人变更登记的诉讼请求享有诉的利益,该纠纷系平等主体之间的民事争议,属于人民法院受理民事诉讼的范围。一、二审法院裁定不予受理王某某该项诉讼请求,适用法律错误,予以纠正。

2. 如果原法定代表人并非公司股东,也不是公司章程规定的能够召集公司内部程序实现变更的主体,则其无法通过自治途径实现变更,法院应支持原告涤除法定代表人的诉讼请求,在法院向公司释明风险的情况下,公司负有配合办理相关手续的协助义务。

在(2020)津01民终1887号案中,关于是否应涤除侯某作为法定代表人的登记事项,二审法院认为:首先,侯某在火网公司中并不持有股份,自 2015 年 7 月,其社保缴费单位记录亦变更为案外人消防科技公司,故上诉人既未证明火网公司与侯某存在劳动关系,亦未证明侯某系火网公司的出资人,侯某继续保持在火网公司法定代表人的身份并无约定的事实基础。上诉人亦未能举证证明侯某现与火网公司尚存在劳务关系,并参与公司的经营管理,从火网公司收取劳务报酬。在此情况下,由侯某继续担任火网公司名义上的法定代表人,与公司法立法目的不符。

其次,民事主体从事民事活动应当遵循公平原则,合理确定各方当事人的权利和义务。侯某既非火网公司的股东,现亦非火网公司的员工,且无证据证明其现参与公司的经营管理,从公司获取任何报酬,却要承担其作为法定代表人的相应责任,显然有违公允。从公司章程上看,侯某受火网公司的董事会(执行董事)聘任担任法定代表人,侯某与火网公司之间构成委托合同关系。侯某在起诉前曾发函火网公司及其股东,要求辞去其法定代表人职务,并要求火网公司到工商登记机关办理法定代表人变更登记手续,侯某有权要求解除其与火网公司的委托合同关系。因侯某系火网公司现依法登记的法定代表人,其办理涤除手续的主要义务人为火网公司,包括上诉人在内的各股东所负有的是协助义务。

再次,上诉人虽主张另案诉请解除与文化传媒公司等公司签订的股权转让合同,但其已依法办理股权登记手续,是依法登记的股东,且另案判决结果已驳回其诉讼请求,故上诉人有义务协助火网公司为侯某办理涤除登记。

最后,法院已向上诉人释明,一旦法院判决由火网公司涤除侯某作为火网公司法定代表人的登记事项,且火网公司各股东无法协商新的法定代表人的人选,就可能存在火网公司登记事项不符合法律规定的风险。上诉人称,各股东无法以召开股东会的形式推选出新的法定代表人。故火网公司应对其行为承担相应的责任,上诉人作为股东之一,负有配合办理相关手续的协助义务。

3. 原法定代表人已入职新公司,与原公司解除了劳动关系,不再担任原公司的任何职务,未再进行公司经营管理,与原公司已不存在实质性关联,已不具备代表原公司意思表示的身份及职权,在穷尽公司内部治理的救济方式情况下,法院应当支持其涤除法定代表人的诉讼请求。

在(2022)京 0102 民初 27170 号案中,一审法院认为:华某请求法院涤除法定代表人、执行董事、经理的登记事项,应从以下几个方面综合分析:

其一,从公司法制度的宗旨来看,法定代表人、执行董事应当与公司之间存在实质性关联,这种关联主要体现在法定代表人应参与公司的经营管理上。华某因与上海小小地球公司签订《劳动合同》,而被上海小小地球公司委派至北京小小地球公司。现华某已与上海小小地球公司解除劳动合同入职新公司,其社会保险的缴纳单位也由北京小小地球公司变更为新公司,故现华某既非北京小小地球公司股东,亦非公司员工,也未领取报酬,根本不具备对内管理公司、对外代表公司的基本能力和条件。

其二,从保护自然人合法权益的角度来看,虽然变更法定代表人系公司自治事务,司法应谨慎介入,但当法定代表人与公司之间的利益冲突已无法通过公司自治机制解决,或者穷尽了公司自治救济程序仍无法解决时,便有了司法介入的必要性。民法中的公平原则要求民事行为的结果不能显失公平,应当以公平为尺度,协调处理当事人之间的利益关系。如果原法定代表人向公司明确提出辞去法定代表人职务,且已穷尽公司治理的内部救济途径,而公司明示拒绝或者在合理期间内未作出或者客观上无法作出相关决议,将导致原法定代表人持续承受作为公司法定代表人的相应法律风险。尤其是在挂名担任法定代表人的情况下,其享有的权利与承担的义务明显不对等,此时即产生了司法介入的必要性,否则原告作为普通公民的合法权益将无从救济。

综上分析,华某因入职上海小小地球公司,而被上海小小地球公司委派至北京小小地球公司,其已于2020年与上海小小地球公司解除劳动关系,并从北京小小地球公司离职,不再担任经理职务,未再进行公司经营管理。华某与北京小小地球公司之间已不存在实质性关联,已不具备代表公司意思表示的身份及职权。华某在离职后多次与刘某某、陈某某等相关人员沟通涤除法定代表人登记事宜,但公司至今仍未办理变更登记。至此,华某已穷尽公司内部治理的救济方式。综上,对其主张涤除法定代表人、执行董事及经理登记的请求,予以支持。

4. 原告并非被冒名登记为被告董事、法定代表人,也无证据显示被告已形成新的股东会决议同意原告辞职或改选他人担任董事长、法定代表人,此时原告仍应依据章程继续履行职务,故变更登记法定代表人的前提条件并不存在。

在(2020)沪0115民初21577号案中,一审法院认为:本案系请求变更公司登记纠纷,如公司登记事项与实际情况不一致,则相关方可请求公司予以变更登记。但原告并非被冒名登记为被告董事、法定代表人,也无证据显示被告已形成新的股东会决议同意原告辞职或改选他人担任董事长、法定代表人,根据被告章程,此时原告仍应继续履行职务。因此,变更登记的前提条件并不存在。客观上,被告被吊销营业执照,被告目前也无法前往市场监督管理部门办理法定代表人变更登记。因此,原告的诉讼请求缺乏法律依据,不予支持。

三、公司公章、公司证照

(一) 公司公章

1. 公司公章具有确认公司法人意思表示的效力,但并非公司法人的意思表示本身;对于发生在公司控股股东和公司之间的借款纠纷,公司公章能否对公司产生相关确认效力,应着重审查盖章行为是否出于公司的真实意思表示。在当事人兼具债权人和股东身份掌握公司公章的情况下,加盖公章的行为并不能当然被确认为债务人公司的真实意思表示。

在(2021)最高法民终373号案中,二审法院认为:首先,山西某公司作为控股股东,负有不得滥用股东权利、妥善使用西藏某开发公司公章的义务。案涉对账单形成于2018年6月至11月,但在此之前,各方当事人针对《合作合同》已经产生股权转让纠纷,并提起了相关诉讼。故结合对账单的形成过程、公章保管使用,以及西藏某开发公司财务人员组成等情况,不能仅凭对账单上盖有公章就确认借款金额。其次,在通常交易中,公司公章具有确认公司法人意思表示的效力,但并非公司法人本身的意思表示,在某些特定交易中,应当考察加盖公章时的具体情形,以便准确认定意思表示的真实性。本案系发生在公司股东和公司之间的借款纠纷,公司公章能否对公司产生相关确认效力,应主要审查盖章行为是否确实出于西藏某开发公司的真实意思表示。

现对账单仅有盖章,无相关人员签名,山西某公司也未提交相关证据证明对账单系通过西藏某开发公司正常的审批流程形成,故在其兼具债权人和股东身份的山西某公司掌握公章的情况下,在对账单上加盖公章的行为并不能被确认为西藏某开发公司的真实意思表示,应进一步审查形成对账单的具体借款金额。综上,山西某公司以对账单为依据主张西藏某开发公司存在7890.659万元借款的事实,并不具有高度可能性,一审法院对此认定并无不当。

2. 法定代表人私刻公章,以公司财产偿还其个人及个人控制公司的债务,属无权代表行为。

在(2012)民提字第208号案中,关于孙某某以机电公司名义签订协议的效力的问题,再审法院认为:《公司法》规定,董事、监事、高级管理人员应当遵守法律、行政法规和公司章程,对公司负有忠实义务和勤勉义务。董事、监事、高级管理人员不得侵占公司的财产。法定代表人不得利用职权,以公司财产为其个人偿还债务,这是《公司法》规定的忠实义务的基本要求,不论公司章程是否作出特别规定。本案孙某某私刻公章,以机电公司财产偿还其个人及个人控制的一得公司的债务,属于违反法定忠实义务的无权代表行为。

3. 法定代表人向第三人借款,并以公司名义出具借据并加盖公章,应视为代表公司作出借款的意思表示,公司应当承担还款责任。

在(2014)民申字第177号案中,关于开元公司是否应当对案涉2007年8月9日、8月23日、9月9日三笔借款合计150万元承担还款责任的问题,再审法院认为:根据江苏省徐州市公安局鼓楼区分局经济犯罪侦查大队侦查的情况,2006年8月29日,马某某(系董某雇用的会计)向郝某(系杨某某亲属)转款30万元;2006年9月25日,董某向杨某某打款110万元,用于徐州铝厂拆迁;2007年3月8日,董某向杨某某交付36万元;2007年3月25日,马某某通过农业银行向王某某转账6万元;2007年4月14日,马某某向杨某某转账10万元;2007年5月23日,董某分别向杨某某打款5万元和42万元。上述款项合计239万元,另31万元仍在调查中,故该31万元借款发生时间尚不确定。但是,即便上述案涉三笔借款均发生在杨某某成为开元公司法定代表人之前,现有证据无法证实借款是否用于开元公司,因杨某某系开元公司法定代表人,其以开元公司名义向董某补出借据,并加盖开元公司的公章,应视为代表开元公司作出自愿承担杨某某借款的意思表示,开元公司仍应当承担还款责任,二审判决判令开元公司对案涉借款承担责任并无不当。如果开元公司认为杨某某的行为越权,侵犯了开元公司其他股东和职工的权益,可以另行主张。

(二)公司证照

1. 判断是否属于公司证照,应考虑标的物非法占有人与公司运营管理是否存在利害关系、标的物与公司经营管理的利益是否有关联两方面。

在(2018)苏03民终2132号案中,二审法院认为:公司作为拟制的法律主体,其通过内部管理机制决定公司证照、印鉴、账册等物品的管理与使用。公司证照等物品不仅具有财产属性,也具有体现公司控制权归属的性质,因此公司内部治理纠纷是导致公司证照返还纠纷的因素之一。本案中,淮莱徐州分公司与东华茶叶市场公司并无经营管理上的关联性,东华茶叶市场公司以其公司证照被与公司无关的他人非法占有而主张返还,此纠纷应属物的返还纠纷,而非公司证照返还纠纷。一审中,东华茶叶市场公司为证明其主张虽提供多份通话录音,拟证明其公司证照等物品被案外人魏某某占有,但魏某某并未到庭接受调查,现有证据亦不足以确认相关人员与魏某某通话录音的真实性,因此东华茶叶市场公司的诉讼请求没有充分证据予以证明,其应承担举证不能的不利后果。

2.公司证照对外代表公司的意志,通常由公司法定代表人或其指定的人员保管公司证照。公司公章、合同专用章、财务专用章、发票专用章、银行的印鉴、U盾、银行开户许可证、银行印鉴卡及账号资料、法人营业执照正副本、组织机构代码证、财务账册、公司章程、股东名册、验资报告、发票及凭证、购买发票手册、支票、经营合同、社保登记证、税务登记证均属公司证照范围。

在(2021)粤07民终7006号案中,关于创慧公司、王某应否向智能云公司返还涉案的公司证照的问题,二审法院认为:首先,关于智能云公司证照的控制权,本案系因公司证照返还产生的纠纷,其实质涉及公司内部治理中对公司控制权的争夺。公司证照对外代表公司的意志,通常由公司法定代表人或其指定的人员保管公司证照。当公司相关人员发生变化后,以前有权保管、持有公司证照的人员则可能不再有权保管和持有公司证照。证据显示,智能云公司工商登记的法定代表人系王某,且从法院调取的证据显示涉案的公司证照系由王某授权相关人员前往办理的;创慧公司虽主张涉案公司证照并非由其控制,但在庭审中亦承认其实际参与智能云公司的日常经营,可以推定创慧公司对智能云公司的证照亦有控制权。鉴此,智能云公司主张其二者控制着涉案公司证照具有事实及法律依据。融盛公司、江门智能云企业在2020年5月27日临时股东会中通过决议解除了王某法定代表人的职务,并聘任林某作为智能云公司的新法定代表人,故对智能云公司诉请王某、创慧公司向其指定的新法定代表人林某返还涉案公司证照的请求,予以支持。

其次,关于王某、创慧公司返还证照的问题。依据证据,智能云公司主张返还的公司公章、合同专用章、财务专用章、发票专用章、银行的印鉴、U盾、银行开户许可证、银行印鉴卡及账号资料、法人营业执照正副本、组织机构代码证、财务账册、公司章程、股东名册、验资报告、发票及凭证、购买发票手册、支票、经营合同等公司证照系真实存在并有相应的备案登记资料或法院调查资料予以佐证,对于智能云公司主张创慧公司返还上述公司证照的请求,予以支持。

对于智能云公司诉请返还的社会保险登记证,鉴于江海区社会保险基金管理局书面回复称该单位未办理社保登记证,故智能云公司该项返还请求缺乏事实依据;对于智能云公司诉请返还国地税登记证正副本,鉴于江海区税务局书面回复无须领取税务登记证,凭加载统一代码的营业执照可代替税务登记证使用,故智能云公司诉请返还的该税务证件并未实际发放,其该项请求缺乏事实依据;对于智能云公司诉请返还的知识产权证书,鉴于智能云公司既未能明确该公司的知识产权具体内容,一审法院在调查过程中涉案公司工作人员亦未能明确知识产权证书的相关情况,故对智能云公司的该项诉请,不予支持。

综上所述,根据 2020 年 5 月 27 日的智能云公司临时股东会决议,林某已经被聘任为智能云公司新的法定代表人,且该决议亦指定由林某保管涉案的公司证照,故王某、创慧公司应向林某移交涉案的公司证照。王某、创慧公司在本案中诉称林某无权提起本案诉讼,缺乏事实及法律依据。

3. 法定代表人被推定为公司证照的占有人,但当公司证照被其他人持有时,需要提交公司证照被其实际占有的证据。

在(2017)京 02 民终 6391 号案中,二审法院认为:富卓公司提起本案诉讼要求孙某某、张某某、施某某返还富卓公司印章、证照、贷款卡、财务报表、会计账簿、财务凭证、公司对外签订的合同,并交由富卓公司法定代表人于某某或者于某某指定的人保管。而于某某是富卓公司工商登记的股东、董事长、法定代表人,孙某某、张某某是富卓公司工商登记的股东、董事,本案实质是富卓公司内部相关人员就公司证照等相关物品的占有问题发生争议所引发的纠纷。公司对其上述物品享有所有权,为正常开展经营管理活动,上述物品由不同的公司机关及其人员实际保管,具体管理使用方面的问题属于公司内部自治的范畴,公司可根据经营管理的需要在现行法律框架内制定不违反法律禁止性规定的规章制度。富卓公司主张上述物品被孙某某、张某某、施某某非法占有,但孙某某、张某某、施某某不予认可,主张上述物品由富卓公司相关部门进行保管,现富卓公司并未提交证据证明其按照法律规定就上述物品的管理使用问题作出相应规定,也没有证据证明上述物品被孙某某、张某某、施某某非法占有,富卓公司主张缺乏依据。

第三节 实务指南

一、法定代表人制度对股权架构的影响及实务问题

影响股权架构的因素,可能是"物",比如公司组织机构中的股东会、董事会、监事会,这些"物"无法通过肉眼看见。还有一种可以影响股权架构的物,比如公司章程、公章证照,属于可见之物。除"物"之外,能影响股权架构的还有"人",也

就是公司中治理角色,包括董监高、控股股东、实际控制人,以及本章讲的法定代表人。

在所有影响股权架构的"人"的因素中,法定代表人的地位无疑是最重要的。首先,法律对法定代表人的规范体系相当完备成熟,其在法律规范体系中的核心地位毋庸置疑。其次,法定代表人除法律赋予诸多的权限之外,公司章程的规定以及股东会、董事会的授权等也是其权限来源。再次,法定代表人还经常持有公章证照,其代表公司的可信度是最高的,权限也高度集中。

上述法定代表人的诸多权限可以归集到一点,即法定代表人是公司负责人,代表公司从事活动,无论是在公司内部还是在公司外部,都是如此。这样的权限,是其他公司治理角色所不具备的。可以说,法定代表人的一举一动,都可能对公司造成影响,也无时无刻不对股权架构产生现实或潜在的重大影响。对法定代表人有效规制,是保障公司良性发展、稳定股权架构首要考虑的因素。

1. 规范依据

请参阅本章第一节请求权基础规范相关内容。

2. 关于法定代表人的选任范围

根据新《公司法》第 10 条第 1 款的规定,法定代表人由代表公司执行公司事务的董事或者经理担任。这里的董事,包括执行董事、内部董事、非独立董事、董事长,以及担任各种职务的董事;这里的经理,是指总经理,不包括副总经理。

3. 关于法定代表人的辞任、补任

根据新《公司法》第 10 条第 2 款、第 3 款的规定,担任法定代表人的董事或者经理辞任的,视为同时辞去法定代表人。法定代表人辞任的,公司应当在法定代表人辞任之日起 30 日内确定新的法定代表人。

通说认为,法定代表人与公司属于委托合同关系,双方均可随时行使法定任意解除权,依据在于《民法典》第 933 条的规定:"委托人或者受托人可以随时解除委托合同。因解除合同造成对方损失的,除不可归责于该当事人的事由外,无偿委托合同的解除方应当赔偿因解除时间不当造成的直接损失,有偿委托合同的解除方应当赔偿对方的直接损失和合同履行后可以获得的利益。"

4. 关于法定代表人的法律后果

(1)根据新《公司法》第 11 条第 1 款的规定,法定代表人以公司名义从事的民事活动,其法律后果由公司承受。

(2)新《公司法》第 11 条第 2 款规定,公司章程或者股东会对法定代表人职权的限制,不得对抗善意相对人。这是关于相对人是否善意的判断,应区分不同情形加以分析:如果是公司章程对法定代表人职权作了限制,由于公司章程经过工商部门备案,具有公示作用,此时推定相对人是知晓公司章程规定的,也推定相对人不是善意的。如果是股东会、董事会对法定代表人职权作了限制,因其属于公司内部的事情,相对人没有义务也无法知晓公司内部情况,此时推定相对人是善意的。

(3)新《公司法》第11条第3款规定,法定代表人因执行职务造成他人损害的,由公司承担民事责任。公司承担民事责任后,依照法律或者公司章程的规定,可以向有过错的法定代表人追偿。法定代表人承担的民事责任有两大类,一是合同责任,二是侵权责任。上述条款规定的是侵权责任。此外,法定代表人在执行职务时造成他人损害的,也存在由其个人承担责任的情形,该情形限定于法定代表人具有故意或重大过失。新《公司法》第191条规定:"董事、高级管理人员执行职务,给他人造成损害的,公司应当承担赔偿责任;董事、高级管理人员存在故意或者重大过失的,也应当承担赔偿责任。"也就是说,法定代表人同时具备董事或高级管理人员身份时,因故意或者重大过失造成他人损害的,由其个人承担赔偿责任。

5. 关于法定代表人的变更机制

新《公司法》第35条第3款规定,公司变更法定代表人的,变更登记申请书由变更后的法定代表人签署。

二、公司对外担保实务问题

1. 规范依据

新《公司法》第15条。

2. 决议程序

(1)根据新《公司法》第15条第1款的规定,公司对外投资和对外担保,需要经过董事会或股东会决议。是由董事会决议还是由股东会决议,可在公司章程中约定。

(2)公司章程还可以约定投资或者担保的总额、单项投资或者担保的数额。

(3)根据新《公司法》第15条第2款的规定,为本公司股东或者实际控制人提供担保的,应当经股东会决议,不能由董事会决议。

不履行必要程序或转投资、对外担保总额或单项数额不符合章程约定的,合同效力如何认定?

通说认为,该担保构成越权代理,就算是法定代表人从事该项行为也是如此。

在公司转投资和对外担保的事项上,法定代表人没有自主决定权,应严格依照法律规定进行。除新《公司法》的上述规定外,还要结合《民法典》第61条、《民法典担保制度司法解释》第7条第1款、《民法典合同编通则司法解释》第20条,以及司法政策文件《九民会议纪要》第17条的规定来认定。

3. 如何判断担保合同相对人是否善意

《民法典担保制度司法解释》第7条第3款规定:"第一款所称善意,是指相对人在订立担保合同时不知道且不应当知道法定代表人超越权限。相对人有证据证明已对公司决议进行了合理审查,人民法院应当认定其构成善意,但是公司有证据证明相对人知道或者应当知道决议系伪造、变造的除外。"

4. 无须提供公司决议的情形

《民法典担保制度司法解释》第8条规定:"有下列情形之一,公司以其未依照公司法关于公司对外担保的规定作出决议为由主张不承担担保责任的,人民法院不予支持:(一)金融机构开立保函或者担保公司提供担保;(二)公司为其全资子公司开展经营活动提供担保;(三)担保合同系由单独或者共同持有公司三分之二以上对担保事项有表决权的股东签字同意。上市公司对外提供担保,不适用前款第二项、第三项的规定。"

5. 上市公司提供担保的特别规定

《民法典担保制度司法解释》第9条规定:"相对人根据上市公司公开披露的关于担保事项已经董事会或者股东大会决议通过的信息,与上市公司订立担保合同,相对人主张担保合同对上市公司发生效力,并由上市公司承担担保责任的,人民法院应予支持。相对人未根据上市公司公开披露的关于担保事项已经董事会或者股东大会决议通过的信息,与上市公司订立担保合同,上市公司主张担保合同对其不发生效力,且不承担担保责任或者赔偿责任的,人民法院应予支持。相对人与上市公司已公开披露的控股子公司订立的担保合同,或者相对人与股票在国务院批准的其他全国性证券交易场所交易的公司订立的担保合同,适用前两款规定。"

6. 公司加入他人债务的行为效力

参照公司对外提供担保的规则,依据的是《民法典》第522条的规定:"当事人约定由债务人向第三人履行债务,债务人未向第三人履行债务或者履行债务不符合约定的,应当向债权人承担违约责任。法律规定或者当事人约定第三人可以直接请求债务人向其履行债务,第三人未在合理期限内明确拒绝,债务人未向第三人履行债务或者履行债务不符合约定的,第三人可以请求债务人承担违约责任;债务人对债权人的抗辩,可以向第三人主张。"

同时,《民法典担保制度司法解释》第12条规定:"法定代表人依照民法典第五百五十二条的规定以公司名义加入债务的,人民法院在认定该行为的效力时,可以参照本解释关于公司为他人提供担保的有关规则处理。"

7. 担保无效的责任比例承担之法律依据

《民法典担保制度司法解释》第7条第1款第2项规定:"相对人非善意的,担保合同对公司不发生效力;相对人请求公司承担赔偿责任的,参照适用本解释第十七条的有关规定。"

《民法典担保制度司法解释》第17条规定:"主合同有效而第三人提供的担保合同无效,人民法院应当区分不同情形确定担保人的赔偿责任:(一)债权人与担保人均有过错的,担保人承担的赔偿责任不应超过债务人不能清偿部分的二分之一;(二)担保人有过错而债权人无过错的,担保人对债务人不能清偿的部分承担赔偿责任;(三)债权人有过错而担保人无过错的,担保人不承担赔偿责任。主合同无效导致第三人提供的担保合同无效,担保人无过错的,不承担赔偿责任;担保人有过错的,其承担的赔偿责任不应超过债务人不能清偿部分的三分之一。"

8. 回避表决规则

根据新《公司法》第15条第3款规定:"前款规定的股东或者受前款规定的实际控制人支配的股东,不得参加前款规定事项的表决。该项表决由出席会议的其他股东所持表决权的过半数通过。"

9. 公司对外投资是否适用公司对外担保的规则

首先,新《公司法》第15条将公司向其他企业投资与为他人提供担保两种行为一并规定;其次,《民法典合同编通则司法解释》第20条并未将两种行为分开阐述。故可以认为,公司对外投资适用公司对外提供担保的规则。

三、法定代表人签署担保合同的效力类型

(一)代表、代理

1. 代表

《民法典》第61条第2款规定:"法定代表人以法人名义从事的民事活动,其法律后果由法人承受。"由此可见,法定代表人的行为就是法人行为,法定代表人的行为效果由法人全部直接承受,该行为是一种代表行为。

2. 代理

与代表行为类似的是代理行为,其在法定代理人的行为效果中的运用更广泛。

《民法典》第 162 条规定："代理人在代理权限内,以被代理人名义实施的民事法律行为,对被代理人发生效力。"可见,在代理权限内代理人实施的行为效果全部直接由被代理人(如法人)承受,这一点与法定代表人的行为效果完全一致。

《民法典》第 171 条第 1 款规定："行为人没有代理权、超越代理权或者代理权终止后,仍然实施代理行为,未经被代理人追认的,对被代理人不发生效力。"

《民法典》第 172 条规定："行为人没有代理权、超越代理权或者代理权终止后,仍然实施代理行为,相对人有理由相信行为人有代理权的,代理行为有效。"

据此,在没有代理权、超越代理权或者代理权终止的情形下,行为人的行为效果分为两类:一是未经被代理人追认的,对代理人不发生效力;二是相对人有理由相信行为人有代理权,即构成表见代理的,代理行为有效,对被代理人产生效力。

3. 法定代表人签署担保合同的行为效果

签署担保合同是法定代表人的行为之一,套用上述表述可以得出如下结论:

(1)法定代表人签署担保合同是一种公司行为,行为效果由公司全部直接承受,该行为是一种代表行为;这在新《公司法》第 11 条第 1 款也有同样规定:"法定代表人以公司名义从事的民事活动,其法律后果由公司承受。"

(2)法定代表人没有代理权、超越代理权或者代理权终止后,仍然签署担保合同,未经公司追认的,对公司不产生效力。

(3)法定代表人没有代理权、超越代理权或者代理权终止后,仍然签署担保合同,相对人有理由相信法定代表人有代理权的,构成表见代理,代理行为有效,对公司产生效力。

(二)有效、无效

上述三个结论的正确性,都受到新《公司法》规则的制约,即新《公司法》第 15 条:"公司向其他企业投资或者为他人提供担保,按照公司章程的规定,由董事会或者股东会决议;公司章程对投资或者担保的总额及单项投资或者担保的数额有限额规定的,不得超过规定的限额。公司为公司股东或者实际控制人提供担保的,应当经股东会决议。前款规定的股东或者受前款规定的实际控制人支配的股东,不得参加前款规定事项的表决。该项表决由出席会议的其他股东所持表决权的过半数通过。"

在新《公司法》中,上述法定代表人签署担保合同的行为,各自的担保合同效力是有效,还是无效或者可撤销?

《民法典》第 157 条规定了民事法律行为无效、被撤销或者确定不发生效力三种类型,并未规定民事法律行为不成立的情形。但在《民法典总则编司法解释》第24条有规定:"民事法律行为所附条件不可能发生,当事人约定为生效条件的,人民法院应当认定民事法律行为不发生效力;当事人约定为解除条件的,应当认定未附条件,民事法律行为是否失效,依照民法典和相关法律、行政法规的规定认定。"综上,《民法典》规定了五种合同效力类型:①无效;②可撤销;③确定不发生效力(未生效的特殊情形);④合同不成立;⑤有效。

那么,法定代表人签署担保合同的效力类型本应当落入《民法典》规定的五种效力类型中。实际上,《九民会议纪要》第17条规定:"为防止法定代表人随意代表公司为他人提供担保给公司造成损失,损害中小股东利益,《公司法》第16条①对法定代表人的代表权进行了限制。根据该条规定,担保行为不是法定代表人所能单独决定的事项,而必须以公司股东(大)会、董事会等公司机关的决议作为授权的基础和来源。法定代表人未经授权擅自为他人提供担保的,构成越权代表,人民法院应当根据《合同法》第50条②关于法定代表人越权代表的规定,区分订立合同时债权人是否善意分别认定合同效力:债权人善意的,合同有效;反之,合同无效。"

由此可以推导出法定代表人签署担保合同的效力类型限缩为两种:①有效;②无效。而且,有效、无效之间的转换很简单,只取决于一个因素:是否善意。而善意的规则,就是法定代表人签署担保合同的效力类型之核心问题。

(三)善意

1. 规则之一:法定限制、约定限制

《民法典》第61条第3款规定:"法人章程或者法人权力机构对法定代表人代表权的限制,不得对抗善意相对人。"

《民法典》第504条规定:"法人的法定代表人或者非法人组织的负责人超越权限订立的合同,除相对人知道或者应当知道其超越权限外,该代表行为有效,订立的合同对法人或者非法人组织发生效力。"

这就是法定限制,即法律(公司法)对法定代表人所作的限制;至于约定限制,则是指公司章程中对法定代表人所作的限制。

法定限制、约定限制的区分,是善意规则的一部分。法定限制内容,具有对世效力,推定公众知晓该限制,不能以此作为不知情的抗辩理由。违反法定限制,构成非善意;反之,则为善意。

---

① 现为新《公司法》第15条。
② 现为《民法典》第172条。

法定代表人签署担保合同的法定限制内容,就是新《公司法》第15条规定的须履行董事会、股东会决议之内部程序之内容,该限制性规定是法定的,推定为公众均知悉。可参见《民法典合同编通则司法解释》第20条规定:"法律、行政法规为限制法人的法定代表人或者非法人组织的负责人的代表权,规定合同所涉事项应当由法人、非法人组织的权力机构或者决策机构决议,或者应当由法人、非法人组织的执行机构决定,法定代表人、负责人未取得授权而以法人、非法人组织的名义订立合同,未尽到合理审查义务的相对人主张该合同对法人、非法人组织发生效力并由其承担违约责任的,人民法院不予支持,但是法人、非法人组织有过错的,可以参照民法典第一百五十七条的规定判决其承担相应的赔偿责任。相对人已尽到合理审查义务,构成表见代表的,人民法院应当依据民法典第五百零四条的规定处理。合同所涉事项未超越法律、行政法规规定的法定代表人或者负责人的代表权限,但是超越法人、非法人组织的章程或者权力机构等对代表权的限制,相对人主张该合同对法人、非法人组织发生效力并由其承担违约责任的,人民法院依法予以支持。但是,法人、非法人组织举证证明相对人知道或者应当知道该限制的除外。法人、非法人组织承担民事责任后,向有过错的法定代表人、负责人追偿因越权代表行为造成的损失的,人民法院依法予以支持。法律、司法解释对法定代表人、负责人的民事责任另有规定的,依照其规定。"

2. 规则之二:关联担保与非关联担保、实质审查与形式审查

《九民会议纪要》第18条规定:"【善意的认定】前条所称的善意,是指债权人不知道或者不应当知道法定代表人超越权限订立担保合同。《公司法》第16条对关联担保和非关联担保的决议机关作出了区别规定,相应地,在善意的判断标准上也应当有所区别。一种情形是,为公司股东或者实际控制人提供关联担保,《公司法》第16条明确规定必须由股东(大)会决议,未经股东(大)会决议,构成越权代表。在此情况下,债权人主张担保合同有效,应当提供证据证明其在订立合同时对股东(大)会决议进行了审查,决议的表决程序符合《公司法》第16条的规定,即在排除被担保股东表决权的情况下,该项表决由出席会议的其他股东所持表决权的过半数通过,签字人员也符合公司章程的规定。另一种情形是,公司为公司股东或者实际控制人以外的人提供非关联担保,根据《公司法》第16条的规定,此时由公司章程规定是由董事会决议还是股东(大)会决议。无论章程是否对决议机关作出规定,也无论章程规定决议机关为董事会还是股东(大)会,根据《民法总则》第61条第3款关于'法人章程或者法人权力机构对法定代表人代表权的限制,不得对抗善

意相对人'的规定,只要债权人能够证明其在订立担保合同时对董事会决议或者股东(大)会决议进行了审查,同意决议的人数及签字人员符合公司章程的规定,就应当认定其构成善意,但公司能够证明债权人明知公司章程对决议机关有明确规定的除外。债权人对公司机关决议内容的审查一般限于形式审查,只要求尽到必要的注意义务即可,标准不宜太过严苛。公司以机关决议系法定代表人伪造或者变造、决议程序违法、签章(名)不实、担保金额超过法定限额等事由抗辩债权人非善意的,人民法院一般不予支持。但是,公司有证据证明债权人明知决议系伪造或者变造的除外。"

也就是说,判断相对人善意与否,应区分是关联担保还是非关联担保:为公司股东或者实际控制人提供关联担保,债权人不仅要审查股东会决议,还要审查决议的表决程序是否符合新《公司法》规定,特别关注审查是否存在回避表决权情况,签字人员是否符合公司章程的规定,也要审查会议的召集程序(如通知)是否符合法律规定,等等,即实质审查标准;为公司股东或者实际控制人以外的人提供非关联担保,债权人能够证明其在订立担保合同时对董事会决议或者股东会决议进行了审查,同意决议的人数及签字人员符合公司章程的规定,就应当认定其构成善意,即形式审查,但公司能够证明债权人明知公司章程对决议机关有明确规定的除外。

《九民会议纪要》第19条规定了无须机关决议的例外情况:"【无须机关决议的例外情况】存在下列情形的,即便债权人知道或者应当知道没有公司机关决议,也应当认定担保合同符合公司的真实意思表示,合同有效:(1)公司是以为他人提供担保为主营业务的担保公司,或者是开展保函业务的银行或者非银行金融机构;(2)公司为其直接或者间接控制的公司开展经营活动向债权人提供担保;(3)公司与主债务人之间存在相互担保等商业合作关系;(4)担保合同系由单独或者共同持有公司三分之二以上有表决权的股东签字同意。"

结论:法定表人签署担保合同的效力类型通常表现为两种:有效、无效(当然也存在可撤销、不成立的情形)。合同效力的根基在于相对人是否善意,对善意规则的运用直接影响担保合同的效力类型。

四、法定代表人涤除登记若干实务问题

1. 谁是变更法定代表人的主体?

新《公司法》第35条规定:"公司申请变更登记,应当向公司登记机关提交公司法定代表人签署的变更登记申请书、依法作出的变更决议或者决定等文件。公司

变更登记事项涉及修改公司章程的,应当提交修改后的公司章程。公司变更法定代表人的,变更登记申请书由变更后的法定代表人签署。"

新《公司法》第36条规定:"公司营业执照记载的事项发生变更的,公司办理变更登记后,由公司登记机关换发营业执照。"

据此可知,申请变更登记的主体是公司,不包括被登记的法定代表人个人。如果公司怠于变更甚至拒绝变更法定代表人,变更登记就会陷入僵局。

2. 无法通过公司来变更法定代表人,能否提起诉讼?

通常情况下,无法办理法定代表人涤除登记的公司往往财务状况已恶化,经营困难,无法进行有效的经营管理,此时法定代表人存在极高法律风险,比如,征信受损、限制高消费、限制出境、罚款、拘留甚至被追究刑事责任等,会对其生活工作造成很大的影响。此时通过公司已无法实现涤除登记效果,法定代表人身份涤除诉讼具有诉的利益,可以向法院提起涤除法定代表人登记的诉讼。

根据《市场主体登记管理条例》第8条的规定,公司法定代表人的姓名属于市场主体的一般登记事项;新《公司法》第32条第1款规定,法定代表人的姓名属于公司登记事项,第34条第1款则进一步明确了"公司登记事项发生变更的,应当依法办理变更登记"。依据《民事案件案由规定》,法定代表人身份涤除诉讼的案由应当属于"与公司有关的纠纷"中的"请求变更公司登记纠纷"。

3. 法院判决涤除法定代表人登记,需要审查什么内容?

请求涤除法定代表人登记的原因,实务中主要有:被冒名登记为法定代表人;新的法定代表人聘任产生后,公司怠于为其办理变更登记;原有的法定代表人不愿继续履职,但没有可供变更登记的法定代表人人选。

确属被冒名登记的,法院会判决涤除登记;因新的法定代表人产生而没有被登记的,在审查了公司决议、核实已解聘原来法定代表人且已产生新法定代表人的情形下,法院可以直接判决变更公司登记,由原来的法定代表人变更为新法定代表人,涤除登记其实也就是变更登记。

原有的法定代表人不愿继续履职时,则需要审查公司内部是否作出决议,公司与其是否还存在委托合同关系或劳动合同关系,法定代表人事实上是否还拥有对应的职权,是否还享受着公司给付的利益,是否属于真正的"挂名法定代表人",与公司是否还存在实质关联等情况。如果存在上述情况,涤除登记的请求不被法院支持;反之,可以支持涤除登记请求。

此外,实务中有些法院还会审查法定代表人是否已穷尽了公司内部救济途径,有的法定代表人就是公司大股东,其完全有条件启动公司决议程序作出变更法定代表人决定,并提供相应的申请材料办理变更登记。根据新《公司法》第35条第3款的规定,公司变更法定代表人的,变更登记申请书由变更后的法定代表人签署;《市场主体登记管理条例实施细则》第33条规定,市场主体更换法定代表人、执行事务合伙人(含委派代表)、负责人的变更登记申请由新任法定代表人、执行事务合伙人(含委派代表)、负责人签署。因此,只要具备由新法定代表人签署相关文件的条件,按照登记机关要求办理变更登记即可,法院无须判决涤除登记。

4. 未选出新的法定代表人,能否判决涤除法定代表人登记?

可以。在未能选出新的法定代表人情形下,不能依据上述规定申请登记机关进行法定代表人变更登记,只能通过诉讼方式来解决问题,否则将无救济途径。

5. 涤除法定代表人诉讼中,如何表述诉讼请求?诉讼主体如何列明?

诉讼请求可以如此表述:请求法院判决某某公司立即涤除原告张某甲的法定代表人身份;请求法院判决某某公司立即为原告张某甲办理法定代表人变更登记;请求法院判决某某公司立即将法定代表人由原告张某甲变更为李某乙。

6. 涤除法定代表人诉讼是否存在诉讼时效?

不存在。《诉讼时效司法解释》第1条规定:"当事人可以对债权请求权提出诉讼时效抗辩,但对下列债权请求权提出诉讼时效抗辩的,人民法院不予支持:(一)支付存款本金及利息请求权;(二)兑付国债、金融债券以及向不特定对象发行的企业债券本息请求权;(三)基于投资关系产生的缴付出资请求权;(四)其他依法不适用诉讼时效规定的债权请求权。"据此,诉讼时效的抗辩只适用于债权请求权,而涤除法定代表人登记涉及的是身份性权利,并非以财产为内容的债权请求权,故不适用诉讼时效,当事人可以随时向法院提起诉讼。

7. 涤除裁判如何与登记机关衔接?

新《公司法》第10条规定了法定代表人的辞任流程:"公司的法定代表人按照公司章程的规定,由代表公司执行公司事务的董事或者经理担任。担任法定代表人的董事或者经理辞任的,视为同时辞去法定代表人。法定代表人辞任的,公司应当在法定代表人辞任之日起三十日内确定新的法定代表人。"

问题在于,涤除登记判决作出后,工商登记机关往往以没有新的法定代表人产生为由,拒绝协助生效判决的执行,这在涉及冒名法定代表人和挂名法定代表人身份涤除诉讼的执行中尤为常见。

我国部分地区进行了有益的探索。上海市市场监督管理局于2024年2月23

日发布《上海市市场监督管理局深化经营主体登记管理改革优化营商环境的若干措施》,其中第14条规定:"完善协助执行涤除机制。因公司逾期未履行生效法律文书明确的法定义务,人民法院向登记机关送达协助执行通知书,要求协助执行公示涤除法定代表人、股东、董事、监事等自然人登记(备案)信息的,登记机关依法予以配合,并通过国家企业信用信息公示系统向社会公示。"

北京市市场监督管理局于2024年1月15日发布《北京市市场监督管理局关于全面开展促进经营主体高质量发展登记试点工作的意见(征求意见稿)》,其中第24条规定:"启动涤除机制解决'执行难'。因公司逾期未履行生效法律文书明确的法定变更义务,人民法院向登记机关送达协助执行通知书,要求协助涤除法定代表人等事项的,为切实维护当事人合法权益,登记机关依法予以配合,将法定代表人信息调整为'依××人民法院协助执行通知书涤除'并通过企业信用信息公示系统对社会公示。"

8. 涤除登记成功后,是否还需要承担公司责任?

原法定代表人申请涤除或变更成功后,公司的责任自然不再溯及原法定代表人。《最高人民法院关于在执行工作中进一步强化善意文明执行理念的意见》第17条规定:"……单位被执行人被限制消费后,其法定代表人、主要负责人确因经营管理需要发生变更,原法定代表人、主要负责人申请解除对其本人的限制消费措施的,应举证证明其并非单位的实际控制人、影响债务履行的直接责任人员。人民法院经审查属实的,应予准许,并对变更后的法定代表人、主要负责人依法采取限制消费措施……"即原法定代表人申请涤除成功后,由变更后的法定代表人承担公司责任。如果判决生效后未能得到有效执行,法定代表人可以持生效裁判文书,在出现基于公司行为而被限制高消费等情形时,可以提出执行异议。

第二部分

股权架构中的股东权利

第五章 知情权

第一节 请求权基础规范

一、新《公司法》规定

第 56 条 有限责任公司应当置备股东名册,记载下列事项:(一)股东的姓名或者名称及住所;(二)股东认缴和实缴的出资额、出资方式和出资日期;(三)出资证明书编号;(四)取得和丧失股东资格的日期。

记载于股东名册的股东,可以依股东名册主张行使股东权利。

第 57 条 股东有权查阅、复制公司章程、股东名册、股东会会议记录、董事会会议决议、监事会会议决议和财务会计报告。

股东可以要求查阅公司会计账簿、会计凭证。股东要求查阅公司会计账簿、会计凭证的,应当向公司提出书面请求,说明目的。公司有合理根据认为股东查阅会计账簿、会计凭证有不正当目的,可能损害公司合法利益的,可以拒绝提供查阅,并应当自股东提出书面请求之日起十五日内书面答复股东并说明理由。公司拒绝提供查阅的,股东可以向人民法院提起诉讼。

股东查阅前款规定的材料,可以委托会计师事务所、律师事务所等中介机构进行。

股东及其委托的会计师事务所、律师事务所等中介机构查阅、复制有关材料,应当遵守有关保护国家秘密、商业秘密、个人隐私、个人信息等法律、行政法规的规定。

股东要求查阅、复制公司全资子公司相关材料的,适用前四款的规定。①

第 109 条 股份有限公司应当将公司章程、股东名册、股东会会议记录、董事会会议记录、监事会会议记录、财务会计报告、债券持有人名册置备于本公司。

---

① 有限责任公司的股东会计凭证查阅权。

第 110 条 股东有权查阅、复制公司章程、股东名册、股东会会议记录、董事会会议决议、监事会会议决议、财务会计报告,对公司的经营提出建议或者质询。

连续一百八十日以上单独或者合计持有公司百分之三以上股份的股东要求查阅公司的会计账簿、会计凭证的,适用本法第五十七条第二款、第三款、第四款的规定。公司章程对持股比例有较低规定的,从其规定。

股东要求查阅、复制公司全资子公司相关材料的,适用前两款的规定。

上市公司股东查阅、复制相关材料的,应当遵守《中华人民共和国证券法》等法律、行政法规的规定。①

第 129 条 公司应当定期向股东披露董事、监事、高级管理人员从公司获得报酬的情况。

第 187 条 股东会要求董事、监事、高级管理人员列席会议的,董事、监事、高级管理人员应当列席并接受股东的质询。

第 193 条 公司可以在董事任职期间为董事因执行公司职务承担的赔偿责任投保责任保险。

公司为董事投保责任保险或者续保后,董事会应当向股东会报告责任保险的投保金额、承保范围及保险费率等内容。

第 209 条 有限责任公司应当按照公司章程规定的期限将财务会计报告送交各股东。

股份有限公司的财务会计报告应当在召开股东会年会的二十日前置备于本公司,供股东查阅;公开发行股份的股份有限公司应当公告其财务会计报告。

二、其他法律规定

1.《民法典》

第 125 条 民事主体依法享有股权和其他投资性权利。

2.《公司法司法解释(四)》

第 7 条 股东依据公司法第三十三条、第九十七条或者公司章程的规定,起诉请求查阅或者复制公司特定文件材料的,人民法院应当依法予以受理。

公司有证据证明前款规定的原告在起诉时不具有公司股东资格的,人民法院应当驳回起诉,但原告有初步证据证明在持股期间其合法权益受到损害,请求依法查阅或者复制其持股期间的公司特定文件材料的除外。

---

① 股份有限公司的股东会计凭证查阅权。

第 8 条 有限责任公司有证据证明股东存在下列情形之一的,人民法院应当认定股东有公司法第三十三条第二款规定的"不正当目的":(一)股东自营或者为他人经营与公司主营业务有实质性竞争关系业务的,但公司章程另有规定或者全体股东另有约定的除外;(二)股东为了向他人通报有关信息查阅公司会计账簿,可能损害公司合法利益的;(三)股东在向公司提出查阅请求之日前的三年内,曾通过查阅公司会计账簿,向他人通报有关信息损害公司合法利益的;(四)股东有不正当目的的其他情形。

第 9 条 公司章程、股东之间的协议等实质性剥夺股东依据公司法第三十三条、第九十七条规定查阅或者复制公司文件材料的权利,公司以此为由拒绝股东查阅或者复制的,人民法院不予支持。

第 10 条 人民法院审理股东请求查阅或者复制公司特定文件材料的案件,对原告诉讼请求予以支持的,应当在判决中明确查阅或者复制公司特定文件材料的时间、地点和特定文件材料的名录。

股东依据人民法院生效判决查阅公司文件材料的,在该股东在场的情况下,可以由会计师、律师等依法或者依据执业行为规范负有保密义务的中介机构执业人员辅助进行。

第 11 条 股东行使知情权后泄露公司商业秘密导致公司合法利益受到损害,公司请求该股东赔偿相关损失的,人民法院应当予以支持。

根据本规定第十条辅助股东查阅公司文件材料的会计师、律师等泄露公司商业秘密导致公司合法利益受到损害,公司请求其赔偿相关损失的,人民法院应当予以支持。

第二节 裁判精要

一、知情权诉讼适格主体

（一）原告

1. 知情权是登记在册的股东的固有权利。

在(2016)川民终 567 号案中,关于曾某某是否有权查阅公司会计账簿的问题,一审法院认为:普斯特公司章程载明,合营各方有权自费聘请审计师查阅公司账簿。从普斯特公司章程的内容来看,其实质赋予了股东查阅公司会计账簿的权利,且未对这一权利的行使作出限制性规定。因此,普斯特公司章程中关于股东查阅会计账簿的内容,并未违反法律法规的强制性规定,应属合法有效,各方均应遵守。同时,作为人合性较强的有限责任公司,过分严格限定知情权范围,并不利于实现知情权制度设置的目的。普斯特公司在庭审中也陈述,目前公司已经停业,因此即便曾某某实际控制的公司与普斯特公司存在竞争关系,曾某某查阅会计账簿的行为,也不会对普斯特公司造成实际负面影响。

二审法院认为:公司股东依法享有股东知情权,了解和掌握公司经营管理等重要信息,且普斯特公司章程亦明确记载"合营各方有权自费聘请审计师查阅公司账簿,查阅时,合营公司应提供方便"。因此,曾某某作为普斯特公司的股东,有权要求行使股东的知情权,普斯特公司应提供方便,一审判决认定"曾某某作为普斯特公司的股东,有权查阅、复制股东会议记录、董事会会议决议、监事会会议决议和财务会计报告",以及对曾某某关于要求查阅普斯特公司会计账簿的诉讼请求予以支持,并无不妥。

2. 股权代持关系不影响名义股东对知情权的行使。

在(2021)粤03民终17640号案中,二审法院认为:工商登记信息显示津田公司股东为陈某某、韦某、郭某某,足以认定韦某的股东身份。即使韦某系代案外人熊某某持有津田公司的股权,但相关法律并未对显名股东享有股东知情权作出限制性规定,韦某与熊某某之间是否存在代持关系并不影响韦某作为公司股东的身份,韦某有权行使股东知情权。

3. 股东丧失股东身份后不再享有行使股东知情权。

在(2021)粤03民终6980号案中,二审法院认为:他案生效的民事裁定书已认定徐某某不具有美合源公司的股东资格,其提起股东知情权之诉,主体不适格,原审法院予以驳回,符合法律规定。

4. 实际出资人不是公司法意义上的股东,原则上不享有股东知情权(如果出资人得到公司全体股东的一致认可并实际行使股东权利,可以享有知情权)。

在(2017)湘民再234号案中,关于9名被申请人是否享有股东知情权的问题,再审法院认为:股东的身份权是基础权利,股东知情权是股东身份权的派生权利。从本案事实看,9名被申请人主张股东知情权的诉讼请求没有事实和法律依据,理由是:第一,9名被申请人未在湖南省工商行政管理局登记备案公司名册以及企业注册登记资料中登记为公司股东,也不具备公司股东应有的外观特征。第二,《公司法》规定,有限责任公司应当由50名以下的股东出资设立,9名被申请人因企业改制进入公司时,公司的自然人投资人已达89人,超过《公司法》规定的人数,9名被申请人持有公司发放的股权证只能证明出资,不能证明股东身份,本案9名被申请人的身份应为实际出资人。第三,法律规定,实际出资人未经公司其他股东半数以上同意,请求公司变更股东、签发出资证明书、记载于股东名册、记载于公司章程并办理公司登记机关登记的,人民法院不予支持。9名被申请人作为实际出资人,想要变更并成为公司股东,可向公司主张权利,但需要经公司其他股东半数以上同意。综上,9名被申请人并非航天卫星公司法律意义上的股东,不享有股东知情权。

5. 瑕疵出资不妨碍股东行使知情权。

在(2018)粤0391民初1111号案中,一审法院认为:就公司和公司股东而言,股东瑕疵出资的法律后果,是应当依法及时缴足出资,并对已出资股东承担违约责任,但不意味着直接丧失股东资格。就股权权能性质而言,股东出资瑕疵影响的是股东收益权,而股东知情权则是股东了解知悉公司有关信息的权利,两者的关系、行使方式相对独立,股东存在瑕疵出资的情形不妨碍其行使知情权。

6. 公司进入破产程序,股东资格仍然存续,仍享有股东知情权。

在(2019)皖民终291号案中,一审法院认为:一般而言,只要公司存续且股东资格存续,股东即享有股东权。当公司进入破产清算程序后,公司及股东资格存续,现行有效的法律法规并未明文规定公司进入破产清算程序后股东不再享有全部或部分股东权利。因此,在公司进入破产程序后,公司股东仍然享有股东知情权,查阅公司会计账簿、会计凭证及公司破产期间形成的相关资料,是股东行使知情权的具体表现之一。

二审法院认为:大蔚置业公司虽处于破产程序,其民事行为能力限于清算目的范围之内,但该公司的法人资格并不当然消灭,也不能据此否定汪某某的股东地位。公司股东依法享有资产收益、参与重大决策、监督知情权等权利,公司破产后,股东当然不享有参与重大决策权等权利,但并非不能享有监督知情权。况且,现行有效的法律法规并未规定公司进入破产程序后,其股东不再享有股东知情权。因此,大蔚置业公司在进入破产程序后,汪某某仍然享有股东知情权。

7. 解除股东资格决议无效,股东资格依旧存在,可以行使股东知情权。

在(2018)粤民申5288号案中,再审法院认为:涉案解除曹某某股东资格的股东会决议因违反法定的表决程序而无效,曹某某仍为泰铭公司股东。其作为泰铭公司的股东,已依法向泰铭公司提交要求查阅公司相关资料的书面申请并说明了理由,而泰铭公司未在法定期限内予以答复,亦未举证证明曹某某申请查阅具有不正当目的。且由于曹某某未参与泰铭公司的管理事务,其有合理理由请求查阅原始凭证。

8. 原股东行使知情权的，须证明持股期间其合法权益受到损害。

在(2020)豫民终126号案中，二审法院认为：法律规定了公司原股东享有的有限诉权，即原股东有初步证据证明其合法权益在持股期间受到损害的，法院应予以受理，该规定解决的是原股东在特殊情况下的诉权问题。但"诉权"不等同于"胜诉权"，"初步证据"不等同于"实质证据"，赋予原股东诉权，并非当然地支持原股东的诉讼请求。受理案件后，应审查原股东的证据是否能够证明其合法权益在持股期间受到损害、要求查阅账簿的有限责任公司股东是否有不正当目的，以及原股东是否已经查阅过或掌握其诉请的特定文件资料等情形，以认定原股东的诉讼请求是否应得到支持。本案中，中汇公司提交的中原银行在上市时公开发布的财务资料能够初步证明在其持股期间合法权益受到损害，在符合案件受理条件的情况下，一审法院对中汇公司提交的初步证据及中原银行的抗辩理由未进行实质审理，支持中汇公司有关知情权的诉讼请求不当。

（二）被告

1. 公司在营业执照被吊销的情况下，不可作为知情权诉讼的被告。

在(2016)最高法民申3785号案中，二审法院认为：股东知情权的义务人系公司而非其他主体，知情权的主要内容除可以查阅、复制公司章程、股东会会议记录、董事会会议决议、监事会会议决议的权利外，还包括查阅会计账簿、了解公司财务情况的权利。为防止股东损害公司利益，对于查阅会计账簿还设置了提前书面通知并说明合理理由的前提条件。据此，股东知情权纠纷所指向的诉讼标的系公司应当履行而未履行的配合行为，该行为的履行主体和履行内容具有特殊性和不可替代性。本案中，负有配合股东行使知情权的协助义务人中原公司的经营期届满、实际歇业多年且已经被行政主管部门吊销营业执照，满足法定解散条件。因此，认定中原公司意思自治的正常治理结构已经解体、宁源公司查阅会计账簿的通知无法送达，故本案继续审理的条件客观上已不具备，据此驳回宁源公司的起诉并无不当。

2. 民办学校举办者的知情权类似公司股东的知情权，民办学校应当协助举办者行使知情权。

在(2016)沪01民终4642号案中，二审法院认为：国家保障民办学校举办者的合法权益，赋予其知情权。首先，举办者作为民办学校的出资人，合法权益应当包括了解和掌握学校办学和管理活动等重要信息的权利，该权利是举办者依法取得合理回报、参与重大决策和选择管理者等权利的重要基础。

其次,学校章程、董事会会议决议、监事会会议决议及财务会计报告和会计账簿等资料是记录和反映学校的组织与活动、资产与财务管理等内容的重要载体。举办者只有在获取学校办学和管理活动信息的基础上,才可能参与学校的重大决策,要求合理回报及行使监督权。举办者要求查阅、复制民办学校的章程、董事会会议决议、监事会会议决议和财务会计报告及查阅会计账簿的权利应受到保护。

最后,《民办教育促进法》明确规定,国家保障民办学校举办者的合法权益。举办者的合法权益应当包括知情权在内的各种权益,举办者有权知悉学校办学和管理等活动的信息。佳华公司作为佳华学院的举办者,享有参与重大决策、选择管理者及取得合理回报的权利。学校章程中规定的合理回报具有财产性特征,直接或间接与财产相关,该合理回报属于法律所保护的合法权益,合理回报的实现离不开知情权之保障。上诉人佳华公司认为,知情权是举办者参与学院的办学和管理活动的基础,否则根本无法行使参与办学和管理的权利的主张,对其诉讼请求予以支持。

3.查阅合伙实体会计账簿等财务资料是了解合伙实体经营状况和财务状况的有效手段。合伙的知情权,其法律特征与合伙企业、有限责任公司的股东知情权类似,故可参照适用《合伙企业法》《公司法》的相关规定。

在(2020)粤01民终17730号案中,二审法院认为:第一,案涉合伙人之间属于以个人独资企业佳兴旅店为合伙实体的个人合伙。合伙经营是一种以营利为目的的经济活动,合伙人之间的财产共有关系、共同经营关系、连带责任关系决定全体合伙人形成了以实现合伙目的为目标的利益共同体,每个合伙人都有权利关心了解合伙实体的全部经营活动。无论是事关合伙组织利润分配还是退伙清算等事务,设置明确的会计账簿都是个人合伙所必不可少的。查阅合伙实体会计账簿等财务资料是了解合伙实体经营状况和财务状况的有效手段,也是合伙人行使执行和监督权利的具体表现。因此,合伙人要求查阅会计账簿等财务资料的权利应当受到保护。第二,个人合伙是一种人合性的经营模式,现有法律没有非常详细的制度予以规范。对于个人合伙的知情权,其法律特征与合伙企业、有限责任公司的股东知情权类似,故可参照适用《合伙企业法》《公司法》的相关规定。

4.《公司法》尚且仅对股东知情权范围中的复制权作出了相关限制,更何况是合伙企业中的有限合伙人可能存在与合伙企业进行交易或产生同业竞争的情况,故法律赋予合伙人的知情权仅限于查阅,而无复制权。

在(2016)沪02民终7051号案中,二审法院认为:有限合伙人应在法律规定的范围内合理行使自己的权利。《合伙企业法》对合伙人的知情权作出了明确规定，合伙人为了解合伙企业的经营状况和财务状况，有权查阅合伙企业会计账簿等财务资料。由此可见，法律赋予合伙人的知情权仅限于查阅，而无复制权。我国《公司法》尚且仅对股东知情权范围中的复制权作出了相关限制，更何况是合伙企业中的有限合伙人可能存在与合伙企业进行交易或产生同业竞争的情况。如任由有限合伙人复制合伙企业财务资料，可能将损害合伙企业的正当利益。故在目前法律无明确规定合伙人可以复制相关财务资料的情况下，不应对法律规定随意进行扩大理解，宋某某要求复制财务资料的请求，缺乏法律依据，不予支持。

5. 集体联营企业主体参照《公司法》相关规定行使知情权，联营企业应协助配合。

在(2014)沪一中民四(商)终字第1218号案中，一审法院认为：周浦商城公司系联营企业法人，并非有限责任公司或股份有限公司，而对于参与联营的主体是否享有类似于《公司法》所规定的股东知情权的权利，我国法律并未作明确规定，有鉴于此，有必要从认知联营企业法人设立以及探究联营合同或公司章程对此有无作相应规定入手开展相应分析。首先，从联营企业的设立角度来看，周浦商城公司系独立法人，独立核算、自负盈亏，设立董事会作为公司的最高权力机关、常设机关，对周浦商城公司负责，而包括汇康公司在内的联营各方则均以各自的投资为限承担有限责任，这与现代公司制度架构的基础即所有权与经营权相分离有很大的相似之处，而所有权与经营权相分离，正是股东知情权由来的最核心的理论基础。因此，从该角度而论，汇康公司作为联营的一方主体，理应享有相应的知情权。其次，从周浦商城公司的公司章程规定来看，"组建单位有权查阅公司有关财务报告，监督或质询公司的经营状况"，这实质上正是联营各方享有知情权的抽象表述，联营各方通过章程规定的方式对各方应当享有知情权加以明确，而周浦商城公司作为联营体理应受此约束。

二审法院认为：周浦商城公司是集体联营企业，在组建时的公司章程中约定了组建方有权查阅公司有关财务报告，汇康公司作为周浦商城公司的组建方，现提出查阅复制财务会计报告、查阅会计账簿等请求可以得到支持。虽然周浦商城公司不受《公司法》调整，但根据其公司章程的约定，原审参照《公司法》关于股东知情权的相关规定支持汇康公司的诉请并无不当。

二、知情权客体

（一）股东资格取得之前的知情权

1. 股东也可申请查询其取得股东资格之前的公司财务资料。

在（2012）钟商初字第555号案中，一审法院认为：被告辩称原告于2008年才获得股东资格，故只能查阅2008年之后的会计账簿，对此，法院认为，股东知情权是公司股东所享有的法定权利，一旦成为公司股东，即享有与其他股东完全相同的权利，不应以成为公司股东的时间先后而予以区别对待或限制，被告该辩称意见没有法律依据，不予采信。

2. 法律并未禁止公司股东查阅其成为股东之前的公司相关资料。

在（2020）粤03民终22438号案中，二审法院认为：首先，《公司法》明确了有限责任公司股东具有查阅、复制公司财务会计报告等文件和要求查阅公司会计账簿的权利，并未禁止公司股东查阅其成为股东之前的公司相关资料。其次，法律设立股东知情权的立法本意是让股东充分掌握公司信息、管理活动及风险状况，从而监督公司管理层，保护股东的合法权益。公司经营是一个整体的、动态的、延续性的过程，公司的经营决策与之前已经发生的交易行为及各项决策密切相关，股东在对公司行使表决权时亦以对公司整体情况的了解为前提。并且股东以出资额对公司债务承担责任，其中包括股东加入之前公司所负债务，从权利义务一致角度而言，股东亦应有权查阅、复制其加入之前的公司相关资料，一审法院认为陈某某有权查阅、复制其成为股东之前的公司相关资料，并无不当。

（二）公司章程规定了知情权

1. 公司章程可规定股东有权查阅超出法定范围的资料。

在（2015）苏商外终字第00035号案中，二审法院认为：ROONEYLIMITED可以依据雍康公司章程约定行使知情权。公司章程是公司"宪章"，在不违反禁止性规定的情况下，股东原则上有权依据公司章程的规定来主张知情权。雍康公司章程规定在指定时间内向各方股东提供详细的损益表、资产负债表、现金流量表、销售其他收入的分析、预算审核、相应月份的收入和资本预算的核对结果，以及当月的资金来源和应用的报表（董事会需要时），该规定的内容具体、明确，不违反法律法规禁止性规定，股东间的意思自治与公司法的价值取向并不相悖，除当月的资金来源和应用的报表系供董事会所需以外，一审法院对ROONEYLIMITED的主张均予支持，并无不当。

2. 当公司章程赋予股东的知情权超出《公司法》规定的范围时,该约定应当优于法律规定而适用。

在(2018)京04民初611号案中,一审法院认为:公司章程约定每一方出于监督公司财务状况的必要或考虑,均有权审查及复制所有账簿、记录、收据、合同及其他类型的文件。每一方在没有不合理干扰公司正常运营的情况下,可以在公司的正常工作时间内进行上述审查与文件复制。长信公司各股东的该约定未违反法律强制性规定,体现了股东的共同意志。《公司法》规定的股东知情权范围是法定股东知情权范围的最低标准,而公司章程作为公司的自治规范,其具体内容体现了股东的共同意志,当公司章程赋予股东的知情权超出《公司法》规定的范围时,该约定也应当优于法律规定适用。

综上,关于莱克斯坦公司主张的请求查阅、复制董事会会议决议、财务会计报告(包括资产负债表、利润表、现金流量表和利润分配表等)、会计账簿(含总账、明细账、日记账和其他辅助性账簿)、记录、收据、合同及其他类型的文件、银行对账单、纳税申报表和任何其他内部和/或公开的会计信息,商品/服务采购/销售合同/协议和劳动合同等,属于会计凭证中的原始凭证及作为附件入账备查的有关资料的部分,予以支持,不属于会计凭证中的原始凭证及作为附件入账备查的有关资料的部分,因不符合公司章程中规定的允许股东查阅、复制相应文件的目的,不予支持。

3. 现有法律没有明确规定股份合作制企业股东享有的知情权范围,应当按照企业章程来行使知情权。

在(2010)成民终字第217号案中,一审法院认为:作为股份合作制企业的长途运输公司,其企业性质属于社会主义市场经济中集体经济的一种新的组织形式。1997年国家体改委在《国家体改委关于发展城市股份合作制企业的指导意见》(已失效)中便明确股份合作制企业既不是股份制企业,也不是合伙企业,与一般的合作制企业也不同,是在实践中产生并不断发展完善的新型的企业组织形式。由于我国《公司法》已明确将该法的调整范围仅确定在有限责任公司和股份有限公司两类企业,作为股份合作制企业的长途运输公司则不能适用《公司法》。

关于股东知情权范围如何确定的问题,应当严格依照长途运输公司章程以及涉及股份合作制企业的相关法律、法规进行调整。公司章程是在公司内部具有最高效力的有关规定公司组织及行为基本规则的重要法律文件,是公司设立和运行的前提和基础。同时长途运输公司的公司章程已明确股东知情权的范围,其确定了公司股东有权查阅股东大会会议记录和公司财务会计报告两类资料。而在涉及股份合作制企业的相关规定方面,《成都市股份合作制企业条例》仅规定了企业应当制作财务会计报告供股东查阅。因此,长途运输公司的公司章程在确定股东知情权范围方面较为于《成都市股份合作制企业条例》更为广泛,本案应当依据公司章程之规定确定股东知情权范围。综上所述,龚某某作为公司股东,有权查阅公司股东大会会议记录和公司财务会计报告两类资料。对于龚某某要求查阅、复制董事会决议、监事会会议决议、会计账簿,以及关于查阅、复制的期限不得少于20天的相应诉讼请求,因缺乏法律依据,均不予支持。二审法院持相同观点。

三、知情权行使的限制

(一)前置程序

1. 对股东知情权的保护,不允许以诉讼形式补救前置程序,即一审判决后向公司提出书面申请要求查阅公司会计账簿,不能视为其已向公司履行了股东知情权的前置程序。

在(2018)川01民终11304号案中,关于刘某是否已向成都均达公司履行了查阅公司会计账簿前置程序的问题,二审法院认为:根据《公司法》的规定,股东有权查阅、复制公司章程、股东会会议记录、董事会会议决议、监事会会议决议和财务会计报告,股东可以要求查阅公司会计账簿。股东要求查阅公司会计账簿的,应当向公司提出书面请求,说明目的。公司有合理根据认为股东查阅会计账簿有不正当目的,可能损害公司合法利益的,可以拒绝提供查阅,并应当自股东提出书面请求之日起15日内书面答复股东并说明理由。公司拒绝提供查阅的,股东可以请求人民法院要求公司提供查阅。因此,股东要求查阅公司会计账簿的,应在一定期限内向公司提出书面申请,说明目的。

本案中,刘某并未在一审起诉之前向成都均达公司提出书面申请,虽刘某上诉认为,其在一审判决后向成都均达公司与蒋某某送达了《关于请求公司如实履行相关义务的致函信》,要求查阅公司会计账簿,因此,刘某查阅公司会计账簿的条件已经具备。刘某的上述行为应为通过诉讼程序对股东知情权前置程序进行补救的行为,但刘某的上述行为不应得到支持,理由如下:首先,从立法目的来看,《公司法》规定体现了对股东知情权的保护,同时出于对公司利益的保护而对股东权利进行了限制,而股东知情权前置程序即是限制的一种。其次,股东向公司提出书面申请的前置程序设置,实际上应为公司在诉讼程序前对股东查阅请求所享有的自行审查和决定的权利,若允许以诉讼形式补救前置程序,实际是对公司自治的侵犯,将造成股东知情权前置程序形同虚设,亦与《公司法》立法目的相违背。故刘某于一审判决后向成都均达公司提出书面申请要求查阅公司会计账簿,不能视为其已向成都均达公司履行了股东知情权的前置程序。

2. 通过律师发函方式要求查阅公司财务资料,可以认定已履行了法定的书面请求和说明目的的前置程序。

在(2019)鄂01民终12138号案中,二审法院认为:作为目标公司股东的张某某以寄发2019年3月20日律师函的方式向鑫鑫金铭公司提出查阅公司会计账目的需求后,鑫鑫金铭公司自其收悉该函件之日起直至张某某于2019年4月2日提起诉讼之日,均未就张某某的委托行为进行质疑。在鑫鑫金铭公司完全有能力且有条件审查律师函之内容,向张某某核实委托的情况下,其默认的行为,应视为对张某某委托事项的认可,并致使张某某履行股东知情权的前置程序已然成就。

(二)行权目的的正当性判断

1. 公司业已提供其与客户单位签订的保密协议,约定公司负有对财务资料等相关内容保密义务,在客户单位未同意股东委托第三方专业人员行使知情权的情况下,股东不得委托专业第三方人员行使知情权。

在(2017)苏01民终1518号案中,关于王某某能否委托第三方专业人员查阅前述资料的问题,二审法院认为:《公司法》对于股东行使知情权的具体方式并无限制,但应以符合股东利益和不损害公司利益为基本前提。本案中,王某某并不具有自身不能行使权利的事由,永和公司业已提供其与客户单位签订的保密协议,其中约定永和公司负有对财务资料等相关内容保密的义务,在客户单位未同意王某某委托第三方专业人员行使知情权的情况下,永和公司要求对王某某的知情权行使方式进行适当限制,符合立法目的和自身利益,亦不损害王某某的权利。因此,对永和公司的该部分抗辩予以支持;对王某某要求委托专业第三方人员行使知情权的诉讼请求不予支持。

2. 股东违反竞业禁止,可以限制其知情权的行使。

在(2016)京03民终3220号案中,关于应否允许美赛达公司查阅车联公司会计账簿和会计凭证的问题,二审法院认为:第一,美赛达公司在出资设立车联公司之前与杨某某等案外人签订了四方《合作协议书》,该协议明确约定在合作期间,未经其他方书面同意,各方、各方的近亲属(配偶、子女、父母)以及各方的关联公司均不得与任何第三人或者独立以任何形式从事与车联公司业务相竞合的业务,故各股东对同业竞争负有严格的禁止义务。

第二,美赛达公司在出资设立车联公司之后,又出资设立前海公司,持股比例均为35%。根据四方《合作协议书》的约定,车联公司的设立目的系为美赛达公司研发、生产和采购车载设备、互联网产品等,此范围与前海公司的经营范围高度重合,有理由相信两公司在业务上存在竞争关系,美赛达公司设立前海公司存在占领车联公司开发、销售市场、损害车联公司合法利益的可能。

第三,会计账簿包括记账凭证和原始凭证,其中会涉及车联公司过往产品的销售渠道、客户群、销售价格等商业秘密,通过查阅车联公司的会计账簿可了解车联公司的商业秘密。前海公司一旦获悉商业秘密,将在与车联公司的竞争中处于优势地位并可能损害车联公司的利益。

第四,美赛达公司可以通过查阅会计报告等资料或者通过中间人审计的方式了解车联公司经营情况实现其股东知情权。

第五,股东知情权应在利益平衡的基础上行使。经过利益衡量,禁止美赛达公司查阅车联公司会计账簿可能对美赛达公司合法利益造成的损害,小于允许美赛达公司查阅车联公司会计账簿可能对车联公司合法利益造成的损害。

综上,美赛达公司提出的要求查阅车联公司会计账簿的诉请可能损害车联公司合法利益,具有法律依据,车联公司有权拒绝美赛达公司查阅会计账簿和会计凭证。

3. 为实现监督公司管理和了解公司经营情况而行使股东查阅公司会计账簿之目的,显属合理且正当,并无滥用股东权利或存在损害公司利益之嫌,对股东知情权的行使应予支持。

在(2019)鄂01民终12138号案中,二审法院认为:鑫牧公司、华益丰公司、仙姑寨合作社的设立时间均早于鑫鑫金铭公司,鑫鑫金铭公司在组建时,其理应知道或应当清楚张某某投资设立的该企业或其他形式法人组织的经营范围,然其在吸纳张某某的出资并确认张某某的股东身份后,未于公司章程中对作为公司高管人员的张某某作出竞业禁止的限制,实质表明鑫鑫金铭公司并不否认同等行业的市场竞争行为。且鑫牧公司、华益丰公司、仙姑寨合作社与鑫鑫金铭公司经营范围的重合部分属于行业大类的重合,在鑫鑫金铭公司没有证据证明公司自成立后至今已按章程规定召开过股东大会,或按章程规定的议事规则审议通过利润分配方案的前提下,张某某为实现监督公司管理和了解公司经营情况而行使股东查阅公司会计账簿之目的，显属合理且正当，并无滥用股东权利或存在损害公司利益之嫌。

公司的具体经营活动只有通过查阅公司原始会计凭证才能知晓，不查阅原始凭证，中小股东可能无法准确了解公司真正的经营状况。基于鑫鑫金铭公司无合理根据怀疑张某某查阅会计资料之目的，在该公司章程也未就股东查阅公司相关文件及财务资料予以限制的情形下，因股东知情权作为股东固有的、法定的基础性权利，鑫鑫金铭公司不能就其股东张某某行使该项权利予以限定。故张某某主张查阅鑫鑫金铭公司财务会计报告、会计账簿之具体内容，既符合上述法律法规的规定，亦未超出鑫鑫金铭公司章程之约束。

4. 以股东自营或者为他人经营与公司主营业务有实质性竞争关系业务为由主张股东行使知情权具有不正当目的，公司对此负有证明义务。

在（2022）京03民终12183号案中，二审法院认为：美立方公司以股东自营或者为他人经营与公司主营业务有实质性竞争关系业务为由，主张张某某具有不正当目的，应对此负有证明义务。在认定主营业务时应当主要考虑该项业务对公司稳定利润的贡献，兼顾在营业收入中的比重，实质性竞争关系则是指股东和公司之间存在利益冲突，其情形需要根据案件事实综合认定。张某某担任股东及法定代表人的放心存公司与美立方公司的经营范围虽然存在部分重合，但现有证据不足以认定两公司主营业务高度重合。放心存公司与首仓公司即使存在控股关系，在无充分证据证明首仓公司与美立方公司存在实质性竞争关系的情况下，以此认定张某某的查阅要求具有不正当目的，亦理据不足。美立方公司主张张某某系通过放心存公司、首仓公司从事与美立方公司有竞争关系的业务，缺乏事实依据。在美立方公司并未提供有效证据证明张某某查阅公司会计账簿具有不正当目的的情况下，一审判决认定张某某已依法履行前置程序，对张某某查阅美立方公司会计账簿的请求予以支持并无不当。

5. 股东的关联公司系由股东的亲属出资设立并经营，若允许股东查阅其所在公司的会计账簿，有可能导致公司具有商业秘密性质的信息被股东的关联公司所知悉，不能合理排除该行为会对公司利益造成损害的可能性的，对股东行使知情权的请求不予支持。

在（2012）一中民终字第2247号案中，二审法院认为：禄展公司的经营项目与工艺品公司近似，两公司在客观上存在竞争的可能。张某某虽然不是禄展公司的股东，但该公司系由其妻子、女儿、儿子及儿媳共同出资设立并经营。基于张某某与禄展公司股东之间的特殊身份关系，若允许其查阅工艺品公司的会计账簿，有可能导致工艺品公司具有商业秘密性质的信息被禄展公司所知悉。虽然张某某主张其在景泰蓝行业具有很高的声望和影响力，不需要通过查阅会计账簿了解工艺品公司的商业信息，但根据其现有证据，并不能证明其对工艺品公司会计账簿中所包含的价格信息等商业秘密均已掌握，仅凭张某某的个人声望和影响力并不能合理排除其查阅会计账簿会对公司利益造成损害的可能性，一审法院认定允许张某某查阅会计账簿将有可能损害工艺品公司的利益，并据此驳回张某某要求查阅工艺品公司相关会计账簿的诉讼请求，并无不当。

6.股东同时作为另外一家具有业务竞争关系的公司职员，其行使股东知情权可能损害公司合法利益的，可以判决公司拒绝该股东行使知情权的请求。

在（2016）鄂01民终7824号案中，二审法院认为：金牛公司举证证明罗某某就职于文远公司，即罗某某具有金牛公司股东及文远公司职员的双重身份，其掌握的金牛公司的经营、管理、决策资料，意味着文远公司的职员可同时获取。而文远公司与金牛公司具有在同一市场中竞争的可能，金牛公司的会计账簿所记载的客户信息、技术信息、产品价格、成本、生产数量等如被竞争者知悉，则可能损害金牛公司的合法权益。因此，金牛公司在本案中确有合理理由认为股东罗某某行使知情权可能损害公司合法利益，其拒绝罗某某查阅公司会计账簿存在合理根据。

（三）知情权是否及于全资子公司

1.股东知情权源于公司股东身份，只有具备股东身份方可享有知情权，原告并非其子公司的股东，主张股东知情权的对象及于子公司缺乏基础。

在（2023）京03民终2423号案中，一审法院认为：张某某投资放心存公司成为其股东，享有股东权益。但张某某并非放心存公司的子公司的股东，母公司与子公司之间的控制关系基于股权的占有或者控制协议，而张某某与放心存公司的子公司之间并无直接法律关系，其对放心存公司的股东权益亦不能直接及于子公司，因此张某某所主张股东知情权的对象及于子公司缺乏基础。《公司法》对有限公司的股东知情查阅范围进行了明确限定，其内容并未包含子公司。在《公司法》等规范性法律文件未对母公司股东设置对子公司享有知情权的情况下，张某某主张行使对放心存公司的子公司的知情权，超越了其股东知情权行使的法定界限，缺乏法定权利来源。放心存公司章程中也并没有股东穿越行使知情权至放心存公司子公司的约定。因此张某某的上述主张亦缺乏放心存公司章程之约定基础，故对于张某某要求查阅、复制首仓公司会计账簿、会计凭证的诉讼请求，不予支持。

2.公司章程载明公司应向股东提交子公司财务报表,股东享有检查公司及其子公司的会计账簿、记录和管理账目的权利,因此股东可以申请查阅公司子公司财务资料,但只限于全资子公司。

在(2013)沪二中民四(商)终字第S1264号案中,二审法院认为:和丰公司章程载明其应向股东提交子公司财务报表,股东享有检查公司及其子公司的会计账簿、记录和管理账目的权利。前述章程的规定虽然超过《公司法》列举的股东知情权内容,但考虑到和丰公司为股份有限公司,股东仅有5名,只要股东合理地行使知情权,一般不会对公司的经营造成重大影响,故前述公司章程的相关规定不致无效。而且科朗公司系因和丰公司在申请上市的过程中经审计发现财务问题后而主张行使知情权,理由正当,科朗公司请求查阅和丰公司子公司的会计报表并查阅和丰公司及其分公司、子公司的会计账簿,应获支持。需要指出的是,一般而言,子公司是指有一定比例以上的股份被另一家公司所拥有或通过协议方式受到另一公司实际控制的公司,鉴于和丰公司章程中未对子公司的范围作出明确界定,审理中当事人双方也未能就此达成一致意见,考虑到子公司本系依法独立享有民事权利、承担民事责任的法人,为避免可能损害子公司其他股东的权利,故将章程中所涉子公司界定为系和丰公司的全资子公司。

第三节　实务指南

一、会计凭证查阅权对股权架构的影响及实务问题

股东知情权是指股东享有的对公司经营管理、财务会计、商业交易等方面了解和知情的权利。

基于投资行为,股东应当产生对投资对象之真实信息的掌握了解,这是投资活动的"固定动作",而非"可选动作"。实际上,非上市公司与上市公司在信息披露和知情权保护方面存在显著的制度差异,非上市公司的实际控制人和控股股东更容易通过掌握真实的财务信息实施自我交易、关联交易、侵占公司财产等行为,从而危及公司治理。赋予每个股东知情权,是一种对这些潜在危险的对冲与制约。

对信息的全面了解,也是人的基本需求之一。假如股东无法享有知情权,或者知情权不对称,其必然丧失对公司管理的动力与热情,最终退出公司。在股东退出机制被频繁触发的情况下,公司股权架构也面临变化甚至解散的风险,由于缺少了

人的因素,任何包括股权架构在内的因素都可能不复存在。由此可见,股东知情权对于公司治理和股权架构的重要性不言而喻。

会计凭证查阅权属于股东知情权的核心内容,对股权架构也会产生直接且深远的影响。

1. 规范依据

新《公司法》第 57 条、第 110 条。

2. 股东会计凭证查阅权不能通过公司章程予以排除

新《公司法》第 57 条、第 110 条均未出现"全体股东另有约定的除外"或"公司章程另有约定的除外"等直接授权公司可在章程上对股东知情权作出特别约定的表述,亦即法律关于股东知情权的规定是效力性强制性规定,并非任意性规定,公司章程、全体股东约定排除股东知情权的约定无效。这在《公司法司法解释(四)》相关规定中得到印证,其中第 9 条规定:"公司章程、股东之间的协议等实质性剥夺股东依据公司法第三十三条、第九十七条规定查阅或者复制公司文件材料的权利,公司以此为由拒绝股东查阅或者复制的,人民法院不予支持。"对于何为"实质性剥夺",应由法官根据具体情况酌定。

3. 持股条件、持股时间

对有限责任公司的股东而言,只要具备股东身份,就可以提起股东知情权诉讼。对股份有限公司的股东而言,必须满足连续 180 日以上单独或者合计持有公司 3% 以上股份条件才能提起股东知情诉讼。是否具备持股条件,以提起诉讼时为判断标准,这与股东代表诉讼类似。

4. 会计凭证查阅权的客体

由于会计凭证与商业秘密直接相关,只允许查阅与权利行使目的相关的会计凭证,不能扩展到整套、整本甚至所有会计凭证。

5. 会计凭证的"查阅"权

查阅权包含一定程度的复制权。股东可以查阅相关材料,也可以复制,但只能复制与查阅目的相关的材料,不能随意复制。

6. 权利行使的方式

股东要求查阅会计账簿和凭证时,应向公司提出书面请求,并说明目的。若公司合理认为股东的查阅可能有不当目的,损害公司合法利益,可以拒绝提供,并在收到请求后 15 天内书面回复股东,说明理由。

此外,若辅助人员在协助行使知情权时违反保密义务,导致公司受损,应承担赔偿责任,这在《公司法司法解释(四)》第11条中有明确规定。

7. 会计凭证查阅权的穿透行使

股东可以直接向其所在公司的全资子公司申请查阅会计凭证。

二、新《公司法》中股东知情权的类型

股东知情权属于共益权,不能通过公司章程予以限制和剥夺,类型主要如下:

(1)基本文件查阅、复制权:包括查阅、复制公司章程、股东名册。

(2)会议记录查阅、复制权:包括查阅复制股东会会议记录、董事会会议决议、监事会会议决议。

(3)财务信息查阅权:查阅对象为财务报告、会计账簿、会计凭证。其中财务报告既可以查阅也可以复制;会计账簿、会计凭证只可以"查阅",原则上不允许复制。实务中,法院会设定会计账簿、会计凭证的合理复制范围,一般不允许复制全部该类材料。

财务报告的内容,包括资产负债表、利润表、现金流量表和利润分配表等。

对于会计账簿的内容,《会计法》第15条第1款规定:"会计账簿登记,必须以经过审核的会计凭证为依据,并符合有关法律、行政法规和国家统一的会计制度的规定。会计账簿包括总账、明细账、日记账和其他辅助性账簿。"

对于会计凭证的内容,《会计法》第14条第1款规定:"会计凭证包括原始凭证和记账凭证。"

在这些方面,律师需要具备基本的财务知识和实务经验。股东抽逃出资、公司合并设立、减资增资、股权转让等事项均涉及财务知识,而财务知识本身也属于争议解决的依据之一。

(4)建议权和质询权:股东有权对公司的经营提出建议或者质询。

实务中,还应注意如下问题:

第一,能否在公司章程中约定各种各样的知情权对象? 比如,能否在公司章程中规定,股东可以复制董事会会议决议、财务会计报告(包括资产负债表、利润表、现金流量表和利润分配表等)、会计账簿(含总账、明细账、日记账和其他辅助性账簿)、记录、收据、合同及其他类型的文件、银行对账单、纳税申报表和任何其他公开的会计信息,销售合同和劳动合同,等等。答案是肯定的,但法院会进行筛选:属于会计凭证中的原始凭证及作为附件入账备查的有关资料的部分,予以支持;不属于会计凭证中的原始凭证及作为附件入账备查的有关资料的部分,不予支持。

第二，股东知情权纠纷案的适格原告问题。《公司法司法解释（四）》第 7 条第 2 款规定："公司有证据证明前款规定的原告在起诉时不具有公司股东资格的，人民法院应当驳回起诉，但原告有初步证据证明在持股期间其合法权益受到损害，请求依法查阅或者复制其持股期间的公司特定文件材料的除外。"可见，股东知情权纠纷案的原告原则上限于提起诉讼时具有股东资格的股东。但存在例外情形，即能证明持股期间合法权益受到损害的原股东也可以作为原告。

在股权代持关系下，名义股东是当然的原告。实际出资人原则上不能作为原告，但实际出资人得到公司全体股东的一致认可并实际行使股东权利的，可以作为原告。工商登记上的股东当然也可以作为原告。

股东瑕疵出资或不完全出资甚至完全不出资、抽逃出资、虚假出资均不影响知情权的行使，可以作为原告；破产程序中的股东也仍然享有知情权，可以作为原告。

第六章 财产权

第一节 请求权基础规范

一、新《公司法》规定

第 89 条 有下列情形之一的,对股东会该项决议投反对票的股东可以请求公司按照合理的价格收购其股权:(一)公司连续五年不向股东分配利润,而公司该五年连续盈利,并且符合本法规定的分配利润条件;(二)公司合并、分立、转让主要财产;(三)公司章程规定的营业期限届满或者章程规定的其他解散事由出现,股东会通过决议修改章程使公司存续。

自股东会决议作出之日起六十日内,股东与公司不能达成股权收购协议的,股东可以自股东会决议作出之日起九十日内向人民法院提起诉讼。

公司的控股股东滥用股东权利,严重损害公司或者其他股东利益的,其他股东有权请求公司按照合理的价格收购其股权。

公司因本条第一款、第三款规定的情形收购的本公司股权,应当在六个月内依法转让或者注销。

第 161 条 有下列情形之一的,对股东会该项决议投反对票的股东可以请求公司按照合理的价格收购其股份,公开发行股份的公司除外:(一)公司连续五年不向股东分配利润,而公司该五年连续盈利,并且符合本法规定的分配利润条件;(二)公司转让主要财产;(三)公司章程规定的营业期限届满或者章程规定的其他解散事由出现,股东会通过决议修改章程使公司存续。

自股东会决议作出之日起六十日内,股东与公司不能达成股份收购协议的,股东可以自股东会决议作出之日起九十日内向人民法院提起诉讼。

公司因本条第一款规定的情形收购的本公司股份,应当在六个月内依法转让或者注销。

第 225 条 公司依照本法第二百一十四条第二款的规定弥补亏损后,仍有亏损的,可以减少注册资本弥补亏损。减少注册资本弥补亏损的,公司不得向股东分配,也不得免除股东缴纳出资或者股款的义务。

依照前款规定减少注册资本的,不适用前条第二款的规定,但应当自股东会作出减少注册资本决议之日起三十日内在报纸上或者国家企业信用信息公示系统公告。

公司依照前两款的规定减少注册资本后,在法定公积金和任意公积金累计额达到公司注册资本百分之五十前,不得分配利润。

第227条 有限责任公司增加注册资本时,股东在同等条件下有权优先按照实缴的出资比例认缴出资。但是,全体股东约定不按照出资比例优先认缴出资的除外。

股份有限公司为增加注册资本发行新股时,股东不享有优先认购权,公司章程另有规定或者股东会决议决定股东享有优先认购权的除外。

第228条 有限责任公司增加注册资本时,股东认缴新增资本的出资,依照本法设立有限责任公司缴纳出资的有关规定执行。

股份有限公司为增加注册资本发行新股时,股东认购新股,依照本法设立股份有限公司缴纳股款的有关规定执行。

二、其他法律规定

1.《公司法司法解释(五)》

第4条 分配利润的股东会或者股东大会决议作出后,公司应当在决议载明的时间内完成利润分配。决议没有载明时间的,以公司章程规定的为准。决议、章程中均未规定时间或者时间超过一年的,公司应当自决议作出之日起一年内完成利润分配。

决议中载明的利润分配完成时间超过公司章程规定时间的,股东可以依据民法典第八十五条、公司法第二十二条第二款规定请求人民法院撤销决议中关于该时间的规定。

2.《公司法时间效力司法解释》

第1条 公司法施行后的法律事实引起的民事纠纷案件,适用公司法的规定。

公司法施行前的法律事实引起的民事纠纷案件,当时的法律、司法解释有规定的,适用当时的法律、司法解释的规定,但是适用公司法更有利于实现其立法目的,适用公司法的规定:……(五)公司法施行前,公司违反法律规定向股东分配利润、减少注册资本造成公司损失，因损害赔偿责任发生争议的，分别适用公司法第二百一十一条、第二百二十六条的规定；(六)公司法施行前作出利润分配决议，因利润分配时限发生争议的，适用公司法第二百一十二条的规定；……

第 4 条 公司法施行前的法律事实引起的民事纠纷案件，当时的法律、司法解释没有规定而公司法作出规定的下列情形，适用公司法的规定：……(三)对股份有限公司股东会决议投反对票的股东请求公司按照合理价格收购其股份的，适用公司法第一百六十一条的规定；……

第二节 裁判精要

一、股利分配权

（一）具体股利分配权

1. 股东会决议已载明公司年度利润分配总额、分配时间，结合公司章程中关于股东按照出资比例分取红利的分配政策之约定，能够确定股东根据方案应当得到的具体利润数额的，应认定该股东会决议载明的年度公司利润分配方案是具体的，应当向股东分配利润。

在（2021）最高法民再 23 号案中，再审法院认为：一项具体的利润分配方案应当包括待分配利润数额、分配政策、分配范围以及分配时间等具体事项，判断利润分配方案是否具体的关键，在于能否综合现有信息确定主张分配的权利人根据方案能够得到的具体利润数额。本案中，股东会决议通过了万城公司《2013 年度利润分配方案》，确定了万城公司 2013 年度待分配利润总额，并决定"2014 年 6 月之前，将这部分剩余未分配利润分配完毕"。之后的《临时股东会议纪要》将利润分配时间变更为"2014 年 7 月底之前"。上述方案中确实没有写明各股东分配比例以及具体计算出各股东具体分配数额。然而，万城公司章程规定了"按照出资比例分取红利"，也规定了"弥补亏损和提取公积金、法定公益金所余利润，按照股东的出资比例进行分配"，且万城公司此前亦是按照出资比例分配利润。综合考虑上述事实，能够确定万城公司 2013 年是按照股东持股比例进行利润分配的。综上，案涉股东会决议载明了 2013 年度利润分配总额、分配时间，结合公司章程中关于股东按照出资比例分取红利的分配政策之约定，能够确定乾金达公司根据方案应当得到的具体利润数额，故该股东会决议载明的 2013 年度公司利润分配方案是具体的，已经转化为普通债权的具体性的利润分配请求权,股东可以主张利润分配。

2. 是否进行公司盈余分配及分配多少,应当由股东会作出具体方案,这属于公司内部自治问题。当股东变相分配利润、隐瞒或转移公司利润损害其他股东的实体利益时,则存在司法强制分配利润的可能,且不以采取股权回购、公司解散、代位诉讼等其他救济措施为前置程序。

在(2016)最高法民终528号案中,二审法院认为:首先,太一热力公司在全部资产被整体收购后没有其他经营活动,一审法院委托司法审计的结论显示太一热力公司清算净收益为75973413.08元,即使扣除双方有争议的款项,太一热力公司也有巨额可分配利润,具备盈余分配的前提条件。其次,李某某同为太一热力公司及其控股股东太一工贸公司的法定代表人,未经公司另一股东居立门业公司同意,没有合理事由将约5600万元公司资产转入兴盛建安公司账户,转移公司利润,给居立门业公司造成损失,太一工贸公司满足滥用股东权利,符合强制盈余分配的实质要件。最后,法律规定的股东盈余分配的救济权利,并未规定须以采取股权回购、公司解散、代位诉讼等其他救济措施为前置程序,居立门业公司对不同的救济路径有自由选择的权利。因此,一审判决太一热力公司应当进行盈余分配的认定有事实和法律依据。

3. 公司一般应按股东实缴出资比例分配红利。公司决定不按出资比例分配利润的,必须经过全体股东同意,不得采取多数决方式。

在(2020)最高法民申3891号案中,再审法院认为:股东按照实缴的出资比例分取红利;公司新增资本时,股东有权优先按照实缴的出资比例认缴出资。但是,全体股东约定不按照出资比例分取红利或者不按照出资比例优先认缴出资的除外。由于股东享有的分红权属于股东自益权,系股东为自己利益而行使的权利,因此,公司一般应按股东实缴出资比例分配红利。若公司决定不按出资比例分配利润,必须经过全体股东约定,不得采取多数决方式。其目的在于防止占多数股份的股东滥用股东权利和公司资本多数决原则侵害小股东的合法利益,即以大股东股权上的优势侵害小股东享有的分红权利。此外,国栋公司《公司章程》约定"股份按出资比例分取红利"。据此,当国栋公司股东会约定不按出资比例对公司利润进行分配时,须经公司全体股东同意。而刘某某、王某某并未在《2016年利润分配股东会决议》上签字,即该决议上载明的股东分配比例,并未经过全体股东一致同意,因此,该决议载明的利润分配比例并不符合《公司法》规定以及《公司章程》约定,对刘某某、王某某并不产生约束力。

（二）抽象股利分配权

1. 股东会议纪要没有确定股东能够获得的利润数额，亦未载明具体利润分配方案的，股东主张分配利润的请求不被支持。

在（2021）最高法民再 23 号案中，再审法院认为：《临时股东会议纪要》中仅载明"2014 年利润按季度分红"，对应当分配的利润数额等事项并无记载。虽然乾金达公司主张审计报告中记载了当年利润数额，但审计报告不能代替股东会决议，公司是否分配利润以及分配多少利润，应当由股东会作出相应的决议。现有信息无法确定乾金达公司能够获得的利润数额，股东会决议中也未载明具体利润分配方案，乾金达公司关于万城公司应向其支付 2014 年度未分配利润的主张不能成立。

2. 股权受让人与股权转让人均未履行出资义务，股权受让人主张公司盈余分配不符合权利义务对等原则；公司盈余分配系公司自主决策事项，属于公司或股东基于自身知识和经验作出的商业判断，在未举证证明公司董事会、股东会就公司利润分配事宜形成决议的情况下，股权受让人向法院起诉要求公司进行盈余分配没有事实和法律依据。

在（2017）最高法民再 66 号案中，再审法院认为：沈某某股权系通过受让宏昇公司前股东股权而取得，但由于宏昇公司前股东存在抽逃出资的情形，而沈某某在本案中并未对其受让股权后按比例实际补缴出资款和参与经营的事实予以举证证明，故沈某某主张公司盈余分配不符合权利义务对等原则。与此同时，由于公司盈余分配系公司自主决策事项，与公司其他经营决策同样属于公司或股东基于自身知识和经验作出的商业判断，《公司法》对此也明确规定公司利润分配方案由董事会起草，由股东会审议批准。因此，法院对于属于公司意思自治范畴的盈余分配事宜一般采取谨慎干预原则，即只有在公司董事会、股东会议已形成盈余分配决定，而公司拒不执行该决议，致使股东依据该决议所享有的盈余分配给付请求权受到侵害，股东提起盈余分配权诉讼时，法院才予以审理。

本案中，鉴于宏昇公司章程已经规定股东会具有审议批准公司的利润分配方案和弥补亏损方案的职权，以及公司的执行董事具有起草公司的利润分配方案和弥补亏损方案的职权，已经明确公司利润分配的决策权在宏昇公司董事会和股东会，因此在沈某某并未举证证明宏昇公司董事会、股东会就公司利润分配事宜形成过任何决议的情况下，原审判决认为人民法院不宜代替公司董事会和股东会决定公司的盈余分配，沈某某向人民法院起诉要求宏昇公司进行盈余分配，缺乏事实和法律依据并驳回其诉讼请求，并无不当。

3. 只有在公司缴纳税款、弥补亏损及依法提取公积金之后仍有盈余的情况下,股东才可以依法行使对公司利润的分配权,不得直接对公司的财产收入进行分配。

在(2021)京03民终10878号案中,一审法院认为:公司只有在有利润且已弥补亏损和提取法定公积金后,才可按照股东持股比例分配剩余利润。亿阳万泰公司自2016年至今,仍处于亏损状态,而且"驯龙高手"项目的收入或该项目的亏损和盈利,均不代表公司整体的亏损和盈利情况,亿阳万泰公司或公司的股东更无权将"驯龙高手"项目的收入与公司的剩余利润等同认定。亿阳万泰公司是企业法人,有独立的法人财产,享有法人财产权。在公司存续期间,股东享有的资产收益权,主要是对公司利润的分配权。《公司法》规定股东会的职权包括审议批准公司的利润分配方案和弥补亏损方案,并未规定股东或股东会可以决议分配公司财产,更未规定公司可私自处置公司财产。本案《承诺书》所列的房产属于亿阳万泰公司的资产及收入,并非公司利润,《承诺书》也未经股东会通过,亦违反《公司法》规定,损害公司及公司债权人的合法权益,应属于无效文件。

二、优先购买权

1. 先抬高股权转让价格迫使其他股东放弃购买,再以低价转让给其他人,属于规避《公司法》关于其他股东优先购买权的规定,剥夺了其他股东享有在同等条件下的优先购买权,股权转让行为无效。

在(2015)苏商再提字第00068号案中,再审法院认为:吴某1与吴某2之间的两份涉案股权转让协议存在恶意串通损害第三人利益的情形,属于无效协议。吴某1和吴某2在7个月的时间内以极其悬殊的价格前后两次转让股权,严重损害吴某3的利益。吴某1和吴某2第一次转让1%的股权价格为15万元,第二次转让59%的股权实际价格为62万元(以此测算第二次股权转让每1%价格约为1.05万元),在公司资产没有发生显著变化的情形下,价格相差达14倍以上,其目的在于规避《公司法》关于其他股东优先购买权的规定,从而导致吴某3无法实际享有在同等条件下的优先购买权,即首次转让抬高价格,排除法律赋予其他股东同等条件下的优先购买权,受让人取得股东资格后,第二次完成剩余股权转让。吴某1在一审庭审中亦明确表示"第一次股权转让吴某2不是公司股东,吴某1必须考虑同等条件的优先权"及"(第一次)比后面的要价要高,目的是取得股东身份"。这表明吴某1对其与吴某2串通损害吴某3利益的意图是认可的。如果认可上述行为的合法性,《公司法》关于股东优先购买权的立法目的将会落空。综上,民事活动应当遵循诚实信用的原则,民事主体依法行使权利,不得恶意规避法律,侵犯第三人利益。吴某1与吴某2之间的两份股权转让协议,目的在于规避《公司法》关于股东优先购买权制度的规定,剥夺吴某3在同等条件下的优先购买权,当属无效。

2.《公司法》没有赋予股份公司股东与有限责任公司股东同样的增资优先认购权。股份公司章程或股东会决议未明确股东享有增资优先认购权的,股东不享有增资优先认购权。

在(2015)昆民申字第440号案中,再审法院认为:《公司法》规定的股东增资优先认购权,是基于保护有限责任公司人合性的经营特征,对有限责任公司增资扩股行为发生时所作的强制性规范,目的在于保护有限责任公司基于人合基础搭建起来的经营运行稳定性,该规定仅适用于有限责任公司。对于股份有限公司,基于其资合性的组织形式与管理运行模式,《公司法》并未对其增资扩股行为设定优先认购权的强制性规范,股份有限公司的增资扩股行为系其内部经营决策合意的结果,在不违反相关强制性法律法规的前提下,公司具体的增资方式、增资对象、增资数额、增资价款等均由其股东会决议并遵照执行。

云纺集团股份公司2008年增资扩股系公司法人治理框架内的经营决策自治行为,其新股发行的种类、数额、价格、起止日期、范围等均应当由公司的股东会决议并执行。本案中,云纺集团股份公司的增资决议规定了本公司辞职自谋职业的原持股人员不得参加本次增资扩股认购,而该决议也没有证据证实被撤销或无效,反而是云纺集团股份公司按照股东会决议完成了增资扩股行为。李某某已与云纺集团股份公司解除了劳动合同关系,根据云纺集团股份公司的股东会决议,李某某的身份属于股东会决议规定的辞职自谋职业人员,故李某某不在云纺集团股份公司增资扩股范围之内,无权要求行使增资扩股认购权。

3.新股认购优先权的放弃应当有权利人明确的意思表示,或者有证据证明存在明知新增资本的进入必然稀释原先的股份比例之事实或实际同意了新增资本不按原出资比例进行认购之事实。

在(2016)最高法民再234号案中,再审法院认为:新股认购优先权的放弃应当有权利人明确的意思表示。依据案涉《特许经营合同》的约定及京环公司董事会、股东会决议,所有股东一致同意由市政府指定一家国有企业作为讼争国债资金的出资人代表,虽然没有放弃优先认购权的明确表述,但是作为法人股东,中节能公司对新增资本的进入必然稀释原先的股份比例应当是明知的。京环公司全体股东对于政府注入资金所对应的出资份额由其他民事主体享有或代为持有的事实予以认可,亦说明京环公司全体股东通过股东会决议内容实际同意了对该新增资本不按原出资比例进行认购。如果考虑自身股份比例性利益,即公司控制权的问题,京环公司股东会完全可以作出同时增资扩股的决定,或者在法定期限内请求撤销股东会决议。从实际情况看,经过多年,中节能公司和宇新公司均未提出该问题。因此,作为股东的荆门投资公司在京环公司中的 453 万元出资,以及京环公司的注册资金和各股东的出资额依法应予变更登记。

4. 新股优先认购权属形成权,应在一定合理期间内行使。

在(2010)民提字第 48 号案中,再审法院认为:红日公司和蒋某未在合理期间内恰当行使权利,因此不能行使对科创公司新增的 615.38 万股股份的优先认购权。股东优先认购公司新增资本的权利属形成权,虽然现行法律未明确权利行使期限,但为维护交易安全和稳定经济秩序,该权利应在一定合理期间内行使。红日公司和蒋某在案涉决议作出时就已知道其优先认购权受到侵害,但并未及时采取诉讼等方式积极主张权利。此后科创公司议通过陈某某将部分股权赠与固生公司提案时,红日公司和蒋某参加会议未表示反对。二者在股权变动近两年后又提起诉讼,争议的股权价值已发生了较大变化,此时允许其行使优先认购出资的权利将导致已趋稳定的法律关系遭到破坏,并极易产生显失公平的后果。

5. 公司章程可就股东对其他股东放弃的认缴出资有无优先认缴权问题作出约定。

在(2009)民二终字第 3 号案中,二审法院认为:《公司法》规定,公司新增资本时,股东有权优先按照其实缴的出资比例认缴出资,该规定没有直接规定股东对其他股东放弃的认缴出资比例增资份额有无优先认缴权,也并非完全等同于该条但书或者除外条款,即全体股东可以约定不按照出资比例优先认缴出资的情形,此款所列情形是完全针对股东对新增资本的认缴权的,这与股东在行使认缴权之外对其他股东放弃认缴的增资份额有无优先认缴权并非完全一致。对此,有限责任公司的股东会完全有权决定将此类事情及可能引起争议的决断方式交由公司章程规定,从而依据公司章程作出决议,也可以决定股东对其他股东放弃的认缴出资有无优先认缴权等问题,只要该决议不存在违反法律规范的情形,就是有效力的,股东必须遵循。只有当股东会对此问题没有形成决议或者有歧义理解时,才发生依据《公司法》规范适用的问题。即使在此情况下,由于公司增资行为与股东对外转让股份行为确属不同性质的行为,意志决定主体不同,因此二者对有限责任公司的人合性要求不同,在已经充分保护股东认缴权的基础上,捷安公司在黔峰公司的此次增资中利益并没有受到损害。当股东个体利益与公司整体利益或者有限责任公司的人合性与公司发展相冲突时，应当由全体股东按照公司章程规定方式进行决议，以便各股东遵循。

三、股权回购请求权

1. 虽然股东已向公司提出履行减资程序请求，但公司是否同意履行减资程序不属于案件审理范畴，该事实不能作为认定公司应履行股权回购义务的依据。

在(2020)粤06民终12355号案中，二审法院认为：《增资协议》已对大臻公司回购谱因企业、信石公司股权的条件作出了具体的约定，约定的股权回购条件已成就，且大臻公司于2019年8月3日作出的股东会决议也再次明确其应回购谱因企业、信石公司的股权，因此，谱因企业、信石公司有权请求大臻公司履行股权回购义务，但是谱因企业、信石公司要求大臻公司回购股权的请求应当符合《公司法》的相关规定。因投资人要求目标公司回购股权有可能违反资本维持原则，故对于投资人提出的回购股权请求，应当根据《公司法》关于股东不得抽逃出资以及关于股份回购的强制性规定进行审查。

本案中，大臻公司并未完成减资程序，要求大臻公司回购股权的请求不符合法律规定。另外，虽然谱因企业、信石公司在二审期间提供证据反映其已向大臻公司提出要求履行减资程序，但大臻公司是否同意履行减资程序不属于本案的审理范畴，相关事实亦不能作为本案认定大臻公司应履行股权回购义务的依据，一审法院驳回谱因企业、信石公司要求大臻公司回购股权的诉讼请求的处理并无不当。

2. 在协议约定的股权回购条件全部成就之前，公司不享有回购股权的权利。

在(2011)民二终字第108号案中，二审法院认为：《投资合作协议》约定了中金公司回购中铁置业公司全部股权的五项条件，除第一项"中铁置业公司已实际受让中金公司所持公司17.5%的股权"的条件已具备外，对于其余四项条件的成就，中金公司均未能提交相应证据予以证明。中金公司表示对原审采信的证明"中国银行等四家银行提供了16.2亿元的最高额保证，中铁置业公司的保证责任尚未解除"的证据的真实性不持异议，因此，原审据此认定相关各方"在项目中的风险并未释放完毕、股权回购的第五个条件尚不成就"并无不当。中金公司提出的关于其"在五年内随时享有回购权"的上诉理由，与《投资合作协议》的约定不符，证据不足。在协议约定的股权回购条件全部成就之前，中金公司并不享有回购该股权的权利。此外，"股权回购条件"中并不涉及中金公司的资金状况问题，"中金公司的资金充足"不是本案"股权回购条件成就"的充分条件,二者没有必然的联系。故中金公司关于请求回购中铁置业公司持有的中金渝能公司92%的股权的上诉理由不成立,不予支持。

3.股东转让其持有公司过半数的股权,该比例仅是衡量股权价值的标准之一,并不能表明该股权导致公司发生了根本性变化,亦不能证明转让的股权系公司的主要财产。

在(2012)二中民终字第02333号案中,关于京卫公司转让其持有的国康公司51%的股权是否为京卫公司的主要财产的问题,二审法院认为:公司转让的财产是否为主要财产,取决于公司转让该财产是否影响了公司的正常经营和盈利及是否导致公司发生了根本性变化。京卫公司的经营范围为销售医用高分子材料及制品、卫生材料及敷料、医用电子仪器设备、包装食品,自营和代理各类商品及技术的进出口业务等。现有证据表明,京卫公司转让其持有的国康公司51%的股权的行为并未影响公司的正常经营和盈利,亦没有证据表明公司发生了根本性变化,故京卫公司转让的其持有的国康公司的51%股权不能视为京卫公司的主要财产。

薛某主张,国康公司的资产总额、营业收入、归属于母公司所有者的权益,以及归属于母公司所有者的净利润分别占京卫公司资产总额、营业收入、归属于母公司所有者的权益,以及归属于母公司所有者的净利润的72%、93%、53%和125%;国康公司51%的股份相对应的资产总额、营业收入、归属于母公司所有者的权益,以及归属于母公司所有者的净利润分别占京卫公司(不含少数股东权益)资产总额、营业收入、归属于母公司所有者的权益,以及归属于母公司所有者的净利润的51%、75%、27%和127%,因此,京卫公司转让其持有的国康公司51%的股权系京卫公司的主要财产。对此,法院认为,上述比例仅是衡量国康公司股权价值的标准之一,不能表明京卫公司转让其所持有的国康公司的51%的股权导致京卫公司发生了根本性变化,亦不能证明转让的该部分财产系京卫公司的主要财产,故对于薛某的该项主张,法院不予支持。由于京卫公司转让的财产并非京卫公司的主要财产,故其要求京卫公司以人民币23158287.72元的价格收购其持有的国康公司9%的股权的诉讼请求,缺乏依据,不予支持。

4.《公司法》并未禁止有限责任公司与股东约定股权回购。

在(2016)湘民再1号案中,再审法院认为:《公司法》关于有限责任公司中异议股东股份回购请求权的规定的三项法定事由之一,公司即有义务回购异议股东的股份。《公司法》并未规定公司只能回购异议股东的股份,且除此之外不得回购公司其他股东的股份,其他法律对有限责任公司回购股权并无禁止性规定。建筑设计院公司章程及《股权管理办法》关于股份回购的具体内容,不违反《公司法》中有关注册资本维持的基本原则,也不损害第三人的合法权益,属于有效条款。检察机关抗诉提出有限责任公司除《公司法》规定的异议股东回购权外,不得回购股份,建筑设计院公司章程和《股权管理办法》关于股份回购的条款因违反法律规定而无效的理由,不予采纳。

第三节 实务指南

一、股东行使优先购买权的前提条件

新《公司法》第84条第2款规定:"股东向股东以外的人转让股权的,应当将股权转让的数量、价格、支付方式和期限等事项书面通知其他股东,其他股东在同等条件下有优先购买权。股东自接到书面通知之日起三十日内未答复的,视为放弃优先购买权。两个以上股东行使优先购买权的,协商确定各自的购买比例;协商不成的,按照转让时各自的出资比例行使优先购买权。"

据此,可总结出股东行使优先购买权的条件有三:第一,股东确定将股权转让给第三人,这里的第三人指的是公司外部人员;第二,股东向其他股东履行了书面通知义务,通知载明股权转让的数量、价格、支付方式和期限等事项;第三,其他股东在"同等条件下",接到书面通知之日起30日内,可以行使优先购买权。

该条文中的"股东向股东以外的人转让股权"之表述,实际意思就是股权已确定转让给第三人,即股东向第三人转让股权的意思已十分明确,对股权转让已经达成合意。这里包含两层意思:第一,对外转让股权的股权受让人(第三人)是确定的,不能是概括性地打算、准备向第三人转让股权;第二,向第三人转让的股权的数量(比例)、价格、支付方式、期限、违约责任等事项也应是明确的,均不能笼统概括。

在实务中,这个问题是比较容易被忽略的,比如,股东在没有明确的股权受让人,只是打算对外转让股权的情况下就开始传出消息,甚至召开股东会通过了对外转让股权的决议,同时在会议上确定了股权转让的数量、价格、支付方式、期限等重要事项。当股东要求其他股东签订股权转让合同时,其他股东拒绝签署。该股东认为,其他股东行使优先购买权的条件已成就,应按决议中确定的条件(也就是拟签署的股权转让合同中记载的条件)签署股权转让合同;其他股东认为,其优先购

买权的条件并不成就,或者决议中确定的股权转让价格过高,其有权报出自己认为合理的价格或其他条件,这实质属于股东内部之间的股权转让行为,与优先购买权无关。

双方争议焦点在于,优先购买权行使条件中的"股权确定向第三人转让"之事实是否存在。《公司法司法解释(四)》第 17 条 1 款规定:"有限责任公司的股东向股东以外的人转让股权,应就其股权转让事项以书面或者其他能够确认收悉的合理方式通知其他股东征求同意。其他股东半数以上不同意转让,不同意的股东不购买的,人民法院应当认定视为同意转让。"①此条款所言的"股权转让事项"是指股权已确定转让给第三人之事实,在这里,第三人的身份必须明确,可以通过如下方式来证明:

①披露第三人的身份信息。

②披露股东与第三人签订的股权转让合同(以其他股东放弃优先权作为合同生效要件),合同明确记载了被转让股权的数量、价格、支付方式、期限等事项,以便其他股东对"同等条件"下行使优先购买权作出判断。

③在特殊场合,如召开股东会时,可以要求第三人出席接受其他股东的询问,以便其他股东对第三人是否适合加入公司,以及是否对公司的人合性、封闭性产生重大影响作出判断。

因此,其他股东想要正确行使优先购买权,应首先了解以下几个要素:股权向第三人转让的事实已经确凿,包括第三人的身份已明确,以及股东与第三人之间转让股权的关键条款已经确定。在此基础上,再仔细斟酌股权转让合同的具体条款,必要时可以引入《民法典》中关于定金法则等相关规定。

二、股东优先购买权在特殊场合中的保护

新《公司法》第 84 条规定,股东对外转让股权时,其他股东享有优先购买权。在特殊场景中,这个规则的运用应有所细化和调整。

(一)股权进场交易场景

1. 国有股权进场交易场景

在国有股权进场交易的场景中,其他股东优先购买权的保护在以下规定中有所体现:

---

① 新《公司法》第 84 条取消了股权对外转让的同意程序。

（1）国有股权必须进场交易

《企业国有资产法》第 54 条第 2 款规定："除按照国家规定可以直接协议转让的以外，国有资产转让应当在依法设立的产权交易场所公开进行。转让方应当如实披露有关信息，征集受让方；征集产生的受让方为两个以上的，转让应当采用公开竞价的交易方式。"那么，股东未进场交易是否就意味着丧失了优先购买权？实务中，通常认为这并不意味着优先购买权的丧失。

（2）国有股权进场交易须遵循法定程序

《企业国有产权交易操作规则》对此作出详细规定，主要如下：

A. 充分披露股权转让的信息。该规则第 9 条规定："转让方应当在产权转让公告中披露转让标的基本情况、交易条件、受让方资格条件、对产权交易有重大影响的相关信息、竞价方式的选择、交易保证金的设置等内容。"该规则第 13 条规定："转让方应当在产权转让公告中充分披露对产权交易有重大影响的相关信息，包括但不限于：……（三）有限责任公司的其他股东或者中外合资企业的合营他方是否放弃优先购买权。"

B. 中止信息公告的决定。该规则第 22 条规定："信息公告期间出现影响交易活动正常进行的情形，或者有关当事人提出中止信息公告书面申请和有关材料后，产权交易机构可以作出中止信息公告的决定。"

实务中，因产权交易机构是为产权交易提供场所设施和市场服务的单位，不具有处置纠纷的职能。当享有优先购买权的股东提出异议时，产权交易机构应当暂停挂牌交易，待股东之间纠纷解决后再恢复交易。

C. 公开竞价。该规则第 32 条规定："产权转让信息公告期满后，产生两个及以上符合条件的意向受让方的，由产权交易机构按照公告的竞价方式组织实施公开竞价；只产生一个符合条件的意向受让方的，由产权交易机构组织交易双方按挂牌价与买方报价孰高原则直接签约。涉及转让标的企业其他股东依法在同等条件下享有优先购买权的情形，按照有关法律规定执行。"

（3）通知程序、"同等条件"按照产权交易机构的交易规则设置

《公司法司法解释（四）》第 22 条第 2 款规定，在依法设立的产权交易场所转让有限责任公司国有股权的，适用《公司法》规定的"书面通知""通知""同等条件"时，可以参照产权交易场所的交易规则。

2. 集体企业产权进场场景

对于集体企业产权交易是否应在产权交易场所挂牌交易，法律没有规定，在实

践中参照上述国有股权进场交易的相关规定进行。

（二）强制执行场景

新《公司法》第 85 条规定："人民法院依照法律规定的强制执行程序转让股东的股权时，应当通知公司及全体股东，其他股东在同等条件下有优先购买权。其他股东自人民法院通知之日起满二十日不行使优先购买权的，视为放弃优先购买权。"

该条涉及的是强制执行中的股权转让，与非执行程序中的股权转让有区别。

第一，通知的对象包括股东和公司；通知是强制性的，法院应当通知。

第二，其他股东的优先购买权不因执行而丧失或受限，只是行使权利的期间为 20 天，比非执行中的期间 30 天少。

还应结合司法拍卖这一特殊场景来理解该条。《公司法司法解释（四）》第 22 条第 1 款规定，通过拍卖向股东以外的人转让有限责任公司股权的，适用《公司法》规定的"书面通知""通知""同等条件"时，根据相关法律、司法解释确定。司法拍卖又分现场司法拍卖、网络司法拍卖。

1. 现场司法拍卖场景

（1）通知时间

《最高人民法院关于人民法院民事执行中拍卖、变卖财产的规定》第 11 条规定："人民法院应当在拍卖五日前以书面或者其他能够确认收悉的适当方式，通知当事人和已知的担保物权人、优先购买权人或者其他优先权人于拍卖日到场。优先购买权人经通知未到场的，视为放弃优先购买权。"这里的 5 日是指提前通知的时间，并非行使优先购买权的期限，限定的是到场参加拍卖的情形，这与上述 30 日、20 日不一样。

（2）如何实施"同等条件"

先由拍卖机构确定最高应价，再以该应价询问优先购买权人。《最高人民法院关于人民法院民事执行中拍卖、变卖财产的规定》第 13 条规定："拍卖过程中，有最高应价时，优先购买权人可以表示以该最高价买受，如无更高应价，则拍归优先购买权人；如有更高应价，而优先购买权人不作表示的，则拍归该应价最高的竞买人。顺序相同的多个优先购买权人同时表示买受的，以抽签方式决定买受人。"

2. 网络司法拍卖场景

（1）通知时间

《网络司法拍卖司法解释》第 16 条规定："网络司法拍卖的事项应当在拍卖公告发布三日前以书面或者其他能够确认收悉的合理方式，通知当事人、已知优先购买权人。权利人书面明确放弃权利的,可以不通知。无法通知的,应当在网络司法拍卖平台公示并说明无法通知的理由,公示满五日视为已经通知。优先购买权人经通知未参与竞买的,视为放弃优先购买权。"这里的 3 日也是指提前通知的时间,并非指行使优先购买权的期限,限定于在网络上参与拍卖的情形。

(2)如何实施"同等条件"

将竞买过程与优先购买权询价过程结合,优先购买权人须在竞拍过程中提出最高报价,不存在单独的询价环节。《网络司法拍卖司法解释》第 21 条规定:"优先购买权人参与竞买的,可以与其他竞买人以相同的价格出价,没有更高出价的,拍卖财产由优先购买权人竞得。顺序不同的优先购买权人以相同价格出价的,拍卖财产由顺序在先的优先购买权人竞得。顺序相同的优先购买权人以相同价格出价的,拍卖财产由出价在先的优先购买权人竞得。"也就是说,优先购买权人可以具有与一般竞买人在相同报价下获得优先地位的优势,这是法律对优先购买权保障的直接体现。

(三)离婚财产分割场景

在离婚诉讼中,涉及分割登记在夫妻一方名下的属于夫妻共同财产的有限责任公司出资额比例时,意味着其配偶将成为公司股东,此时其他股东的优先购买权也应受到保护。《民法典婚姻家庭编司法解释(一)》第 73 条规定:"人民法院审理离婚案件,涉及分割夫妻共同财产中以一方名义在有限责任公司的出资额,另一方不是该公司股东的,按以下情形分别处理:(一)夫妻双方协商一致将出资额部分或者全部转让给该股东的配偶,其他股东过半数同意,并且其他股东均明确表示放弃优先购买权的,该股东的配偶可以成为该公司股东……"

既然存在对优先购买权特别保护的情况,也应存在对优先购买权不予保护的情况。比如,在股东资格继承的情况下,《公司法司法解释(四)》第 16 条规定,有限责任公司的自然人股东因继承发生变化时,其他股东主张行使优先购买权的,人民法院不予支持,但公司章程另有规定或者全体股东另有约定的除外。在国有产权无偿划拨的情况下,普遍观点认为国有股权的无偿划拨不应当适用股权转让的规定,因此不存在行使优先购买权的基础,其他股东不能行使优先购买权。

三、关联诉讼:损害股东利益责任纠纷

(一)原告主体要素

原告应具备股东资格。根据《公司法司法解释(四)》第 13 条第 2 款的规定,一

审法庭辩论终结前,其他股东基于同一分配方案请求分配利润并申请参加诉讼的,应当列为共同原告。

(二)被告主体要素

1. 股东

即股东起诉股东,适用于股东滥用股权利给其他股东造成损害的情形,包括控股股东。

2. 公司

即股东起诉公司,适用于股东名称变更登记之诉、股东失权异议之诉、请求公司回购股权之诉、请求公司分配利润之诉的情形。

3. 董事、监事、高级管理人员

即股东起诉董事、监事、高级管理人员。新《公司法》第 265 条第 1 项规定,高级管理人员是指公司的经理、副经理、财务负责人,上市公司董事会秘书和公司章程规定的其他人员。

4. 实际控制人

即股东起诉实际控制人,适用于怠于或没有履行清算义务之情形。

5. 依据案情可增列其他共同侵权人为被告

《民法典》第 1168 条规定:"二人以上共同实施侵权行为,造成他人损害的,应当承担连带责任。"

(三)第三人主体要素

直接对董事、监事、高级管理人员或者他人提起诉讼的,应当列公司为第三人。与案件有关但不作为被告的案外人,可以列为第三人。

(四)除斥期间、前置程序

股东对失权有异议的,应在自接到失权通知之日起 30 日内提起诉讼。

股东转让股权的,应先请求公司变更股东名册,公司拒绝或者在合理期限内不予答复的,可以提起诉讼。

请求公司收购其股权的,股东首先应对股东会决议涉及的法定情形投反对票;自股东会决议作出之日起 60 日内,股东与公司不能达成股权收购协议的,股东可以自股东会决议作出之日起 90 日内提起诉讼。

(五)法院管辖

因请求公司回购股权纠纷提起的诉讼,不仅应根据《民事诉讼法》中地域管辖的一般原则确定管辖法院,而且应根据《民事诉讼法》第 27 条关于公司纠纷的特别规定来确定管辖法院,也就是由公司住所地的人民法院管辖。该条规定:"因公司设立、确认股东资格、分配利润、解散等纠纷提起的诉讼,由公司住所地人民法院管辖。"

《民事诉讼法司法解释》第 22 条规定:"因股东名册记载、请求变更公司登记、股东知情权、公司决议、公司合并、公司分立、公司减资、公司增资等纠纷提起的诉讼,依照民事诉讼法第二十七条规定确定管辖。"

《民事诉讼法司法解释》第 3 条规定:"公民的住所地是指公民的户籍所在地,法人或者其他组织的住所地是指法人或者其他组织的主要办事机构所在地。法人或者其他组织的主要办事机构所在地不能确定的,法人或者其他组织的注册地或者登记地为住所地。"

第七章 表决权

第一节 请求权基础规范

一、新《公司法》规定

（一）关于表决权

第 65 条 股东会会议由股东按照出资比例行使表决权；但是，公司章程另有规定的除外。

第 116 条 股东出席股东会会议，所持每一股份有一表决权，类别股股东除外。公司持有的本公司股份没有表决权。

股东会作出决议，应当经出席会议的股东所持表决权过半数通过。

股东会作出修改公司章程、增加或者减少注册资本的决议，以及公司合并、分立、解散或者变更公司形式的决议，应当经出席会议的股东所持表决权的三分之二以上通过。

第 117 条 股东会选举董事、监事，可以按照公司章程的规定或者股东会的决议，实行累积投票制。

本法所称累积投票制，是指股东会选举董事或者监事时，每一股份拥有与应选董事或者监事人数相同的表决权，股东拥有的表决权可以集中使用。

第 118 条 股东委托代理人出席股东会会议的，应当明确代理人代理的事项、权限和期限；代理人应当向公司提交股东授权委托书，并在授权范围内行使表决权。

第 139 条 上市公司董事与董事会会议决议事项所涉及的企业或者个人有关联关系的，该董事应当及时向董事会书面报告。有关联关系的董事不得对该项决议行使表决权，也不得代理其他董事行使表决权。该董事会会议由过半数的无关联关系董事出席即可举行，董事会会议所作决议须经无关联关系董事过半数通过。

出席董事会会议的无关联关系董事人数不足三人的,应当将该事项提交上市公司股东会审议。

第141条 上市公司控股子公司不得取得该上市公司的股份。

上市公司控股子公司因公司合并、质权行使等原因持有上市公司股份的,不得行使所持股份对应的表决权,并应当及时处分相关上市公司股份。

第185条 董事会对本法第一百八十二条至第一百八十四条规定的事项决议时,关联董事不得参与表决,其表决权不计入表决权总数。出席董事会会议的无关联关系董事人数不足三人的,应当将该事项提交股东会审议。

(二)关于类别股

第116条第1款 股东出席股东会会议,所持每一股份有一表决权,类别股股东除外。公司持有的本公司股份没有表决权。

第143条 股份的发行,实行公平、公正的原则,同类别的每一股份应当具有同等权利。

同次发行的同类别股份,每股的发行条件和价格应当相同;认购人所认购的股份,每股应当支付相同价额。①

第144条 公司可以按照公司章程的规定发行下列与普通股权利不同的类别股:(一)优先或者劣后分配利润或者剩余财产的股份;(二)每一股的表决权数多于或者少于普通股的股份;(三)转让须经公司同意等转让受限的股份;(四)国务院规定的其他类别股。

公开发行股份的公司不得发行前款第二项、第三项规定的类别股;公开发行前已发行的除外。

公司发行本条第一款第二项规定的类别股的,对于监事或者审计委员会成员的选举和更换,类别股与普通股每一股的表决权数相同。②

第145条 发行类别股的公司,应当在公司章程中载明以下事项:(一)类别股分配利润或者剩余财产的顺序;(二)类别股的表决权数;(三)类别股的转让限制;(四)保护中小股东权益的措施;(五)股东会认为需要规定的其他事项。③

第146条 发行类别股的公司,有本法第一百一十六条第三款规定的事项等可能影响类别股股东权利的,除应当依照第一百一十六条第三款的规定经股东会决

---

① 类别股的股东权利保护。
② 类别股的法定种类。
③ 公司章程对类别股的记载事项。

议外,还应当经出席类别股股东会议的股东所持表决权的三分之二以上通过。

公司章程可以对需经类别股股东会议决议的其他事项作出规定。

（三）关于临时提案权

第 78 条　监事会行使下列职权：……（五）向股东会会议提出提案；……

第 115 条第 2 款　单独或者合计持有公司百分之一以上股份的股东,可以在股东会会议召开十日前提出临时提案并书面提交董事会。临时提案应当有明确议题和具体决议事项。董事会应当在收到提案后二日内通知其他股东,并将该临时提案提交股东会审议；但临时提案违反法律、行政法规或者公司章程的规定,或者不属于股东会职权范围的除外。公司不得提高提出临时提案股东的持股比例。

二、其他法律规定

1.《证券法》

第 90 条第 1 款　上市公司董事会、独立董事、持有百分之一以上有表决权股份的股东或者依照法律、行政法规或者国务院证券监督管理机构的规定设立的投资者保护机构（以下简称投资者保护机构）,可以作为征集人,自行或者委托证券公司、证券服务机构,公开请求上市公司股东委托其代为出席股东大会,并代为行使提案权、表决权等股东权利。

2.《非上市公众公司监督管理办法》

第 20 条　股票公开转让的科技创新公司存在特别表决权股份的,应当在公司章程中规定以下事项：（一）特别表决权股份的持有人资格；（二）特别表决权股份拥有的表决权数量与普通股份拥有的表决权数量的比例安排；（三）持有人所持特别表决权股份能够参与表决的股东大会事项范围；（四）特别表决权股份锁定安排及转让限制；（五）特别表决权股份与普通股份的转换情形；（六）其他事项。

全国股转系统应对存在特别表决权股份的公司表决权差异的设置、存续、调整、信息披露和投资者保护等事项制定具体规定。

3.《深圳证券交易所股票上市规则（2024 年修订）》

第 4.6.1 条　发行人首次公开发行上市前设置表决权差异安排的,应当经出席股东大会的股东所持表决权的三分之二以上通过。

发行人在首次公开发行上市前不具有表决权差异安排的,不得在首次公开发行上市后以任何方式设置此类安排。

第 4.6.4 条 上市公司章程应当规定每份特别表决权股份的表决权数量。

每份特别表决权股份的表决权数量应当相同,且不得超过每份普通股份的表决权数量的 10 倍。①

4.《上市公司章程指引》

第 53 条 提案的内容应当属于股东大会职权范围,有明确议题和具体决议事项,并且符合法律、行政法规和本章程的有关规定。

第 54 条 公司召开股东大会,董事会、监事会以及单独或者合并持有公司百分之三以上股份的股东,有权向公司提出提案。

单独或者合计持有公司百分之三以上股份的股东,可以在股东大会召开十日前提出临时提案并书面提交召集人。召集人应当在收到提案后两日内发出股东大会补充通知,公告临时提案的内容。②

除前款规定的情形外,召集人在发出股东大会通知公告后,不得修改股东大会通知中已列明的提案或增加新的提案。

股东大会通知中未列明或不符合本章程第五十三条规定的提案,股东大会不得进行表决并作出决议。

注释:计算本条所称持股比例时,仅计算普通股和表决权恢复的优先股。

第二节 裁判精要

一、回避表决权

(一)基于关联关系的回避表决权

1.公司章程对具体事项存在矛盾记载的,应适用《公司法》的相关规定。我国《公司法》未规定有限责任公司股东应对全部关联事项回避表决,在执行董事无法召集主持股东会的情况下,负责召集和主持的监事与决议事项是否存在利害关系,不影响各股东表决权的行使或回避。

在(2023)青 2891 民初 10 号案中,一审法院认为:《公司法》未规定有限责任公司股东应对全部关联事项回避表决,系因在公司的经营过程中,涉及公司经营的重

---

① 更多规范依据请阅读该规则第 4.6.1 条至第 4.6.16 条。
② 新《公司法》已将 3%修改为 1%。

要事项必须通过股东会的表决作出决议,如限制过多会导致公司经营缺乏行之有效的决策、运行机制,易使公司陷入僵局。《公司法》虽对公司股东表决回避制度的规定并不十分完善,但其个别条款仍然明确规定了表决权回避事项,如规定了公司为公司股东或者实际控制人提供担保的,必须经股东会决议;该股东或者受该实际控制人支配的股东,不得参加该事项的表决;该项表决由出席会议的其他股东所持表决权的过半数通过。

《公司法》同时规定上市公司董事就关联交易应全面回避,上市公司董事与董事会会议决议事项所涉及的企业有关联关系的,不得对该项决议行使表决权,也不得代理其他董事行使表决权。该董事会会议由过半数的无关联关系董事出席即可举行,董事会会议所作决议须经无关联关系董事过半数通过。出席董事会的无关联关系董事人数不足三人的,应将该事项提交上市公司股东大会审议。根据前述规定、关联股东回避表决制度的立法目的,同时考虑控股股东对公司、小股东的诚信义务及法律体系解释方法,上述规定显然是《公司法》对"公司股东表决权回避制度"的认同和重要体现。

就本案而言,案涉股东会召集程序,无论赵某某等与决议事项是否存在利害关系,谢某某作为各方股东在公司章程中明确确认的公司监事,在执行董事赵某某无法履职时,应当按规定召集与主持股东会,且由其召集与主持不影响各股东表决权的行使或回避。二被告并未举证证明曾就案涉股东会议案向谢某某提议召集股东会,而是径行通知监事谢某某及其他股东于2022年12月12日召开股东会,其自行召集与主持的程序不符合《公司法》规定,案涉股东会决议存在召集程序违法的情形,依法应予撤销。

2. 应根据持股比例和公司的董事、监事、高级管理人员是否在集团公司任职来判断股东公司与集团公司是否存在关联关系;还应审查公司章程是否存在因与交易对方或者其关联人存在尚未履行完毕的股权转让协议或者其他协议而使其表决权受到限制或影响的情形。均不存在上述情形的,则不应回避表决。

在(2021)桂03民终694号案中,关于桂航集团与桂林旅游发展总公司(以下简称"桂旅总")是否存在关联关系的问题,二审法院认为:桂旅总虽然为桂航集团的股东,但持股比例为19.67%,而海航旅游集团直接或间接合计持有桂航集团65%的股权,为桂航集团的控股股东,桂旅总并非桂航集团的控股股东。案涉股东会决议召开时,桂旅总的董事、监事、高级管理人员没有在桂航集团任职,桂航集团的董事、监事、高级管理人员也没有在桂旅总任职。因此,桂旅总与桂航集团不存在关联关系。上诉人以桂航集团的控股股东海航旅游集团与桂旅总签订的《出资协议》以及三份补充协议中约定海航旅游集团不单方面成为被上诉人的第一大股东或实际控制人为由,再依据被上诉人公司章程规定的"因与交易对方或者其关联人存在尚未履行完毕的股权转让协议或者其他协议而使其表决权受到限制或影响的",主张桂航集团应回避表决。

对此,法院认为,被上诉人公司章程规定股东应回避表决的情形系因与交易对方或者其关联人存在尚未履行的股权转让协议或者其他协议而使其表决权受到限制或影响。而本案中,桂航集团与案涉决议的交易对方桂旅总不存在协议使其表决权受到限制或影响,上诉人主张的出资协议及补充协议系海航旅游集团与桂旅总之间的协议,并非桂航集团与桂旅总之间的协议,上诉人的主张不符合被上诉人公司章程规定的情形,不能成立,不予采纳。

3.股东滥用资本多数决原则,利用关联交易损害公司或中小股东利益的所有类型的公司均可适用回避表决制度,这是关联股东对公司及其他股东的诚信义务的体现。没有通知股东参加股东会的,或者股东会决议有关联关系的股东应当回避表决而没有回避,在剔除应当回避的表决后,股东会议通过的表决权比例达不到法定比例的,股东会决议不成立。

在(2023)京03民终2062号案中,二审法院认为:首先,对于2010年2月24日的股东会,虽然维克多公司提交了其向郭某发送的《关于召开2009年年度股东会的通知》及快递记载,但是从快递记载中无法看出邮寄内容。其次,从表决程序上看,两次股东会决议的主要内容系针对郭某与维克多公司进行房屋买卖一事,上述交易属于公司与股东之间的关联交易,与股东会决议有关联关系的股东应当回避表决,郭某不应参与上述两次会议的表决程序。最后,从会议的表决结果来看,郭某的表决权排除后,王某及孟某某的持股比例共计23.2%,即使按照参会的股东股权比例计算,其二人的持股比例占参会股东持股比例的34.67%,未达到维克多公司章程规定的表决通过比例。综上,维克多公司召开的涉案两次股东会存在严重程序瑕疵,且两次决议均未达到表决通过比例,故涉案两份决议不能成立。

4.股东之间在表决事项上具有利益相关性的,应分成两个子表决分别计算表决票,并适用表决权回避规则。

在(2016)浙07民终2331号案中,二审法院认为:马某某的出借行为与陈某1的出借行为虽然各自独立,但具有同质性,且属于同一项议案,两人在该表决问题上具有利益相关性,故即便分成两个子表决分别计算表决票,马某某及陈某2、金某某也应当在另一方的表决中适用表决权回避规则。故涉案股东会第四项决议应当认定无效。

5. 商业银行关联方的认定权、控制权属于董事会,董事会有权认定股东之间的关联关系;基于持股比例超过商业银行业监管规定,公司存在关联关系而未进行申报的,其投票权应受到限制。

在(2019)琼96民终756号案中,二审法院认为:首先,关于董事会是否有权认定关联关系的问题,商业银行的关联方的认定权、控制权属于董事会,董事会有权认定股东之间的关联关系。在本案中,海南省银保监局作为商业银行的主管机关,在多份文件中均对文昌银行的股东孟某、北戴河公司等直接存在关联关系且持续隐瞒的事实进行了认定。其次,关于董事会是否有权对关联股东的投票权进行限制的问题,各方当事人在成立文昌银行时曾在《出资人协议书》约定:"出资人应主动声明关联入股的义务,如果存在任何隐瞒,则出资人在文昌国民村镇银行的投票权受到限制。"据此,孟某、北戴河公司存在关联关系而未进行申报,其在文昌银行的投票权应受到限制。

(二)基于未履行出资义务的回避表决权

1. 股东除名权是公司为消除不履行出资义务的股东对公司和其他股东所产生不利影响而享有的一种法定权能,不以征求被除名股东的意思为前提和基础。作出股东除名决议时,可能涉及被除名股东操纵表决权的情形,该股东不得就其持有的股权行使表决权。

在(2014)沪二中民四(商)终字第1261号案中,二审法院认为:根据《公司法司法解释(三)》的规定,有限责任公司的股东未履行出资义务或者抽逃全部出资,经公司催告缴纳或者返还,其在合理期间内仍未缴纳或者返还出资,公司以股东会决议解除该股东的股东资格,该股东请求确认该解除行为无效的,人民法院不予支持。本案中,万禹公司以股东会决议形式解除豪旭公司股东资格的核心要件均已具备,但在股东会决议就股东除名问题进行讨论和决议时,拟被除名股东是否应当回避,即是否应当将豪旭公司本身排除在外,各方对此意见不一,《公司法司法解释(三)》对此未作规定。

对此,法院认为,股东除名权是公司为消除不履行义务的股东对公司和其他股东所产生不利影响而享有的一种法定权能,不以征求被除名股东的意见为前提和基础。在特定情形下,作出股东除名决议时,可能涉及被除名股东操纵表决权的情形。故当某一股东与股东会讨论的决议事项有特别利害关系时,该股东不得就其持有的股权行使表决权。豪旭公司是持有万禹公司99%股权的大股东,万禹公司召开系争股东会会议前通知了豪旭公司参加会议,并由其委托的代理人在会议上进行了申辩和提出反对意见,已尽到对拟被除名股东权利的保护义务。但如前所述,豪旭公司在系争决议表决时,其所持股权对应的表决权应被排除在外。本案系争除名决议已获除豪旭公司以外的股东一致表决同意,即以100%表决权同意并通过,故万禹公司2014年3月25日作出的股东会决议应属有效。

2. 股东长时间未履行出资义务,构成对其他股东的根本违约,违约方对是否解除其股东资格无选择权。在因股东未出资而形成的股东除名决议中,只有守约股东有表决权,违约股东没有表决权。

在(2015)厦民终字第3441号案中,二审法院认为:对于因股东未履行出资义务而被公司股东会除名的决议,可以适用表决权排除,被除名股东对该股东会决议没有表决权。股东表决权例外规则最主要的目的是防止大股东滥用资本多数决损害公司和小股东的利益。按法律规定和章程约定履行出资义务是股东最基本的义务,只有在出资的基础上才有股东权。根据公司契约理论,有限公司是股东之间达成契约的成果。如果股东长时间未履行出资义务,构成对其他股东的根本违约,违约方对是否解除其股东资格无选择权。基于公司契约和根本违约理论,在因股东未出资而形成的股东除名决议中,只有守约股东有表决权,违约股东没有表决权。华龙兴业公司2014年5月26日股东会议内容是对是否解除叶某某股东资格作出决议,故应排除叶某某表决权的行使。

3. 公司章程中未明确规定股东应按照认缴比例还是实缴比例行使表决权的,应当推定为按照认缴比例行使表决权。

在(2021)新29民终1363号案中,一审法院认为:江腾房产公司的章程中未明确规定股东应按照认缴比例还是实缴比例行使表决权,应当推定为按照认缴比例行使表决权。股东会系公司的权力机构,股东可以通过有效的股东会决议改变公司章程及股东表决权的行使。案涉股东会决议虽变更了江腾房产公司股东的出资时限,但未对未按期实缴出资股东的表决权作出限制,故未按照章程规定实缴出资的股东周某依然享有其持股比例的表决权。

二、累积投票制

1. 累积投票制是股东会选举董事或监事时采用的一种方法,每一股份享有与应选董事或者监事人数相同的表决权,股东享有的表决权可以集中使用,其主要为对投票方式的约定。当公司章程对选任董事有明确的表决权比例约定时,应当遵照公司章程有关选任董事的表决权比例规定。

在(2019)京03民终11637号案中认为,二审法院认为:第一,关于采取累积投票制选举董事是否需要考虑公司章程关于董事选任须二分之一以上表决权通过的比例要求的问题,致生联发公司主张采用累积投票制选举董事,当董事与否无须按照表决权比例,仅按照得票数多少即可决定。对此,法院认为,致生联发公司章程第73条规定"股东大会决议分为普通决议和特别决议。股东大会作出普通决议,应当由出席股东大会的股东(包括股东代理人)所持表决权多于二分之一通过。股东大会作出特别决议,应当由出席股东大会的股东(包括股东代理人)所持表决权多于三分之二通过"。第74条规定"下列事项由股东大会以普通决议通过:(一)董事会和监事会的工作报告;(二)公司年度预算方案、决算方案;(三)董事会和监事会成员的任免及其报酬和支付方法;(四)公司年度报告;(五)审议批准公司的利润分配方案和弥补亏损方案;(六)对公司聘用、解聘会计师事务所作出决议;(七)与股东及其关联人的关联交易;(八)除法律、行政法规规定或者本章程规定应当以特别决议通过以外的其他事项"。

根据上述规定,致生联发公司董事选任属于股东大会以普通决议通过的事项,应当由出席股东大会的股东(包括股东代理人)所持表决权多于二分之一通过。该公司章程对选任董事的表决权比例进行了明确约定,而累积投票制是指股东大会采用该方法选举董事或监事时,每一股份拥有与应选董事或者监事人数相同的表决权,股东拥有的表决权可以集中使用,其主要为对投票方式的约定。当公司章程对选任董事有明确的表决权比例约定时,应当遵照公司章程的有关选任董事的表决权比例规定。

第二,关于表决票上附言"按得票多少决定当选董事或监事"是否可视为对公司章程关于董事选任须二分之一以上表决权通过的比例要求的排除适用的问题,致生联发公司主张投票当天表决票上所附《关于采用累积投票制进行表决的议案表决方法的说明》中亦有"按得票多少决定当选董事或监事"的表述,因此案涉两项决议有效。对此法院认为,首先,本案中表决票上的上述表示系以说明的形式载于

《关于采用累积投票制进行表决的议案表决方法的说明》,该表述应为对累积投票制本身的文字性解读,而不应当视为对致生联发公司章程中关于选任董事表决权比例要求的适用排除。其次,上述表述并未经过股东大会决议,即使在表决票上有相关附言,亦不能排除公司章程关于董事选任须二分之一以上表决权通过的比例要求的适用。

综上,致生联发公司选任董事仍须满足公司章程中关于二分之一以上表决权通过的比例要求,《关于选举迟某为公司董事的议案》及《关于选举张某为公司董事的议案》的决议得票率均未超过50%,因此法院以本案中迟某、张某两位董事选举的得票率未超过50%认定《关于选举迟某为公司董事的议案》及《关于选举张某为公司董事的议案》的决议违反致生联发公司的章程中表决权比例规定应予撤销,并无不当。在致生联发公司章程对该公司董事选举事项通过的表决权比例有明确要求的情形下,致生联发公司主张案涉董事选任决议无须按照表决权过半数比例通过的主张缺乏事实和法律依据,难以采信。

2.股东会选举董事采用的是累积投票制,并且选举两位董事,因此每位股东享有的表决权数为其股份数乘二,计算比例时分母不能按照每一股份享有一票表决权计算,否则将会出现得票率超过100%的情形,与公司章程规定不符。

在(2018)京0105民初73522号案中,一审法院认为:鼎驰公司主张2018年临时股东会议选出的两名董事的得票比例未达到公司章程规定的表决权比例。对此,法院认为,按照致生联发公司章程规定,董事选举属于股东大会以普通决议通过的事项,应当由出席股东大会的股东(包括股东代理人)所持表决权多于二分之一通过,而股东(包括代理人)以其所代表的有表决权的股份数额行使表决权,每一股份享有一票表决权。本次股东大会选举董事采用的是累积投票制,每一股份拥有与应选董事或者监事人数相同的表决权,股东拥有的表决权可以集中使用。根据公告,该次股东大会实到股东及股东代表共49人,所代表的股份数为228831000股。《关于选举迟某为公司董事的议案》采用累积投票制进行表决,同意表决权票数202636000票,占本次股东大会表决权总数的44.28%;《关于选举张某为公司董事的议案》采用累积投票制进行表决,同意表决权票数175956000票,占本次股东大会表决权总数的38.45%。

从上述公告中的比例来看,并未达到公司章程规定的表决权比例,违反了公司章程的规定。致生联发公司称股东大会会议记录和公告中载明的比例是以出席会议表决权的二倍作为分母计算得出的,鼎驰公司以此数据主张不当。由于

2018年临时股东会议的董事选举采用的是累积投票制，并且选举两位董事，因此每位股东享有的表决权数为股份数乘二，如果按照致生联发公司所言，投票的时候董事的得票是以每一股份享有两票表决权投票得出的，但是计算比例时分母却按照每一股份享有一票表决权计算，将会出现得票率可能超过100%的情况，与公司章程规定不符，与其公告中发布的比例亦不符合，对于相应的决议应当予以撤销。

3.股东会选举董事、监事，可以依照公司章程的规定或者股东会的决议实行累积投票制，这是可以实行而非必须实行的制度。股东会中关于董事改选采用直接投票制的议案经股东表决通过，且该会议召集程序及表决的方式没有违反法律及公司章程的相关规定，该决议属合法有效。

在（2023）闽04民终557号案中，一审法院认为：2007年10月25日双方认可的公司章程规定了股东大会选举董事、监事的表决方式可以实行累积投票制。根据法律规定及公司章程，可以作如下理解：一是选举董事、监事进行表决应根据公司章程的规定或股东大会的决议；二是累积投票制可以实行而非必须实行。智胜化工公司召开的2022年第一次临时股东大会中有一项议案是关于董事会部分董事改选采用直接投票制的，并经股东表决通过，该会议的召集程序及表决的方式也没有违反上述法律及公司章程的相关规定，属合法有效。综上，智胜投资公司主张智胜化工公司于2022年7月25日作出的《2022年第一次临时股东大会决议》对公司董事会、监事会选举的表决方式，不仅违法，而且违反智胜化工公司章程的规定，依法应撤销智胜化工公司于2022年7月25日作出的《2022年第一次临时股东大会决议》的诉请没有事实和法律依据，不予支持。

对于智胜投资公司要求依据2019年6月10日召开的智胜化工公司股东大会作出的决议，以及依据该决议修改后的公司章程第二十二条的明确规定通过累积投票制的表决方式选举董事、监事，因智胜化工公司并不认可该次大会决议及依据该决议修改后的公司章程，且智胜投资公司也未提交相应的证据证明该次决议及依据该决议修改后的公司章程的合法有效性，故对智胜投资公司的上述主张，不予采信。智胜化工公司辩称该公司于2022年7月25日作出的临时股东大会对公司董事采取直接投票制的选举表决方式并不违反法律、行政法规以及公司章程规定，要求驳回智胜投资公司的诉讼请求的辩述主张，有事实和法律依据，理由充分，予以支持。二审法院持相同观点。

4.股东会将免职议案与选举议案合并表决,确有可能影响股东正确行使表决权,对两项议案分别表决更具有合理性;股东会将审议对两位独立董事的免职议案,可能导致两个独立董事缺额,并已有两名候选人,根据公司章程应当采用累积投票制进行选举,股东会采用一股一票的方式进行选举的,不符合章程规定。

在(2017)苏02民终2736号案中,关于合并表决的问题,二审法院认为:股东徐某某提议免去林某独立董事职务,增补刘某为独立董事,同时股东盛景公司提议免去卢某独立董事职务,增补王某某为独立董事,对此,股东大会将免职议案与选举议案合并表决,确有可能影响股东正确行使表决权,比如,同意选举刘某的股东,就必须同意罢免林某,而不能选择罢免卢某,故对两项议案分别表决更具有合理性。至于四环公司提出分别表决可能出现的极端现象,其中董事超额问题可以通过对选举议案的表决结果设置生效规则予以解决,而董事缺额问题在《四环公司股东大会累积投票制实施细则》已作出相应规定。

关于投票方式的问题,本案涉及的独立董事任免属于届中更换,完整的更换过程经历两个环节:一是免去原独立董事职务;二是选举新独立董事。对于选举环节,应当适用公司章程规定的选举规则。涉案股东大会将审议对两位独立董事的免职议案,可能导致两个独立董事缺额,并已有两名候选人,根据四环公司章程及《四环公司股东大会累积投票制实施细则》的规定,应当采用累积投票制进行选举,且当选董事的得票必须超过出席股东大会所持投票总数的二分之一。因此,涉案股东大会采用一股一票方式进行选举,不符合章程规定。

5.在公司章程没有规定或者没有股东会决议的情况下,股东会会议的表决应采用直接投票制;只有在公司章程有明确规定或者股东会有决议的情况下,公司选举董事、监事方可采用累积投票制。

在(2021)闽04民终882号案中,二审法院认为:智胜化工公司以直接投票制的方式对涉案2020年第一次临时股东大会的相关议案进行表决符合法律及公司章程之规定。第一,从《公司法》(2018年)规定的"股东出席股东大会会议,所持每一股份具有一表决权"及"股东大会选举董事、监事,可以依照公司章程的规定或者股东大会的决议,实行累积投票制。本法所称累积投票制,是指股东大会选举董事或者监事时,每一股份拥有与应选董事或者监事人数相同的表决权,股东拥有的表决权可以集中使用",以及公司章程"股东大会就选举董事、监事进行表决时,根据本章程的规定或者股东大会的决议,可以实行累积投票制"的条款文意理解可知,在公司章程没有规定或者没有股东大会决议的情况下,股东大会会议的表决方式应采用直接投票制;只有在公司章程有明确规定或者股东大会有决议的情况下,公司选举董事、监事方可适用累积投票制。

本案中,智胜化工公司章程中并未规定选举董事、监事应当采取累积投票制以及股东大会亦未对本次选举董事、监事采用累积投票制形成决议,在此情形下,智胜化工公司采用直接投票制的方式对临时股东大会所有议案进行逐项进行表决,并未违反法律法规及公司章程规定。因此,一审法院对智胜投资公司提出的涉案临时股东大会采用直接投票制的表决方式,违反法律、行政法规、公司章程规定之观点,不予采纳。

三、临时提案权

1. 有限责任公司股东是否当然享有临时提案权,取决于公司章程规定和《公司法》规定,《公司法》并未规定有限责任公司股东的临时提案权。

在(2014)海民初字第14841号案中,一审法院认为:魏某某主张其所提议案并未纳入临时股东会会议的议案当中,故临时股东会会议的程序违法。判断魏某某的上述诉讼主张是否成立,取决于有限责任公司股东在接到股东会会议通知后,是否当然享有临时提案的权利,这取决于公司章程和《公司法》有无关于此的规定。首先,从公司章程来看,其中虽规定股东对临时股东会会议的召集权利,但并未规定其他股东享有临时提案权利。其次,《公司法》有关有限责任公司股东会召开程序的规定内容中,亦未涉及股东提案权利的规定,而京鲁公司本身即为有限责任公司。最后,从《公司法》的其他规定内容来看,作为股份有限公司单独或者合计持有公司一定比例股份的股东,可以在股东大会召开10日前提出临时提案并书面提交董事会。由此看来,股东临时提案权的合法行使问题,仅系与股份有限公司依法召开股东大会的程序有关。因此,魏某某在临时股东会会议召开前,向此次会议发出临时提案,其行为本身虽并无不当,但却并非判断该次会议程序是否存在瑕疵的法定依据。因此,魏某某的上述诉讼主张,应属于法无据,亦不予支持。

2. 有限责任公司股东享有临时提案权。

在(2020)沪0118民初4759号案中,关于涉案股东会会议的召集程序是否合法的问题,一审法院认为:根据被告集大公司章程的规定,该公司的股东会由全体股东组成;股东会会议分为定期会议和临时会议,并应当于会议召开15日前通知全体股东等。根据《关于召开上海集大办公室家具有限公司股东会会议的通知》《股东会临时提案》、股东授权委托书等证据可知,被告李某1于股东会会议召开15日前已通知原告、第三人李某会议召开时间、地点和审议的事项;原告于股东会会议召开10日前向被告李某1发送书面临时提案,明确议题和具体决议事项等;涉案股东会会议召开当日,原告、被告李某1到场参加会议,第三人李某出具书面委托书委托李某2到场参加会议等。因此,涉案股东会会议召集程序符合《公司法》的相关规定及被告集大公司章程的相关规定。

3. 公司章程中对临时提案权附加限制条件的规定,因违反公司法规定而无效。

在(2017)沪0120民初13112号案中,一审法院认为:公司股东依法享有资产收益,参与重大决策和选择管理者等权利。在权利的具体行使方式上,单独或者合计持有公司百分之三以上股份的股东,可以在股东大会召开10日前提出临时提案并书面提交董事会。这些规定表明,只要具有公司股东身份,就有选择包括非独立董事候选人在内的管理者的权利,在权利的行使上并未附加任何的限制条件。2015年第一次临时股东大会决议中设定"连续90天以上"的条件,违反了《公司法》的规定,限制了部分股东就非独立董事候选人提出临时提案的权利,该决议内容应认定为无效。

第三节　实务指南

一、类别股制度对股权架构的影响及实务问题

类别股也称种类股,是公司发行的在权利义务的内容上具有差异的股份。

类别股与普通股的核心区别在于,股东享有的表决权和股利分配权在行使上存在差异。从历史角度看,类别股制度是在多层次的股权结构的基础上发展而来的,它对股权架构最大的影响在于,可以有效平衡公司融资需求和股东控制权之间的矛盾。

正常情况下,实际融资额度的大小与表决权的丧失成正比,融资越多,稀释的股权越多,股东对公司的控制力越弱,但类别股较好地解决了这个问题,即可以对股东享有的表决权享受的分红比例作出与其持有股权比例不一致的约定。股权比例低的股东也可以享有较大比例的表决权,分红不受影响,股权的稀释也不影响其对公司的控制。因此,类别股制度是影响股权架构的关键因素之一。

1. 规范依据

请参阅本章第一节请求权基础规范之"(二)关于类别股"。

2. 关于类别股的法定种类

对新《公司法》第 144 条,可作如下理解。

(1)适用范围:类别股制度只适用于股份有限公司。

(2)第 1 款第 1 项:优先或者劣后分配利润或者剩余财产的股份,也称为优先股、劣后股。优先股的优先性体现在分配盈余利润时有优先权,以及在公司清算后对剩余财产有优先分配权。这种在财务上的优先性,是以牺牲表决权为代价的,如果投资者关心的是收益分配,自然同意作出这种妥协让步。劣后股,与优先股对应,在利润、剩余财产分配上处于劣后顺位。

(3)第 1 款第 2 项:每一股的表决权数多于或者少于普通股的股份,这是具有特别表决权的股份。

(4)第 1 款第 3 项:转让须经公司同意等转让受限的股份,即转让受限制的股份属类别股,而正常情况下转让不受限制的股份属于普通股。

(5)第 1 款第 4 项:国务院规定的其他类别股,比如,国有股东可以在特定事项上行使否决权。

(6)第 2 款、第 3 款:限制性规定,即公开发行股份的公司不得发行前述第 1 款第 2 项、第 3 项的类别股;处于非公开发行阶段的,不受此限制;发行前述第 1 款第 2 项、第 3 项的类别股的,对于监事或者审计委员会成员的选举和更换,类别股与普通股每一股的表决权数相同。

3. 关于类别股的分类表决

(1)根据新《公司法》第 116 条第 1 款,类别股代表的表决与普通股代表的表决权存在差异。

(2)类别股须经分类表决的事由:依据新《公司法》第 116 条第 3 款规定,股东会作出修改公司章程、增加或者减少注册资本的决议,以及公司合并、分立、解散或者变更公司形式的决议,应当经出席会议的股东所持表决权的三分之二以上通过。同时依据新《公司法》第 146 条第 1 款规定,"可能影响类别股股东权利的"事项也构成类别股分类表决的事由。

(3)类别股分类表决的程序:实行双重表决和双三分之二的表决原则。首先,依据新《公司法》第 116 条第 3 款规定,应当经出席会议的股东所持表决权的三分之二以上通过;其次,依据新《公司法》第 146 条第 1 款规定,专门召开类别股股东会,经出席类别股股东会议的股东所持表决权的三分之二以上通过。不按此程序表决的,股东会决议可能被法院认定为不成立或被撤销。

二、关联交易中的表决权回避规则与公司决议效力的关系

根据新《公司法》第 182 条第 1 款的规定,涉及关联交易的事项须按照公司章程的规定经董事会或者股东会决议通过。对此,关联交易中就可能存在关联董事、关联股东的问题,进而产生表决权回避问题。

(一)关联董事表决权回避规则

新《公司法》中关于关联董事的表决权回避的规则,主要有两处:

第 185 条规定,董事会对自我交易、关联交易、谋取公司商业利益、竞业禁止事项进行决议时,关联董事不得参与表决,其表决权不计入表决权总数。出席董事会会议的无关联关系董事人数不足三人的,应当将该事项提交股东会审议。

第 139 条规定,上市公司董事与董事会会议决议事项所涉及的企业或者个人有关联关系的,该董事应当及时向董事会书面报告。有关联关系的董事不得对该项决议行使表决权,也不得代理其他董事行使表决权。该董事会会议由过半数的无关联关系董事出席即可举行,董事会会议所作决议须经无关联关系董事过半数通过。出席董事会会议的无关联关系董事人数不足三人的,应当将该事项提交上市公司股东会审议。

(二)关联股东表决权回避规则

新《公司法》第 15 条第 2 款、第 3 款规定,公司为公司股东或者实际控制人提供担保的,应当经股东会决议。前款规定的股东或者受前款规定的实际控制人支配的股东,不得参加前款规定事项的表决。该项表决由出席会议的其他股东所持表决权的过半数通过。

同时,新《公司法》第 265 条第 4 项规定,关联关系是指公司控股股东、实际控制人、董事、监事、高级管理人员与其直接或者间接控制的企业之间的关系,以及可能导致公司利益转移的其他关系。但是,国家控股的企业之间不仅因为同受国家控股而具有关联关系。

根据上述规定,新《公司法》层面规定的关联股东表决回避仅限于公司为其提供担保这一项。在证券法层面,对关联交易中的关联股东表决权回避规制比较多,例如,《上市公司章程指引》第 80 条规定,股东大会审议有关关联交易事项时,关联股东不应当参与投票表决,其所代表的有表决权的股份数不计入有效表决总数;股

东大会决议的公告应当充分披露非关联股东的表决情况。

（三）表决权不回避，是否导致公司决议无效？

实务中，尽管认定为关联交易，且存在表决权不回避的事实，但判断该公司决议是否无效，还应考虑如下条件。

1. 股东是否存在滥权行为

新《公司法》第21条第1款规定，公司股东应当遵守法律、行政法规和公司章程，依法行使股东权利，不得滥用股东权利损害公司或者其他股东的利益。

2. 公司利益或其他股东利益是否受到实质损害

新《公司法》除了上述规定，还有第22条第1款规定，公司的控股股东、实际控制人、董事、监事、高级管理人员不得利用关联关系损害公司利益。

此外，还有一种特殊情况，即控股股东利用优势地位作出公司决议。比如，过半数表决权股东通过了决议，但该过半数表决权实际上是由控股的关联股东所持有，此时关联交易虽然在形式上获得了有效的决议批准，但实质上是侵害公司合法权益的行为，决议最终是无效的。

三、浅论违约股东表决权的排除

这里的违约股东，是指未履行出资义务或未完全履行出资义务的股东，相对而言，所谓守约股东，就是完全履行了出资义务的股东。实务中，违约股东操纵股东会议形成了对其他股东的除名或失权决议，该决议是否有效？

通说认为，有限责任公司的股东除名权本质是合同的解除权，根据《民法典》第563条第1款第4项规定，当事人一方迟延履行债务或者有其他违约行为致使不能实现合同目的的，当事人可以解除合同，这表明解除合同的权利在守约方。行使除名权条件之一是其他股东存在根本违约行为，行使除名权的主体一定是守约股东，违约股东不享有除名权，故公司违约股东通过股东会将其他股东除名的决议无效（其他股东也存在未履行出资义务的行为）。

现在需要探讨的问题是，其他股东完全履行了出资义务，但存在严重违反法律规定、公司章程约定的其他行为，违约股东能否通过公司决议将其除名？笔者认为这是可以的。如果不可以，其他存在根本性违约行为的股东将永远无法被除名，因为他们不会主动选择除名自己。

这里要重温股东除名的前提条件：完全没有履行出资义务。这与股东存在其他严重违反法律、公司章程的行为而被"除名"不一样，前者属于法定除名制度，后者则基于公司章程规定的约定除名制度,二者都达到了除名的效果。同时,对违约股东、守约股东的定义应作扩大理解:违约股东,不仅是指未履行出资义务的股东,也指存在严重违反法律规定、公司章程规定之行为的股东。同样,守约股东就是指既完全履行了出资义务,也不存在严重违反法律规定、公司章程规定之行为的股东。

违约股东表决权的排除,应建立在这样的对应关系上:行使表决权的违约股东,其违约性质与决议被除名的违约股东之违约性质应当一致或同类,才构成表决权的排除。根据上述所列违约股东"违约"类型,可以作如下分析:

(1) 因不履行出资义务的违约股东,在对同样存在不履行出资义务的其他股东作出除名的决议中,表决权被排除;

(2) 因严重违反法律规定、公司章程的其他行为的违约股东,在对同样存在严重违反法律规定、公司章程的其他行为的股东作出除名决议中,表决权被排除;

(3) 因不履行出资义务的违约股东,在对存在严重违反法律规定、公司章程的行为的其他股东作出除名的决议中,表决权不被排除;

(4) 因存在严重违反法律规定、公司章程的行为的违约股东,在对存在不履行出资义务的其他股东作出除名的决议中,表决权不被排除。

也就是说,应将不履行出资义务视为股东违约的一种情形,将存在严重违反法律规定、公司章程的行为也视为股东违约的一种情形。两者之间具有对应性,行使表决权的违约股东表决权被排除。原因在于,就股东内部而言,不存在所谓的合法权益与利益受损问题,也就谈不上包括表决权在内的权利救济,可排除之。而两者不对应时,行使表决权的违约股东表决权不被排除。原因在于此时股东内部还存在所谓的合法权益与利益受损问题,尚存在包括表决权在内的权利救济的可能,不可排除之。当然,还应审查公司章程有无特别规定。

第八章 诉讼权

第一节 请求权基础规范

一、新《公司法》规定

（一）公司决议效力诉讼权

第 25 条 公司股东会、董事会的决议内容违反法律、行政法规的无效。

第 26 条 公司股东会、董事会的会议召集程序、表决方式违反法律、行政法规或者公司章程，或者决议内容违反公司章程的，股东自决议作出之日起六十日内，可以请求人民法院撤销。但是，股东会、董事会的会议召集程序或者表决方式仅有轻微瑕疵，对决议未产生实质影响的除外。

未被通知参加股东会会议的股东自知道或者应当知道股东会决议作出之日起六十日内，可以请求人民法院撤销；自决议作出之日起一年内没有行使撤销权的，撤销权消灭。

第 27 条 有下列情形之一的，公司股东会、董事会的决议不成立：（一）未召开股东会、董事会会议作出决议；（二）股东会、董事会会议未对决议事项进行表决；（三）出席会议的人数或者所持表决权数未达到本法或者公司章程规定的人数或者所持表决权数；（四）同意决议事项的人数或者所持表决权数未达到本法或者公司章程规定的人数或者所持表决权数。

第 28 条 公司股东会、董事会决议被人民法院宣告无效、撤销或者确认不成立的，公司应当向公司登记机关申请撤销根据该决议已办理的登记。

股东会、董事会决议被人民法院宣告无效、撤销或者确认不成立的，公司根据该决议与善意相对人形成的民事法律关系不受影响。

（二）股东其他直接诉讼权

第 21 条 公司股东应当遵守法律、行政法规和公司章程，依法行使股东权利，不得滥用股东权利损害公司或者其他股东的利益。

公司股东滥用股东权利给公司或者其他股东造成损失的,应当承担赔偿责任。①

第 52 条　股东未按照公司章程规定的出资日期缴纳出资,公司依照前条第一款规定发出书面催缴书催缴出资的,可以载明缴纳出资的宽限期;宽限期自公司发出催缴书之日起,不得少于六十日。宽限期届满,股东仍未履行出资义务的,公司经董事会决议可以向该股东发出失权通知,通知应当以书面形式发出。自通知发出之日起,该股东丧失其未缴纳出资的股权。

依照前款规定丧失的股权应当依法转让,或者相应减少注册资本并注销该股权;六个月内未转让或者注销的,由公司其他股东按照其出资比例足额缴纳相应出资。

股东对失权有异议的,应当自接到失权通知之日起三十日内,向人民法院提起诉讼。②

第 86 条　股东转让股权的,应当书面通知公司,请求变更股东名册;需要办理变更登记的,并请求公司向公司登记机关办理变更登记。公司拒绝或者在合理期限内不予答复的,转让人、受让人可以依法向人民法院提起诉讼。

股权转让的,受让人自记载于股东名册时起可以向公司主张行使股东权利。③

第 89 条　有下列情形之一的,对股东会该项决议投反对票的股东可以请求公司按照合理的价格收购其股权:(一)公司连续五年不向股东分配利润,而公司该五年连续盈利,并且符合本法规定的分配利润条件;(二)公司合并、分立、转让主要财产;(三)公司章程规定的营业期限届满或者章程规定的其他解散事由出现,股东会通过决议修改章程使公司存续。

自股东会决议作出之日起六十日内,股东与公司不能达成股权收购协议的,股东可以自股东会决议作出之日起九十日内向人民法院提起诉讼。

公司的控股股东滥用股东权利,严重损害公司或者其他股东利益的,其他股东有权请求公司按照合理的价格收购其股权。

公司因本条第一款、第三款规定的情形收购的本公司股权,应当在六个月内依法转让或者注销。

---

① 股东利用优势地位侵权。
② 股东失权异议权。
③ 股东名称登记权。

第 161 条 有下列情形之一的,对股东会该项决议投反对票的股东可以请求公司按照合理的价格收购其股份,公开发行股份的公司除外:(一)公司连续五年不向股东分配利润,而公司该五年连续盈利,并且符合本法规定的分配利润条件;(二)公司转让主要财产;(三)公司章程规定的营业期限届满或者章程规定的其他解散事由出现,股东会通过决议修改章程使公司存续。

自股东会决议作出之日起六十日内,股东与公司不能达成股份收购协议的,股东可以自股东会决议作出之日起九十日内向人民法院提起诉讼。

公司因本条第一款规定的情形收购的本公司股份,应当在六个月内依法转让或者注销。①

第 180 条 董事、监事、高级管理人员对公司负有忠实义务,应当采取措施避免自身利益与公司利益冲突,不得利用职权牟取不正当利益。

董事、监事、高级管理人员对公司负有勤勉义务,执行职务应当为公司的最大利益尽到管理者通常应有的合理注意。

公司的控股股东、实际控制人不担任公司董事但实际执行公司事务的,适用前两款规定。

第 190 条 董事、高级管理人员违反法律、行政法规或者公司章程的规定,损害股东利益的,股东可以向人民法院提起诉讼。②

第 192 条 公司的控股股东、实际控制人指示董事、高级管理人员从事损害公司或者股东利益的行为的,与该董事、高级管理人员承担连带责任。③

(三)股东代表诉讼权

第 22 条 公司的控股股东、实际控制人、董事、监事、高级管理人员不得利用关联关系损害公司利益。

违反前款规定,给公司造成损失的,应当承担赔偿责任。

第 188 条 董事、监事、高级管理人员执行职务违反法律、行政法规或者公司章程的规定,给公司造成损失的,应当承担赔偿责任。

第 189 条 董事、高级管理人员有前条规定的情形的,有限责任公司的股东、股份有限公司连续一百八十日以上单独或者合计持有公司百分之一以上股份的股东,可以书面请求监事会向人民法院提起诉讼;监事有前条规定的情形的,前述股

---

① 股东回购股权诉权。
② 对违反公司章程的行为的股东直接诉权。
③ 对违反信义义务的行为的股东直接诉权。

东可以书面请求董事会向人民法院提起诉讼。

监事会或者董事会收到前款规定的股东书面请求后拒绝提起诉讼,或者自收到请求之日起三十日内未提起诉讼,或者情况紧急、不立即提起诉讼将会使公司利益受到难以弥补的损害的,前款规定的股东有权为公司利益以自己的名义直接向人民法院提起诉讼。

他人侵犯公司合法权益,给公司造成损失的,本条第一款规定的股东可以依照前两款的规定向人民法院提起诉讼。

公司全资子公司的董事、监事、高级管理人员有前条规定情形,或者他人侵犯公司全资子公司合法权益造成损失的,有限责任公司的股东、股份有限公司连续一百八十日以上单独或者合计持有公司百分之一以上股份的股东,可以依照前三款规定书面请求全资子公司的监事会、董事会向人民法院提起诉讼或者以自己的名义直接向人民法院提起诉讼。①

二、其他法律规定

(一)公司决议效力诉讼权

1.《民法典》

第 85 条 营利法人的权力机构、执行机构作出决议的会议召集程序、表决方式违反法律、行政法规、法人章程,或者决议内容违反法人章程的,营利法人的出资人可以请求人民法院撤销该决议。但是,营利法人依据该决议与善意相对人形成的民事法律关系不受影响。

2.《公司法司法解释(一)》

第 3 条 原告以公司法第二十二条第二款、第七十四条第二款规定事由,向人民法院提起诉讼时,超过公司法规定期限的,人民法院不予受理。

3.《公司法司法解释(四)》

第 1 条 公司股东、董事、监事等请求确认股东会或者股东大会、董事会决议无效或者不成立的,人民法院应当依法予以受理。

第 2 条 依据民法典第八十五条、公司法第二十二条第二款请求撤销股东会或者股东大会、董事会决议的原告,应当在起诉时具有公司股东资格。

第 3 条 原告请求确认股东会或者股东大会、董事会决议不成立、无效或者撤

---

① 股东单层代表诉讼+股东双重代表诉讼。

销决议的案件,应当列公司为被告。对决议涉及的其他利害关系人,可以依法列为第三人。

一审法庭辩论终结前,其他有原告资格的人以相同的诉讼请求申请参加前款规定诉讼的,可以列为共同原告。

第4条 股东请求撤销股东会或者股东大会、董事会决议,符合民法典第八十五条、公司法第二十二条第二款规定的,人民法院应当予以支持,但会议召集程序或者表决方式仅有轻微瑕疵,且对决议未产生实质影响的,人民法院不予支持。

第5条 股东会或者股东大会、董事会决议存在下列情形之一,当事人主张决议不成立的,人民法院应当予以支持:(一)公司未召开会议的,但依据公司法第三十七条第二款或者公司章程规定可以不召开股东会或者股东大会而直接作出决定,并由全体股东在决定文件上签名、盖章的除外;(二)会议未对决议事项进行表决的;(三)出席会议的人数或者股东所持表决权不符合公司法或者公司章程规定的;(四)会议的表决结果未达到公司法或者公司章程规定的通过比例的;(五)导致决议不成立的其他情形。

第6条 股东会或者股东大会、董事会决议被人民法院判决确认无效或者撤销的,公司依据该决议与善意相对人形成的民事法律关系不受影响。

第13条 股东请求公司分配利润案件,应当列公司为被告。

一审法庭辩论终结前,其他股东基于同一分配方案请求分配利润并申请参加诉讼的,应当列为共同原告。

第14条 股东提交载明具体分配方案的股东会或者股东大会的有效决议,请求公司分配利润,公司拒绝分配利润且其关于无法执行决议的抗辩理由不成立的,人民法院应当判决公司按照决议载明的具体分配方案向股东分配利润。

第15条 股东未提交载明具体分配方案的股东会或者股东大会决议,请求公司分配利润的,人民法院应当驳回其诉讼请求,但违反法律规定滥用股东权利导致公司不分配利润,给其他股东造成损失的除外。

4.《公司法时间效力司法解释》

第1条 公司法施行后的法律事实引起的民事纠纷案件,适用公司法的规定。

公司法施行前的法律事实引起的民事纠纷案件,当时的法律、司法解释有规定的,适用当时的法律、司法解释的规定,但是适用公司法更有利于实现其立法目的,适用公司法的规定:(一)公司法施行前,公司的股东会召集程序不当,未被通知参加会议的股东自决议作出之日起一年内请求人民法院撤销的,适用公司法第二十六条第二款的规定;(二)公司法施行前的股东会决议、董事会决议被人民法院依法确认不成立,对公司根据该决议与善意相对人形成的法律关系效力发生争议的,适用公司法第二十八条第二款的规定;……(六)公司法施行前作出利润分配决议,因利润分配时限发生争议的,适用公司法第二百一十二条的规定;……

(二)股东其他直接诉讼权

1.《公司法司法解释(四)》

第 12 条 公司董事、高级管理人员等未依法履行职责,导致公司未依法制作或者保存公司法第三十三条、第九十七条规定的公司文件材料,给股东造成损失,股东依法请求负有相应责任的公司董事、高级管理人员承担民事赔偿责任的,人民法院应当予以支持。①

2.《公司法司法解释(三)》

第 27 条 股权转让后尚未向公司登记机关办理变更登记,原股东将仍登记于其名下的股权转让、质押或者以其他方式处分,受让股东以其对于股权享有实际权利为由,请求认定处分股权行为无效的,人民法院可以参照民法典第三百一十一条的规定处理。

原股东处分股权造成受让股东损失,受让股东请求原股东承担赔偿责任、对于未及时办理变更登记有过错的董事、高级管理人员或者实际控制人承担相应责任的,人民法院应予支持;受让股东对于未及时办理变更登记也有过错的,可以适当减轻上述董事、高级管理人员或者实际控制人的责任。②

3.《公司法司法解释(二)》

第 1 条 单独或者合计持有公司全部股东表决权百分之十以上的股东,以下列事由之一提起解散公司诉讼,并符合公司法第一百八十二条规定的,人民法院应予受理:(一)公司持续两年以上无法召开股东会或者股东大会,公司经营管理发生严重困难的;(二)股东表决时无法达到法定或者公司章程规定的比例,持续两年以上不能做出有效的股东会或者股东大会决议,公司经营管理发生严重困难的;(三)公司董事长期冲突,且无法通过股东会或者股东大会解决,公司经营管理发生严重困难的;(四)经营管理发生其他严重困难,公司继续存续会使股东利益受到重大损失的情形。

股东以知情权、利润分配请求权等权益受到损害,或者公司亏损、财产不足以

---

① 侵害股东知情权。
② 侵害股东名称登记权。

偿还全部债务,以及公司被吊销企业法人营业执照未进行清算等为由,提起解散公司诉讼的,人民法院不予受理。①

第 2 条 股东提起解散公司诉讼,同时又申请人民法院对公司进行清算的,人民法院对其提出的清算申请不予受理。人民法院可以告知原告,在人民法院判决解散公司后,依据民法典第七十条、公司法第一百八十三条和本规定第七条的规定,自行组织清算或者另行申请人民法院对公司进行清算。

第 3 条 股东提起解散公司诉讼时,向人民法院申请财产保全或者证据保全的,在股东提供担保且不影响公司正常经营的情形下,人民法院可予以保全。

第 4 条 股东提起解散公司诉讼应当以公司为被告。

原告以其他股东为被告一并提起诉讼的,人民法院应当告知原告将其他股东变更为第三人;原告坚持不予变更的,人民法院应当驳回原告对其他股东的起诉。

原告提起解散公司诉讼应当告知其他股东,或者由人民法院通知其参加诉讼。其他股东或者有关利害关系人申请以共同原告或者第三人身份参加诉讼的,人民法院应予准许。

第 5 条 人民法院审理解散公司诉讼案件,应当注重调解。当事人协商同意由公司或者股东收购股份,或者以减资等方式使公司存续,且不违反法律、行政法规强制性规定的,人民法院应予支持。当事人不能协商一致使公司存续的,人民法院应当及时判决。

经人民法院调解公司收购原告股份的,公司应当自调解书生效之日起六个月内将股份转让或者注销。股份转让或者注销之前,原告不得以公司收购其股份为由对抗公司债权人。

第 6 条 人民法院关于解散公司诉讼作出的判决,对公司全体股东具有法律约束力。

人民法院判决驳回解散公司诉讼请求后,提起该诉讼的股东或者其他股东又以同一事实和理由提起解散公司诉讼的,人民法院不予受理。

第 21 条 按照本规定第十八条和第二十条第一款的规定应当承担责任的有限责任公司的股东、股份有限公司的董事和控股股东,以及公司的实际控制人为二人以上的,其中一人或者数人依法承担民事责任后,主张其他人员按照过错大小分担责任的,人民法院应依法予以支持。②

---

① 请求解散公司权。
② 怠于履行清算义务赔偿请求权。

4.《公司强制清算纪要》

29. 债权人申请强制清算,人民法院以无法清算或者无法全面清算为由裁定终结强制清算程序的,应当在终结裁定中载明,债权人可以另行依据公司法司法解释二第十八条的规定,要求被申请人的股东、董事、实际控制人等清算义务人对其债务承担偿还责任。股东申请强制清算,人民法院以无法清算或者无法全面清算为由作出终结强制清算程序的,应当在终结裁定中载明,股东可以向控股股东等实际控制公司的主体主张有关权利。

→附录参考:司法政策文件《九民会议纪要》

42.【撤销权的行使】撤销权应当由当事人行使。当事人未请求撤销的,人民法院不应当依职权撤销合同。一方请求另一方履行合同,另一方以合同具有可撤销事由提出抗辩的,人民法院应当在审查合同是否具有可撤销事由以及是否超过法定期间等事实的基础上,对合同是否可撤销作出判断,不能仅以当事人未提起诉讼或者反诉为由不予审查或者不予支持。一方主张合同无效,依据的却是可撤销事由,此时人民法院应当全面审查合同是否具有无效事由以及当事人主张的可撤销事由。当事人关于合同无效的事由成立的,人民法院应当认定合同无效。当事人主张合同无效的理由不成立,而可撤销的事由成立的,因合同无效和可撤销的后果相同,人民法院也可以结合当事人的诉讼请求,直接判决撤销合同。

(三)股东代表诉讼权

1.《公司法司法解释(一)》

第 4 条 公司法第一百五十一条规定的 180 日以上连续持股期间,应为股东向人民法院提起诉讼时,已期满的持股时间;规定的合计持有公司百分之一以上股份,是指两个以上股东持股份额的合计。

2.《公司法司法解释(四)》

第 23 条 监事会或者不设监事会的有限责任公司的监事依据公司法第一百五十一条第一款规定对董事、高级管理人员提起诉讼的,应当列公司为原告,依法由监事会主席或者不设监事会的有限责任公司的监事代表公司进行诉讼。

董事会或者不设董事会的有限责任公司的执行董事依据公司法第一百五十一条第一款规定对监事提起诉讼的,或者依据公司法第一百五十一条第三款规定对他人提起诉讼的,应当列公司为原告,依法由董事长或者执行董事代表公司进行诉讼。

第 24 条 符合公司法第一百五十一条第一款规定条件的股东,依据公司法第一百五十一条第二款、第三款规定,直接对董事、监事、高级管理人员或者他人提起诉讼的,应当列公司为第三人参加诉讼。

一审法庭辩论终结前,符合公司法第一百五十一条第一款规定条件的其他股东,以相同的诉讼请求申请参加诉讼的,应当列为共同原告。

第 25 条 股东依据公司法第一百五十一条第二款、第三款规定直接提起诉讼的案件,胜诉利益归属于公司。股东请求被告直接向其承担民事责任的,人民法院不予支持。

第 26 条 股东依据公司法第一百五十一条第二款、第三款规定直接提起诉讼的案件,其诉讼请求部分或者全部得到人民法院支持的,公司应当承担股东因参加诉讼支付的合理费用。

3.《公司法司法解释(五)》

第 1 条 关联交易损害公司利益,原告公司依据民法典第八十四条、公司法第二十一条规定请求控股股东、实际控制人、董事、监事、高级管理人员赔偿所造成的损失,被告仅以该交易已经履行了信息披露、经股东会或者股东大会同意等法律、行政法规或者公司章程规定的程序为由抗辩的,人民法院不予支持。

公司没有提起诉讼的,符合公司法第一百五十一条第一款规定条件的股东,可以依据公司法第一百五十一条第二款、第三款规定向人民法院提起诉讼。

第 2 条 关联交易合同存在无效、可撤销或者对公司不发生效力的情形,公司没有起诉合同相对方的,符合公司法第一百五十一条第一款规定条件的股东,可以依据公司法第一百五十一条第二款、第三款规定向人民法院提起诉讼。

→附录参考:司法政策文件《九民会议纪要》

24.【何时成为股东不影响起诉】股东提起股东代表诉讼,被告以行为发生时原告尚未成为公司股东为由抗辩该股东不是适格原告的,人民法院不予支持。

25.【正确适用前置程序】根据《公司法》第151条的规定,股东提起代表诉讼的前置程序之一是,股东必须先书面请求公司有关机关向人民法院提起诉讼。一般情况下,股东没有履行该前置程序的,应当驳回起诉。但是,该项前置程序针对的是公司治理的一般情况,即在股东向公司有关机关提出书面申请之时,存在公司有关机关提起诉讼的可能性。如果查明的相关事实表明,根本不存在该种可能性的,人民法院不应当以原告未履行前置程序为由驳回起诉。

26.【股东代表诉讼的反诉】股东依据《公司法》第151条第3款的规定提起股东代表诉讼后,被告以原告股东恶意起诉侵犯其合法权益为由提起反诉的,人民法院应予受理。被告以公司在案涉纠纷中应当承担侵权或者违约等责任为由对公司提出的反诉,因不符合反诉的要件,人民法院应当裁定不予受理;已经受理的,裁定驳回起诉。

27.【股东代表诉讼的调解】公司是股东代表诉讼的最终受益人,为避免因原告股东与被告通过调解损害公司利益,人民法院应当审查调解协议是否为公司的意思。只有在调解协议经公司股东(大)会、董事会决议通过后,人民法院才能出具调解书予以确认。至于具体决议机关,取决于公司章程的规定。公司章程没有规定的,人民法院应当认定公司股东(大)会为决议机关。

第二节 裁判精要

一、公司决议诉讼

(一)公司决议瑕疵诉讼适格原告

1. 当事人提起股东撤销之诉时未将公司列为被告,但该诉讼行为表明其已在法定期限内积极行使作为公司股东所享有的法定撤销权,没有超出法律规定的60日除斥期间。

在(2016)最高法民再182号案中,再审法院认为:副食品公司主张,齐某某于2007年3月29日提起诉讼,但并未将副食品公司列为被告,直至2007年12月17日才申请追加该公司为被告,超过了《公司法》规定的60日期限,其起诉应予驳回。《公司法》规定,股东会或者股东大会、董事会的会议召集程序、表决方式违反法律、行政法规或者公司章程,或者决议内容违反公司章程的,股东可以自决议作出之日起60日内,请求人民法院撤销。该60日为除斥期间,计算不得中断、中止。经过60日,撤销权人不行使权利的,撤销权消灭。根据已查明的事实,虽然齐某某于2007年3月29日提起股东撤销之诉时未将副食品公司列为被告,但该诉讼行为表明齐某某已在法定期限内积极行使其作为公司股东所享有的法定撤销权,没有超出法律规定的60日除斥期间,故对副食品公司的该项主张不予支持。

2. 股东只有在认为股东会、董事会的会议召集程序、表决方式违反法律、行政法规或公司章程,或者决议内容违反公司章程的时候,才有权在限定的时间内提出撤销之诉,法定代表人、执行董事并非公司股东,其无权对股东会、董事会作出的决议提起诉讼。

在(2020)琼01民终62号案中,关于2018年7月15日作出的股东会决议的效力问题,二审法院认为:本案中,2018年7月15日,捷讯达公司作出《股东会决议》,内容为免去刘某某法定代表人职务(执行董事),同时任命吴某某为本公司的法定代表人(执行董事)。对此,法院认为,根据公司章程,股东会可以行使选举和更换董事、监事,决定有限执行董事、监事的报酬事项的职权;2018年7月15日作出的股东会决议内容即是将原法定代表人职务(执行董事)刘某某变更为吴某某,该内容并未违反法律、行政法规的规定,刘某某亦未提交充分证据证实该决议内容违反了法律、行政法规的规定,故刘某某主张2018年7月15日作出的股东会决议无效,无事实和法律依据,不予支持。

同时,股东只有在认为股东会或者股东大会、董事会的会议召集程序、表决方式违反法律、行政法规或公司章程,或者决议内容违反公司章程的时候,才有权在限定的时间内提出撤销之诉,而刘某某仅系捷讯达公司的法定代表人(执行董事),并非该司股东,其无权对股东会或者股东大会、董事会的会议召集程序、表决方式提起诉讼,且本案并非股东决议撤销之诉,故一审法院对涉案股东会决议的召集程序、表决方式进行审查,以此认定涉案决议无效,属适用法律错误而导致处理结果不当,予以纠正。

3. 涉及公司决议效力的案件只有公司才是适格被告,公司不具有提起该类诉讼的原告主体资格。

在(2019)最高法民再335号案中,关于建材公司是否具有提起公司决议效力确认之诉的主体资格以及该诉是否属于法院受理范围问题,再审法院认为:首先,具有诉的利益是当事人行使诉讼权利的前提,也是法院进行民事实体裁判的前提。建材公司的股东并未提起相应诉讼,应视为案涉决议不存在争议,也就不具有通过民事诉讼予以救济的必要性,故建材公司无须请求法院确认该决议的效力。

其次,建材公司通过股东会决议形式解除了付某某股东资格属于公司内部的自治行为,依照法律或公司章程规定的议事方式和表决程序作出的决议,自作出时生效,只有存在效力阻却事由时才能导致效力瑕疵。而依照《公司法》和相关司法解释的规定,该效力阻却事由包括股东、董事、监事提起"公司决议无效、可撤销或不成立"之诉,但并未将确认公司决议有效之诉列为法院民事案件的受理范围。

最后,《公司法司法解释(四)》规定"原告请求确认股东会或者股东大会、董事会决议不成立、无效或者撤销决议的案件,应当列公司为被告",故涉及公司决议效力的案件只有公司才是适格被告,而建材公司作为原告起诉,其诉讼地位亦不符合上述司法解释的规定,故建材公司不具有提起该诉的主体资格,建材公司提起的公司决议效力确认之诉也不属于法院审理范围。

4. 实际出资人不享有提起公司决议效力之诉的原告主体资格。

在(2014)陕民二申字第00082号案中,再审法院认为:刘某某对于红旗公司工商登记及公司章程均未记载刘某某为公司股东的事实并无异议。记载于股东名册的股东,可以依股东名册主张行使股东权利,刘某某并非公司法意义上的合法股东。据此,他案生效民事判决认定刘某某不享有参加股东会的权利,无权对公司股东会决议提出异议并无不当。刘某某虽然对公司进行了实际出资,但其出资份额是由红旗公司合法股东予以代表,其仅为红旗公司的隐名出资人,因此,其无权对公司股东会决议提出异议。

5. 仅缴纳集资款、定期领取收益,而公司章程、股东名册、工商登记信息并未登记其股东信息,也从未行使参与公司重大决策、选择管理者等股东基本权利的人,实质不具备股东资格,不能提起撤销公司决议诉讼。

在(2020)最高法民申1255号案中,再审法院认为:杨某某请求撤销金凯公司董事会及股民代表会议决议,应依法在起诉时具有金凯公司股东资格,否则不符合本案起诉条件。判断杨某某是不是金凯公司股东,应结合金凯公司章程、股东名册、工商登记信息、出资情况,以及杨某某是否实际行使股东权利等情形予以综合认定。经查明,金凯公司成立时由吴某某等四人作为发起人提交公司设立申请、签署公司章程并进行股东登记。杨某某未参与公司设立及章程制定,亦不在金凯公司历次的工商登记股东名单中。金凯公司于1998年组织杨某某等人"入股集资",在相关交款通知中明确该集资系"为尽快收集资金开展公司正常业务"。集资人员主要为贵州省交通管理局等单位公务人员。该集资活动与一般股东为公司设立或增资而出资的行为有明显区别,集资对象亦有明显的单位职工身份属性。自参与集资时起至本案起诉前的十余年间,杨某某除领取金凯公司定期向其个人银行账户汇入的固定金额款项外,未向金凯公司提出确认其股东身份或行使参与公司重大决策、选择管理者等股东基本权利的要求。

综合考虑以上情形,杨某某向金凯公司的出资属于公司福利投资行为,仅享有财产性利益。金凯公司虽在《入股人员名册》《股权证》等文件中将杨某某列为"股东",并使用"股权""认股数""原始股"等用语,但并非公司法意义上的股东及股权。故杨某某不是金凯公司股东,不具有提起撤销公司决议诉讼的主体资格,不符合本案起诉条件,原审裁定驳回其起诉并无不当。

（二）除斥期间、诉讼时效

1. 股东会决议撤销权应在股东决议作出之日起60日内行使。

在（2013）苏商申字第562号案中，再审法院认为：包某某等人的诉讼请求为要求确认斯材佳公司于2000年8月11日形成的股东会决议无效，该决议形成于2005年修订的《公司法》施行之前，故本案可以参照适用2005年修订的《公司法》规定。从该决议的内容来看，并无违反法律、行政法规的情形，包某某等人认为该决议无效的主张不能成立。包某某等人主张决议无效的理由包括召集程序、表决方式不当，此两种情形均属于2005年修订的《公司法》规定的行使撤销权的事由，但即使从2005年修订的《公司法》施行之日，即从2006年1月1日起计算60日的撤销权行使期间，包某某等人于2011年1月27日提起本案诉讼，对会议召集程序、表决方式提出异议，也已超过法律规定的60日期限。

2. 公司决议效力确认纠纷不适用诉讼时效规定。

在（2014）合民二终字第00036号案中，二审法院认为：诉讼时效的适用范围仅限于请求权。本案为公司决议效力确认纠纷，系确认之诉，属于形成权，不适用诉讼时效的规定。被告丁某某抗辩原告起诉已超过诉讼时效，不予支持。

二、股东其他直接诉讼

1. 原告因为其他股东没有出资而受损害，可以起诉未出资的股东返还出资款，但返还出资的款项收取方是公司，而非作为股东的原告，原告的诉讼请求可能被驳回。

在（2020）粤03民终16038号案中，一审法院认为：宁某某以股东出资纠纷提起本案诉讼，但从其主张的事实理由及具体诉求来看，其系以认为张某某抽逃百汇公司注册资本为由，主张张某某、建侨公司向百汇公司返还或支付款项，并非主张宁某某本人受到损失或应获赔偿。即本案诉求的款项收取的权利方并非宁某某，而系百汇公司。宁某某与百汇公司系相互独立的民事主体，应独立享有相关权利及承担相应义务，宁某某并非本案适格主体。

二审法院认为：宁某某以张某某抽逃出资为由，请求张某某向百汇公司返还出资本息、受让人建侨公司承担连带清偿责任。《公司法司法解释（三）》规定，股东抽逃出资，公司或者其他股东请求其向公司返还出资本息、协助抽逃出资的其他股东、董事、高级管理人员或者实际控制人对此承担连带责任的，人民法院应予支持。据此，宁某某作为百汇公司的股东，有权以自己的名义直接向人民法院提起诉讼，一审法院裁定驳回宁某某的起诉错误,予以纠正。

2. 受损害的投资者有权提起直接诉讼,要求侵权行为人赔偿其财产性权益损失。但受损害的投资者并未主张财产性权益损失,而是请求限制被告行使股东权利及股票处分权利,该主张缺乏相应的法律依据。

在(2015)沪一中民六(商)初字第66号案中,关于原告的合法权益是否因被告的违规行为而遭受损失的问题,一审法院认为:原告提起本案诉讼并非基于股东代表诉讼,而系其自身利益受到侵害,即被告的违规交易行为侵害了其股东知情权及对新梅公司的控制权和反收购权。对此,法院认为《证券法》规定的相关责任主体的信息披露义务旨在保障证券市场广大投资者的知情权,维护证券市场公开、公平、公正的交易秩序。本案被告在未依法及时履行信息披露义务的情况下,在二级市场超比例大量购买新梅公司股票的交易行为,的确侵害了包括原告在内的广大投资者的知情权。根据《证券法》及相关司法解释的规定,对于因违反信息披露义务,侵害了投资者的知情权及交易选择权的责任主体,其应对遭受损失的投资者承担民事侵权损害赔偿责任。换言之,受损害的投资者享有的是要求侵权行为人承担赔偿其自身财产性权益损失的权利。现原告并未主张财产性权益损失,而是以此为由要求限制被告行使股东权利及对股票的处分权利,该主张缺乏相应的法律依据,不予采纳。

3. 股东认为其他股东滥用其股东权利,利用公司资源谋取利益而侵犯自己权益的,可以提起股东直接诉讼。股东滥用权利的行为往往表现为操控股东会形成决议,最终演变为对公司决议的合法性审查纠纷。

在(2018)粤民终1090号案中,关于南星公司、大来公司、灏晴公司、海碧公司是否滥用其世纪花园、翠倚华庭股东权利给盛乐公司造成损失的问题,二审法院认为:经查,2014年6月18日,世纪花园及翠倚华庭分别召开股东会形成决议,同意世纪花园、翠倚华庭为南星公司向中行番禺支行申请贷款提供抵押担保,将世纪花园、翠倚华庭名下地块作为抵押物;两公司同意为南星公司向中行番禺支行申请贷款提供全额连带责任保证担保,并授权陈某某代表世纪花园、翠倚华庭与中行番禺支行签署有关担保法律文件。大来公司、南星公司作为世纪花园股东、翠倚华庭股东分别参加股东会议并投赞成票。盛乐公司上诉认为世纪花园、翠倚华庭在未按公司章程和未经法定程序召开股东会情况下,擅自以公司资产为他人和公司股东的借款提供担保以及用股权出质,侵犯了盛乐公司的权益。

对此,法院认为:首先,世纪花园、翠倚华庭公司章程规定,召开股东会议,应当于会议召开15日以前通知全体股东,至于用何种方式通知则没有明确规定。世纪花园、翠倚华庭称通过电话方式通知股东召开股东会,并没有违反公司章程关于股东会召集程序的有关规定。其次,世纪花园、翠倚华庭的章程中并无禁止公司为公司的股东提供担保。南星公司作为被担保的股东参加股东会并行使了表决权存在决议程序瑕疵,但南星公司分别持有世纪花园、翠倚华庭47.5%的股权,大来公司分别持有世纪花园、翠倚华庭33%的股权,在否定南星公司表决权效力后,大来公司作为无关联方股东行使表决权所达到的比例仍符合《公司法》以及《公司章程》规定,股东会表决方式的瑕疵对决议未产生实质性影响,股东会决议的内容也没有违反法律、行政法规的规定,应认定为合法有效。

此外,并无生效法律文书认定前述股东会决议无效、可撤销或不成立。原审法院认为南星公司、大来公司在股东会表决过程中并无滥用其世纪花园、翠倚华庭股东权利侵害盛乐公司的利益,并无不当。盛乐公司针对其诉请所提交的证据也不足以证明南星公司、大来公司、海碧公司、灏晴公司作为世纪花园、翠倚华庭的股东,存在公司法规定的滥用股东权利给公司或者其他股东造成损失的情形。

三、股东代表诉讼

(一)前置程序及管辖

1. 股东已向监事提交了要求公司起诉的书面请求,监事明确表示无法起诉,且股东与另外的侵权人即公司大股东明显存在冲突,公司事实上不可能达成由公司起诉的决议,该股东可以自己名义代表公司提起诉讼。

在(2021)最高法民终1052号案中,二审法院认为:《公司法》规定,他人侵犯公司合法权益,给公司造成损失的,股东可以向人民法院提起诉讼。股东提起代表诉讼应先书面请求公司有关机构向人民法院提起诉讼,其目的是防止少数股东滥用诉权,以维护公司正常运营。杨某某作为股东已向杨某某和大陆桥公司均认可的监事乔某某提交要求公司起诉的书面请求,监事乔某某明确表示无法起诉,且杨某某主张的侵权人之一即为大股东大陆桥公司,两股东明显存在冲突,天博公司事实上不可能达成由公司起诉的决议,故股东杨某某以自己名义代表公司提起本案诉讼,不违反《公司法》规定的股东代表诉讼的前置程序。

2. 在母公司对子公司形成绝对资本控制的情形下,母公司的股东为了子公司的利益以自己的名义向法院提起诉讼,不违反《公司法》规定。

在(2016)陕民终228号案中,关于赵某某作为原告提起诉讼主体资格是否适格的问题,二审法院认为:《公司法》规定,公司董事、高级管理人员执行公司职务时违反法律、行政法规或者公司章程的规定,给公司造成损失的,或者他人侵犯公司合法权益,给公司造成损失的,有限责任公司的股东在履行完相关前置程序后,有权为了公司的利益以自己的名义直接向人民法院提起诉讼。在母公司对子公司形成绝对资本控制的情形下,母公司的股东为了子公司的利益以自己的名义直接向人民法院提起诉讼,不违反《公司法》规定。

本案中,海航投资公司系皇城酒店公司的唯一股东,海航投资公司是母公司,皇城酒店公司是子公司,海航投资公司与皇城酒店公司之间形成了绝对的资本控制关系。在海航投资公司内部,海航控股公司持有其60%股权,赵某某系持有其40%股权的股东。赵某某于2014年1月24日致函海航投资公司监事会主席(召集人)王某某,请求海航投资公司监事会诉请侵害公司利益的股东即海航控股公司承担损失赔偿责任,但海航投资公司监事会在收到该请求后30日内并未作为皇城酒店公司股东向海航控股公司提起该诉讼,此时否定赵某某作为海航投资公司股东提起本案诉讼的原告主体资格,则无法保护皇城酒店公司的利益,进而将导致海航投资公司利益受损,故赵某某作为原告提起本案损害公司利益责任纠纷诉讼主体适格。

3. 股东已就提起诉讼事宜先行发函给公司,公司对收到股东函寄出邮件的真实性、合法性、关联性未持异议,股东代表诉讼的前置程序已履行完毕。

在(2020)最高法民终208号案中,关于中融信托公司是否已经履行前置程序的问题,二审法院认为:《公司法》规定,监事会、不设监事会的有限责任公司的监事,或者董事会、执行董事收到前款规定的股东书面请求后拒绝提起诉讼,或者自收到请求之日起30日内未提起诉讼,或者情况紧急、不立即提起诉讼将会使公司利益受到难以弥补的损害的,前款规定的股东有权为了公司的利益以自己的名义直接向人民法院提起诉讼。中融信托公司于2018年5月4日向广西通达公司的执行董事时某和监事卢某某分别发送了《关于请求立即对广西建燃公司长期拖欠货款事宜提起诉讼的函》,该函件所涉EMS邮件已于2018年5月7日由广西通达公司工作人员代收。本案诉讼中,广西通达公司经传票传唤无正当理由未参加一审庭审,但其提交的书面答辩状不仅未就中融信托公司原告资格问题提出异议,且对中融信托公司所提交包括该邮件签收单在内全部证据的真实性、合法性、关联性未持异议。广西燃料公司关于中融信托公司未向执行董事和监事送达相关起诉请求书面函件的答辩理由与查明事实不符,不予采信。

4. 股东代表公司起诉第三人,在诉讼过程中达成调解协议经过全体股东同意,调解协议是公司的意思表示,应认定为有效。

在(2008)民二终字第123号案中,再审法院认为:调解协议是各方当事人在自愿基础上的真实意思表示,不违反法律、行政法规的禁止性规定。调解协议的内容不仅经过了提起代表诉讼的股东即和信公司、大兴公司以及作为诉讼第三人的公司即通和控股的同意,而且已经经过通和控股中的其他所有股东的书面同意,所以调解协议没有损害通和控股及其股东的利益,对以上调解协议予以确认。

5. 股东代表之诉的股东受公司和他人之间的合同管辖权条款约束。

在(2019)最高法民辖终404号案中,关于提起股东代表之诉的股东是否受公司和他人之间的合同管辖权条款约束的问题,二审法院认为:股东代表诉讼是股东为了公司的利益而以股东的名义直接提起的诉讼,胜诉后的法律后果归于公司。因此,股东代表针对第三人提起的诉讼受公司和第三人之间合同管辖权条款的约束。三农公司作为承德露露公司的股东提起股东代表之诉,应当受承德露露公司、汕头露露公司、霖霖集团和飞达公司签署的《备忘录》和《补充备忘录》中约定管辖权条款的约束。本案的立案时间为2019年3月14日,三农公司的诉讼标的额为13504.18万元,四方签订的《补充备忘录》约定:"本补充备忘录由各方于2002年3月28日在汕头签署。如因备忘录、补充备忘录履行过程中发生争议,各方应友好协商解决。协商解决不成,任何一方应当向备忘录签署地有管辖权的人民法院提起诉讼。"故广东省汕头市中级人民法院对本案享有管辖权。

(二)诉请股东出资

1. 诉请股东补缴出资,最终效益归属于公司,属于股东代表诉讼。没有证据证实股东履行了书面请求公司董事会或监事会向人民法院提起诉讼的前置程序,亦没有证据证实情况紧急、不立即提起诉讼将使公司利益遭受难以弥补的损害,股东尚不享有提起股代表诉讼的权利,对其起诉应予驳回。

在(2010)粤高法民二终字第44号案中,再审法院认为:海泰公司以股东身份代容奇公司提起诉讼,要求五矿公司、顺贤公司向容奇公司履行补足出资义务,要求康诚公司对五矿公司、顺贤公司的上述补足出资义务承担连带赔偿责任,其诉讼的性质属于股东代表诉讼。根据《公司法》的规定,他人侵犯公司合法权益,给公司造成损失的,符合条件的股东应当先书面请求监事会或者不设监事会的有限责任公司的监事向人民法院提起诉讼;监事侵犯公司合法权益的,前述股东可以书面请求董事会或者不设董事会的有限责任公司的执行董事向人民法院提起诉讼。监事会、不设监事会的有限责任公司的监事,或者董事会、执行董事自收到请求之日起 30 日内未提起诉讼,或者情况紧急、不立即提起诉讼将会使公司利益受到难以弥补的损害的,前述股东有权为了公司的利益以自己的名义直接向人民法院提起诉讼。本案海泰公司没有证据证实其履行了书面请求容奇公司董事会或监事会向人民法院提起诉讼的前置程序,亦没有证据证实情况紧急、不立即提起诉讼将会使公司利益受到难以弥补的损害。因此,依照律规定海泰公司尚不享有提起股东代表诉讼的权利,对其起诉应予驳回。

2. 仅仅起诉要求确认股东没有出资的事实,不属于确认之诉,应当驳回起诉。

在(2017)粤民申 5329 号案中,关于原告请求判令确认被告没有按照公司章程的约定实际履行股东出资义务的问题,再审法院认为:由于原告并未起诉要求被告承担责任,仅要求确认被告未按照公司章程的约定实际履行股东出资义务,可以认为原告起诉所要求确认的是一个事实。这既不能确认民事法律关系有效,也不是可以确认的特定的民事法律事实。故原告提起诉讼不符合确认之诉的条件,裁定驳回原告起诉。

3. 公司在未收到股东的出资时,有权要求股东履行出资义务。在公司怠于行使权利的情况下,其他自然人股东以自己的名义起诉,所获权益归入公司的行为,系法律赋予其他股东的派生诉权,应受法律保护。

在(2011)青民再字第 07 号案中,再审法院认为:川口贸易公司作为海龙公司的股东,在公司章程中约定以土地使用权和房屋作价出资。海龙公司成立后,川口贸易公司并未依法办理产权转移手续,构成虚假出资。据此,海东地区工商行政管理局已对川口贸易公司处以 50000 元的罚款,并责令其限期整改,川口贸易公司对海龙公司所负的足额出资民事义务并不能因行政处罚而免除。海龙公司在未收到川口贸易公司的出资时,有权要求川口贸易公司履行出资义务。在海龙公司怠于行使权利的情况下,其他自然人股东以自己的名义起诉,所获权益归入公司的行为,系法律赋予其他股东的派生诉权,应受法律保护。

(三)诉因范围:是否适用于合同纠纷

1. 股东代表诉讼是在作为合同相对人的公司怠于或不能行使诉权保护自己利益的情况下,由符合法定条件的股东代表公司主张权利的一种制度,其诉讼利益及法律效果归属于公司,并非突破合同相对性原则,亦不能以股东并非案涉合同当事人及无直接利害关系为由否定原告资格。就股东代表诉讼的诉因而言,法律并未排除合同之诉,不能当然认为股东代表诉讼的诉因仅限于侵权之诉。

在(2020)最高法民终 208 号案中,关于中融信托公司是否具有股东代表诉讼资格的问题,二审法院认为:《公司法》所规定的有权提起诉讼的股东为有限责任公司的股东、股份有限公司连续180日以上单独或者合计持有公司1%以上股份的股东,并未排除控股股东的原告资格。本案中,广西通达公司系有限责任公司,中融信托公司为广西通达公司持股60%的股东。因控股股东的出资额通常占有限责任公司资本总额50%以上,与公司存在更大的利害关系,故持有控股股权不应成为否定控股股东具有股东代表诉讼原告资格的理由。且在公司的经营管理过程中,公司控股股东实际无法主导公司经营的情况亦存在,认定控股股东享有股东代表诉讼原告资格符合现实之需,有利于公司利益的救济。广西燃料公司关于控股股东不应通过股东代表诉讼行使权利的答辩理由,理据不足,不能成立。此外,股东代表诉讼本就是在作为合同相对人的公司怠于或不能行使诉权保护自己利益的情况下,由符合法定条件的股东代表公司主张权利的一种制度设计,其诉讼利益及法律效果归属于公司,并非突破合同相对性原则。原裁定以中融信托公司不是案涉合同当事人及无直接利害关系为由,否定中融信托公司的原告资格,适用法律不当,应予纠正。

关于案涉合同履行是否属于股东代表诉讼范围的问题。《公司法》规定,董事、监事、高级管理人员执行公司职务时违反法律、行政法规或者公司章程的规定,给公司造成损失的,应当承担损害赔偿责任;他人侵犯公司合法权益,给公司造成损失的,符合条件的股东可以依照规定向人民法院提起诉讼。据此,股东代表诉讼的对象既包括公司董事、监事、高级管理人员,也包括侵犯公司合法权益的他人。从文义上看,上述规定并未排除合同之诉,不能当然认为股东代表诉讼的诉因仅限于侵权之诉。诉讼中,广西燃料公司和广西通达公司均对《煤炭买卖合同》签订及部分货款未支付事实予以认可。在中融信托公司提供初步证据证明,经中融信托公司书面请求,广西通达公司未提起诉讼,可能导致《煤炭买卖合同》项下债权受损,继而损害公司利益的情况下,原裁定未经实体审理即认为本案属于买卖合同纠纷,涉及广西通达公司正常生产经营行为,继而认定中融信托公司提起本案诉讼理据不足,属适用法律错误,予以纠正。

2.股东代表诉讼制度的设立目的,是解决对董事、高管人员的监督和制约问题,而非处理合同纠纷或侵权责任。

在(2019)最高法民终597号案中,二审法院认为:陈某某系宏宇有限公司股东。因此陈某某在其申请宏宇公司主张权利而宏宇公司不主张的情况下,有资格代表宏宇公司提起诉讼。关于股东代表诉讼的诉因范围问题,《公司法》的相关规定并未排除合同之诉,不能当然认为股东代表诉讼的诉因仅限于侵权之诉。股东代表诉讼制度的设立目的,是解决对董事、高管人员的监督和制约问题,而非处理合同纠纷或侵权责任。同时,股东代表诉讼本就是在公司不起诉的情况下,股东代表公司主张权利,诉讼结果归于公司的诉讼方式。因此原审裁定以公司法人人格独立理论来否认股东代表诉讼,亦有不当。

3.股东代表诉讼在否定关联交易的合同效力上可以适用;监事会和监事已收到股东请求提起诉讼的邮件,但收到请求之日起30日内未提起诉讼,而事实上确实存在损害公司合法利益之情形,属于"情况紧急",据此股东可提起诉讼。

在(2021)渝05民终514号案中,一审法院认为:股东代表诉讼并未排除确认合同无效之诉,且《公司法司法解释(五)》明确了股东代表诉讼在否定关联交易的合同效力上可以适用。另外,案涉三份《关于要求立即提起诉讼的函》邮件的收件单位名称均为圣山公司,收件地址均为圣山公司的住所地,邮件的收件人为监事阎某某、周某某,监事会主席李某某。以常理推断,圣山公司的监事会和监事应已收到邮件,但收到请求之日起30日内未提起诉讼。且犹某某租赁圣山公司的采矿权后正在不断开采矿产,若确存在杨某某作为圣山公司法定代表人损害公司合法利益之情形,应属于"情况紧急",也可提起诉讼。

第三节 实务指南

一、公司决议无效的认定

股东会决议、董事会决议统称为公司决议。新《公司法》第25条规定,公司股东会、董事会的决议内容违反法律、行政法规的无效。那么,在何种情形下,公司决议才会因违反法律、行政法规而无效呢?

(一)公司决议违反《民法典》及司法解释的强制性规定而无效

(1)违反民法的基本原则

违反《民法典》第8条、第153条关于公序良俗的原则或第9条关于保护生态环境的原则的公司决议无效。

(2)违反无效民事行为规定

属于《民法典》第146条中关于虚假的意思表示的情形或第154条中恶意串通损害他人利益的情形的公司决议无效。

(3) 如何理解《民法典》中"违反法律、行政法规的强制性规定"？

《民法典》第153条规定，违反法律、行政法规的强制性规定的民事法律行为无效。但是，该强制性规定不导致该民事法律行为无效的除外。违背公序良俗的民事法律行为无效。新《公司法》第25条关于公司决议无效的规定与本条一致，关键在于怎么理解法律、行政法规中的强制性规定。

《民商事合同指导意见》第15条指出，应正确理解、识别和适用"违反法律、行政法规的强制性规定"，注意区分效力性强制规定和管理性强制规定。违反效力性强制规定的，人民法院应当认定合同无效；违反管理性强制规定的，人民法院应当根据具体情形认定其效力。该文件首次提出了强制性规定区分为效力性强制性规定、管理性强制性规定。违反效力性强制性规定的合同无效，同理，违反效力性强制性规定的公司决议也无效。

《九民会议纪要》第30条指出，人民法院在审理合同纠纷案件时，要慎重判断"强制性规定"的性质，特别是要在考量强制性规定所保护的法益类型、违法行为的法律后果以及交易安全保护等因素的基础上认定其性质，并在裁判文书中充分说明理由。下列强制性规定，应当认定为"效力性强制性规定"：强制性规定涉及金融安全、市场秩序、国家宏观政策等公序良俗的；交易标的禁止买卖的，如禁止人体器官、毒品、枪支等买卖；违反特许经营规定的，如场外配资合同；交易方式严重违法的，如违反招投标等竞争性缔约方式订立的合同；交易场所违法的，如在批准的交易场所之外进行期货交易。关于经营范围、交易时间、交易数量等行政管理性质的强制性规定，一般应当认定为"管理性强制性规定"。

该文件指出了判断强制性规定的标准，列举了效力性强制性规定的具体情形。换言之，违反该文件中列举的效力性强制性规定情形的公司决议无效。

《民法典合同编通则司法解释》第17条第1款规定，合同虽然不违反法律、行政法规的强制性规定，但是有下列情形之一的，人民法院应当依据《民法典》的规定认定合同无效：合同影响政治安全、经济安全、军事安全等国家安全的；合同影响社会稳定、公平竞争秩序或者损害社会公共利益等违背社会公共秩序的；合同背离社会公德、家庭伦理或者有损人格尊严等违背善良风俗的。如果公司决议内容属于上述情形，则为无效。

(4) 公司决议无效的例外情形

《民法典》第153条规定"该强制性规定不导致该民事法律行为无效的除外"。对此，《民法典合同编通则司法解释》第16条进行了详细解释和规定，即公司决即便违反该条的强制性规定,也不必然无效。

(二) 公司决议因剥夺或限制股东基本权利而无效

股东基本权利分为自益权、共益权。前者指的是与自己利益直接相关的财产方面的权益,比如,分红权、新增资本优先认购请求权、剩余财产分配请求权、请求公司回购股权的权利等;后者指的是参与公司管理层面的涉及公司管理经营的权利,比如,知情权、表决权、对其他未履行出资义务股东的出资请求权、解散公司权等。

股东权利往往因瑕疵出资、未出资而受到限制,比如,对股东利润分配请求权、新股优先认购权、剩余财产分配请求权等的限制,但必须在经过相应的程序(如催缴失权程序)后,才能在公司决议中以此为依据对股东权利作出限制,直接作出限制股东权利的决议无效。另外,表决权、解散公司权、知情权等共益权不应受到是否出资的限制,如果公司决议内容涉及对这些权利的限制或剥夺,该决议无效。

当然,公司决议可能不是基于股东出资问题而作出对股东权利的限制甚至剥夺,而是基于股东压迫作出损害股东利益的决议,比如,以多数决方式,通过增资扩股决议稀释股东持股比例的决议当然无效。

(三) 公司决议因损害公司利益、债权人利益而无效

在涉及关联交易事项的决议中,将本属于公司的资产转移或者将本属于他人的债务转嫁给公司承担,都属于损害公司利益的行为,决议无效。

未经法定程序的注册资本减资决议,违反法律、公司章程规定进行关联交易,违反法律、公司章程规定为实际控制人提供担保等行为,都损害了公司债权人利益,涉及这些事项的公司决议亦无效。

(四) 公司决议因违法解除股东资格而无效

《公司法司法解释(三)》第17条规定:"有限责任公司的股东未履行出资义务或者抽逃全部出资,经公司催告缴纳或者返还,其在合理期间内仍未缴纳或者返还出资,公司以股东会决议解除该股东的股东资格,该股东请求确认该解除行为无效的,人民法院不予支持。在前款规定的情形下,人民法院在判决时应当释明,公司应当及时办理法定减资程序或者由其他股东或者第三人缴纳相应的出资。在办理法定减资程序或者其他股东或者第三人缴纳相应的出资之前,公司债权人依照本规定第十三条或者第十四条请求相关当事人承担相应责任的,人民法院应予支持。"这就是股东除名制度,公司决议不能直接将未履行出资义务或抽逃全部出资的股东除名,必须先履行催告催缴程序,再作出除名决议,否则除名决议无效。

（五）公司决议因违反新《公司法》强制性规定而无效

这些规定散见于新《公司法》的不同章节。比如，违反新《公司法》第 178 条的规定，董事、监事、高级管理人员不具有任职资格的，作出选举、聘任董事的公司决议无效；又如，董事会越权作出属于股东会职权范围内决议事项的，决议无效。

公司决议还可能因违反其他法律强制性规定而无效。值得注意的是，中国证券监督管理委员会（以下简称"证监会"）公布了许多规章，那么公司决议违反这些规章是否无效？通说认为，需要对证监会的规章作具体分析。若规章只是对法律法规强制性规定的具体化，那么违反规章也必然违反法律法规，公司决议无效；若规章与法律法规的强制性规定不一致，则需要依据法律法规来对公司决议的效力作出判断。

二、公司决议可撤销的认定

新《公司法》第 26 条规定："公司股东会、董事会的会议召集程序、表决方式违反法律、行政法规或者公司章程，或者决议内容违反公司章程的，股东自决议作出之日起六十日内，可以请求人民法院撤销。但是，股东会、董事会的会议召集程序或者表决方式仅有轻微瑕疵，对决议未产生实质影响的除外。未被通知参加股东会会议的股东自知道或者应当知道股东会决议作出之日起六十日内，可以请求人民法院撤销；自决议作出之日起一年内没有行使撤销权的，撤销权消灭。"

据此，存在以下任一情形的，公司决议可撤销：①作出决议的会议召集程序、表决方式违反法律、行政法规的规定；②作出决议的会议召集程序、表决方式违反公司章程规定；③决议内容违反公司章程规定。但是，会议召集程序或者表决方式仅有轻微瑕疵，对决议未产生实质影响的，公司决议不可撤销。

（一）召集程序瑕疵

召集程序合法，应满足下列要件：

1. 提议、召集、主持合法

召集人须为法定主体，且须按照法定顺位召集。无召集权人召集的会议形成的公司决议，不属于新《公司法》中的公司决议。

会议主持人须为法律或公司章程规定的人员。会议应遵循"谁召集谁主持"的原则，由召集人主持。

(1) 有限责任公司

①股东会会议的提议、召集、主持

新《公司法》第 62 条规定："股东会会议分为定期会议和临时会议。定期会议应当按照公司章程的规定按时召开。代表十分之一以上表决权的股东、三分之一以上的董事或者监事会提议召开临时会议的,应当召开临时会议。"

新《公司法》第 63 条规定:"股东会会议由董事会召集,董事长主持;董事长不能履行职务或者不履行职务的,由副董事长主持;副董事长不能履行职务或者不履行职务的,由过半数的董事共同推举一名董事主持。董事会不能履行或者不履行召集股东会会议职责的,由监事会召集和主持;监事会不召集和主持的,代表十分之一以上表决权的股东可以自行召集和主持。"

为了提高公司治理的效率,新《公司法》第 59 条作出例外规定,股东对股东会法定职权事项以书面形式一致表示同意的,可以不召开股东会会议,直接作出决定,并由全体股东在决定文件上签名或者盖章。

②董事会会议的召集、主持

新《公司法》第 72 条规定:"董事会会议由董事长召集和主持;董事长不能履行职务或者不履行职务的,由副董事长召集和主持;副董事长不能履行职务或者不履行职务的,由过半数的董事共同推举一名董事召集和主持。"

(2)股份有限公司

①股东会会议的提议、召集、主持

新《公司法》第 114 条规定:"股东会会议由董事会召集,董事长主持;董事长不能履行职务或者不履行职务的,由副董事长主持;副董事长不能履行职务或者不履行职务的,由过半数的董事共同推举一名董事主持。董事会不能履行或者不履行召集股东会会议职责的,监事会应当及时召集和主持;监事会不召集和主持的,连续九十日以上单独或者合计持有公司百分之十以上股份的股东可以自行召集和主持。单独或者合计持有公司百分之十以上股份的股东请求召开临时股东会会议的,董事会、监事会应当在收到请求之日起十日内作出是否召开临时股东会会议的决定,并书面答复股东。"

②董事会会议的提议、召集、主持

新《公司法》第 122 条规定:"董事会设董事长一人,可以设副董事长。董事长和副董事长由董事会以全体董事的过半数选举产生。董事长召集和主持董事会会议,检查董事会决议的实施情况。副董事长协助董事长工作,董事长不能履行职务或者不履行职务的,由副董事长履行职务;副董事长不能履行职务或者不履行职务的,由过半数的董事共同推举一名董事履行职务。"

新《公司法》第 123 条第 2 款规定:"代表十分之一以上表决权的股东、三分之一以上董事或者监事会,可以提议召开临时董事会会议。董事长应当自接到提议后十日内,召集和主持董事会会议。"

2. 召集通知合法

(1)有限责任公司

①股东会会议的召集通知

新《公司法》第64条规定:"召开股东会会议,应当于会议召开十五日前通知全体股东;但是,公司章程另有规定或者全体股东另有约定的除外。股东会应当对所议事项的决定作成会议记录,出席会议的股东应当在会议记录上签名或者盖章。"

实务中,最好将会议主题、内容、时间、地点、议案内容都记载在通知中,避免因个别事项疏漏而对公司决议效力产生影响。

②董事会会议的召集通知

新《公司法》对此没有规定,以公司章程的规定为准。公司章程没有规定的,应在确定议题议案后的合理时间内发出会议通知,并给董事一定合理准备时间。

(2)股份有限公司

①股东会会议的召集通知

新《公司法》第115条规定:"召开股东会会议,应当将会议召开的时间、地点和审议的事项于会议召开二十日前通知各股东;临时股东会会议应当于会议召开十五日前通知各股东。单独或者合计持有公司百分之一以上股份的股东,可以在股东会会议召开十日前提出临时提案并书面提交董事会。临时提案应当有明确议题和具体决议事项。董事会应当在收到提案后二日内通知其他股东,并将该临时提案提交股东会审议;但临时提案违反法律、行政法规或者公司章程的规定,或者不属于股东会职权范围的除外。公司不得提高提出临时提案股东的持股比例。公开发行股份的公司,应当以公告方式作出前两款规定的通知。股东会不得对通知中未列明的事项作出决议。"

②董事会会议的召集通知

新《公司法》第123条第1款规定:"董事会每年度至少召开两次会议,每次会议应当于会议召开十日前通知全体董事和监事。"该条第3款规定:"董事会召开临时会议,可以另定召集董事会的通知方式和通知时限。"

3. 实际召开会议

会议应当在召集通知指定的时间和地点召开。

（二）表决方式瑕疵

表决方式合法,应满足下列要件:

1. 有限责任公司

①股东会会议的表决

新《公司法》第65条规定:"股东会会议由股东按照出资比例行使表决权;但是,公司章程另有规定的除外。"第66条规定:"股东会的议事方式和表决程序,除本法有规定的外,由公司章程规定。股东会作出决议,应当经代表过半数表决权的股东通过。股东会作出修改公司章程、增加或者减少注册资本的决议,以及公司合并、分立、解散或者变更公司形式的决议,应当经代表三分之二以上表决权的股东通过。"

②董事会会议的表决

新《公司法》第73条规定:"董事会的议事方式和表决程序,除本法有规定的外,由公司章程规定。董事会会议应当有过半数的董事出席方可举行。董事会作出决议,应当经全体董事的过半数通过。董事会决议的表决,应当一人一票。董事会应当对所议事项的决定作成会议记录,出席会议的董事应当在会议记录上签名。"

注意,新《公司法》第185条规定了关联董事回避表决(限于自我交易、关联交易、谋取商业机会、竞业限制),其表决权不计入表决权总数,也不得代理其他董事行使表决权。该董事会会议由过半数的无关联关系董事出席即可举行,董事会会议所作决议须经无关联关系董事过半数通过,出席董事会会议的无关联关系董事人数不足3人的,应当将该事项提交股东会审议。

2. 股份有限公司

①股东会会议的表决

新《公司法》第104条第2款规定:"成立大会对前款所列事项作出决议,应当经出席会议的认股人所持表决权过半数通过。"第125条规定:"董事会会议,应当由董事本人出席;董事因故不能出席,可以书面委托其他董事代为出席,委托书应当载明授权范围。董事应当对董事会的决议承担责任。董事会的决议违反法律、行政法规或者公司章程、股东会决议,给公司造成严重损失的,参与决议的董事对公司负赔偿责任;经证明在表决时曾表明异议并记载于会议记录的,该董事可以免除责任。"第135条规定:"上市公司在一年内购买、出售重大资产或者向他人提供担保的金额超过公司资产总额百分之三十的,应当由股东会作出决议,并经出席会议的股东所持表决权的三分之二以上通过。"

②董事会会议的表决

新《公司法》第124条规定："董事会会议应当有过半数的董事出席方可举行。董事会作出决议，应当经全体董事的过半数通过。董事会决议的表决，应当一人一票。董事会应当对所议事项的决定作成会议记录，出席会议的董事应当在会议记录上签名。"

注意，新《公司法》第139条、第185条规定了关联董事回避表决，其表决权不计入表决权总数，也不得代理其他董事行使表决权，该董事会会议由过半数的无关联关系董事出席即可举行。董事会会议所作决议须经无关联关系董事过半数通过，出席董事会会议的无关联关系董事人数不足3人的，应当将该事项提交股东会审议。

（三）公司决议存在《民法典》规定的可撤销情形

重大误解（《民法典》第147条）、欺诈（《民法典》第148条、第149条）、胁迫（《民法典》第150条）、显失公平（《民法典》第151条）属于法定的可撤销民事法律行为，符合这些情形的公司决议也可撤销。

实践中，公司决议因显失公平而被撤销比较常见。比如，大股东操纵会议形成了关于关联交易事项的决议，实施授权资本制的董事会制定不公平价格作出增资扩股决议稀释了其他股东持股比例等。

（四）决议内容违反公司章程规定

公司决议在违反公司章程但不违反法律、行政法规的情况下，是可撤销的。违反法律、行政法规规定的决议则为无效。

三、公司决议不成立的认定

（一）公司决议不成立的法定情形

公司决议瑕疵最严重的后果即决议不成立。新《公司法》第27条规定："有下列情形之一的，公司股东会、董事会的决议不成立：（一）未召开股东会、董事会会议作出决议；（二）股东会、董事会会议未对决议事项进行表决；（三）出席会议的人数或者所持表决权数未达到本法或者公司章程规定的人数或者所持表决权数；（四）同意决议事项的人数或者所持表决权数未达到本法或者公司章程规定的人数或者所持表决权数。"

该条明确了公司决议不成立的法定四种情形，并且没有兜底条款。而《公司法司法解释（四）》第5条则规定："股东会或者股东大会、董事会决议存在下列情形之一，当事人主张决议不成立的，人民法院应当予以支持：（一）公司未召开会议的，但依据公司法第三十七条第二款或者公司章程规定可以不召开股东会或者股东大会而直接作出决定,并由全体股东在决定文件上签名、盖章的除外;(二)会议未对决议事项进行表决的;(三)出席会议的人数或者股东所持表决权不符合公司法或者公司章程规定的;(四)会议的表决结果未达到公司法或者公司章程规定的通过比例的;(五)导致决议不成立的其他情形。"

可见,司法解释对公司决议不成立设定了兜底条款,在实务中是否应严格遵循新《公司法》规定的四种情形,尚有待观察。对比新《公司法》和司法解释,可以发现公司决议不成立情形存在以下逻辑链条:未召开会议就产生了决议→召开了会议但未进行表决→进行了表决但出席人数及表决权数未达标→出席人数达标但同意票数及表决权数未达标。

(二)新《公司法》第 27 条中公司决议不成立的法定情形逐项分析

1. 关于第 1 项"未召开股东会、董事会会议作出决议"

公司决议属于一种民事法律行为,而民事法律行为以意思表示为核心,没有意思表示就没有法律行为,意思表示就是将行为人的内心意思以一定的方式表达给外部。未召开股东会、董事会会议,就无法证明股东、董事有决议的意思表示,因而无法形成公司意志,此时作出的公司决议如同空壳,缺少灵魂,当然不成立。

2. 关于第 2 项"股东会、董事会会议未对决议事项进行表决"

尽管会议已召开,但没有对决议事项进行表决,说明决议事项没有体现股东、董事的意思表示,也没有形成公司意志,此时作出的公司决议亦如同空壳,缺少灵魂,不成立。该种情形是对上述第一种情形的具体限定。

3. 关于第 3 项"出席会议的人数或者所持表决权数未达到本法或者公司章程规定的人数或者所持表决权数"

此款是关于出席人数及所持表决权数的规定。关于新《公司法》出席人数的规定总结如下:

第 73 条第 2 款规定,董事会会议应当有过半数的董事出席方可举行。董事会作出决议,应当经全体董事的过半数通过(适用于有限责任公司)。

第 103 条规定,成立大会应当有持有表决权过半数的认股人出席,方可举行(适用于股份有限公司)。

第 124 条第 1 款规定,董事会会议应当有过半数的董事出席方可举行。董事会作出决议,应当经全体董事的过半数通过。

第 139 条规定,上市公司董事与董事会会议决议事项所涉及的企业或者个人有关联关系的,该董事应当及时向董事会书面报告。有关联关系的董事不得对该项决议行使表决权,也不得代理其他董事行使表决权。该董事会会议由过半数的无关联关系董事出席即可举行,董事会会议所作决议须经无关联关系董事过半数通过。出席董事会会议的无关联关系董事人数不足三人的,应当将该事项提交上市公司股东会审议。

4. 关于第 4 项"同意决议事项的人数或者所持表决权数未达到本法或者公司章程规定的人数或者所持表决权数"

同意决议事项的人数或所持表决权数之规定,请参阅本节"二、公司决议可撤销的认定"中关于股东会、董事会表决程序的内容,在此不再赘述。在实务中,若表决时参与者包含本应回避表决的股东或董事(如具有关联关系的董事未回避表决),在纠纷中计算表决权数时剔除其表决权数,可能会导致表决权数未能达到法定或公司章程规定的比例,从而导致公司决议不成立。

四、公司决议纠纷案件的程序要素

公司决议,是指公司依据法律和公司章程对具体事项作出的决议,通常包括股东会决议、董事会决议。公司决议纠纷分为公司效力确认纠纷、公司决议撤销纠纷。其中,公司效力确认纠纷又分为公司决议无效之诉、公司决议不成立之诉。以下将围绕公司决议无效之诉、公司决议不成立之诉、公司决议撤销之诉三种诉讼类型进行分析,它们都是股东直接诉讼的形态,不适用股东派生诉讼规则。

(一)原告主体

1. 公司决议无效之诉

根据《公司法司法解释(四)》第 1 条的规定,公司决议无效之诉的原告包括:

①股东。通常要求在决议作出时具备股东资格。

②董事。

③监事。对于有限责任公司的监事,依据为新《公司法》第 78 条第 6 项;对于股份有限公司的监事,依据为新《公司法》第 131 条。

④与公司决议内容有直接利害关系的、具有诉讼利益的人。比如,公司高级管理人员、公司员工、公司债权人。

此外,根据《公司法司法解释(四)》第 3 条第 2 款规定,一审法庭辩论终结前,其他有原告资格的人以相同的诉讼请求申请参加诉讼的,可以列为共同原告。

2. 公司决议不成立之诉

根据《公司法司法解释(四)》第 1 条规定,其原告主体与公司决议无效之诉相同。

3. 公司决议撤销之诉

根据《公司法司法解释（四）》第 2 条规定，公司决议撤销之诉的原告为起诉时具有股东资格的股东。

注意，原告在公司决议作出时是否有股东资格在所不问。比如，实际出资人尚未显名，实际出资人不具有原告主体资格，名义股东才具有原告主体资格；又如，继承股权的当事人也具有原告主体资格；另外，公司决议撤销之诉的原告主体资格，与股东是否有表决权、会议出席情况、表决情况、持股数量无关。起诉时不具有股东资格的，法院应驳回起诉。

在公司决议撤销之诉中，股东将作为诉讼标的股权全部转让的，应依据《民事诉讼法司法解释》第 249 条规定："在诉讼中，争议的民事权利义务转移的，不影响当事人的诉讼主体资格和诉讼地位。人民法院作出的发生法律效力的判决、裁定对受让人具有拘束力。受让人申请以无独立请求权的第三人身份参加诉讼的，人民法院可予准许。受让人申请替代当事人承担诉讼的，人民法院可以根据案件的具体情况决定是否准许；不予准许的，可以追加其为无独立请求权的第三人。"换言之，股权转让不影响原告的主体资格和诉讼地位，生效裁判对股权受让人具有拘束力。

（二）被告主体

1. 公司决议无效之诉

根据《公司法司法解释（四）》第 3 条第 1 款规定，公司决议无效之诉的被告应为公司。如果不列公司为被告，只列其他主体为被告，被告主体不适格，法院应当驳回起诉；如果既列公司为被告，又列其他主体为被告，法院应当告知将其他主体变更为第三人，不变更的，应当驳回对其他主体的起诉。

2. 公司决议不成立之诉

根据《公司法司法解释（四）》第 3 条第 1 款规定，公司决议不成立之诉的被告同样为公司。

3. 公司决议撤销之诉

根据《公司法司法解释（四）》第 3 条第 1 款规定，公司决议撤销之诉的被告同样为公司。

（三）除斥期间

根据新《公司法》第 26 条的规定，股东自决议作出之日起 60 日内，可以请求人民法院撤销。此 60 日为除斥期间。

（四）案件管辖

公司决议纠纷案件的管辖法院确定,应依照《民事诉讼法》有关地域管辖的一般原则,并结合《民事诉讼法》第 27 条关于公司纠纷的特别规定,即由公司住所地的人民法院管辖。该条规定指出,因公司设立、确认股东资格、分配利润、解散等纠纷提起的诉讼,由公司住所地人民法院管辖。

此外,《民事诉讼法司法解释》第 22 条进一步规定:"因股东名册记载、请求变更公司登记、股东知情权、公司决议、公司合并、公司分立、公司减资、公司增资等纠纷提起的诉讼,依照民事诉讼法第二十七条规定确定管辖。"《民事诉讼法司法解释》第 3 条则明确了法人和其他组织的住所地:公民的住所地为其户籍所在地,而法人的住所地为其主要办事机构所在地,无法确定主要办事机构所在地的,以其注册地或登记地为住所地。

第三部分

股权架构中的控制权交易

第九章 优先股

第一节 请求权基础规范

一、新《公司法》规定

第 116 条 股东出席股东会会议,所持每一股份有一表决权,类别股股东除外。公司持有的本公司股份没有表决权。

股东会作出决议,应当经出席会议的股东所持表决权过半数通过。

股东会作出修改公司章程、增加或者减少注册资本的决议,以及公司合并、分立、解散或者变更公司形式的决议,应当经出席会议的股东所持表决权的三分之二以上通过。

第 143 条 股份的发行,实行公平、公正的原则,同类别的每一股份应当具有同等权利。

同次发行的同类别股份,每股的发行条件和价格应当相同;认购人所认购的股份,每股应当支付相同价额。

第 144 条 公司可以按照公司章程的规定发行下列与普通股权利不同的类别股:(一)优先或者劣后分配利润或者剩余财产的股份;(二)每一股的表决权数多于或者少于普通股的股份;(三)转让须经公司同意等转让受限的股份;(四)国务院规定的其他类别股。

公开发行股份的公司不得发行前款第二项、第三项规定的类别股;公开发行前已发行的除外。

公司发行本条第一款第二项规定的类别股的,对于监事或者审计委员会成员的选举和更换,类别股与普通股每一股的表决权数相同。

第 145 条 发行类别股的公司,应当在公司章程中载明以下事项:(一)类别股分配利润或者剩余财产的顺序;(二)类别股的表决权数;(三)类别股的转让限制;(四)保护中小股东权益的措施;(五)股东会认为需要规定的其他事项。

第 146 条 发行类别股的公司,有本法第一百一十六条第三款规定的事项等可能影响类别股股东权利的,除应当依照第一百一十六条第三款的规定经股东会决议外,还应当经出席类别股股东会议的股东所持表决权的三分之二以上通过。

公司章程可以对需经类别股股东会议决议的其他事项作出规定。

二、其他法律规定

1.《国务院关于开展优先股试点的指导意见》

一、优先股股东的权利与义务

(一)优先股的含义。优先股是指依照公司法,在一般规定的普通种类股份之外,另行规定的其他种类股份,其股份持有人优先于普通股股东分配公司利润和剩余财产,但参与公司决策管理等权利受到限制。

除本指导意见另有规定以外,优先股股东的权利、义务以及优先股股份的管理应当符合公司法的规定。试点期间不允许发行在股息分配和剩余财产分配上具有不同优先顺序的优先股,但允许发行在其他条款上具有不同设置的优先股。

(二)优先分配利润。优先股股东按照约定的票面股息率,优先于普通股股东分配公司利润。公司应当以现金的形式向优先股股东支付股息,在完全支付约定的股息之前,不得向普通股股东分配利润。

公司应当在公司章程中明确以下事项:(1)优先股股息率是采用固定股息率还是浮动股息率,并相应明确固定股息率水平或浮动股息率计算方法。(2)公司在有可分配税后利润的情况下是否必须分配利润。(3)如果公司因本会计年度可分配利润不足而未向优先股股东足额派发股息,差额部分是否累积到下一会计年度。(4)优先股股东按照约定的股息率分配股息后,是否有权同普通股股东一起参加剩余利润分配。(5)优先股利润分配涉及的其他事项。

(三)优先分配剩余财产。公司因解散、破产等原因进行清算时,公司财产在按照公司法和破产法有关规定进行清偿后的剩余财产,应当优先向优先股股东支付未派发的股息和公司章程约定的清算金额,不足以支付的按照优先股股东持股比例分配。

(四)优先股转换和回购。公司可以在公司章程中规定优先股转换为普通股、发行人回购优先股的条件、价格和比例。转换选择权或回购选择权可规定由发行人或优先股股东行使。发行人要求回购优先股的,必须完全支付所欠股息,但商业银行发行优先股补充资本的除外。优先股回购后相应减记发行在外的优先股股份总数。

（五）表决权限制。除以下情况外，优先股股东不出席股东大会会议，所持股份没有表决权：(1)修改公司章程中与优先股相关的内容；(2)一次或累计减少公司注册资本超过百分之十；(3)公司合并、分立、解散或变更公司形式；(4)发行优先股；(5)公司章程规定的其他情形。上述事项的决议，除须经出席会议的普通股股东（含表决权恢复的优先股股东）所持表决权的三分之二以上通过之外，还须经出席会议的优先股股东（不含表决权恢复的优先股股东）所持表决权的三分之二以上通过。

（六）表决权恢复。公司累计3个会计年度或连续2个会计年度未按约定支付优先股股息的，优先股股东有权出席股东大会，每股优先股股份享有公司章程规定的表决权。对于股息可累积到下一会计年度的优先股，表决权恢复直至公司全额支付所欠股息。对于股息不可累积的优先股，表决权恢复直至公司全额支付当年股息。公司章程可规定优先股表决权恢复的其他情形。

（七）与股份种类相关的计算。以下事项计算持股比例时，仅计算普通股和表决权恢复的优先股：(1)根据公司法第一百零一条，请求召开临时股东大会；(2)根据公司法第一百零二条，召集和主持股东大会；(3)根据公司法第一百零三条，提交股东大会临时提案；(4)根据公司法第二百一十七条，认定控股股东。①

2.《优先股试点管理办法》

第2条 本办法所称优先股是指依照《公司法》，在一般规定的普通种类股份之外，另行规定的其他种类股份，其股份持有人优先于普通股股东分配公司利润和剩余财产，但参与公司决策管理等权利受到限制。

第3条 上市公司可以发行优先股，非上市公众公司可以向特定对象发行优先股。

第11条 公司股东大会可授权公司董事会按公司章程的约定向优先股支付股息。公司累计三个会计年度或连续两个会计年度未按约定支付优先股股息的，股东大会批准当年不按约定分配利润的方案次日起，优先股股东有权出席股东大会与普通股股东共同表决，每股优先股股份享有公司章程规定的一定比例表决权。

对于股息可累积到下一会计年度的优先股，表决权恢复直至公司全额支付所欠股息。对于股息不可累积的优先股，表决权恢复直至公司全额支付当年股息。公司章程可规定优先股表决权恢复的其他情形。

第50条 公司应当按照中国证监会有关信息披露规则编制募集优先股说明书

---

① 关于优先股发行与交易的程序，请阅读该意见第8条至第16条。

或其他信息披露文件,依法履行信息披露义务。上市公司相关信息披露程序和要求参照《上市公司证券发行注册管理办法》《北京证券交易所上市公司证券发行注册管理办法》及有关监管指引的规定。非上市公众公司向特定对象发行优先股的信息披露程序和要求参照《非上市公众公司监督管理办法》及有关监管指引的规定。

3.《企业会计准则第37号——金融工具列报》

第7条 企业应当根据所发行金融工具的合同条款及其所反映的经济实质而非仅以法律形式,结合金融资产、金融负债和权益工具的定义,在初始确认时将该金融工具或其组成部分分类为金融资产、金融负债或权益工具。

第10条 企业不能无条件地避免以交付现金或其他金融资产来履行一项合同义务的,该合同义务符合金融负债的定义。有些金融工具虽然没有明确地包含交付现金或其他金融资产义务的条款和条件,但有可能通过其他条款和条件间接地形成合同义务。

如果一项金融工具须用或可用企业自身权益工具进行结算,需要考虑用于结算该工具的企业自身权益工具,是作为现金或其他金融资产的替代品,还是为了使该工具持有方享有在发行方扣除所有负债后的资产中的剩余权益。如果是前者,该工具是发行方的金融负债;如果是后者,该工具是发行方的权益工具。在某些情况下,一项金融工具合同规定企业须用或可用自身权益工具结算该金融工具,其中合同权利或合同义务的金额等于可获取或需交付的自身权益工具的数量乘以其结算时的公允价值,则无论该合同权利或合同义务的金额是固定的,还是完全或部分地基于除企业自身权益工具的市场价格以外变量(例如利率、某种商品的价格或某项金融工具的价格)的变动而变动的,该合同应当分类为金融负债。

第11条 除根据本准则第三章分类为权益工具的金融工具外,如果一项合同使发行方承担了以现金或其他金融资产回购自身权益工具的义务,即使发行方的回购义务取决于合同对手方是否行使回售权,发行方应当在初始确认时将该义务确认为一项金融负债,其金额等于回购所需支付金额的现值(如远期回购价格的现值、期权行权价格的现值或其他回售金额的现值)。如果最终发行方无需以现金或其他金融资产回购自身权益工具,应当在合同到期时将该项金融负债按照账面价值重分类为权益工具。①

---

① 依据会计准则判断优先股的性质是债权还是股权,应从是金融负债还是非权益工具角度进行分析。更多的规范依据请阅读该准则第7条至第15条。

第二节　裁判精要

一、名为投资，实为借贷

1. 名为《优先股股权投资协议》，但投资人不参与经营管理，仅固定收取投资收益，投资期限届满后由对方回购全部股份，实质上是借款协议。

在（2020）粤 0881 民初 1441 号案中，一审法院认为：原告与被告约定由原告将 1000 万元投资入股，且变更了被告的工商登记，但协议约定原告投资后不参与被告的经营管理，对股份保本不分红，仅固定收取投资收益，投资期限届满后由被告回购原告全部投资的股份。这种资金入股的收益模式显然不符合投资款的性质，属于借款性质，故该 1000 万元名为投资，实为借贷。故原告与被告签订的《优先股股权投资协议》实质上是借款协议，本案案由应为企业借贷纠纷。

2. 名为《内部优先股认购合同》，但投资人不享有股东权利，也无须履行股东义务，无论经营状况如何，均有权收回股本金并享有固定收益，未按法定程序修改公司章程也未签发出资证明，实际上是以认购优先股的名义产生的借款法律关系。

在（2019）湘 0211 民初 2795 号案中，一审法院认为：原告与被告签订《内部优先股认购合同》产生的法律关系名为优先股认购，实为民间借贷。首先，从合同的内容看，原告投资所获取的收益为每年 15% 的固定收益，且 2018 年 12 月 31 日前，如被告未能上市，原告有权要求被告按认购价格回购全部股份，原告入股后并不享有股东权利，也不享有股东义务，无论被告经营状况如何，原告均有权收回股本金并享有固定收益，该固定收益保底条款符合借贷关系的法律特征。其次，从合同的实际履行来看，双方并未提供证据证明因原告认购股份而产生被告注册资本发生变更的情况，被告也未按法定程序修改公司章程、变更股东，也未向原告签发出资证明，仅仅是向原告支付了部分股息。由此可见，投资入股并非双方真实意思表示，原告投资后无论从实际上或者法定程序上均未获得被告股东的资格，实际上是被告以认购优先股的名义向原告借款。因此，认定双方系民间借贷法律关系。

3. 以优先股名义进入公司，但不享有股东权利，也不承担股东义务，无论公司经营如何，均有权收回本金并享有固定收益，各方当事人也认为基于协议书所形成的基础法律关系为民间借贷，应认定案件性质为借款法律关系。

在（2021）鄂 08 民初 17 号案中，一审法院认为：京诚投资公司与天菇食品公司签订的协议书名为优先股认购,实为民间借贷,理由:协议书约定,京诚投资公司的出资作为"优先股"进入天菇食品公司,但京诚投资公司"入股"后,不享有股东权利,也不承担股东义务,无论天菇食品公司经营如何,京诚投资公司均有权收回本金并按照银行同期贷款基准利率享有固定收益,该内容符合借贷关系的法律特征;协议书签订后,京诚投资公司向天菇食品公司转款 6000 万元,天菇食品公司未按约定修改公司章程,也未在工商部门办理变更登记,仅向京诚投资公司支付部分利息,也即京诚投资公司出资后未获得天菇食品公司的股东资格。由此可见,天菇食品公司是以认购优先股的名义向京诚投资公司借款,各方当事人也认为基于协议书所形成的基础法律关系为民间借贷,天菇食品公司为借款人。因此,应认定京诚投资公司与天菇食品公司形成民间借贷关系。

二、实为优先股投资关系

1. 根据《转让及增资协议》的内容、交易模式、履行情况等因素综合判断,应当认定增资协议的性质并非借款关系,而是股权投资关系。

在(2021)湘民终 960 号案中,二审法院认为:《转让及增资协议》性质应认定为股权投资关系而非借款关系。首先,从涉案《转让及增资协议》的形式和内容分析,其标题即载明是股权转让和公司增资,协议内容亦明确约定了各股东转让股权的份额、转让价格、认购增资资本数及价格、股权变更登记手续、其他股东优先购买权的放弃等,可以看出城建公司具有通过购买兆富公司各股东所持兆富公司的股权而成为兆富公司股东,并对兆富公司进行增资的意愿,兆富公司及各股东均同意。

其次,从《转让及增资协议》履行情况看,协议签订后,双方共同完成了工商变更登记,城建公司成为持有兆富公司 31.3%股份的股东,3004.8 万元股权转让及增资款亦支付完毕,双方按约履行了股权转让和增资的义务。

再次,"明股实债"要求投资人并不追求对目标公司的股权进行管理和支配,亦不追求对目标公司进行控制。案涉《转让及增资协议》约定城建公司为兆富公司第一大股东,且兆富公司所有经营性项目和资本运作类项目应无条件向城建公司开放,由城建公司独立决策决定是否参与项目合作,并派出监事担任兆富公司监事长,还可通过董事会审定兆富公司的年度工作目标并进行日常监督和年度考核。可见,城建公司成为兆富公司股东后,对兆富公司享有重大决策权和选择管理者等股东权利。城建公司的投资目的并非仅是取得固定回报,而是取得兆富公司股权,并通过保留在股东会、董事会层面对重大事项的表决权以及派驻董事、监事人员等来实际参与兆富公司的经营管理。

最后,《转让及增资协议》约定了城建公司每年可按投资额取得固定分红,按照公司章程约定在公司有盈余时对股东投资的回报,是基于城建公司所持兆富公司股权而取得的收益,而并非利息。综上,根据《转让及增资协议》内容、交易模式、履行情况等因素综合判断,应当认定城建公司与兆富公司之间签订的《转让及增资协议》的性质并非借款关系,而是股权投资关系。

2. 约定投资人无论公司是否盈利均按一定比例分红,公司终止经营时享有优先清算权,并不承担其他股东应承担的责任和义务的,双方关系名为入股,实为投资。

在(2018)川34民终744号案中,二审法院认为:根据康西铜业和被上诉人2008年签订的《股权投资及合作协议》载明,康西铜业享有的是优先股,即康西铜业无论公司是否盈利均按8%享有分红权,公司终止经营时享有优先清算权,并不承担其他股东应承担的责任和义务。依据该协议,康西铜业只享有分红的权利,并未按《公司法》规定承担股东的义务,依据实际履行合同的情况认定康西铜业的200万元名为入股实为投资,上诉人康西铜业并非干田湾公司的股东。

3. 股权投资协议约定投资人的出资设定为优先股,设定优先股的期限现已届满,公司有义务按股本原值回购优先股,表明双方存在投资法律关系。

在(2015)灞民初字第01322号案中,一审法院认为:公司股东依法享有资产收益,可按照全体股东约定分取红利。担保物权人依法享有就担保财产优先受偿的权利。原告因与被告签订《股权投资协议》,经股东会表决而成为被告股东,按约定原告的出资设定为优先股。设定优先股的期限现已届满,被告有义务按股本原值回购优先股,按约定利率向原告支付优先股的股息。被告未按约定期限向原告返还出资款构成违约,按约定应承担违约责任。原告请求支付的股息数额及违约金数额均不超过按照《股权投资协议》约定的方式计算的数额,均予支持。

三、优先股协议条款的效力

1. 优先股投资协议可以约定,如果公司在一定期限内未完成转股承诺,则投资人有权要求其按照原价回购优先股。

在(2017)粤0305民初92-107号案中,一审法院认为:《优先股投资协议》《委托投资优先股协议》《〈优先股投资协议〉补充协议》系双方当事人真实意思表示,内容未违反法律、行政法规的强制性规定,依法具有法律效力,当事人应当按照约定全面履行自己的义务。两被告签订的《〈优先股投资协议〉补充协议》约定,如果被告安普罗集团公司在10个月内未完成以上转股承诺,则被告志成信公司及其代表的投资人有权要求被告安普罗集团公司按照原价回购优先股,同时被告安普罗集团公司需要支付被告志成信公司及其代表的投资人违约金,违约金额度为每月2%,基数为优先股投资人的投资总额。原告与被告志成信公司签订的《委托投资优先股协议》约定,如果被告安普罗集团公司在10个月内未完成以上转股承诺,由被告志成信公司按照与被投资方签署的《优先股投资协议》之规定对资金进行有效投资管理,并按协议约定的投资回报及退出机制给予原告投资收益兑现。

前述补充协议与《优先股投资协议》《委托投资优先股协议》《收款收据》《优先股股权证》相互印证,形成完整证据链,足以证明两被告关于安普罗股份公司的优先股投资协议已开始履行。被告安普罗集团公司已知悉被告志成信公司受各案原告委托代为投资购买优先股的事实,且被告安普罗集团公司对被告志成信公司及其代表的投资人享有的投资收益作出承诺,安普罗集团公司作为成熟的市场主体应依约全面履行自己的回购股权义务。故被告安普罗集团公司提出的抗辩意见,不予采信。

2. 优先股协议书约定,公司每年按投资额的20%无条件支付固定股息,该约定因违反《公司法》关于法定公积金提取制度规定而无效。

在(2015)浙丽商终字第30号案中,二审法院认为:优先股原指依照《公司法》,在一般规定的普通种类股份之外,另行规定的其他种类股份,其股份持有人优先于普通股股东分配公司利润和剩余财产。优先股持有人若主张优先分配利润的权利,应当建立在本会计年度可分配利润足以支付相应固定股息的基础之上。由于被上诉人浙江金润担保发展有限公司于2011—2014年度均处于亏损状态,故上诉人要求支付固定股息的条件并未成就,无权向被上诉人浙江金润担保发展有限公司主张按投资额20%支付固定股息。

此外,被上诉人浙江金润担保发展有限公司系有限责任公司而非股份有限公司,并不具有发行优先股的资质,上诉人认定其签订参股协议书时约定优先股的本意在于要求被上诉人公司每年按投资额的20%无条件支付固定股息,该约定已然违反《公司法》(2013年)法定公积金提取制度的规定,即"公司的法定公积金不足以弥补以前年度亏损的,在依照前款规定提取法定公积金之前,应当先用当年利润弥补亏损",以及"股东会、股东大会或者董事会违反前款规定,在公司弥补亏损和提取法定公积金之前向股东分配利润的,股东必须将违反规定分配的利润退还公司"。该条款的禁止目的在于保证公司资本完整性与保护公司债权人利益,涉及公共利益与市场秩序,属效力强制性规定,因此应认定违反该规定的合同条款无效。

3. 法律对发行优先股的主体有特别要求,属强制性规定。在不具备发行优先股主体资格的情况下,各方签订的《非公开发行优先股认购协议书》无效。

在(2017)湘01民终9642号案中,二审法院认为:根据《公司法》规定,股份公司为同股同权。中国城酒店股份公司不是《国务院关于开展优先股试点的指导意见》限定的发行优先股的主体范畴,中国城酒店股份公司不能发行优先股。中国城酒店股份公司发行优先股不符合法律强制性规定,其与冯某某签订的《非公开发行优先股认购协议书》无效。

4. 增资协议因包含股权同售权、反稀释、优先清算权等条款,只要约定不违反法律效力性强制性规定,均为有效。

在(2019)京03民终6335号案中,关于反稀释的问题,二审法院认为:根据案涉《增资协议》"反稀释"条款的约定,各方之间就目标公司校园电影院线公司的融资、股权激励等的限制时间均限定在"完成本次增资后,标的公司新三板挂牌/上市前",并不违反法律法规的强制性规定。关于股权同售权,根据案涉《增资协议》约定,当林某1、林某2、吴某某出售股权时,北科中心享有同等出售的权利,亦不违反《公司法》等相关法律法规对股权转让的强制性规定。

关于优先清算权,《公司法》规定,清算组在清理公司财产、编制资产负债表和财产清单后,应当制定清算方案,并报股东会、股东大会或者人民法院确认。公司财产在分别支付清算费用、职工的工资、社会保险费用和法定补偿金,缴纳所欠税款,清偿公司债务后的剩余财产,有限责任公司按照股东的出资比例分配,股份有限公司按照股东持有的股份比例分配。据此,公司清算时,清算费用、职工的工资、社会保险费用和法定补偿金、所欠税款、公司债务优先于股东分配。案涉《增资协议》中约定,目标公司在分别支付清算费用、职工的工资、社会保险费用和法定补偿金,缴纳所欠税款,清偿公司债务后,北科中心在股东分配中优先于其他股东进行分配,该协议约定在支付了法定优于股东之间分配的款项后,股东内部对于分配顺序进行约定并不违反《公司法》规定。因此,《增资协议》中对优先清算权的约定并不违反法律法规。

5. 优先股合作协议约定,公司解散或清算并清偿全部债务后,应优先保障华策公司取得其投资额,该约定有效。

在(2020)浙04民终2163号案中,二审法院认为:案涉《合作协议》约定,"华策海宁公司解散或清算时,在清偿全部债务后,应优先保障华策公司取得其投资额人民币1200万元(含华策公司历年累计股权分配在内),剩余部分由华策公司、国广公司根据股权比例享有"。《公司法》规定,清偿公司债务后的剩余财产,有限责任公司按照股东的出资比例分配,股东有权自行决定法人清算后的剩余财产分配问题。此外,华策海宁公司注册资本320万元,华策公司、国广公司各持股50%,双方均按股权比例享有股权权益,但实际上华策公司出资为1200万元,国广公司仅出资10万元。在此情况下,双方自愿约定公司剩余财产优先保障华策公司的投资额1200万元,亦无不合理之处。

第三节　实务指南

一、授权资本制对股权架构的影响及实务问题

授权资本制是指在公司章程中虽已记载公司资本总额,但股东只需认购部分资本,公司无须发行全部资本总额即可成立,而对于其余资本,则由授权董事会制定方案,一次性或分批次发行募集,股东可以选择一次性缴纳股款或分期缴纳股款的一种资本制度。这一制度与法定资本制共同构成我国公司法体系中的资本制度。

法定资本制与授权资本制的最大区别在于,经过股东会或公司章程授权后,董事会对发行新股是否享有自主权。前者没有,而后者被法律明确赋予发行新股的自主权。

授权资本制是新《公司法》确立的董事会中心主义思路的体现,有利于董事会发挥其在公司治理方面的优势。通过分期缴纳股款,可以吸纳和盘活更多的社会闲置资金,为提高公司融资能力、拓展融资渠道提供了很好的选择方案。

此外,授权资本制是收购与反收购市场中的利器。一方面,通过董事会发行自身的资本作为收购目标公司股份的筹码,从而与目标公司股份实现捆绑,推进收购的实现;另一方面,董事会可以面向善意投资人发行新的资本,稀释敌意收购方的持股比例,从而实现反收购目的。

然而,授权资本制具有双面性。在董事会不当发行新资本的情况下,可能会稀释股东的持股比例,改变公司股权结构,强化控股股东地位的同时弱化了中小股东地位,甚至可能损害中小股东利益。上述种种表现,均直接体现了授权资本制对公

司股权架构产生重大影响。

1. 规范依据

新《公司法》第 152 条。

2. 授权资本制新股的发行条件

（1）新《公司法》第 152 条第 1 款中的"公司章程"之"公司"，指的是股份有限公司。该条款位于新《公司法》"股份有限公司的股份发行与转让"一章，意味着授权资本制仅适用于股份有限公司，不适用于有限责任公司。

（2）新股发行的权力机关为董事会。将发行新股的权力赋予董事会，由董事会根据公司实际情况决定发行新股的数量和时间。

（3）新股发行的授权依据为公司章程、股东会。董事会发行新股的依据，要么是公司章程中作出的详细约定，要么是股东会作出的决议。

（4）授权资本制是可选方案，不是必选方案。新《公司法》第 152 条第 1 款中的"可以"一词，表明公司可以选择法定资本制度或授权资本制。

（5）采取股款实缴方式。新《公司法》第 98 条规定："发起人应当在公司成立前按照其认购的股份全额缴纳股款。发起人的出资，适用本法第四十八条、第四十九条第二款关于有限责任公司股东出资的规定。"第 228 条规定："有限责任公司增加注册资本时，股东认缴新增资本的出资，依照本法设立有限责任公司缴纳出资的有关规定执行。股份有限公司为增加注册资本发行新股时，股东认购新股，依照本法设立股份有限公司缴纳股款的有关规定执行。"

授权资本制中新增股份认购人的身份相当于股份有限公司发起人。根据上述规定，股份有限公司在选择法定资本制或授权资本制，或采用一次性或分批发行方式时，均须足额实缴股款。

此外，新《公司法》第 95 条未要求股份有限公司章程载明"出资日期"，也印证了股份有限公司无论是初始发行还是新增发行，均须足额实缴到位；相反，新《公司法》第 46 条规定有限责任公司章程须载明"出资日期"，表明有限责任公司可采用认缴制。

（6）新股发行的期限和比例。董事会在 3 年内决定发行不超过已发行股份 50% 的股份。这对董事会发行新股作了限制，超过这个限制范围需要股东会作出决议修改公司章程，或者股东会作出新决议对董事会另行授权。

（7）授权资本制新股发行的例外。

①以非货币财产作价出资的应当经股东会决议。授权资本制中涉及以非货币

作价出资方式来对新股认购的,由股东会决议确定。而对于是决议非货币财产的评估价格还是决议是否允许以非货币财产方式出资,法条并未明确,但通常可以理解为只要是关于非货币财产作价出资的,均由股东会决定,董事会无权处理。

②发行股份导致公司注册资本、已发行股份数发生变化的,对公司章程该项记载事项的修改无须再由股东会表决(新《公司法》第152条第2款)。

3. 董事会决议通过的比例限制

新《公司法》第153条规定:"公司章程或者股东会授权董事会决定发行新股的,董事会决议应当经全体董事三分之二以上通过。"此类决议属于典型的公司决议类型,股东可以通过决议不成立之诉、决议撤销之诉、决议无效之诉来保护自己的合法权益。

二、无面额股制度对股权架构的影响及实务问题

无面额股,是指只记载股份数量,不记载每股票面金额的股份。从定义可以看出,无面额股与股份数量有关,而股份数量反映了一定的股东持股比例,即具有明显的股权架构特征。事实上,股东对持股比例更为关心,达到法定持股比例,享有的权利也不一样。持股比例大,通常也就意味着股份数量多,合计的股本资金也较大。

由于无面额股与股权比例直接相关,在公司合并、分立场景中运用广泛,其容易将股份拆解或合并,实现公司分立或合并目的。同样,无面额股在增资、减资场景中也被广泛运用,公司只要对每股的资本额进行调整,就能实现增资、减资目的,而无须发行增加新股份或回购注销已发行股份实现增资、减资目的。公司合并、分立和增资、减资,都是直接影响股权架构的关键因素。因此,无面额股其实是授权资本制的重要内容,对公司融资、股权架构会产生重大影响。

1. 规范依据

新《公司法》建立了完整的无面额股制度体系,规范依据包括第142条、第149条、第151条、第154条、第213条。

2. 面额股与无面额股的选择

根据新《公司法》第142条的规定,股份有限公司可以选择发行面额股或发行无面额股,两者只能择一,不可同时发行。

3. 无面额股与注册资本、资本公积金的处理规则

新《公司法》第142条第3款规定:"采用无面额股的,应当将发行股份所得股

款的二分之一以上计入注册资本。"

根据新《公司法》第 213 条的规定,发行无面额股所得股款未计入注册资本的金额,应当列为公司资本公积金。

4. 无面额股发行的主体

根据新《公司法》第 151 条的规定,由股东会对新股种类及数额、新股发行价格、发行无面额股所得股款计入注册资本的金额等事项作出决议。同时根据新《公司法》第 152 条关于授权资本制的规定,董事会在股东会授权范围内可以自主决定无面额股的发行数量和价格。

由于定价权在董事会手中,定价不合理会损害公司和股东的利益,此时可以依据新《公司法》中董事怠于履行催缴出资义务时的赔偿责任条款,要求董事承担责任,或者要求以不合理价格认购股权的认股人承担差额填补责任,各认股人之间对彼此差额部分承担连带清偿责任。

三、关于无面额股、类别股规定的解读

(一)面额股、无面额股

新《公司法》第 142 条是关于面额股的规定。面额股是指股票票面载有具体金额的股份。而票面没有记载金额,实际上只反映占公司资本总额比例的股份,叫作无面额股。

从概念来看,面额股存在破发的风险,即二级市场的股票价格可能会低于票面初定记载的价格,给公司的声誉和融资能力造成较大负面影响。无面额股更为灵活,无论股票实际价格怎么变动,呈现的只是总价值的变化,有效解决了面额股"禁止折价发行"的难题,有利于融资和股权架构搭建。

1. 新《公司法》第 142 条第 1 款

该款指出,股份有限公司的资本由股份组成,此为公司资本的最基本计算单位,股东权利(如表决权)也由这些基本单位构成。在无面额股的情况下,其价值是不断变动的,导致股东权利也发生相应变化。面额股因为记载了票面金额,每一股代表的资本额是恒定的,原则上股东获得的权益也是相等的。但在类别股的情形下,不是所有的股东获得的权益都相同。

每一次发行股份只能选择一种类型,要么是面额股,要么是无面额股;每次发行的同类股份,每股的发行条件应当一样;可以在公司任何设立类型中发行,以发起设立或募集设立方式发行均可;可以在公司任何阶段发行,在公司设立阶段、公

司运行中发行新股阶段等均可。上述内容均可由公司章程来规定。

2. 新《公司法》第 142 条第 2 款、第 3 款

面额股、无面额股可以相互转换，但需要注意股票与公司注册资本之间的关系。面额股的票面金额×发行股份数量=公司注册资本。溢价则列入公司资本公积金。无面额股须将发行股份所得股款的 1/2 以上计入注册资本，这是法定的最低比例。

应注意将股份变动情况载入公司章程，新《公司法》第 95 条第 4 项规定，股份有限公司章程应当载明公司注册资本、已发行的股份数和设立时发行的股份数，面额股的每股金额。

同时还应注意，结合新《公司法》第 151 条第 1 款第 5 项的规定，公司发行新股，股东会应当对发行无面额股的所得股款是否计入注册资本的金额作出决议。即首次发行无面额股的，由发起人协议约定或公司章程规定（计入注册资本的金额不得低于股款总额的一半）；在公司运行中发行无面额股的，则由股东会决议（计入注册资本的金额不得低于股款总额的一半）。

此外，无面额虽然没有记载票面金额，但实际发行中也是有价格的。价格由董事会根据市场情况来灵活确定，这是增资扩股方便融资的利器。

（二）类别股

新《公司法》第 144 条、第 145 条、第 146 条是关于类别股的规定，现对其中的第 144 条、第 146 条进行详细阐述：

1. 新《公司法》第 144 条

（1）类别股，顾名思义，指的是不同于普通股的特别股种。类别股是一个统称，用于描述与普通股不同的特定股票类型，而不是指某一种具体的小类股票。根据本条第 1 款第 1 项，类别股包括优先股和劣后股；根据本条第 1 款第 2 项，类别股包括具有特殊表决权的股份；根据本条第 1 款第 3 项，类别股包括转让受限的股份。类别股的具体类型是法定的，企业不能自行创设。

（2）第 1 款的条文分析。第 1 项，关于优先股和劣后股的区分，指的是在利润分配上，优先股可以优先于普通股获得收益，并在公司清算时优先分配剩余财产。优先股股东关注投资收益，通常不关注公司控制和管理，通过优先收益权放弃了对公司的控制权。第 2 项，打破了一股一票的原则，允许设置一股多票的表决权制度。第 3 项，涉及不同类型的普通股的转让受限股份，如本条规定的类别股，或公司章程对股份转让的限制。需要注意，这种限制属于基于类别股的特有限制，不同于公司

章程对普通股的限制(新《公司法》第157条对普通股的转让限制)。第4项,国务院规定的其他类别股有哪些?根据《国务院关于国有企业发展混合所有制经济的意见》第14条的规定,"国有资本参股非国有企业或国有企业引入非国有资本时,允许将部分国有资本转化为优先股。在少数特定领域探索建立国家特殊管理股制度,依照相关法律法规和公司章程规定,行使特定事项否决权,保证国有资本在特定领域的控制力"。这里的"行使特定事项否决权"就是特殊表决权的类别股。此外,《优先股试点管理办法》第2条规定:"本办法所称优先股是指依照《公司法》,在一般规定的普通种类股份之外,另行规定的其他种类股份,其股份持有人优先于普通股股东分配公司利润和剩余财产,但参与公司决策管理等权利受到限制。"这也为类别股的设计预留了空间。

(3)第2款的条文分析。"公开发行股份的公司不得发行前款第二项、第三项规定的类别股;公开发行前已发行的除外",也就是说,禁止股份公司以公开方式发行表决权受限、转让受限这两种类别股,但允许以非公开方式发行。即表决权类的类别股一旦流通进入市场,公司的控制权将处于不确定之中,甚至时刻影响公司控制权的取得,从而直接影响公司的正常运营。

(4)第3款的条文分析。优先股或劣后股,虽属特殊表决权的类别股,但并非事事享有特权。对于监事成员,比如监事或者审计委员会成员的选举和更换,其每一股的表决权与普通股的相同(除非公司章程另有规定,一般遵循一股一票原则)。

2. 新《公司法》第146条

"可能影响类别股股东权利的",是指对类别股股东有直接利害关系的影响。本条实行"双表决"制度,前提是决议涉及公司特别事项。特别事项是指新《公司法》第116条第3款规定的"修改公司章程、增加或者减少注册资本的决议,以及公司合并、分立、解散或者变更公司形式的决议"。这些决议应当经出席会议的股东所持表决权的2/3以上通过,这是第一次决议;也必须经出席类别股股东会议的股东所持表决权的2/3以上通过,这是第二次决议。就是"双表决"制度,只有经过这两次表决,公司决议才能生效,否则可能导致公司决议不成立或被撤销。

上述制度也被称为分类表决。在具体开会形式上,可以先召开普通股股东会进行第一轮表决,再专门召开类别股股东会进行第二轮表决,合并起来就是有效的公司决议。当然,也可以同时召开会议,普通股股东和类别股股东分别表决,达成分类表决的效果(类似的"双表决"制度也见于新《公司法》第137条中的董事会和审计委员会)。

对于类别股中的优先股股东单独表决事项,在《优先股试点管理办法》第10条中有详细规定:"出现以下情况之一的,公司召开股东大会会议应通知优先股股东,并遵循《公司法》及公司章程通知普通股股东的规定程序。优先股股东有权出席股东大会会议,就以下事项与普通股股东分类表决,其所持每一优先股有一表决权,但公司持有的本公司优先股没有表决权:(一)修改公司章程中与优先股相关的内容;(二)一次或累计减少公司注册资本超过百分之十;(三)公司合并、分立、解散或变更公司形式;(四)发行优先股;(五)公司章程规定的其他情形。"

第十章 公司合并、分立

第一节 请求权基础规范

一、新《公司法》规定

第 218 条 公司合并可以采取吸收合并或者新设合并。

一个公司吸收其他公司为吸收合并,被吸收的公司解散。两个以上公司合并设立一个新的公司为新设合并,合并各方解散。

第 219 条 公司与其持股百分之九十以上的公司合并,被合并的公司不需经股东会决议,但应当通知其他股东,其他股东有权请求公司按照合理的价格收购其股权或者股份。

公司合并支付的价款不超过本公司净资产百分之十的,可以不经股东会决议;但是,公司章程另有规定的除外。

公司依照前两款规定合并不经股东会决议的,应当经董事会决议。

第 220 条 公司合并,应当由合并各方签订合并协议,并编制资产负债表及财产清单。公司应当自作出合并决议之日起十日内通知债权人,并于三十日内在报纸上或者国家企业信用信息公示系统公告。债权人自接到通知之日起三十日内,未接到通知的自公告之日起四十五日内,可以要求公司清偿债务或者提供相应的担保。

第 221 条 公司合并时,合并各方的债权、债务,应当由合并后存续的公司或者新设的公司承继。

第 222 条 公司分立,其财产作相应的分割。

公司分立,应当编制资产负债表及财产清单。公司应当自作出分立决议之日起十日内通知债权人,并于三十日内在报纸上或者国家企业信用信息公示系统公告。

第 223 条 公司分立前的债务由分立后的公司承担连带责任。但是,公司在分立前与债权人就债务清偿达成的书面协议另有约定的除外。

第 224 条 公司减少注册资本,应当编制资产负债表及财产清单。

公司应当自股东会作出减少注册资本决议之日起十日内通知债权人,并于三十日内在报纸上或者国家企业信用信息公示系统公告。债权人自接到通知之日起三十日内,未接到通知的自公告之日起四十五日内,有权要求公司清偿债务或者提供相应的担保。

公司减少注册资本,应当按照股东出资或者持有股份的比例相应减少出资额或者股份,法律另有规定、有限责任公司全体股东另有约定或者股份有限公司章程另有规定的除外。

二、其他法律规定

1.《民法典》

第 67 条 法人合并的,其权利和义务由合并后的法人享有和承担。

法人分立的,其权利和义务由分立后的法人享有连带债权,承担连带债务,但是债权人和债务人另有约定的除外。

第 551 条 债务人将债务的全部或者部分转移给第三人的,应当经债权人同意。

债务人或者第三人可以催告债权人在合理期限内予以同意,债权人未作表示的,视为不同意。

2.《企业改制司法解释》

第 12 条 债权人向分立后的企业主张债权,企业分立时对原企业的债务承担有约定,并经债权人认可的,按照当事人的约定处理;企业分立时对原企业债务承担没有约定或者约定不明,或者虽然有约定但债权人不予认可的,分立后的企业应当承担连带责任。

第 13 条 分立的企业在承担连带责任后,各分立的企业间对原企业债务承担有约定的,按照约定处理;没有约定或者约定不明的,根据企业分立时的资产比例分担。

第 31 条 企业吸收合并后,被兼并企业的债务应当由兼并方承担。

第 32 条 企业新设合并后,被兼并企业的债务由新设合并后的企业法人承担。

第 33 条 企业吸收合并或新设合并后,被兼并企业应当办理而未办理工商注销登记,债权人起诉被兼并企业的,人民法院应当根据企业兼并后的具体情况,告知债权人追加责任主体,并判令责任主体承担民事责任。

第二节 裁判精要

一、合并

1. 区分兼并协议生效问题与兼并协议生效后的履行问题时,不能以协议生效后的履行问题推断协议不生效。

在(2005)民二终字第 38 号案中,关于远大集团公司与感光材料公司签订的《兼并协议》是否生效的问题,二审法院认为:《兼并协议》约定,协议由感光材料公司向其主管部门和天津市经济委员会上报审批,待天津市经济委员会协调各单位落实地方优惠政策,获得批复后生效。远大集团公司提出《兼并协议》未生效的上诉理由之一是中国投资银行不同意兼并,地方优惠政策没有得到落实,未满足协议约定的生效条件。事实表明,作为政府行政主管部门的天津市经济委员会,其协调各单位落实优惠政策的职责已经履行完毕,而中国投资银行在批复下达以后致函市人民政府,表示不同意兼并,致使涉及投行天津分行贷款的优惠政策未能得到最终实现,属于《兼并协议》生效后的履行问题,不能因此得出该协议不生效的结论。

远大集团公司提出《兼并协议》未生效的上诉理由之二是天津市经济委员会的批复没有满足,生效条件未成就。事实表明,远大集团公司对天津市调整工业办公室履行其自身的行政职能是明知并认可的,其并未就作出批复的主体问题提出过任何异议。远大集团公司与感光材料公司签订的《兼并协议》已经生效,该协议是双方当事人的真实意思表示,内容不违反法律禁止性规定,原审判决认定协议有效并无不当。

2. 应当以书面形式确定公司合并的法律关系。

在(2022)鲁 02 民终 8608 号案中,二审法院认为:亚元公司主张与青果尚品公司从 2017 年 9 月开始就合并事宜达成口头协议,青果尚品公司对此不予认可。亚元公司为证明其主张在本案中提交证人刘某、张某的证言,但并未提交双方就公司合并、如何合并、合并后两公司如何处理、股权如何安排等事宜达成合意的书面证据或其他证据。而证人刘某系亚元公司参股公司礼才科技有限公司、青岛天罡安防有限公司等的法定代表人,张某为亚元公司工作人员,与亚元公司存在利害关系,故在亚元公司未提交其与青果尚品公司就公司合并事宜达成合意的其他证据予以佐证的情况下,仅凭上述证人证言不能证明青果尚品公司与亚元公司曾就公司合并达成合意。

3. 缺乏正当事由终止吸收合并事宜的,应承担违约责任。

在(2021)京01民终11073号案中,关于中材公司是否应当向九易公司支付诚意金的问题,二审法院认为:依据《吸收合并框架协议》约定,如中材公司主观原因导致此次合作失败,诚意金归九易公司所有,故是否应当支付诚意金的关键在于案涉合作终止是否为中材公司主观原因造成。中材公司称,吸收合并失败的原因系九易公司未向审计单位提供包括公司本部及各地分公司在内的几乎全部合同,也未提供能够说明公司债务已经清理完毕的多项财务记录及有关凭证,导致审计单位无法出具审计报告,并最终导致公司合并失败。

对此,法院认为:首先,无证据认定九易公司存在上述违约行为。其次,中材公司没有提交其曾委托审计单位开展审计工作的委托合同,没有提交其曾要求九易公司向审计单位补充提供审计材料而九易公司拒不提供的书面证据,亦没有提交审计单位出具的无法对中天公司进行审计的书面意见,故无法认定九易公司存在拒绝提供审计材料的行为。再次,根据证人书面证言,中天公司已经提供了相关财务资料供审计机构查阅,但根据上述财务资料无法出具"无保留意见的审计报告",并未提及资料缺失等问题,结合中材公司未提供有效证据证明曾要求九易公司补充提交资料的情况,一审法院认为中材公司缺乏正当事由终止吸收合并事宜,其行为构成违约,应当向九易公司支付50万元诚意金,并无不当。

4. 应当从注资的主体、是否改变自身企业性质、合并前的债务承担主体等角度判断吸收合并的构成要件,并明确吸收合并的主体。

在(2016)桂12民初2号案中,一审法院认为:关于《续建合同》为部分合法有效合同,理由如下。

首先,本案所谓的"公司合并"并非港资企业菱通国际对境内企业德胜铝业的吸收合并,而是通过合资企业环球铝业(港企与境内合资)对境内企业德胜铝业的吸收合并。《续建合同》虽是德胜铝业与菱通国际、河池市政府三方签订,但实为菱通国际向环球铝业注资,由环球铝业与德胜铝业、河池市政府三方对《续建合同》进行实际的履行,同时亦可视为菱通国际和环球铝业共同对《续建合同》的履行。况且,德胜铝业对该合同的履行,亦是将其所有的资产移交给了环球铝业。据此,可认定环球铝业对德胜铝业进行了吸收合并。其次,该合同未损害合同外第三人的合法权益。再次,环球铝业作为合资企业(港企与境内合资)吸收合并其原股东德胜铝业,但其并未改变合资企业(港企与境内合资)的性质。因为环球铝业作为合资企业,在其实际吸收合并德胜铝业之前,环球铝业的股东虽为德胜铝业(境内合营者)与菱通国际(港企合营者),但环球铝业吸收合并德胜铝业的同时,作为境内合资经营者的德胜铝业在环球铝业的 30% 股权已转让给深圳菱通,且该转让已得到河池商务局的下文批复,环球铝业作为合资企业,工商档案材料现已变更登记其股东为菱通国际(港企)和 30% 股权的受让方深圳菱通(境内企业)。为此,吸收合并后的环球铝业仍符合合资经营企业(港企与境内合资)的特征。最后,该合同并未损害吸收合并各方股东及债权人的利益。

另外,环球铝业吸收合并德胜铝业,用股东菱通国际的唯一注资(840.214743万美元)款支付给南方公司(向德胜铝业)作为购地价款及补偿款共计人民币 3900万元,其中就包含有用于安置德胜铝业员工、清偿债务、退还员工股份的款项人民币 2000 万元,由此应视为德胜铝业员工同意吸收合并。德胜铝业的债权债务应由存续的环球铝业承担。而环球铝业的履行能力强于德胜铝业。由此,可认定环球铝业吸收合并德胜铝业,亦不存在损害德胜铝业股东及其债权人的利益。为此,环球铝业对德胜铝业的吸收合并,虽存在没有股东会形成股东决议及对债权人进行通知或公告告知的瑕疵,但其并没有违反《公司法》规定的公司合并应召开股东大会形成股东决议。

综上,对于《续建合同》,除该合同第一条第 3 项约定违反法律的强制性规定而无效外,其他约定均未违反法律、法规强制性的效力性规定及损害国家、集体和第三人的合法权益,应属合法有效。

二、分立

1. 公司在剥离优质资产时,应通知债权人,除公司在分立前与债权人就债务清偿达成的书面协议另有约定之外,公司债务应由分立后的公司承担连带责任。

在(2019)最高法民申 2330 号案中,关于日升轴承公司应否对新机公司的债务承担连带责任的问题,再审法院认为:第一,新机公司通过《资产收购协议》将其钢球事业部资产出售给日升轴承公司。通过《审计报告》《新乡日升数控轴承装备股份有限公司拟收购河南新机股份有限公司部分资产及负债项目评估报告书》中载明的内容看,其资产总价 20070590.90 元,负债总计 19257566.74 元。负债部分系选择性地承接新机公司应付账款和预收账款,不包括新机公司与黑石公司之间案涉 1750 万元债务,相关债务仍保留在新机公司。除此之外,日升轴承公司在承接新机公司上述钢球事业部资产的同时,还对新机公司相关业务的 101 名员工一并并入,并无偿受让了轴承滚动设备相关专利。从上述事实来看,新机公司实际上是将部分营业资产转移至日升轴承公司,而日升轴承公司除承接部分债务外,对承接上述资产并未支付合理对价。

第二,当企业将其优质财产转移出去,留下企业债务时,就构成企业财产与债务的分离。因为企业财产是企业对外债务的一般担保和物质基础,所以新设公司会因仅带走优质财产而甩掉了本应其承担的企业债务;原企业则因优质财产被转移、却留下债务,而从根本上丧失企业法人的财产责任能力,从而与企业法人财产原则相悖。因此,根据债权人的请求,将新设公司与原企业列为共同被告承担连带责任,符合企业法人财产原则和权利义务对等原则。

第三,公司在剥离优质资产时,应当通知债权人,除公司在分立前与债权人就债务清偿达成的书面协议另有约定之外,公司债务应由分立后的公司承担连带责任。日升轴承公司与新机公司在进行相关资产转让时,部分股东相同,日升轴承公司承接了新机公司剥离出来的相关优质资产,承接了相关技术人员和专利技术。上述资产转让和行为,使得新机公司的经营性优质资产被剥离出去,势必降低其财产责任能力。而且,新机公司、日升轴承公司均未提供证据证明该项资产转让交易已通知债权人黑石公司或经黑石公司同意。因此,无论是从公司分立的原理看,还是从企业改制的规则分析,日升轴承公司在承接新机公司优质营业资产后,应当对新机公司的相关债务承担连带责任。

2.公司分离出来时对资产进行了分割的,属于公司分立。因公司分立前未与债权人就债务清偿达成协议,公司作为分立后新设的法人,依法应当对分立公司的债务承担连带责任。出资人之间投资权益(股权)转让无论是否支付了对价,分立的公司对分立前公司债务承担责任的法律义务均不能免除。

在(2018)京执监28号案中,再审法院认为:康联医药公司第九届第九次股东会决定将其下属分公司联康药店分离,成立康立药店公司,康立药店公司承接联康药店的资产并承继联康药店的药品经营许可等无形财产,康立药店公司从康联医药公司分离出来,对康联医药公司的资产进行了分割,属于公司分立。因公司分立前未与债权人就债务清偿达成协议,康立药店公司作为分立后新设的法人,依法应当对分立前康联医药公司的债务承担连带责任。康联医药公司作为联康药店的出资人,在分公司转换为公司后,也应就康立药店公司的出资人,即向某1、向某2成为康立药店公司的股东事宜,表明康联医药公司与向某1、向某2之间实质上存在投资权益(股权)转让的法律关系。出资人之间投资权益(股权)转让无论是否支付了对价,康立药店公司作为分立的公司对分立前公司债务承担责任的法律义务均不能免除。现康立药店公司认为其股东向某1、向某2以抵债方式支付了对价,双方为转让法律关系、非公司分立的申诉意见,于法无据,不予支持。

3. 公司分立发生在债务产生后,且在分立前未与债权人就债务清偿达成书面协议的,分立后的公司应对分立前的公司之债务承担连带清偿责任。

在(2017)宁民终79号案中,一审法院认为:甘肃金久公司于2014年6月25日以其在宁夏回族自治区内的资产成立宁夏金久公司,属甘肃金久公司分立公司的行为,分立行为发生在甘肃金久公司欠付雍某工程款之后,且甘肃金久公司亦未在分立前与雍某就债务清偿达成其他书面协议,故宁夏金久公司应对甘肃金久公司欠付雍某工程款及利息承担连带清偿责任。

第三节　实务指南

一、新《公司法》公司简易合并实务问题

新《公司法》增设了公司简易合并制度,这是指无须经过股东会决议,仅由董事会作出决议就可以实行合并的简易方式。

1. 规范依据

新《公司法》第219条。

2. 适用情形

简易合并适用于以下两种情形:第一种情形是,公司与其持股90%以上的公司之间的合并;第二种情形是,公司合并支付的价款不超过本公司净资产的10%。

3. 履行必要程序

对于第一种情形,公司应履行通知其他股东的义务(保障股东享有知情权),其他股东有权要求公司按照合理的价格收购其股权或者股份。对于第二种情形,需要审查公司章程有无特别规定,比如,是否排除了简易合并或是否对简易合并作出了条件限制。

4. 理解简易合并的三个角度

(1)股权占比的角度

在母公司持有子公司90%股份的基础上,即新《公司法》第219条第1款规定的情形,也称"母子公司合并",此时应当保障股东的知情权,即"通知其他股东",让

股东了解公司财务状况,以便于对自己的股权估值有更多的揣摩和酌定空间;同时,股东可以要求公司以合理价格收购其股权或股份。关联起来理解,"通知"其实是为了给股东行使要求公司收购其股权的权利提前作估值。

(2)净资产占比的角度

当被合并公司的净资产总值占合并公司的净资产的比例不超过10%时,适用新《公司法》第219条第2款规定的情形(通常称为"小规模合并"或"收购"),即收购方与被收购方的资产实力差距悬殊。

条款中"公司合并支付的价款"可推导为被合并公司的净资产值,即俗称的"价值评估"("值多少钱")。

(3)程序简化的角度

免除股东会决议,由董事会决议并实施即可。在第二种资产占比情形中,公司章程可以特别规定由股东会决议,以确保公司资本维持原则不受资本占比的影响。

二、新《公司法》公司合并、分立实务问题

(一)合并

新《公司法》第220条、第221条规定了公司合并,具体理解如下:

1. 合并的类型

(1)吸收合并

吸收合并是指两个以上的公司合并,一个公司存活下来,其他公司注销的情形,又称兼并。

注销的公司之债权债务均转移到存续的公司中,实为《民法典》中债权债务概括转移的内容。《民法典》第555条规定:"当事人一方经对方同意,可以将自己在合同中的权利和义务一并转让给第三人。"第556条规定:"合同的权利和义务一并转让的,适用债权转让、债务转移的有关规定。"

(2)新设合并

新设合并是指两个以上的公司合并,没有一个公司存活,但共同"涅槃"成为新公司的情形。

2. 合并程序

无论何种类型的合并,皆属特别事项。首先要经过有限责任公司的公司决议,需要经代表三分之二以上表决权的股东通过;股份有限公司的公司决议需要经出席会议的股东所持表决权的三分之二以上通过。

另外,协议、负债表、财产清单、通知债权人、公告、担保,是合并程序中的关键词。还应注意区分债权人债权是否到期。债权到期的,债权人享有选择权,可要求立即清偿债务或要求公司提供担保;债权未到期的,只能要求公司提供担保,如果公司各方均不能提供担保,才可主张立即清偿。

几个关键时间点要记住:10日、30日、45日。

3. 公司合并的债权债务

《民法典》第67条第1款规定:"法人合并的,其权利和义务由合并后的法人享有和承担。"

被合并的公司未及时办理注销手续,其债务如何承担?《企业改制司法解释》第33条规定:"企业吸收合并或新设合并后,被兼并企业应当办理而未办理工商注销登记,债权人起诉被兼并企业的,人民法院应当根据企业兼并后的具体情况,告知债权人追加责任主体,并判令责任主体承担民事责任。"

(二)分立

新《公司法》第222条、第223条规定了公司分立。据此理解如下:

1. 公司分立的类型

公司分立在学界划分为以下两种类型:第一,新设分立,指原公司注销,拆分为两个以上各自独立的新公司;第二,派生设立,指在原有公司继续保持不变的情况下,由原有公司组建新增一个或多个公司的类型。

2. 公司分立的程序

公司分立程序中的关键步骤包括编制资产负债表、财产清单、通知债权人、发布公告等。此外,10天和30天等时限也是在分立程序中应关注的重点。

3. 公司分立的债权债务

无论是合并还是分立,都会影响公司偿债能力。因为新的主体可能不再是原来的偿债主体,各公司对债权债务进行了重新组合约定。为了保障债权人利益,对于公司合并分立中关于债务处理的问题,应当通知债权人,否则董事会及"董监高"将面临较高的风险。依据为《民法典》第546条规定:"债权人转让债权,未通知债务人的,该转让对债务人不发生效力。债权转让的通知不得撤销,但是经受让人同意的除外。"

《企业改制司法解释》特别规定了公司分立后的责任承担问题,其中第12条规定:"债权人向分立后的企业主张债权,企业分立时对原企业的债务承担有约定,并经债权人认可的,按照当事人的约定处理;企业分立时对原企业债务承担没有约定或者约定不明,或者虽然有约定但债权人不予认可的,分立后的企业应当承担连带责任。"第13条规定:"分立的企业在承担连带责任后,各分立的企业间对原企业债务承担有约定的,按照约定处理;没有约定或者约定不明的,根据企业分立时的资产比例分担。"

《民法典》第67条第2款也有规定:"法人分立的,其权利和义务由分立后的法人享有连带债权,承担连带债务,但是债权人和债务人另有约定的除外。"

公司合并和分立,均应通过合并或分立协议明确各方的权利义务和责任。为保障责任落实,需要识别合并或分立的类型,明确哪个主体被吸收、哪个存续或注销,以及哪些主体新设。实际操作中,责任划分主要依赖合同效力和违约责任等相关条款,适用《民法典》合同编及相关司法解释的规定。

4. 公司分立纠纷的法院管辖

《民事诉讼法》第27条规定:"因公司设立、确认股东资格、分配利润、解散等纠纷提起的诉讼,由公司住所地人民法院管辖。"《民事诉讼法司法解释》第22条规定:"因股东名册记载、请求变更公司登记、股东知情权、公司决议、公司合并、公司分立、公司减资、公司增资等纠纷提起的诉讼,依照民事诉讼法第二十七条规定确定管辖。"即公司合并或分立纠纷案的管辖法院为公司住所地人民法院。

第十一章 上市公司收购

第一节 请求权基础规范

一、新《公司法》规定

第 157 条 股份有限公司的股东持有的股份可以向其他股东转让,也可以向股东以外的人转让;公司章程对股份转让有限制的,其转让按照公司章程的规定进行。①

第 158 条 股东转让其股份,应当在依法设立的证券交易场所进行或者按照国务院规定的其他方式进行。

第 159 条 股票的转让,由股东以背书方式或者法律、行政法规规定的其他方式进行;转让后由公司将受让人的姓名或者名称及住所记载于股东名册。

股东会会议召开前二十日内或者公司决定分配股利的基准日前五日内,不得变更股东名册。法律、行政法规或者国务院证券监督管理机构对上市公司股东名册变更另有规定的,从其规定。

第 162 条第 4 款 上市公司收购本公司股份的,应当依照《中华人民共和国证券法》的规定履行信息披露义务。上市公司因本条第一款第三项、第五项、第六项规定的情形收购本公司股份的,应当通过公开的集中交易方式进行。

第 165 条 上市公司的股票,依照有关法律、行政法规及证券交易所交易规则上市交易。

第 166 条 上市公司应当依照法律、行政法规的规定披露相关信息。

---

① 上市公司收购,实际上是一种特殊的股权转让。

二、其他法律规定

(一) 主体资格

1.《证券法》

第 65 条 通过证券交易所的证券交易,投资者持有或者通过协议、其他安排与他人共同持有一个上市公司已发行的有表决权股份达到百分之三十时,继续进行收购的,应当依法向该上市公司所有股东发出收购上市公司全部或者部分股份的要约。

收购上市公司部分股份的要约应当约定,被收购公司股东承诺出售的股份数额超过预定收购的股份数额的,收购人按比例进行收购。

2.《上市公司收购管理办法》

第 5 条 收购人可以通过取得股份的方式成为一个上市公司的控股股东,可以通过投资关系、协议、其他安排的途径成为一个上市公司的实际控制人,也可以同时采取上述方式和途径取得上市公司控制权。

收购人包括投资者及与其一致行动的他人。

第 7 条 被收购公司的控股股东或者实际控制人不得滥用股东权利损害被收购公司或者其他股东的合法权益。

被收购公司的控股股东、实际控制人及其关联方有损害被收购公司及其他股东合法权益的,上述控股股东、实际控制人在转让被收购公司控制权之前,应当主动消除损害;未能消除损害的,应当就其出让相关股份所得收入用于消除全部损害做出安排,对不足以消除损害的部分应当提供充分有效的履约担保或安排,并依照公司章程取得被收购公司股东大会的批准。

第 83 条 本办法所称一致行动,是指投资者通过协议、其他安排,与其他投资者共同扩大其所能够支配的一个上市公司股份表决权数量的行为或者事实。

在上市公司的收购及相关股份权益变动活动中有一致行动情形的投资者,互为一致行动人。如无相反证据,投资者有下列情形之一的,为一致行动人:(一)投资者之间有股权控制关系;(二)投资者受同一主体控制;(三)投资者的董事、监事或者高级管理人员中的主要成员,同时在另一个投资者担任董事、监事或者高级管理人员;(四)投资者参股另一投资者,可以对参股公司的重大决策产生重大影响;(五)银行以外的其他法人、其他组织和自然人为投资者取得相关股份提供融资安排;(六)投资者之间存在合伙、合作、联营等其他经济利益关系;(七)持有投资者

30%以上股份的自然人,与投资者持有同一上市公司股份;(八)在投资者任职的董事、监事及高级管理人员,与投资者持有同一上市公司股份;(九)持有投资者30%以上股份的自然人和在投资者任职的董事、监事及高级管理人员,其父母、配偶、子女及其配偶、配偶的父母、兄弟姐妹及其配偶、配偶的兄弟姐妹及其配偶等亲属,与投资者持有同一上市公司股份;(十)在上市公司任职的董事、监事、高级管理人员及其前项所述亲属同时持有本公司股份的,或者与其自己或者其前项所述亲属直接或者间接控制的企业同时持有本公司股份;(十一)上市公司董事、监事、高级管理人员和员工与其所控制或者委托的法人或者其他组织持有本公司股份;(十二)投资者之间具有其他关联关系。

一致行动人应当合并计算其所持有的股份。投资者计算其所持有的股份,应当包括登记在其名下的股份,也包括登记在其一致行动人名下的股份。

投资者认为其与他人不应被视为一致行动人的,可以向中国证监会提供相反证据。

(二)要约收购

1.《证券法》

第62条 投资者可以采取要约收购、协议收购及其他合法方式收购上市公司。

第66条 依照前条规定发出收购要约,收购人必须公告上市公司收购报告书,并载明下列事项:(一)收购人的名称、住所;(二)收购人关于收购的决定;(三)被收购的上市公司名称;(四)收购目的;(五)收购股份的详细名称和预定收购的股份数额;(六)收购期限、收购价格;(七)收购所需资金额及资金保证;(八)公告上市公司收购报告书时持有被收购公司股份数占该公司已发行的股份总数的比例。

第67条 收购要约约定的收购期限不得少于三十日,并不得超过六十日。①

2.《上市公司收购管理办法》

第23条 投资者自愿选择以要约方式收购上市公司股份的,可以向被收购公司所有股东发出收购其所持有的全部股份的要约(以下简称全面要约),也可以向被收购公司所有股东发出收购其所持有的部分股份的要约(以下简称部分要约)。

第24条 通过证券交易所的证券交易,收购人持有一个上市公司的股份达到该公司已发行股份的30%时,继续增持股份的,应当采取要约方式进行,发出全面要约或者部分要约。②

---

① 更多的规范依据请参阅该法第65条、第68条、第69条。
② 更多的规范依据请参阅该办法第25条至第46条。

（三）协议收购

1.《证券法》

第 71 条 采取协议收购方式的，收购人可以依照法律、行政法规的规定同被收购公司的股东以协议方式进行股份转让。

以协议方式收购上市公司时，达成协议后，收购人必须在三日内将该收购协议向国务院证券监督管理机构及证券交易所作出书面报告，并予公告。

在公告前不得履行收购协议。

第 72 条 采取协议收购方式的，协议双方可以临时委托证券登记结算机构保管协议转让的股票，并将资金存放于指定的银行。

第 73 条 采取协议收购方式的，收购人收购或者通过协议、其他安排与他人共同收购一个上市公司已发行的有表决权股份达到百分之三十时，继续进行收购的，应当依法向该上市公司所有股东发出收购上市公司全部或者部分股份的要约。但是，按照国务院证券监督管理机构的规定免除发出要约的除外。

收购人依照前款规定以要约方式收购上市公司股份，应当遵守本法第六十五条第二款、第六十六条至第七十条的规定。

2.《上市公司收购管理办法》

第 47 条 收购人通过协议方式在一个上市公司中拥有权益的股份达到或者超过该公司已发行股份的5%，但未超过30%的，按照本办法第二章的规定办理。

收购人拥有权益的股份达到该公司已发行股份的30%时，继续进行收购的，应当依法向该上市公司的股东发出全面要约或者部分要约。符合本办法第六章规定情形的，收购人可以免于发出要约。

收购人拟通过协议方式收购一个上市公司的股份超过30%的，超过30%的部分，应当改以要约方式进行；但符合本办法第六章规定情形的，收购人可以免于发出要约。符合前述规定情形的，收购人可以履行其收购协议；不符合前述规定情形的，在履行其收购协议前，应当发出全面要约。

第 48 条 以协议方式收购上市公司股份超过30%，收购人拟依据本办法第六十二条、第六十三条第一款第（一）项、第（二）项、第（十）项的规定免于发出要约的，应当在与上市公司股东达成收购协议之日起3日内编制上市公司收购报告书，通知被收购公司，并公告上市公司收购报告书摘要。

收购人应当在收购报告书摘要公告后5日内，公告其收购报告书、财务顾问专业意见和律师出具的法律意见书；不符合本办法第六章规定的情形的，应当予以公告,并按照本办法第六十一条第二款的规定办理。①

(四) 间接收购

《上市公司收购管理办法》

第 56 条 收购人虽不是上市公司的股东,但通过投资关系、协议、其他安排导致其拥有权益的股份达到或者超过一个上市公司已发行股份的 5% 未超过 30% 的,应当按照本办法第二章的规定办理。

收购人拥有权益的股份超过该公司已发行股份的 30% 的,应当向该公司所有股东发出全面要约;收购人预计无法在事实发生之日起 30 日内发出全面要约的,应当在前述 30 日内促使其控制的股东将所持有的上市公司股份减持至 30% 或者 30% 以下,并自减持之日起 2 个工作日内予以公告;其后收购人或者其控制的股东拟继续增持的,应当采取要约方式;拟依据本办法第六章的规定免于发出要约的,应当按照本办法第四十八条的规定办理。②

(五) 管理层收购

《上市公司收购管理办法》

第 51 条 上市公司董事、监事、高级管理人员、员工或者其所控制或者委托的法人或者其他组织,拟对本公司进行收购或者通过本办法第五章规定的方式取得本公司控制权(以下简称管理层收购)的,该上市公司应当具备健全且运行良好的组织机构以及有效的内部控制制度,公司董事会成员中独立董事的比例应当达到或者超过 1/2。公司应当聘请符合《证券法》规定的资产评估机构提供公司资产评估报告,本次收购应当经董事会非关联董事作出决议,且取得 2/3 以上的独立董事同意后,提交公司股东大会审议,经出席股东大会的非关联股东所持表决权过半数通过。独立董事发表意见前,应当聘请独立财务顾问就本次收购出具专业意见,独立董事及独立财务顾问的意见应当一并予以公告。

上市公司董事、监事、高级管理人员存在《公司法》第一百四十八条规定情形,或者最近 3 年有证券市场不良诚信记录的,不得收购本公司。

---

① 更多的规范依据请参阅该办法第 49 条至第 55 条。
② 更多的规范依据请参阅该办法第 57 条至第 60 条。

第二节 裁判精要

一、上市公司收购纠纷主要类型

(一)合同类纠纷

1. 通知义务指告知与收购有关的重要信息,是要约收购的先合同义务。

在(2013)民申字第1881号案中,关于熔盛重工在订立合同过程中履行先合同义务是否违背诚实信用原则的问题,再审法院认为:首先,兴业基金在订立合同过程中是否继续持有全柴动力股票以维系自己的缔约意向,很大程度上依赖于熔盛重工收购全柴动力股份有关的重大信息。因此对熔盛重工而言,二审判决认定其应履行的先合同义务主要为通知义务,即告知与收购全柴动力股份有关的重要信息,并无不当。其次,熔盛重工自己或通过全柴动力先后以公告、报告的形式,真实、准确、完整地披露了与收购全柴动力股份有关的重要信息,符合《上市公司收购管理办法》的规定。本案中,并无直接有效的证据证明熔盛重工披露的信息有虚假记载、误导性陈述、重大遗漏或违反公开、公平、公正原则,二审判决认定熔盛重工适当履行了告知与收购全柴动力股份有关重要信息的先合同义务,不违背诚实信用原则,并无不当。

关于熔盛重工在订立合同过程中是否有其他违背诚实信用原则行为的问题。首先,从全柴动力公开发布的公告来看,《产权交易合同》在国资委、商务部相关批准文件的有效期内并未实施,至今亦无直接有效的证据显示熔盛重工通过其他投资关系、协议、安排,间接拥有全柴动力权益的股份超过该公司已发行股份的30%。这种情况下,强制熔盛重工发出全面收购要约的条件尚不具备,依法其仍享有自愿订立合同的权利。因此,二审判决认定熔盛重工向中国证监会撤回行政许可申请材料,取消全面要约收购全柴动力股份计划,不违背诚实信用原则,并无不当。其次,根据《上市公司收购管理办法》的规定,熔盛重工于2012年8月17日向中国证监会撤回行政许可申请材料,自行取消全面要约收购全柴动力股份计划,也就没有必要再立即向中国证监会补正上报国资委、商务部相关批复文件等材料。

2. 在履行要约收购的先合同义务过程中无过失的,无须承担责任。

在(2015)皋商初字第1652号案中,一审法院认为:首先,上市公司要约收购是收购方以要约的形式收购上市公司的股份。收购方应负的先合同义务主要是告知义务,履行要约收购告知义务的方式主要是信息披露。信息披露是否符合规范性要求,是判断收购方有无适当地履行先合同义务的重要依据,若过失地违反了这类先合同义务,过失方应当承担缔约过失责任。

本案中,因熔盛公司收购全椒县政府所持全柴集团100%股权而间接持有全柴动力44.39%股份触发要约收购,其作为收购方应为信息披露义务人。被收购的全柴动力为上市公司,被收录于证券市场信息披露平台,熔盛公司通过全柴动力进行信息披露符合《上市公司收购管理办法》的规定。全柴动力于2011年4月28日发布公告,登载了熔盛公司《要约收购报告书》内容,同时载明《要约收购报告书》须经商务部反垄断局、国务院国资委、中国证监会等机构批准,披露了批准文件的进展情况、提示了此要约收购报告书摘要的目的仅是向社会公众投资者提供本次要约收购的简要情况,收购要约并未生效,具有相当的不确定性。此后,全柴动力多次发布公告,对要约收购进展进行了披露,多次提示要约收购存在不确定性。全柴动力的股东包括原告张某亦通过全柴动力的信息披露平台及时获悉熔盛公司要约收购的进程,熔盛公司上述行为符合信息披露的相关规定,应认定其适当履行了先合同义务,无须承担缔约过失责任。

3. 证监会要约收购豁免的决定并非股权转让合同生效的法定要件。为自己的利益不正当地阻止协议生效的条件成就的,应视为条件已成就。

在(2009)民提字第51号案中,关于股权转让协议是否生效的问题,二审法院认为:协议约定,"生效日"是指"本协议经双方签字盖章并报上海证券交易所,以及证监会未对本次目标股权收购而提交的收购报告书在法律、法规规定的期限内提出异议,豁免受让方的要约收购义务之日"。要约收购豁免批准是法律赋予证券监管部门的行政审批权,但股权收购双方是否取得豁免要约,并不影响收购双方的合同成立及生效,也即豁免要约不是合同生效的必要条件,而是收购双方以什么方式对抗上市公司其他所有股东的法律条件。2006年7月26日,证监会受理了太平洋公司提交的中纺机股权收购文件以及豁免要约收购的申请,因标的股权被南大公司的案外债权人追索而被法院冻结,客观上导致证监会豁免要约收购批准审查程序无法继续进行。

南大公司在股权转让协议中承诺"目标股权在转让完成之日前系转让方合法所有,其上未存在任何质押、债务负担或任何形式的第三者权益、权利或限制或任何索赔,也不会遭遇被质押、查封、冻结的潜在威胁,同时承诺本协议一经签署即构成对转让方合法有效并可依法强制执行的义务"。然而,南大公司未能履行其承诺,而且拒绝太平洋公司为实现解除查封标的股权而提出的代其偿还债务的方案,直接导致标的股权被冻结至今,证监会受理的要约豁免申请审查程序被迫中止。基于以上事实,南大公司为自己的利益设置障碍的行为显而易见是南大公司为自己的利益不正当地阻止协议生效的条件成就的,应视为条件已成就。故原审法院认定《股权转让协议》已经生效,应予维持。

4. 借壳上市交易中作出的赠与承诺不能任意撤销。

在(2015)民申字第2121号案中,关于《承诺函》的性质问题,再审法院认为:宋都控股、郭某某向百科投资出具《承诺函》,是源于《置换协议》的签订,两者密切相关,二审判决对此予以认定并无不当。因二审判决认定《承诺函》与《置换协议》之间系关联关系而非从属关系,宋都控股、郭某某关于二者关系的异议主张,不能成立。《置换协议》的签订是上市重组交易的重要组成部分。《承诺函》作为宋都控股、郭某某的真实意思表示,涉及对置出资产的处置,系当事人在《股权转让协议》之外对实体权利的处分达成的合意。此《承诺函》名为"无偿赠与",实是双方当事人经协商达成的商业交易对价,故该承诺不同于合同法上的赠与,不能任意撤销。二审判决认定《承诺函》与《置换协议》共为上市重组交易的组成部分,并无不当。宋都控股、郭某某应当按照《承诺函》中的承诺,在《置换协议》或《补充协议》约定的交易交割日,将本次交易中的拟置出资产无偿赠与百科投资。

5. 借壳上市交易中置换资产交付数额应根据评估报告确定的数额来认定。

在(2015)民申字第2121号案中,关于置出资产的交付数额问题,再审法院认为:《承诺函》的签订源于《置换协议》,协议明确约定拟置出资产系指甲方即上市公司拟置出的全部资产及负债,具体范围以具有证券从业资格的资产评估机构最终出具的评估报告及其资产评估明细表中列明的评估范围为准;拟置出资产评估报告是指以2009年12月31日为基准日的《资产评估报告》。故对于"本次交易中的拟置出财产"的认定,应当以《83号评估报告》为依据。《83号评估报告》确定货币资金账面价值125111511.45元,包括银行存款评估值为81256885.39元;评估结论载明资产评估价值为416298331.68元,负债评估价值为124993040.69元,净资产账面评估价值为291305290.99元。由此,虽然百科投资主张的2010年3月19日其将上市公司控制经营权交割至宋都控股时的账面资金24495668.79元,其内涵和外延与《承诺函》中约定的拟置出资产不完全一致,但百科投资主张的数额远低于《83号评估报告》所确定的上市公司的货币资金账面价值,故百科投资的诉讼主张应予支持。

(二)公司类纠纷

1. 上市公司董事会作出的限制作为收购方的股东的表决权之决议无效。

在(2016)粤03民终13834号案中,关于案涉董事会决议是否作出了一审判决书中第一项、第二项、第三项以及第四项判决所列的要求限制及剥夺京基公司行使股东权利的决议的问题,二审法院认为:康达尔公司上诉主张,案涉康达尔公司临时会议作出的《关于依法对公司股东林某、京基集团有限公司及其一致行动人提起诉讼的议案》的内容只是授权公司董事长及管理层采取法律措施就林某、京基公司及其一致行动人涉嫌违反证券交易法律法规的行为依法进行追究,就其违法行为向有关监管部门进行举报。授权公司董事长及代理人采取包括诉讼在内的措施,要求林某、京基公司及其一致行动人:(1)在改正其违法行为前不得对其持有的公司股份行使表决权;(2)将其违法所得(违法增持公司股票及减持该等股票所获的收益)上缴上市公司;(3)改正其违法行为,将合计持有的公司股票减持至合计持有比例的5%以下;(4)不具备收购上市公司的主体资格。无论从体系、文义还是从目的解释,案涉董事会并没有作出直接限制京基公司等股东权利的决议,京基公司断章取义,故意曲解决议内容,一审判决对此认定事实错误。

首先,虽然案涉决议中并没有就四项内容分别以决议的形式进行表述,但是该决议包含了一审判决认定的四项内容,已明确主张"董事会认为……林某、京基集团有限公司及其一致行动人在增持公司股份及履行信息披露义务过程中存在违反证券交易法律法规及有关交易规则的情形",以及"公司应要求:(1)林某、京基公司及其一致行动人在改正其违法行为前不得对其持有的公司股份行使表决权;(2)林某、京基公司及其一致行动人不具备收购上市公司的主体资格;(3)林某、京基公司及其一致行动人应将合计持有的公司股票减持至合计持有比例的5%以下;(4)林某、京基公司及其一致行动人应将其违法所得(违法增持公司股票及减持该等股票所获的收益)收归公司所有。"其次,康达尔公司提交的《情况说明》中,更是对四项内容表述为"董事会认为……",意思表示清楚确定,并单独将四项内容列明,具有结论性和可执行性。最后,也是最重要的,康达尔公司及其董事会、监事会之后分别在股东大会以及临时股东大会上,直接限制了京基公司行使股东表决权。也就是说,案涉董事会决议作出后,康达尔公司及其董事会、监事会已经实际在执行案涉决议内容,客观上限制了京基公司行使股东权利。故对康达尔公司关于案涉决议并未决定限制或剥夺京基公司股东权利的上诉理由,不予采纳。

2. 信息披露义务人存在违法披露信息行为的，由证券监管机构责令改正。改正前信息披露义务人不得对其持有或者实际支配的股份行使表决权；违法行为改正后，其表决权再受到限制的前提条件已不存在，其应享有完整的股东权利。

在（2017）川01民终14529号案中，二审法院认为：依照《上市公司收购管理办法》规定，信息披露义务人存在信息披露违法行为的，由证券监管机构责令改正。改正前，相关信息披露义务人不得对其持有或者实际支配的股份行使表决权。因此，在信息披露义务人的违法行为改正后，其表决权再受到限制的前提条件已不存在，其应享有完整的股东权利。

成都路桥公司修改章程内容，增加的第五项内容约定将投资者增持公司股份过程中违反信息披露义务的行为视为永久性"放弃表决权"，并规定"公司董事会有权拒绝其行使除领取股利以外的其他股东权利"，该内容违反《公司法》规定，应为无效。成都路桥公司提出，深圳证券交易所对该公司上述修改章程的决议未提出异议，且其他上市公司也有类似限制违法股东权利的章程。对此法院认为，人民法院依照《公司法》相关规定对股东大会决议效力进行个案审查，证券交易所有无对上市公司股东大会决议提出异议，以及其他上市公司是否存在类似情形，不影响法院对案涉股东大会决议效力的判断。由于李某的违法行为已于2016年3月21日改正，此后李某应享有表决权。两份《临时股东大会决议》均以李某所持公司股票不享有表决权为由，未将李某表决情况计入会议有表决权股份总数，剥夺了股东固有权利中的表决权，属违反法律规定，李某请求撤销的诉讼请求应得到支持。

（三）证券类纠纷

1. 虚假陈述的重大性要件是指可能对投资者的投资决策产生重要影响的信息。当事人因虚假陈述已经被监管部门行政处罚的，应当认定其具有重大性的违法行为，构成证券虚假陈述。

在（2020）云民终281号案中，关于上诉人昆机公司、西藏紫光公司是否构成证券虚假陈述的问题，二审法院认为：昆机公司未披露《股份转让协议》中"3个月自动解除""获得云南各部门支持"的条款；沈机公司通过昆机公司披露《简式权益变动报告书》时，未披露《股份转让协议》中"3个月自动解除""获得云南各部门支持"的条款以及补充协议；西藏紫光公司通过昆机公司披露《详式权益变动报告书》时，未披露"3个月自动解除""获得云南各部门支持"的条款在内的全部生效条件以及补充协议；中德证券公司未取得并核查沈机集团和西藏紫光公司正式签署的《股权转让协议》，未发现西藏紫光公司披露的《详式权益变动报告书》信息存在重大遗漏,其出具的财务顾问核查意见存在重大遗漏。上述违法行为违反了《证券法》《上市公司收购管理办法》相关规定,已被中国证券监督管理委员会予以行政处罚。虚假陈述的重大性要件是指可能对投资者的投资决策产生重要影响的信息,本案虚假陈述已经被监管部门行政处罚,应当认定为具有重大性的违法行为,昆机公司、沈机公司、中德证券公司、西藏紫光公司的上述行为构成证券虚假陈述。

2. 上市公司的控制权仅表现为投资者根据其投资比例依法享有的对公司管理事务表决权的大小,并非控股股东依法所应享有的股东权利;任何证券市场主体均不享有所谓法定的反收购权利,而目标公司管理层也只有在为维护公司及广大股东合法利益的情况下才可以采取合法的反收购措施。

在(2015)沪一中民六(商)初字第66号案中,一审法院认为:原告主张被告的行为侵害了其对新梅公司的控制权及反收购权。原告该诉讼主张是否成立的关键在于确定原告是否系新梅公司的控股股东,以及原告所主张的控制权及反收购权是否属于依法应予保护的股东权利。根据《公司法》规定,上市公司控股股东是指持有的股份占股份有限公司股本总额50%以上的股东,或者持有股份的比例虽然不足50%,但依其持有的股份所享有的表决权已足以对股东大会的决议产生重大影响的股东。本案中,原告目前虽持有新梅公司股份的比例仅为11.19%,但因新梅公司客观上的股权结构较为分散,且该公司在本案诉讼中对原告系其控股股东的事实予以确认,故对原告所主张的其系新梅公司控股股东的事实予以确认。

对于上市公司控股股东的控制权是否依法应予保护的问题,法院认为,上市公司控股股东的控制权取决于其所持股份比例的大小。作为公众公司,为促进市场资源配置最优化,其本质的特征就在于符合条件的投资者均可依法自由买卖该上市公司的股票,因而上市公司控制权也会因投资主体持股数量的变化而随时发生变更。因此,所谓上市公司的控制权仅表现为投资者根据其投资比例依法享有的对公司管理事务表决权的大小,并非控股股东依法所应享有的股东权利。

况且,为防止控股股东滥用控制权,我国《证券法》及《公司法》均规定上市公司控股股东应对公司承担相应的忠实、勤勉的信义义务。因此,上市公司股东的控制权并非法定的股东权利。据此,对原告的该诉讼主张,不予采纳。对于原告主张的被告的违规交易行为侵害了其反收购权的诉讼主张,法院认为原告的该主张涉及对被告的交易行为是否构成对新梅公司的收购,以及原告是否享有其所主张的"反收购权"的认定。因反收购措施权利归属的认定是原告该诉讼主张是否依法成立的首要前提条件。换言之,即使被告的行为构成对新梅公司的收购,如原告依法不享有其所主张的所谓反收购权利,被告的行为亦不构成对原告权利的侵害。对此,法院认为,反收购既非法律概念,亦非上市公司控股股东的一项法定权利。结合国、内外证券市场的现状,所谓反收购是指在目标公司管理层不同意收购的情况下,其为了防止公司控制权转移而采取的旨在预防或挫败收购者收购目标公司的行为。我国《证券法》《公司法》以及中国证监会发布的《上市公司收购管理办法》中均未赋予上市公司的控股股东享有反收购的法定权利。

相反,为防止目标公司管理层为一己私利而采取不正当的反收购行为,《上市公司收购管理办法》第8条对被收购公司管理层采取反收购措施进行了明确规制。该条规定:"被收购公司的董事、监事、高级管理人员对公司负有忠实义务和勤勉义务,应当公平对待收购本公司的所有收购人。被收购公司董事会针对收购所作出的决策及采取的措施,应当有利于维护公司及其股东的利益,不得滥用职权对收购设置不适当的障碍,不得利用公司资源向收购人提供任何形式的财务资助,不得损害公司及其股东的合法权益。"因此,任何证券市场主体均不享有原告所主张的所谓法定的反收购权利,而目标公司管理层也只有在为维护公司及广大股东合法利益的情况下才可以采取合法的反收购措施。现原告以新梅公司控股股东的身份提起本案诉讼,主张被告的行为侵犯了其反收购的权利,该主张缺乏法律依据,亦不予支持。

3. 在证券欺诈责任纠纷案件中,投资人损失的原因可能基于被诉证券欺诈行为或证券市场系统风险等其他因素。在判断导致投资人损失的原因时,应当重点考查被诉证券欺诈行为对损失后果的影响程度、是否存在系统风险等其他因素及对损失所起作用的大小。

在(2020)浙民终1324号案中,关于投资人的损失与案涉信息披露行为之间是否存在因果关系的问题,一审法院认为:在证券欺诈责任纠纷案件中,投资人损失的原因可能基于被诉证券欺诈行为或证券市场系统风险等其他因素。在判断导致投资人损失的原因时,应当重点考查被诉证券欺诈行为对损失后果的影响程度、是否存在系统风险等其他因素及对损失所起作用的大小。证券市场系统风险是指因整个政治、经济、社会等环境因素对证券价格所造成的影响。风险所造成的后果具有普遍性,不可能通过购买其他股票保值。无论是系统风险还是其他因素,均应是对证券市场产生普遍影响的风险因素,对证券市场所有的股票价格产生影响,这种影响是个别企业或行业不能控制的,投资人无法通过分散投资加以规避。根据《虚假陈述司法解释》(2003年)第19条第4项的规定,此时应认定虚假陈述与损害结果不存在因果关系。被告方应当对损失或者部分损失是由证券市场系统风险等其他因素所导致承担举证证明责任。

通常情况下,投资人选购股票时,无疑对该股票的法定信息披露义务人所披露的信息给予了足够的信任,披露的信息应是投资人在决定购买股票时所信赖的对象。万家文化公司2017年1月12日、2月16日两次公告均与案涉股权转让项目中筹资计划和安排有关。该公司于2017年1月12日,即虚假陈述实施日复牌后,案涉股票连续两个交易日出现涨停,第三、四个交易日继续收涨,涨幅高达32.77%。因前述信息存在虚假记载、误导性陈述及重大遗漏,同年2月28日虚假陈述揭露日复牌后,当日股价下跌10.02%。因此在虚假陈述揭露日前,股价并非正常价格,而是受虚假陈述的影响处于一种虚高的状态。投资人所投资的股票,自虚假陈述实施日之后至虚假陈述揭露日之前买入,在虚假陈述揭露日及以后因卖出该股票发生亏损,虚假陈述是导致投资人损失的直接原因,符合《虚假陈述司法解释》(2003年)第18条规定的认定虚假陈述与损害结果之间存在因果关系的法定条件。从投资人买入案涉股票至基准日止,上海证券交易所上证指数并未出现较大幅度的下跌情况,故不能认定本案存在系统风险等其他因素导致投资人损失的情况。

4. 各公司实施的虚假陈述行为,该事实已被前述的中国证监会相应行政处罚决定书所确认的,因其证券市场虚假陈述行为给投资人造成了经济损失,且每个的侵权行为均足以造成全部损害,各公司应对当事人的损失承担连带赔偿责任。

在(2020)云民终281号案中,关于昆机公司、沈机公司、中德证券公司、西藏紫光公司因证券市场虚假陈述行为的民事赔偿责任该如何承担的问题,一审法院认为:上市公司即本案的昆机公司,股权转让方即本案沈机公司,股权受让方即本案西藏紫光公司,专业中介服务机构即本案中德证券公司均是信息披露义务人。本案昆机公司、沈机公司、中德证券公司、西藏紫光公司均违反了披露信息必须完整不得有重大遗漏的义务,分别实施了虚假陈述行为,这一事实已被前述的中国证监会相应行政处罚决定书所确认。昆机公司、沈机公司、中德证券公司、西藏紫光公司的证券市场虚假陈述行为,给投资人造成了经济损失,且每个的侵权行为均足以造成全部损害,应对苑某某的损失承担连带赔偿责任。

5. 从案涉股票虚假陈述实施日至揭露日的收盘价看,公司发布公告融资计划无法按期完成导致投资人失去信心,股票价格出现持续下跌。股价下跌并非属于该股票的正常价格波动,由此产生的投资差额损失由公司承担。

在(2020)浙民终1324号案中,二审法院认为:从案涉股票虚假陈述实施日至揭露日的收盘价看,虚假陈述实施日前一天,即2017年1月11日的收盘价为18.38元,而2017年2月16日万家文化公司发布《关于对上海证券交易所〈关于对万家文化公司控股股东股权转让相关事项的问询函〉回复的公告》前一交易日的收盘价为20.13元,2017年2月28日万家文化公司发布《关于收到中国证券监督管理委员会调查通知书的公告》前一交易日的收盘价为16.87元。案涉股票价格在2017年2月16日前无大幅度波动;2017年2月16日,万家文化公司公告融资计划无法按期完成后,投资人失去信心,股票价格持续下跌。因此,股价下跌并非属于该股票的正常价格波动,由此产生的投资差额损失不应由投资人承担。因此,原审判决确定的祥源文化公司的赔偿责任并无不当。

二、一致行动协议

(一)一致行动协议与公司决议

1.《一致行动人协议书》中可以约定,若协议各方在公司经营管理等事项上就某些问题无法达成一致,应当在有利于公司发展和各方合法利益且不损害股东利益的前提下,按照持股多数原则作出一致行动的决定。

在(2022)苏02民终7352号案中,二审法院认为:依据《一致行动人协议书》《一致行动协议》的约定,涉案董事会决议不存在应当不成立的情形。对于一致行动协议,吕某某主张依照《一致行动人协议书》《一致行动协议》的约定,涉案会议的表决结果未达到通过比例。对此,法院认为,吕某某与潘某所签订的《一致行动人协议书》约定,若协议各方在公司经营管理等事项上就某些问题无法达成一致,应当在有利于公司发展和各方合法利益,且不损害潘某利益的前提下,按照持股多数原则作出一致行动的决定。鉴于潘某认为吕某某作为拍字节公司董事长长期怠于履行义务,要求解除吕某某总经理/CEO职位,重新聘任总经理/CEO,故按照上述规定,潘某无须按照持股多数原则与吕某某作出一致行动。

《一致行动协议》规定,对于总经理职责范围之内与公司的经营和管理相关的事项,以及涉及吕某某作为公司法定代表人需要承担个人责任的事项,应以吕某某的意见为准。但是涉案董事会决议并不涉及总经理职责范围之内与公司的经营和管理相关的事项,故涉案董事会仍应当按照多数决议的方式确定一致行动意见。退一步讲,即便按照吕某某所称认为陶某、胡某某、潘某存在违反《一致行动人协议书》《一致行动协议》的情形,因《一致行动人协议书》《一致行动协议》对于违约责任方面并未约定强制归票的情形,本案亦不能依据《一致行动人协议书》《一致行动协议》将陶某、胡某某、潘某对涉案董事会决议所投票由赞成票认定为反对票。

2. 一致行动协议中的股东违背协议在会议上投反对票，但其他股东依据一致行动协议，将反对投票计为同意票，形成的股东会决议合法有效（支持强制归票），违约股东要求撤销股东会决议的主张不会得到支持。

在（2017）赣民申367号案中，再审法院认为：《股份认购协议》和《期权授予协议》约定，华电公司向张某某定向增发股权，在公司股份上市交易前，张某某承诺其所持之华电公司股份的投票与胡某保持一致。胡某作为华电公司的法定代表人在两份协议上签字，并加盖了华电公司公章。两份协议约定的事项，已在董事会上形成董事会决议，合法有效，且当事人已经实际履行协议，张某某应当受协议条款约束。后来，华电公司董事会就华电公司进行增资扩股的议案等事项进行投票表决，胡某对股东大会的各项议案均投同意票。虽然张某某投的是反对票，但华电公司根据《股份认购协议》和《期权授予协议》，将张某某所投票计为同意票，形成了股东会决议，华电公司的行为符合两份协议的约定。张某某主张即使两份协议有效，也只能追究其违约责任，不能强行将其反对票统计为赞成票的申请再审理由不能成立。股东大会形成决议的程序符合华电公司章程及《公司法》的规定，张某某、周某某要求撤销股东会决议的请求没有事实法律依据。

3. 一致行动协议建立在各方相互信任、协商一致的基础之上，在协商无法达成一致意见时，应当允许协议签署人表达个人意愿，而非强迫，公司决议依据各方实际表决情况通过而有效（不支持强制归票）。

在（2018）浙0106民初3961号案中，一审法院认为：穆某某、宋某与冯某某作为艾博管理的股东间接持有艾博健康的股权，三方签订了《一致行动协议》，承诺在行使股东提案权或表决权时均采取相同意思表示，并约定当各方无法达成一致意见时，以股东所持表决权三分之二的意见为准。后公司召开股东大会审议《关于申请公司在全国中小企业股份转让系统终止挂牌的议案》，冯某某投票同意，而穆某某、宋某投票反对，该议案最终以半数以上股东同意审议通过。穆某某、宋某遂诉至法院要求继续履行《一致行动协议》并对外公告该决议未通过。

法院认为，原、被告签署的《一致行动协议》，是双方真实意思表示，在当事人之间具有一定的约束力，在协商一致的情况下应当采取一致行动。《一致行动协议》是建立在各方相互信任的基础之上，但作为协议中的"一致行动人"，对一致行动应建立在全体协议签署人协商一致的意见的基础上，如果协商达不成一致意见，应当允许协议签署人表达个人意愿，而非强迫。"一致行动人"不能一致行动，协议就失去应有的价值。既然是协议,就应当允许"协议"当事人有退出的权利,如果退出的一方因其退出给另一方造成损失,可按协议约定赔偿对方损失。

4. 实际控制人之间为夫妻关系,且持股比例达到30%,这两种情形足以扩大股东对公司表决权的支配范围,因此可认定相关股东在签署一致行动人协议之前即已构成一致行动人关系。

在(2018)宁01民终400号案中,一审法院认为:根据被告上海宝银公司、上海兆赢公司在《收购报告书》中披露的内容,被告上海宝银公司的控股股东及实际控制人为崔某,被告上海兆赢公司的控股股东及实际控制人为邹某某,崔某、邹某某为夫妻关系。被告上海宝银公司参股上海兆赢公司,持股比例30%;被告上海兆赢公司的另一股东上海兆盈投资管理中心(有限合伙)的股东为邹某某(持股95%)、崔某(持股5%),被告上海宝银公司的股东崔某持股50%,邹某某持股21%。根据被告上海宝银公司、上海兆赢公司在《收购报告书》中披露的内容,被告上海宝银公司、上海兆赢公司存在以下情形:(1)上海宝银公司、上海兆赢公司的控股股东及实际控制人崔某、邹某某为夫妻关系;(2)上海宝银公司在上海兆赢公司参股30%。上述两种情形足以使上海宝银公司、上海兆赢公司扩大其所能够支配的新华百货股份表决权数量,可以认定被告上海宝银公司、上海兆赢公司在签署一致行动人协议前即构成一致行动人关系。

(二)一致行动协议的解除与违约

1. 签订一致行动协议同时往往也应出具委托书,主要目的在于确保公司经营管理决策的一致性,解决实际控制人的问题。委托书属于委托合同,可以随时解除。签订一致行动人协议是各方对公司经理管理决策、股东会上行动一致作出的特别约定,已超出无偿委托合同的范畴,具有较强的商业属性。协议中约定排除了法律对委托合同的规定适用的,从约定。在不存在法定解除合同情形下,发出通知函不因原告收悉而发生解除一致行动协议的效力。

在(2020)云2501民初1514号案中,一审法院认为:原、被告签订的《一致行动协议》《一致行动人协议》及《委托书》均系双方真实意思表示,未违反法律规定,合法有效。原、被告应当按照约定履行自己的义务,不得擅自变更或者解除合同。被告虽然认为原告不当行使授权,公司多次被行政处罚,但是其提交的证据只能证明云河药业在被告担任董事长期间两次受到行政处罚,故被告的答辩无事实依据;被告虽然认为三份协议中掺杂了大量对其不利条款、剥夺了其股东权利,但是协议内容系被告自愿作出的授权,不违反法律的禁止性规定,故被告的答辩意见无法律依据。因本案不存在法定解除合同的情形，故被告发出的《通知函》不因原告收悉而发生解除合同的效力。

原、被告在 2015 年签订《一致行动协议》时，具有将云河药业上市交易或与相关上市公司合作的目的；虽然云河药业后未能上市，但是双方在该协议基础上，于 2017 年第二次签订《一致行动协议》，于 2019 年再次签订《一致行动人协议》且被告出具《委托书》，主要目的在于确保云河药业经营管理决策的一致性，解决实际控制人的问题，保障公司持续稳定发展。法律规定，委托人或者受托人可以随时解除合同。但委托人的任意解除权并非效力性强制性规定，当事人可以通过约定来排除对该条款的适用。被告提交的证据既不能证明三份协议及《委托书》存在法定或约定解除的情形，也不能证明发生了双方在签订协议时无法预见的重大变化和导致合同目的不能实现的情形，故被告作出的《通知函》没有事实和法律依据。

2. 公司不同意由控股股东代表其行使股东权利，控股股东已不再担任法定代表人并解除了劳动关系，履行一致行动协议已失去客观存在基础，一方要求解除一致行动协议的请求可以被支持。

在（2016）粤 0605 民初 14824 号案中，一审法院认为：首先，原告基于其是德华公司的控股股东，代表德华公司在广东摩德娜公司的利益，才有签订并履行《一致行动协议》的基础，因此一致行动不能与德华公司的利益相悖。现德华公司明确表示不同意由原告代表其行使对广东摩德娜公司的股东权利，且原告亦已不再担任德华公司的法定代表人。其次，原告已与广东摩德娜公司解除了劳动关系，亦提交了董事辞职申请，即原告已不再参与广东摩德娜公司决策和经营管理权等。在目前的情况下，原告已不具备履行讼争协议的资格和能力。

所谓一致行动人的表述主要调整范围包括公司 IPO 阶段以及上市之后的收购、增持、减持等过程中。原、被告签订《一致行动协议》的目的是筹备上市，获得监管机构认可并解决实际控制人的问题。现广东摩德娜公司已终止上市，转为在新三板挂牌，被告没有证据证明广东摩德娜公司准备转板或者已具备上市条件，因此讼争《一致行动协议》已失去存在的基础。综上，讼争《一致行动协议》签订后，客观情况发生了当事人在订立合同时无法预见的、非不可抗力造成的重大变化，已不能实现合同目的，原告要求解除合同，理由正当，予以支持。因讼争协议是否解除尚未确认，两被告要求原告给付迟延违约金，没有事实及法律依据，不予支持。

3. 一致行动人及回购义务的承受主体，系一个义务承受整体，对于股权回购价款的给付应当承担连带责任。

在（2020）京0115民初14350号案中，关于创益优选中心有权要求姜某某、张某连带给付股权回购款的问题，一审法院认为：增资扩股协议约定，若汇鑫通公司在2017年营业收入未达到500万元，创益优选中心有权要求姜某某、张某回购其所持有的汇鑫通公司全部或部分公司股权，根据汇鑫通公司交付给创益优选中心的资产负债表和利润表以及公司法定代表人张某的陈述可以确定，汇鑫通公司在2017年的营业收入并未达到500万元，股权回购的条件已经满足，创益优选中心有权要求原股东姜某某、张某回购创益优选中心的股权。协议虽未载明姜某某及张某是连带回购还是按照一定的份额回购，但结合增资扩股协议的上下文内容，按照债权债务处理内外有别的基本原则，对于债权人而言，此处的"甲方乙方"作为"一致行动人"及回购义务的承受主体，系一个义务承受整体，故对于股权回购价款的给付，姜某某、张某应当承担连带给付责任。至于债务人内部如何分配涉诉债务，以及股权回购之后股权登记份额在姜某某、张某之间如何分配，应由其二人自行协商确定，属于债务人内部关系，与债权人无关。

4. 一方违反《一致行动协议》须按约定承担违约责任，支付违约金。

在（2020）京0112民申22号案中，关于原审判决申请人支付4000万元违约金是否属适用法律错误的问题，再审法院认为：申请人与被申请人先后签订了《一致行动协议》《补充协议》《合作协议》。其中《补充协议》约定任何一方违约的均应向另一方支付违约金4000万元，而《补充协议》关于违约责任的内容系对申请人重大违约责任再次作出约定。上述内容并非格式合同或条款，从内容看双方承担根本违约责任的标准实质相同，即均为4000万元违约金，这体现出双方当事人缔约地位均衡，对合同内容进行了充分协商。现申请人未提交证据证明约定的违约金过分高于造成的损失，故原审依照合同约定判令申请人承担4000万元违约金并无不当。

第三节 实务指南

一、公司债券持有人组织性保护制度实务问题

新《公司法》对公司债券的相关规定进行了系统性修改，尤其是在公司债券持有人组织性保护制度方面，新《公司法》的修改极具特色，现就该内容总结如下：

1. 规范依据

新《公司法》第 204 条、第 205 条、第 206 条。

2. 关于公司债券持有人会议

根据新《公司法》第 204 条的规定,可以作出如下理解:

(1)公司债券持有人会议制度适用于"公开发行公司债券的公司",不适用于非公开发行公司债券的公司。

(2)公司债券持有人会议制度的适用对象为"同期债券持有人",而非"不同期债券持有人"。

(3)发行债券的公司在债券募集办法中自行依法对债券持有人会议的细则问题作出规定。

(4)公司债券持有人会议的决议事项限定于"与债券持有人有利害关系的事项",这些事项可以依据《公司债券发行与交易管理办法》第 63 条确定。该条规定:"存在下列情形的,债券受托管理人应当按规定或约定召集债券持有人会议:(一)拟变更债券募集说明书的约定;(二)拟修改债券持有人会议规则;(三)拟变更债券受托管理人或受托管理协议的主要内容;(四)发行人不能按期支付本息;(五)发行人减资、合并等可能导致偿债能力发生重大不利变化,需要决定或者授权采取相应措施;(六)发行人分立、被托管、解散、申请破产或者依法进入破产程序;(七)保证人、担保物或者其他偿债保障措施发生重大变化;(八)发行人、单独或合计持有本期债券总额百分之十以上的债券持有人书面提议召开;(九)发行人管理层不能正常履行职责,导致发行人债务清偿能力面临严重不确定性;(十)发行人提出债务重组方案的;(十一)发生其他对债券持有人权益有重大影响的事项。在债券受托管理人应当召集而未召集债券持有人会议时,单独或合计持有本期债券总额百分之十以上的债券持有人有权自行召集债券持有人会议。"

(5)债券持有人会议决议的对人效力,即除公司债券募集办法另有约定外,债券持有人会议决议对同期全体债券持有人发生效力。

3. 关于公司债券受托管理人的选任及权限

根据新《公司法》第 205 条的规定,可以作出如下理解:

(1)发行人有义务为债券持有人聘请债券受托管理人,这适用于公开发行公司债券的情形。对于非公开发行公司债券的情形,依据《公司债券发行与交易管理办法》第 57 条确定。该条规定:"公开发行公司债券的,发行人应当为债券持有人聘请债券受托管理人,并订立债券受托管理协议;非公开发行公司债券的,发行人应当在募集说明书中约定债券受托管理事项。在债券存续期限内,由债券受托管理人按照规定或协议的约定维护债券持有人的利益。发行人应当在债券募集说明书中约定,投资者认购或持有本期公司债券视作同意债券受托管理协议、债券持有人会议规则及债券募集说明书中其他有关发行人、债券持有人权利义务的相关约定。"

(2)明确债券受托管理人的职责,由其为债券持有人办理受领清偿、债权保全、与债券相关的诉讼以及参与债务人破产程序等事项。关于债券受托管理人的详细职责,还可以参阅《公司债券发行与交易管理办法》第59条。该条规定:"公开发行公司债券的受托管理人应当按规定或约定履行下列职责:(一)持续关注发行人和保证人的资信状况、担保物状况、增信措施及偿债保障措施的实施情况,出现可能影响债券持有人重大权益的事项时,召集债券持有人会议;(二)在债券存续期内监督发行人募集资金的使用情况;(三)对发行人的偿债能力和增信措施的有效性进行全面调查和持续关注,并至少每年向市场公告一次受托管理事务报告;(四)在债券存续期内持续督导发行人履行信息披露义务;(五)预计发行人不能偿还债务时,要求发行人追加担保,并可以依法申请法定机关采取财产保全措施;(六)在债券存续期内勤勉处理债券持有人与发行人之间的谈判或者诉讼事务;(七)发行人为债券设定担保的,债券受托管理人应在债券发行前或债券募集说明书约定的时间内取得担保的权利证明或其他有关文件,并在增信措施有效期内妥善保管;(八)发行人不能按期兑付债券本息或出现募集说明书约定的其他违约事件的,可以接受全部或部分债券持有人的委托,以自己名义代表债券持有人提起、参加民事诉讼或者破产等法律程序,或者代表债券持有人申请处置抵质押物。"同时,还可以结合《公司债券受托管理人执业行为准则》的相关规定来理解。

4. 关于公司债券受托管理人的义务和法律责任

根据新《公司法》第206条的规定,可以作出如下理解:

(1)债券受托管理人负有"勤勉尽责,公正履行受托管理职责,不得损害债券持有人利益"之义务。这与新《公司法》第180条关于董事负有的勤勉忠实义务如出一辙,该条第1款、第2款规定:"董事、监事、高级管理人员对公司负有忠实义务,应当采取措施避免自身利益与公司利益冲突,不得利用职权牟取不正当利益。董事、监事、高级管理人员对公司负有勤勉义务,执行职务应当为公司的最大利益尽到管理者通常应有的合理注意。"也与《公司债券发行与交易管理办法》第58条"债券受托管理人应当勤勉尽责,公正履行受托管理职责,不得损害债券持有人利益"的规定一致。

（2）在符合"受托管理人与债券持有人存在利益冲突可能损害债券持有人利益的"情形时，债券持有人会议可以决议变更债券受托管理人。

（3）债券受托管理人违反法律、行政法规或者债券持有人会议决议，损害债券持有人利益的，应当承担赔偿责任。该责任当然包括民事责任。

二、新《公司法》上市公司新制度概述

新《公司法》第134条如此定义"上市公司"："本法所称上市公司，是指其股票在证券交易所上市交易的股份有限公司。"新《公司法》对上市公司作了很多特别制度的设计，现简述如下：

1. 关于上市公司审计委员会职权

新《公司法》第137条规定："上市公司在董事会中设置审计委员会的，董事会对下列事项作出决议前应当经审计委员会全体成员过半数通过：（一）聘用、解聘承办公司审计业务的会计师事务所；（二）聘任、解聘财务负责人；（三）披露财务会计报告；（四）国务院证券监督管理机构规定的其他事项。"对该条文可以作如下理解：

（1）上市公司必须设置审计委员会在新《公司法》中不是强制性要求，但在上市规则层面是强制性要求。《上市公司治理准则》第38条规定，"上市公司董事会应当设立审计委员会，并可以根据需要设立战略、提名、薪酬与考核等相关专门委员会"。

新《公司法》第69条规定："有限责任公司可以按照公司章程的规定在董事会中设置由董事组成的审计委员会，行使本法规定的监事会的职权，不设监事会或者监事。公司董事会成员中的职工代表可以成为审计委员会成员。"

新《公司法》第121条第1款规定："股份有限公司可以按照公司章程的规定在董事会中设置由董事组成的审计委员会，行使本法规定的监事会的职权，不设监事会或者监事。"

综上可见，新《公司法》对设置审计委员会实行有限责任公司、股份有限公司、上市公司的差异化规定。

（2）审计委员会对董事会的部分事项拥有前置性批准的权力。这里的"部分事项"是法定的，具体包括：聘用、解聘承办公司审计业务的会计师事务所；聘任、解聘财务负责人；披露财务会计报告；国务院证券监督管理机构规定的其他事项。

董事会没有经过审计委员会批准对这些事项作出决议的，将导致决议不成立或可撤销。审计委员会以全体成员过半数通过方为有效。

2. 关于信息披露

新《公司法》第 140 条第 1 款规定："上市公司应当依法披露股东、实际控制人的信息,相关信息应当真实、准确、完整。"那么,应当如何理解"应当依法披露"?

《证券法》第 80 条规定："发生可能对上市公司、股票在国务院批准的其他全国性证券交易场所交易的公司的股票交易价格产生较大影响的重大事件,投资者尚未得知时,公司应当立即将有关该重大事件的情况向国务院证券监督管理机构和证券交易场所报送临时报告,并予公告,说明事件的起因、目前的状态和可能产生的法律后果。前款所称重大事件包括:……(八)持有公司百分之五以上股份的股东或者实际控制人持有股份或者控制公司的情况发生较大变化,公司的实际控制人及其控制的其他企业从事与公司相同或者相似业务的情况发生较大变化;……公司的控股股东或者实际控制人对重大事件的发生、进展产生较大影响的,应当及时将其知悉的有关情况书面告知公司,并配合公司履行信息披露义务。"

《上市公司信息披露管理办法》第 14 条规定："年度报告应当记载以下内容:……(四)持股百分之五以上股东、控股股东及实际控制人情况;……"

可见,信息披露的对象是指对持有公司 5%以上股份的股东或者实际控制人,披露的内容为他们持有股份或者控制公司的情况发生较大变化情况,主要包括他们作为公司的实际控制人及其控制的其他企业从事与公司相同或者相似业务的情况发生较大变化等。

3. 关于代持上市公司股票

新《公司法》第 140 条第 2 款规定："禁止违反法律、行政法规的规定代持上市公司股票。"对该条款的理解应当是,并非全面禁止代持上市公司的股票,而是对违法违规的代持行为进行禁止,即对于上市公司股票代持,实行"原则允许、例外禁止"的原则。

4. 关于上市公司交叉持股

新《公司法》第 141 条规定："上市公司控股子公司不得取得该上市公司的股份。上市公司控股子公司因公司合并、质权行使等原因持有上市公司股份的,不得行使所持股份对应的表决权,并应当及时处分相关上市公司股份。"

第四部分

股权架构中的行为规制

第十二章 对外担保、关联交易

第一节 请求权基础规范

一、新《公司法》规定

第 14 条 公司可以向其他企业投资。

法律规定公司不得成为对所投资企业的债务承担连带责任的出资人的,从其规定。

第 15 条 公司向其他企业投资或者为他人提供担保,按照公司章程的规定,由董事会或者股东会决议;公司章程对投资或者担保的总额及单项投资或者担保的数额有限额规定的,不得超过规定的限额。

公司为公司股东或者实际控制人提供担保的,应当经股东会决议。

前款规定的股东或者受前款规定的实际控制人支配的股东,不得参加前款规定事项的表决。该项表决由出席会议的其他股东所持表决权的过半数通过。

第 135 条 上市公司在一年内购买、出售重大资产或者向他人提供担保的金额超过公司资产总额百分之三十的,应当由股东会作出决议,并经出席会议的股东所持表决权的三分之二以上通过。

第 139 条 上市公司董事与董事会会议决议事项所涉及的企业或者个人有关联关系的,该董事应当及时向董事会书面报告。有关联关系的董事不得对该项决议行使表决权,也不得代理其他董事行使表决权。该董事会会议由过半数的无关联关系董事出席即可举行,董事会会议所作决议须经无关联关系董事过半数通过。出席董事会会议的无关联关系董事人数不足三人的,应当将该事项提交上市公司股东会审议。

第 163 条 公司不得为他人取得本公司或者其母公司的股份提供赠与、借款、担保以及其他财务资助,公司实施员工持股计划的除外。

为公司利益,经股东会决议,或者董事会按照公司章程或者股东会的授权作出决议,公司可以为他人取得本公司或者其母公司的股份提供财务资助,但财务资助的累计总额不得超过已发行股本总额的百分之十。董事会作出决议应当经全体董事的三分之二以上通过。

违反前两款规定,给公司造成损失的,负有责任的董事、监事、高级管理人员应当承担赔偿责任。①

第182条 董事、监事、高级管理人员,直接或者间接与本公司订立合同或者进行交易,应当就与订立合同或者进行交易有关的事项向董事会或者股东会报告,并按照公司章程的规定经董事会或者股东会决议通过。

董事、监事、高级管理人员的近亲属,董事、监事、高级管理人员或者其近亲属直接或者间接控制的企业,以及与董事、监事、高级管理人员有其他关联关系的关联人,与公司订立合同或者进行交易,适用前款规定。

第185条 董事会对本法第一百八十二条至第一百八十四条规定的事项决议时,关联董事不得参与表决,其表决权不计入表决权总数。出席董事会会议的无关联关系董事人数不足三人的,应当将该事项提交股东会审议。

第265条第4项 关联关系,是指公司控股股东、实际控制人、董事、监事、高级管理人员与其直接或者间接控制的企业之间的关系,以及可能导致公司利益转移的其他关系。但是,国家控股的企业之间不仅因为同受国家控股而具有关联关系。

二、其他法律规定

(一)关于对外担保

1.《民法典担保制度司法解释》

第7条 公司的法定代表人违反公司法关于公司对外担保决议程序的规定,超越权限代表公司与相对人订立担保合同,人民法院应当依照民法典第六十一条和第五百零四条等规定处理:(一)相对人善意的,担保合同对公司发生效力;相对人请求公司承担担保责任的,人民法院应予支持。(二)相对人非善意的,担保合同对公司不发生效力;相对人请求公司承担赔偿责任的,参照适用本解释第十七条的有关规定。

法定代表人超越权限提供担保造成公司损失,公司请求法定代表人承担赔偿责任的,人民法院应予支持。

---

① 公司财务资助制度。

第一款所称善意,是指相对人在订立担保合同时不知道且不应当知道法定代表人超越权限。相对人有证据证明已对公司决议进行了合理审查,人民法院应当认定其构成善意,但是公司有证据证明相对人知道或者应当知道决议系伪造、变造的除外。

第8条 有下列情形之一,公司以其未依照公司法关于公司对外担保的规定作出决议为由主张不承担担保责任的,人民法院不予支持:(一)金融机构开立保函或者担保公司提供担保;(二)公司为其全资子公司开展经营活动提供担保;(三)担保合同系由单独或者共同持有公司三分之二以上对担保事项有表决权的股东签字同意。

上市公司对外提供担保,不适用前款第二项、第三项的规定。

第9条 相对人根据上市公司公开披露的关于担保事项已经董事会或者股东大会决议通过的信息,与上市公司订立担保合同,相对人主张担保合同对上市公司发生效力,并由上市公司承担担保责任的,人民法院应予支持。

相对人未根据上市公司公开披露的关于担保事项已经董事会或者股东大会决议通过的信息,与上市公司订立担保合同,上市公司主张担保合同对其不发生效力,且不承担担保责任或者赔偿责任的,人民法院应予支持。

相对人与上市公司已公开披露的控股子公司订立的担保合同,或者相对人与股票在国务院批准的其他全国性证券交易场所交易的公司订立的担保合同,适用前两款规定。

第17条 主合同有效而第三人提供的担保合同无效,人民法院应当区分不同情形确定担保人的赔偿责任:(一)债权人与担保人均有过错的,担保人承担的赔偿责任不应超过债务人不能清偿部分的二分之一;(二)担保人有过错而债权人无过错的,担保人对债务人不能清偿的部分承担赔偿责任;(三)债权人有过错而担保人无过错的,担保人不承担赔偿责任。

主合同无效导致第三人提供的担保合同无效,担保人无过错的,不承担赔偿责任;担保人有过错的,其承担的赔偿责任不应超过债务人不能清偿部分的三分之一。

2.《公司法时间效力司法解释》

第3条 公司法施行前订立的与公司有关的合同,合同的履行持续至公司法施行后,因公司法施行前的履行行为发生争议的,适用当时的法律、司法解释的规定;因公司法施行后的履行行为发生争议的下列情形,适用公司法的规定:……(三)股份有限公司为他人取得本公司或者母公司的股份提供赠与、借款、担保以及其他财务资助合同,适用公司法第一百六十三条的规定。

→附录参考:司法政策文件《九民会议纪要》

17.【违反《公司法》第16条构成越权代表】为防止法定代表人随意代表公司为他人提供担保给公司造成损失,损害中小股东利益,《公司法》第16条对法定代表人的代表权进行了限制。根据该条规定,担保行为不是法定代表人所能单独决定的事项,而必须以公司股东(大)会、董事会等公司机关的决议作为授权的基础和来源。法定代表人未经授权擅自为他人提供担保的,构成越权代表,人民法院应当根据《合同法》第50条关于法定代表人越权代表的规定,区分订立合同时债权人是否善意分别认定合同效力:债权人善意的,合同有效;反之,合同无效。

18.【善意的认定】前条所称的善意,是指债权人不知道或者不应当知道法定代表人超越权限订立担保合同。《公司法》第16条对关联担保和非关联担保的决议机关作出了区别规定,相应地,在善意的判断标准上也应当有所区别。一种情形是,为公司股东或者实际控制人提供关联担保,《公司法》第16条明确规定必须由股东(大)会决议,未经股东(大)会决议,构成越权代表。在此情况下,债权人主张担保合同有效,应当提供证据证明其在订立合同时对股东(大)会决议进行了审查,决议的表决程序符合《公司法》第16条的规定,即在排除被担保股东表决权的情况下,该项表决由出席会议的其他股东所持表决权的过半数通过,签字人员也符合公司章程的规定。另一种情形是,公司为公司股东或者实际控制人以外的人提供非关联担保,根据《公司法》第16条的规定,此时由公司章程规定是由董事会决议还是股东(大)会决议。无论章程是否对决议机关作出规定,也无论章程规定决议机关为董事会还是股东(大)会,根据《民法总则》第61条第3款关于"法人章程或者法人权力机构对法定代表人代表权的限制,不得对抗善意相对人"的规定,只要债权人能够证明其在订立担保合同时对董事会决议或者股东(大)会决议进行了审查,同意决议的人数及签字人员符合公司章程的规定,就应当认定其构成善意,但公司能够证明债权人明知公司章程对决议机关有明确规定的除外。

债权人对公司机关决议内容的审查一般限于形式审查,只要求尽到必要的注意义务即可,标准不宜太过严苛。公司以机关决议系法定代表人伪造或者变造、决议程序违法、签章(名)不实、担保金额超过法定限额等事由抗辩债权人非善意的,人民法院一般不予支持。但是,公司有证据证明债权人明知决议系伪造或者变造的除外。

19.【无须机关决议的例外情况】存在下列情形的,即便债权人知道或者应当知道没有公司机关决议,也应当认定担保合同符合公司的真实意思表示,合同有效:(1)公司是以为他人提供担保为主营业务的担保公司,或者是开展保函业务的银行或者非银行金融机构;(2)公司为其直接或者间接控制的公司开展经营活动向债权人提供担保;(3)公司与主债务人之间存在相互担保等商业合作关系;(4)担保合同系由单独或者共同持有公司三分之二以上有表决权的股东签字同意。

20.【越权担保的民事责任】依据前述 3 条规定,担保合同有效,债权人请求公司承担担保责任的,人民法院依法予以支持;担保合同无效,债权人请求公司承担担保责任的,人民法院不予支持,但可以按照担保法及有关司法解释关于担保无效的规定处理。公司举证证明债权人明知法定代表人超越权限或者机关决议系伪造或者变造,债权人请求公司承担合同无效后的民事责任的,人民法院不予支持。

21.【权利救济】法定代表人的越权担保行为给公司造成损失,公司请求法定代表人承担赔偿责任的,人民法院依法予以支持。公司没有提起诉讼,股东依据《公司法》第 151 条的规定请求法定代表人承担赔偿责任的,人民法院依法予以支持。

22.【上市公司为他人提供担保】债权人根据上市公司公开披露的关于担保事项已经董事会或者股东大会决议通过的信息订立的担保合同,人民法院应当认定有效。

23.【债务加入准用担保规则】法定代表人以公司名义与债务人约定加入债务并通知债权人或者向债权人表示愿意加入债务,该约定的效力问题,参照本纪要关于公司为他人提供担保的有关规则处理。

(二)关于关联交易

【民法典层面】

《民法典》

第 84 条 营利法人的控股出资人、实际控制人、董事、监事、高级管理人员不得利用其关联关系损害法人的利益;利用关联关系造成法人损失的,应当承担赔偿责任。

【公司法层面】

《公司法司法解释(五)》

第 1 条 关联交易损害公司利益,原告公司依据民法典第八十四条、公司法第二十一条规定请求控股股东、实际控制人、董事、监事、高级管理人员赔偿所造成的损失,被告仅以该交易已经履行了信息披露、经股东会或者股东大会同意等法律、行政法规或者公司章程规定的程序为由抗辩的,人民法院不予支持。

公司没有提起诉讼的,符合公司法第一百五十一条第一款规定条件的股东,可以依据公司法第一百五十一条第二款、第三款规定向人民法院提起诉讼。

第2条 关联交易合同存在无效、可撤销或者对公司不发生效力的情形,公司没有起诉合同相对方的,符合公司法第一百五十一条第一款规定条件的股东,可以依据公司法第一百五十一条第二款、第三款规定向人民法院提起诉讼。

【上市规则层面】

1.《上市公司治理准则》

第74条 上市公司关联交易应当依照有关规定严格履行决策程序和信息披露义务。

第75条 上市公司应当与关联方就关联交易签订书面协议。协议的签订应当遵循平等、自愿、等价、有偿的原则,协议内容应当明确、具体、可执行。

第76条 上市公司应当采取有效措施防止关联方以垄断采购或者销售渠道等方式干预公司的经营,损害公司利益。关联交易应当具有商业实质,价格应当公允,原则上不偏离市场独立第三方的价格或者收费标准等交易条件。

第77条 上市公司及其关联方不得利用关联交易输送利益或者调节利润,不得以任何方式隐瞒关联关系。

2.《上海证券交易所股票上市规则(2024年4月修订)》

6.3.8 上市公司董事会审议关联交易事项时,关联董事应当回避表决,也不得代理其他董事行使表决权。该董事会会议由过半数的非关联董事出席即可举行,董事会会议所作决议须经非关联董事过半数通过。出席董事会会议的非关联董事人数不足3人的,公司应当将交易提交股东大会审议。

前款所称关联董事包括下列董事或者具有下列情形之一的董事:(一)为交易对方;(二)拥有交易对方直接或者间接控制权的;(三)在交易对方任职,或者在能直接或间接控制该交易对方的法人或其他组织、该交易对方直接或者间接控制的法人或其他组织任职的;(四)为交易对方或者其直接或者间接控制人的关系密切的家庭成员;(五)为交易对方或者其直接或者间接控制人的董事、监事或高级管理人员的关系密切的家庭成员;(六)中国证监会、本所或者上市公司基于实质重于形式原则认定的其独立商业判断可能受到影响的董事。

6.3.18 上市公司与关联人发生的下列交易,可以免于按照关联交易的方式审议和披露:(一)上市公司单方面获得利益且不支付对价、不附任何义务的交易,包括受赠现金资产、获得债务减免、无偿接受担保和财务资助等;(二)关联人向上市公司提供资金,利率水平不高于贷款市场报价利率,且上市公司无需提供担保;(三)一方以现金方式认购另一方公开发行的股票、公司债券或企业债券、可转换公司债券或者其他衍生品种;(四)一方作为承销团成员承销另一方公开发行的股票、公司债券或企业债券、可转换公司债券或者其他衍生品种;(五)一方依据另一方股东大会决议领取股息、红利或者报酬;(六)一方参与另一方公开招标、拍卖等,但是招标、拍卖等难以形成公允价格的除外;(七)上市公司按与非关联人同等交易条件,向本规则第 6.3.3 条第三款第(二)项至第(四)项规定的关联自然人提供产品和服务;(八)关联交易定价为国家规定;(九)本所认定的其他交易。

3.《深圳证券交易所股票上市规则(2024 年修订)》

6.3.3 上市公司的关联人包括关联法人(或者其他组织)和关联自然人。

具有下列情形之一的法人或者其他组织,为上市公司的关联法人(或者其他组织):(一)直接或者间接地控制上市公司的法人(或者其他组织);(二)由前项所述法人(或者其他组织)直接或者间接控制的除上市公司及其控股子公司以外的法人(或者其他组织);(三)持有上市公司 5%以上股份的法人(或者其他组织)及其一致行动人;(四)由上市公司关联自然人直接或者间接控制的,或者担任董事(不含同为双方的独立董事)、高级管理人员的,除上市公司及其控股子公司以外的法人(或其他组织)。

具有下列情形之一的自然人,为上市公司的关联自然人:(一)直接或者间接持有上市公司 5%以上股份的自然人;(二)上市公司董事、监事及高级管理人员;(三)直接或者间接地控制上市公司的法人(或者其他组织)的董事、监事及高级管理人员;(四)本款第一项、第二项所述人士的关系密切的家庭成员。

在过去十二个月内或者根据相关协议安排在未来十二个月内,存在第二款、第三款所述情形之一的法人(或者其他组织)、自然人,为上市公司的关联人。

中国证监会、本所或者上市公司根据实质重于形式的原则,认定其他与上市公司有特殊关系、可能或者已经造成上市公司对其利益倾斜的自然人、法人(或者其他组织),为上市公司的关联人。

6.3.4 上市公司与本规则第 6.3.3 条第二款第二项所列法人(或者其他组织)受同一国有资产管理机构控制而形成该项所述情形的,不因此构成关联关系,但其法定代表人、董事长、总经理或者半数以上的董事兼任上市公司董事、监事或者高级管理人员的除外。

【国有企业层面】

《企业国有资产法》

第 43 条 国家出资企业的关联方不得利用与国家出资企业之间的交易,谋取不当利益,损害国家出资企业利益。

本法所称关联方,是指本企业的董事、监事、高级管理人员及其近亲属,以及这些人员所有或者实际控制的企业。

第 44 条 国有独资企业、国有独资公司、国有资本控股公司不得无偿向关联方提供资金、商品、服务或者其他资产,不得以不公平的价格与关联方进行交易。

第 45 条 未经履行出资人职责的机构同意,国有独资企业、国有独资公司不得有下列行为:(一)与关联方订立财产转让、借款的协议;(二)为关联方提供担保;(三)与关联方共同出资设立企业,或者向董事、监事、高级管理人员或者其近亲属所有或者实际控制的企业投资。

第 46 条 国有资本控股公司、国有资本参股公司与关联方的交易,依照《中华人民共和国公司法》和有关行政法规以及公司章程的规定,由公司股东会、股东大会或者董事会决定。由公司股东会、股东大会决定的,履行出资人职责的机构委派的股东代表,应当依照本法第十三条的规定行使权利。

公司董事会对公司与关联方的交易作出决议时,该交易涉及的董事不得行使表决权,也不得代理其他董事行使表决权。

【会计准则层面】

《企业会计准则第 36 号——关联方披露》

第 3 条 一方控制、共同控制另一方或对另一方施加重大影响,以及两方或两方以上同受一方控制、共同控制或重大影响的,构成关联方。

控制,是指有权决定一个企业的财务和经营政策,并能据以从该企业的经营活动中获取利益。

共同控制,是指按照合同约定对某项经济活动所共有的控制,仅在与该项经济活动相关的重要财务和经营决策需要分享控制权的投资方一致同意时存在。

重大影响,是指对一个企业的财务和经营政策有参与决策的权力,但并不能够控制或者与其他方一起共同控制这些政策的制定。

第 4 条 下列各方构成企业的关联方:(一)该企业的母公司。(二)该企业的子公司。(三)与该企业受同一母公司控制的其他企业。(四)对该企业实施共同控制的投资方。(五)对该企业施加重大影响的投资方。(六)该企业的合营企业。

(七)该企业的联营企业。(八)该企业的主要投资者个人及与其关系密切的家庭成员。主要投资者个人,是指能够控制、共同控制一个企业或者对一个企业施加重大影响的个人投资者。(九)该企业或其母公司的关键管理人员及与其关系密切的家庭成员。关键管理人员,是指有权力并负责计划、指挥和控制企业活动的人员。与主要投资者个人或关键管理人员关系密切的家庭成员,是指在处理与企业的交易时可能影响该个人或受该个人影响的家庭成员。(十)该企业主要投资者个人、关键管理人员或与其关系密切的家庭成员控制、共同控制或施加重大影响的其他企业。

第5条 仅与企业存在下列关系的各方,不构成企业的关联方:(一)与该企业发生日常往来的资金提供者、公用事业部门、政府部门和机构。(二)与该企业发生大量交易而存在经济依存关系的单个客户、供应商、特许商、经销商或代理商。(三)与该企业共同控制合营企业的合营者。

第6条 仅仅同受国家控制而不存在其他关联方关系的企业,不构成关联方。

第7条 关联方交易,是指关联方之间转移资源、劳务或义务的行为,而不论是否收取价款。

第8条 关联方交易的类型通常包括下列各项:(一)购买或销售商品。(二)购买或销售商品以外的其他资产。(三)提供或接受劳务。(四)担保。(五)提供资金(贷款或股权投资)。(六)租赁。(七)代理。(八)研究与开发项目的转移。(九)许可协议。(十)代表企业或由企业代表另一方进行债务结算。(十一)关键管理人员薪酬。

第二节 裁判精要

一、对外担保

(一)对外担保有效

1. 以公司财产为他人提供担保必须经过公司股东会或者董事会等公司机关决议,债权人在接受担保时依法负有甄别担保行为是否符合公司真实意思的注意义务。债权人基于公司出具的委托书、公证书等资料,有理由相信代理人具备代理权外观,保证合同有效。

在(2020)粤民终2200号案中,二审法院认为:飞马物流公司与广州银行前海支行签订涉案《最高额保证合同》时,飞马物流公司的股东为飞马供应链公司和黄某1,持股比例分别为96%和4%。飞马供应链公司系涉案借款合同的借款人,依据《公司法》规定,飞马供应链公司依法应回避对涉案担保事项的表决,故本案关键在于认定飞马物流公司的另一股东即黄某1对涉案担保事项是否知情和同意,具体体现为黄某1对黄某2签署涉案《股东会决议》和《最高额保证合同》是否知悉和同意。

2017年11月21日,飞马物流公司出具《委托书》,授权黄某2为飞马物流公司签订合同及办理其他事务的代表人。从《委托书》载明的代理权限可见,黄某2的代理范围不仅包括代为签署飞马物流公司与银行之间的各类合同,还包括飞马物流公司的公司决议。该《委托书》落款处有飞马物流公司法定代表人黄某1本人签字,加盖公司公章,且经过了公证。虽然《委托书》上记载的委托人是飞马物流公司而不是股东黄某1,但黄某1作为飞马物流公司的法定代表人也在《委托书》上签字确认,应视为黄某1对黄某2代为签署《股东会决议》及《最高额保证合同》是知悉且同意的。

综合上述分析,黄某2代为签署涉案《股东会决议》及《最高额保证合同》是飞马物流公司的真实意思,飞马物流公司为飞马供应链公司的涉案借款提供担保符合民事法律行为的有效要件。广州银行前海支行作为涉案借款的债权人,基于飞马物流公司出具的《委托书》《公证书》等资料,有理由相信黄某2具备代理权外观,有权代为签署《股东会决议》和《最高额保证合同》,因此,广州银行前海支行与飞马物流公司签订的《最高额保证合同》依法具有法律效力,飞马物流公司应对飞马供应链公司的涉案债务承担连带保证责任。

2. 公司为股东或者实际控制人提供担保的,必须经股东会决议的规定属于管理性强制性规范,未经股东会决议的担保行为不符合法律规定的合同无效的情形。

在(2018)最高法民再403号案中,再审法院认为:鑫福堂药业公司在《借条》担保人签注处加盖公司印章的行为,属于公司为股东提供担保。虽然康某某未审查公司股东会决议是否存在瑕疵,但相对于个人而言,不宜过于严苛。《公司法》规定,公司为公司股东或者实际控制人提供担保的,必须经股东会决议,这属于公司管理性强制性规范,未经股东会决议的担保行为并不符合法律规定的合同无效的情形。

结合鑫福堂药业公司工商登记的股东为两个自然人,即法定代表人张某1与本案借款人张某2,该公司股东人数少,且张某1与张某2系父子关系,其管理层与股东并未实质性分离,股东张某2对公司重大事项仍有一定影响力。即便鑫福堂药业公司称其法人被羁押,其对盖章行为不知情,也仅仅是其公司内部管理不规范的问题,不能对抗第三人。况且,据张某2庭审陈述,该公章是由股东,即张某2本人带康某某到鑫福堂药业公司办公场所加盖的,可以表明担保是公司的真实意思表示,其愿意对本案的欠款承担连带还款义务。故鑫福堂药业公司的担保行为不应被认定无效,其应承担保证责任。

3. 公司只有两个股东,一个股东实缴出资而不享有表决权;另一个股东按法律规定应当对担保事项表决进行回避,但其作为公司唯一享有表决权的股东,公司的决策经营管理权均由其行使,其作出的表决不仅体现股东意志,也体现公司意志和真实意思表示,对外担保行为有效。

在(2020)最高法民终180号案中,二审法院认为:虽然《关于承担经济担保事项的决议及授权书》上仅加盖了哈尔滨奥瑞德公司的公章,无另一股东张某的签名,但公司章程规定股东会会议由股东按照实缴出资比例行使表决权。截至2018年东莞奥瑞德公司与交行北新支行签订《保证合同》,仅有哈尔滨奥瑞德公司实缴出资,张某实缴出资额为0元。因此,根据东莞奥瑞德公司章程规定,张某并不享有表决权。东莞奥瑞德公司出具的《关于承担经济担保事项的决议及授权书》已经由享有全部表决权的哈尔滨奥瑞德公司签章同意,该决议有效。东莞奥瑞德公司为哈尔滨奥瑞德公司提供担保的行为符合《公司法》规定。

虽然哈尔滨奥瑞德公司不得参加东莞奥瑞德公司股东会为其提供担保事项的表决,但根据公司章程,《关于承担经济担保事项的决议及授权书》出具时,该公司另一股东张某未实缴出资而不享有表决权,哈尔滨奥瑞德公司为该公司唯一享有表决权的股东,公司的决策经营管理权均由其行使,并无适用前述规定的前提条件。另外,《公司法》并非禁止关联担保,而是通过公司内部治理的特别决议机制来确保公司对外提供担保的意思表示为公司的真实意思表示,进而防止公司大股东利用关联担保损害公司或者小股东利益。而东莞奥瑞德公司唯一有表决权的股东同意提供担保,不仅体现股东意志,也体现公司意志,不能认定仅有股东哈尔滨奥瑞德公司签章的公司决议并非东莞奥瑞德公司真实意思表示。一审法院认定东莞奥瑞德公司不应承担保证责任,适用法律错误,予以纠正。

4. 股东会作出对外担保的决议,必须经出席会议的股东所持表决权过半数通过。公司仅有两名股东,其中一个股东持有该公司过半数的股份,股东会作出的担保决议合法有效。

在(2019)最高法民终1880号案中,二审法院认为:兴业信托公司及飞马投资公司均在《保证合同》上加盖公章并由双方法定代表人签署，系双方真实意思表示，且不违反法律、法规的强制性规定，合法有效。兴业信托公司于一审庭审后向法院补充提交了飞马投资公司的股东会决议，飞马投资公司的法定代表人兼持有该公司大部分股份的股东黄某某在该决议上签字并加盖私章确认。股东出席股东大会，所持每一股份有一表决权。但是，公司持有的本公司股份没有表决权。股东会作出决议，必须经出席会议的股东所持表决权过半数通过。因飞马投资公司仅有两名股东，且黄某某持有该公司过半数的股份，故上述股东会决议合法有效。因飞马投资公司的对外担保行为系其真实意思表示且已经过公司股东会同意，应承担本案贷款的保证还款责任。飞马投资公司主张该股东会决议仅有黄某某一人签字，存在瑕疵，故该股东会决议无效且该公司无须承担保证责任的理由，依据不足，不予采信。

5. 公司为其股东的关联公司提供担保，应以债权人知道或者应当知道该信息为前提，债权人的注意义务范围应限于通过通常途径可以获知的信息。

在（2021）新民终298号案中，二审法院认为：《保证合同1403》应合法有效。虽然本案中系金安桥公司为其股东的关联公司提供担保，但金江公司控制福海汉能公司的部分公司的信息形成于境外，光大银行在国内公开信息渠道无法查询到福海汉能公司系由金江公司控制的完整信息，亦无法定义务必须获取，而金安桥公司亦无证据证明其曾向光大银行披露福海汉能公司与金安桥公司系由同一实际控制人控制的关联公司的事实。另外，股东会决议的作出以表决权为效力判断要素，金江公司持有金安桥公司80%的股份，其享有的表决权已满足公司章程对有效决议的约定，故经金江公司盖章作出的股东会决议，合法有效。保证人金安桥公司提供保证担保，已向光大银行提交符合《公司法》规定的股东会决议，光大银行的形式审查义务已经完成，《保证合同1403》合法有效。

6. 在股权转让中，目标公司为股权转让款的支付提供担保的行为有效。

在（2021）最高法民申2177号案中，再审法院认为：订立股权转让合同时，净雅公司持有海诺公司100%的股份，股权转让合同的目的是由净雅公司将其持有的海诺公司100%股权全部转让给王某、章某某二人或该二人指定的主体。因净雅公司与王某、章某某二人均在该《协议书》上签字盖章，故海诺公司不能以其项下只加盖有印章而无代表人或代理人签字否认系其真实意思表示。订立合同之时，净雅公司持有海诺公司100%股权。股权依约转让之后，王某、章某某二人也能够控制海诺公司100%的股权。因此，虽然海诺公司没有提交同意提供担保的股东会决议，亦不能以未经其股东会同意而主张不承担担保责任。法律并无禁止目标公司为支付其自身股权转让款提供担保的规定，股权转让合同所约定的也是净雅公司将海诺公司交接给丁某之后，由海诺公司对王某、章某某的付款义务承担连带清偿责任。现海诺公司主张如其承担担保责任将构成净雅公司抽逃出资，但也没有提交证据证明净雅公司确系以海诺公司承担担保责任的方式抽逃出资，海诺公司关于担保约定无效的再审申请事由不能成立。

（二）对外担保无效

1. 债务加入是指第三人加入既存的债务关系中，与债务人就其债务对债权人负连带之责，其效果相当于加入人为自己创设了一项独立的债务。在现行立法未对债务加入的生效要件作出明确规定的情况下，类推适用法律关于上市公司为其股东提供保证的相关规定来认定其效果归属，法律依据充分。上市公司对立法上关于上市公司为股东提供担保须经股东会决议的相关规定系属明知，其相关人员未经依法决议，擅自以公司名义出具债务加入承诺函承担股东债务，不能认定为属于公司的意思。

在（2019）最高法民终1438号案中，二审法院认为：作为上市公司的乐视网在函件中承诺承担的债务，是其控制股东乐视控股的债务。在立法未对债务加入的生效要件作出明确规定的情况下，原审判决类推适用法律关于上市公司为其股东提供保证的相关规定来认定其效果归属，法律依据充分，属于"举轻以明重"的法律解释方法。

从本案当事人自身实际具有的认知水平和注意能力来看，中信银行本身作为上市公司，对立法关于上市公司为股东提供担保须经股东大会决议的相关规定系属明知。故原审判决关于中信银行应当知道乐视网的人员采用以出具债务加入承诺函件的方式规避法律规定的做法的认定，符合本案的实际情况。乐视网作为上市公司，其相关人员未经依法决议，擅自以公司名义出具债务加入承诺函承担股东债务，不能认定为属于公司的意思，不应当认定乐视网为承诺函的出具主体。

2. 公司为股东或实际控制人提供担保的，须经股东会决议。法律不禁止股东会就该股东为他人提供担保作出决议，但未经股东会决议同意，且债权人亦未举证证明其尽到审慎审查义务，担保行为为无效。

在（2019）最高法民终887号案中，二审法院认为：磷化公司召开股东会，美辰星公司、金正大诺泰尔化学有限公司、瓮安县国有资产营运投资有限责任公司参加会议表决，并形成股东会决议，股东会决议内容为同意美辰星公司以其持有的磷化公司61%的股权为中盟公司的借款38438万元提供连带担保。招商银行认为,美辰星公司以自己的股权为中盟公司提供担保无须通过磷化公司股东会决议,故结合该股东会决议作出的背景,应当认定该决议的真实意思是磷化公司为中盟公司提供担保。

对此,法院认为,对上述股东会决议的解释应当首先以其使用的词句文字含义为依据,探究该决议的真实意思和目的。只有当词句文字有疑义或可能作两种以上解释时,才有必要适用目的、习惯或诚实信用等解释方法。从文义看,磷化公司股东会议决议内容明确表达了美辰星公司以其持有的磷化公司股权为中盟公司债务提供担保的意思,并不存在语言模糊或有疑义之处,没有适用其他解释方法的空间。至于招商银行提出如美辰星公司以自己的股权为中盟公司债务提供担保,没有必要通过磷化公司股东会作出决议的问题,因为法律和司法解释并不禁止公司股东会就该公司股东为他人提供担保作出决议。美辰星公司主张股东会决议实质为同意磷化公司为中盟公司债务提供担保缺乏事实与法律依据。因磷化公司为中盟公司债务提供担保未经股东会决议同意,且招商银行亦未举证证明其尽到审慎审查义务,故磷化公司的担保应为无效。

3. 公司法定代表人不具有独立代表公司作出对外提供关联担保意思表示的权限。法定代表人未经过股东会决议同意,超越权限代公司为其债务提供担保,构成无权代表。债权人未要求提供公司的股东会决议,未对是否具有代表公司为其债务提供担保的权限作出审查,即未尽到合理的注意义务,不属善意相对人,担保无效。

在(2019)最高法民终456号案中,关于斐讯公司为其股东顾某某提供担保的效力的问题,二审法院认为:顾某某作为斐讯公司法定代表人及股东,在未经过股东会决议同意的情况下,超越权限代斐讯公司为其债务提供担保,构成无权代表。在相对人不知法定代表人超越权限订立合同,亦即相对人为善意时,其越权代表行为构成表见代表,对公司发生效力。在《公司法》已对公司对外提供关联担保规定有特别决议程序的情形下,相对人善意的认定,在于其是否对《公司法》规定的公司决议文件尽到形式审查义务。案涉《借款协议》《股权转让备忘录》签订过程中,躬盛公司并未要求顾某某提供斐讯公司的股东会决议,未对顾某某是否具有代表斐讯公司为其债务提供担保的权限作出审查,即未尽到合理的注意义务,不属善意相对人,原审判决认定斐讯公司担保无效,并无不当。

4.公司为其股东的个人债务提供担保必须经股东会决议,债权人在接受担保时未要求公司提供个人借款提供担保的股东会决议,公司为股东向他人借款提供的担保无效。

在(2018)粤民再388号案中,再审法院认为:关于顺大昌公司是否应对彭某某的债务承担保证责任的问题。涉案两份《借据》上均盖有顺大昌公司的公章,并注明"本公司承担连带责任"的字样。涉案两份《借据》形成时,彭某某是顺大昌公司的股东,顺大昌公司的盖章行为属于公司为其股东的个人债务提供担保责任的情形。本案中,罗某某作为债权人在接受担保时,明知顺大昌公司的股权架构,而未要求彭某某或顺大昌公司提供顺大昌公司关于同意为彭某某个人借款提供担保的股东会决议,而顺大昌公司亦辩称其为彭某某涉案借款提供担保没有经股东会决议同意,故二审判决认定顺大昌公司为彭某某个人向罗某某借款提供担保无效,罗某某诉请顺大昌公司承担连带清偿责任缺乏依据并无不当。

但对于担保无效的问题,罗某某对其未就担保是否经顺大昌公司股东会决议同意履行审查义务存有过错;顺大昌公司虽辩称该公章系彭某某私盖,但该问题属于其公司对公章的内部管理范畴,即使违反其公司规定也不能产生对外的法律效力,故顺大昌公司对造成担保无效也存有过错,也应承担相应责任。

5.没有证据证明法定代表人代表公司对外签订保证合同经过了公司机关决议,法定代表人的行为属于越权代表。认定公司法定代表人越权代表行为效力问题的关键是相对人是否知道或者应当知道法定代表人的行为超越权限,其是否属于善意相对人。债权人未尽到基本的注意义务的,不构成善意,担保行为无效。

在(2020)高法民终1229号案中,关于案涉《保证合同》的效力问题,一审法院认为:第一,恒丰烟台分行没有证据证明富控公司、宏达公司的法定代表人代表公司对外签订案涉《保证合同》经过了公司机关决议,法定代表人的行为属于越权代表。第二,认定公司法定代表人越权代表行为效力问题的关键是相对人是否知道或者应当知道法定代表人的行为超越权限,其是否属于善意相对人。本案系上市公司对外提供担保,恒丰烟台分行负有更高的注意义务,应当审查担保合同是否经公司机关决议,且决议的表决程序是否符合《公司法》规定。但恒丰烟台分行未能提供证据证明其在订立案涉《保证合同》时对富控公司和宏达公司的公司机关决议进行了审查,恒丰烟台分行未尽到基本的注意义务,不构成善意。故恒丰烟台分行与富控公司、宏达公司所签订的《保证合同》无效,恒丰烟台分行要求富控公司、宏达公司对本案债务承担连带清偿责任,不予支持。

6. 股东会决议上只有一个股东的代持人签字，其他股东均未签字，未达到出席会议的其他股东所持表决权的过半数通过标准，股东会决议不能产生对外提供担保的效力，同时债权人明知代理人超越权限而订立担保合同，担保合同无效。

在（2020）吉民终384号案中，关于易逊公司应否对全部借款本息承担连带清偿责任的问题，二审法院认为：徐某某向高某某出具借条时向高某某提供了2015年8月20日易逊公司的股东会决议，该股东会决议上只有徐某某的代持人张某的签字，其他股东均未签字，该股东会决议不能产生授权张威代表易逊公司为徐某某提供担保的效力。故张某的行为超越其法定代表人的权限，高某某明知张某超越权限订立担保合同，该担保合同无效。

7. 公司对外提供关联担保应当由股东会作出决议。债权人在接受担保时，对有关公司决议负有必要的形式审查义务，直接接受董事会决议而不是股东会决议的，视为未尽到必要的审查义务，主观上具有过错，不构成善意相对人，担保行为对公司不发生效力。

在（2019）最高法民终451号案中，关于涉案担保对亿阳信通公司是否发生效力的问题，二审法院认为：亿阳集团系亿阳信通公司股东，涉案担保系关联担保，亿阳信通公司又系上市公司，其虽作出了同意为亿阳集团就涉案债务提供担保的董事会决议，但该决议并不符合《公司法》规定，且亿阳信通公司章程规定为股东、实际控制人及其关联方提供的担保须经股东大会审议通过，故涉案担保并未经过亿阳信通公司作出有效决议。

同时，华地公司系商事主体，在涉案借款及担保合同磋商阶段，其明知涉案担保事项应经亿阳信通公司股东会作出决议，且亿阳信通公司章程规定董事会"在股东大会授权范围内，决定公司的对外担保等事项"，但华地公司也并未举证证明亿阳信通公司向其出示了股东大会授权董事会可以就向关联方提供担保作出决议的相关证据。在此情况下，华地公司未要求亿阳信通公司提交相关股东会决议，反而直接接受了亿阳信通公司提供的董事会决议，未尽到必要的审查义务，主观上具有过错。在亿阳信通公司对涉案担保不予追认的情况下，一审以涉案担保有效判决亿阳信通公司对涉案借款承担连带清偿责任理据不足，予以纠正。

8. 证监会颁布的部门规章作为法律规范性文件，具有公开宣示效力，公司对部门规章中公司对外担保能力的特殊限制规定也是明知或者应当知道的，公司违反部门规章而提供的担保行为无效。

在（2018）粤民终2076号案中，二审法院认为：没有证据证明新都酒店向金源公司出具的《承诺函》经过新都酒店公司股东大会或者董事会同意、批准,故新都酒店出具《承诺函》的行为违反了法律规定以及部门规章,属于超越职权的行为。《关于规范上市公司与关联方资金往来及上市公司对外担保若干问题的通知》(已失效)作为规范性法律文件,具有公开宣示效力。该通知对上市公司的新都酒店对外担保能力具有特殊限制。而且,在涉案《借款协议》中,各方的法定代表人均为郭某某,新都酒店的实际控制人也是郭某某,金源公司对此是明知的。因此,对于新都酒店提供担保的行为违反上述通知规定,金源公司也是明知或者应当知道的。原审判决认为李某某超越职权对外提供担保,而且金源公司在接受新都酒店提供的连带责任保证担保时,有条件、有责任审查该担保是否经过新都酒店股东大会或者董事会同意但未能提供证据证明上述担保是经过新都酒店股东大会或者董事会批准,认定新都酒店的上述担保应为无效,依据充分,予以支持。

二、关联交易

(一)关联交易认定

【关联关系】

1.《公司法》所称的关联公司,既包括公司股东的相互交叉,也包括公司共同由第三人直接或者间接控制,或者股东之间、公司的实际控制人之间存在直系血亲、姻亲、共同投资等可能导致利益转移的其他关系。

在(2015)民二终字第324号案中,关于欧宝公司与特莱维公司是否存在关联关系的问题,二审法院认为:曲某某为欧宝公司的控股股东,王某1是特莱维公司的原法定代表人,也是案涉合同签订时特莱维公司的控股股东翰皇公司的控股股东和法定代表人。王某1与曲某某系夫妻关系,说明欧宝公司与特莱维公司由夫妻二人控制。欧宝公司称两人已经离婚,却未提供民政部门的离婚登记或者人民法院的生效法律文书。虽然辽宁高院受理本案诉讼后,特莱维公司的法定代表人由王某1变更为姜某某,但王某1仍是特莱维公司的实际控制人。同时,欧宝公司股东兼法定代表人宗某某、王某2等人,与特莱维公司的实际控制人王某1、法定代表人姜某某、目前的控股股东王某3共同投资设立了上海特莱维,说明欧宝公司的股东与特莱维公司的控股股东、实际控制人存在其他的共同利益关系。另外,沈阳特莱维是欧宝公司控股的公司,沙琪公司的股东是王某1的父亲和母亲。可见,欧宝公司与特莱维公司之间,以及前述两公司与沙琪公司、上海特莱维、沈阳特莱维之间均存在关联关系。

同时，欧宝公司、特莱维公司以及其他关联公司的人员之间并未严格区分，各类人员实际上服从王某1一人的指挥，其可根据不同的工作任务随时转换为不同关联公司的工作人员，各类人员均参与了该公司的合同签订、财务管理到诉讼代理的全面工作。原审法院关于欧宝公司和特莱维公司系由王某1、曲某某夫妇控制之关联公司的认定，依据充分。

2. 间接控股企业之间，可以构成关联关系。

在（2021）京01民终9900号案中，二审法院认为：创联公司控股子公司新华科技持有创智利德公司97.8245%的股权，创智利德公司系创联公司间接控制的企业。因此，创联公司与创智利德公司构成关联关系。

3. 股东虽持有公司40%股份，但其仅是大股东之一，并非公司控股股东。

在（2019）最高法民终123号案中，关于海方公司是否属于关联方的问题，二审法院认为：根据相关法律规定，关联方的范围主要包括三类：一是国家出资企业的董事、监事、高级管理人员，二是国家出资企业的董事、监事、高级管理人员的近亲属，三是国家出资企业的董事、监事、高级管理人员及其近亲属所有或实际控制的企业。对于第三类又存在两种情形：一种是国家出资企业的董事、监事、高级管理人员及其近亲属作为股东的企业，一般应当是控股股东；另一种是国家出资企业的董事、监事、高级管理人员及其近亲属虽然不是股东，但是通过投资关系、协议或者其他安排，能够实际支配该企业行为的企业。

本案中，海方公司的股东为张某某（持股20%）、方某某（持股40%）、朱某某（持股40%）。朱某某虽持有海方公司40%股份，但仅是大股东之一，文融公司、鑫泽公司没有提交证据证明朱某某是海方公司控股股东，不能据此认定海方公司符合上述关联方的情形。文融公司、鑫泽公司主张朱某某在多次诉讼中作为海方公司法定代表人、总经理参加诉讼，朱某某代表海方公司对外签署各种工程合同、设计合同、合作开发合同等，并申请本院向原审法院调取该些材料作为证据。对此，法院认为，朱某某不是海方公司工商登记记载的法定代表人，其即便代表海方公司参加诉讼、对外签署合同，亦是根据海方公司授权或被海方公司追认，不能据此认定海方公司由朱某某实际控制。从海方公司向文融公司《致函》的事实看，海方公司并非由朱某某控制，海方公司亦仅认可朱某某为海方公司的股东之一，并未认可朱某某系其实际控制人。文融公司、鑫泽公司申请调查的证据不属于当事人及其诉讼代理人因客观原因不能自行收集的证据，且该证据对于证明案件事实无实际意义，对该申请不予准许。其主张海方公司系鑫泽公司关联方，理据不足，不予采信。

【关联交易】

1."重大影响"在法律层面强调的是一方是否能够实质影响到另一方决策,要着重从商业逻辑的角度,从人员关系、资金往来、业务活动等多方面具体分析一方对另一方决策实际上的参与度和影响力并判断双方交易的结果是否最终导致了利益或义务的倾斜。

在(2018)京01行初1489号案中,一审法院认为:从相关监管规范对关联方或关联人的规定看,"重大影响"强调的是一方能否实质影响到另一方决策。一般情况下,一方能够影响到另一方的主要财务或经营政策的制订,则可认定双方之间存在关联关系。而"特殊关系"之下的"利益倾斜"强调的是业务活动的关联性,即着重从商业逻辑的角度来判断双方交易的结果是否最终导致了利益或义务的倾斜。无论是"重大影响"还是"利益倾斜"均需要从人员关系、资金往来、业务活动等多方面具体分析一方对另一方决策实际上的参与度和影响力,而对于业务关系的认定,不必拘于法律形式,应重点分析双方业务关系的实质。

被告认定恒顺众昇与ASI之间存在关联关系的主要依据包括五个方面:第一,恒顺众昇的实际控制人贾某某对ASI具有重大影响;第二,恒顺众昇董事、高级管理人员贾某某为恒顺众昇关联自然人,该关联自然人在过去的12个月内曾经担任ASI的法定代表人;第三,恒顺众昇对ASI控股股东青岛云嘉具有重大影响;第四,ASI的部分资金源于恒顺众昇的关联自然人;第五,恒顺众昇与ASI签署的重大设备成套合同的关键条款、合同履行不具有商业合理性。经审查,上述五个方面的认定均有相关证据相互印证,并有具体事实佐证。需要指出的是,除监管规范明确规定的情形外,关联关系及关联交易的认定需要结合多种因素综合考量。本案中,被诉处罚决定认定恒顺众昇与ASI之间构成关联关系及关联交易所依据的具体事实较为复杂,但被告提供的证据已经形成证据优势,足以支持被诉处罚决定的结论。

2.交易合同和公司文件显示同一个人为控股公司及多家公司的公司法定代表人,第三方公司的采购标的主要来自控股股东公司与关联公司,可以认定第三方公司经营期间存在关联交易。关联交易损害公司利益的,控股股东、实际控制人、董事、监事、高级管理人员应当承担赔偿责任。

在(2019)青民终91号案中,二审法院认为:乐都库作为控股股东,相关的交易合同和公司文件显示刘某某同时任乐都库、平安库和中储粮金三角公司法定代表人。白某某、仲某某均系乐都库委派的董事并担任公司高管。《审计报告》及公司会计凭证可以证明,2012年4月至2014年乐都库作为控股股东,刘某某、白某某、仲某某作为公司管理人员具体经营管理期间,中储粮金三角公司的采购原粮主要来自平安库、乐都库和西宁库等,证人严某、赵某、张某的证言,均证实中储粮金三角公司主要从平安库、乐都库、西宁库购进原粮的事实。因此,中储粮金三角公司在经营期间存在关联交易的事实成立。

3. 应当依据公司章程约定,同时结合行使职权、亲属关系情况判断是否存在关联交易。

在(2019)最高法民申 2728 号案中,再审法院认为:公司章程规定,"公司设总经理一人,副总经理若干人,正、副总经理由董事会聘请",以及"总经理直接对董事会负责,执行董事会的各项决定,组织领导公司的日常生产、技术和经营管理工作。副总经理协助总经理工作,当总经理缺席或不能工作时,代理行使总经理的职责"。甘肃中集华骏公司聘任周某担任该公司营销部经理,全面主持公司的销售和采购供应工作。在此期间,甘肃中集华骏公司并没有设立副总经理,周某实际上行使的是公司高级管理人员的职权。其妻高某某和亲戚成立青海同海达公司及转让公司股权的行为,与周某任营销部经理及离任具有同步性,周某未如实向公司报告该事项,在和青海同海达公司交易之后,周某利用其职权,不及时回收资金,与青海同海达公司的交易给甘肃中集华骏造成损失。二审法院认定周某在甘肃中集华骏任职期间从事的承揽合同属于关联交易,周某应当对给甘肃中集华骏公司造成的损失承担赔偿责任,该认定并无不当,予以维持。

4. 重大决定前既未召开股东会进行协商,又未征求其他股东的意见,也未披露信息且损害公司利益的,属不正当关联交易。

在(2016)苏 02 民终 1863 号案中,二审法院认为:从交易程序上看,郭某作为中欧公司的执行董事,虽然在中欧公司成立之前,各股东曾提及由郭某进行中欧公司广告设计的内容,但并未确定广告设计的具体项目、价格等内容,因此郭某仍然应履行及时向各股东披露合同内容的义务并经过协商同意。郭某称签订合同当时,中欧公司的法定代表人费某某在场,该陈述与录音证据中费某某对订约事实不知情的情况明显不符,对郭某该陈述不予采信。两笔设计费的支付亦未经过其他股东的确认,由郭某径直办理划款手续,且在郭某掌握和控制中欧公司印章期间,仅凭盖有中欧公司印章的设计方案确认书不足以证明鱼果公司已实际向中欧公司交付了设计成果。因此从整个交易流程看,可以认定郭某在作出重大决定前既未召开股东会进行协商,也未征求其他股东的意见,案涉合同违背了公司真实意思表示,该合同亦未对中欧公司产生利益。郭某经手将中欧公司款项划至鱼果公司的行为直接损害了中欧公司的利益。综上所述,鱼果公司、郭某的上诉请求不能成立,应予驳回。

5.董事会、股东会作出关于收购工作决议的,参与表决的董事及股东代表与决议事项虽具有关联关系,但法律并未对其行使表决权作出限制;还需要判定股东是否滥用股东权利作出决议,是否损害公司或其他股东利益,不存在这些情形的,公司决议有效。

在(2017)最高法民终416号案中,二审法院认为:东圣公司董事会、股东会作出关于收购海隆公司并授权某某组织收购工作的决议,参与表决的董事及股东代表与决议事项有关联关系,确属于公司关联交易。但涉及关联交易的决议无效,还须判定公司决议是否系股东滥用股东权利,以及是否损害公司或其他股东利益,而不能仅因涉及关联交易而认定股东会、董事会决议当然无效。

东圣公司董事会及股东会决议作出时,各方董事及股东代表均参加会议并一致同意表决通过,对决议内容未提出异议。参与表决的董事及股东代表与决议事项虽具有关联关系,但法律并未对其行使表决权作出限制,并不能因此认定其行为构成滥用股东权利。至于董事会或股东会的召开是否违反公司章程关于会议召集程序的相关规定,应为董事会或股东会决议撤销的事由,不属于对相关决议效力认定的依据。

另就案涉决议内容而言,其中关于收购海隆公司并授权某某组织收购工作的内容并未涉及具体的交易条件等事项,现有证据不能证明该决议内容损害了公司或其他股东的利益。至于东圣公司基于董事会及股东会决议,与金最公司、东陶公司和海隆公司签订《股权转让协议》是否构成恶意串通、抽逃出资的问题,属于股权转让合同应否以及能否继续履行的问题,不构成案涉董事会及股东会决议对公司或其他股东利益的损害,案涉董事会及股东会决议并不具备违反法律、行政法规的情形。一审判决关于东圣公司董事及股东恶意串通,利用关联交易损害公司及股东利益,违反法律规定的认定不当,予以纠正。

(二)交易价格公允

1.是否利用关联交易关系和经营管理的便利条件主导了交易、是否采取了措施避开与同业公司交易、是否采取了降低采购成本的措施等,以上角度均可判断关联交易是否符合市场公允价格。

在(2021)最高法民申181号案中,关于案涉关联交易价格是否符合市场公允价格的问题,再审法院认为:《公司法》保护合法有效的关联交易,并未禁止关联交易,合法有效关联交易的实质要件是交易对价公允。第一,高某某、程某设立钱塘公司后,两人利用关联交易关系和实际控制陕鼓汽轮机公司经营管理的便利条件,主导陕鼓汽轮机公司与钱塘公司签订若干采购合同。第二,没有证据证明高某某、程某所称设立钱塘公司是为了避开同业公司对外协厂家限制的主张。此外,在取消与钱塘公司的关联交易后,陕鼓汽轮机公司亦通过市场直接采购的方式购买了相关产品,高某某、程某未能对此作出合理解释。第三,高某某、程某亦未能进一步提供证据证明其主张降低陕鼓汽轮机公司采购成本的抗辩事实成立。综上,陕鼓汽轮机公司关于高某某、程某将本可以通过市场采购的方式购买相关产品转由向钱塘公司进行采购而增加购买成本,陕鼓汽轮机公司所多付出的成本,损害了陕鼓汽轮机公司权益的主张,有事实和法律依据。

2.约定对价合理的,可以认定价格公允。

在(2015)东中法民二终字第1921号案中,二审法院认为:合法有效的关联交易应当同时满足以下三个条件:交易信息披露充分、交易程序合法、交易对价公允。对于对价公允问题,案涉《真功夫采购框架合同》约定,科普达公司保证其供货价格在同等条件下不高于市场通行价格,否则,科普达公司需要支付前三个月采购金额计算之差价三倍的违约金,同时真功夫公司及其下属子公司有权终止合同,可认定通过该方式达成的交易其对价是公允的。

3.合法有效的《审计报告》中关于交易价格的定论,可以作为判断交易价格是否公允的依据。

在(2019)青民终91号案中,关于案涉原粮买卖是否存在质次价高而造成差价损失问题,二审法院认为:第一,《审计报告》合法有效,会计师事务所参考同时期同行企业就粮食交易形成的购销价格,具有客观性和合理性,其证据效力应予采信。第二,各被上诉人虽主张依法签订了买卖合同,但均未提供证据证明乐都库控股经营期间,针对案涉交易通过股东会、董事会或总经理办公会进行了合法的内部决议程序,也未提交平安库、西宁库、乐都库与公司交易的买卖价格合理公道和质量经检验合格的证据,应承担举证不能的不利后果。第三,现有证据可以证明中储粮金三角从平安库、西宁库和乐都库购进的原粮存在价高质次,以及没有按照公司采购办法等规章制度履行审批和竞价程序的事实。第四,根据中储粮金三角公司章程规定,董事长为公司法定代表人行使主持股东会、召集主持董事会,代表公司签署董事会权限内的重要文件等职权。总经理主持公司生产经营管理工作,组织实施董事会决议,组织实施公司年度经营计划和投资方案等职权。因此,作为主导公司生产经营的控股股东和公司管理人员,应就案涉原粮交易价格公平合理,与公司关联交易的正当性承担证明责任和义务。综合以上事实,控股股东乐都库存在利用交联关系损害公司利益的事实,违反了《公司法》规定,应对交易价格过高造成的公司损失承担赔偿责任。

(三)侵权责任承担

1.是否存在公司关联交易损害问题,应当从交易合同是否属于关联交易、公司是否属于关联交易损害责任的主体、关联交易是否损害了公司利益等方面综合考量。关联交易的主体限于董监高、实际控制人、控股股东,不包括一致行动人,一致行动人属于上市公司收购交易中的主体。

在(2017)皖02民终810号案中,关于颐华公司是否属于关联交易损害责任的主体的问题,二审法院认为:在两份技术转让合同签订时,颐华公司仅持有博英公司25%的股权,对照上述四种关联交易损害责任主体,颐华公司不是控股股东,更不属于实际控制人。博英公司既然主张颐华公司所享有表决权足以对博英公司财务和经营政策有重大影响,其应当提供证据予以证明,但全案并无证据证明颐华公司对博英公司的财务和经营政策有重大影响,对博英公司的主张不予采信。上诉人认为颐华公司与案外人王某属于"一致行动人"。根据《上市公司收购管理办法》的规定,一致行动人是指通过协议、合作、关联方关系等合法途径扩大其对一个上市公司股份的控制比例或者巩固其对上市公司的控制地位,在行使上市公司表决权时采取相同意思表示的两个以上的自然人、法人或者其他组织。据此可知,所谓一致行动人是指出现在上市公司相关收购交易中,博英公司并非上市公司,不适用该条规定。此外,《公司法》明确规定了关联交易损害责任主体并不包括"一致行动人",对上诉人的主张,亦不予采信。

2.不能仅凭案涉关联交易形式合法(比如形成了股东会决议)就认定双方之间的关联交易公平公允,应当从交易的背景、交易的实质内容,即合同约定、合同履行是否符合正常的商业交易原则、交易价格是否合理等角度进行审查。

在(2019)最高法民终496号案中,二审法院认为:在晨东公司与东驰公司之间的关联交易符合形式合法的外观要件的情况下,应当对交易的实质内容即合同约定、合同履行是否符合正常的商业交易原则以及交易价格是否合理等进行审查。首先,从案涉交易的背景来看,在耿某某、刘某某与振东医药公司开展合作之后,晨东公司与东驰公司签订《资产转让协议》。按照《合作备忘录》的约定,耿某某将资产转让后对晨东公司相关负债的处理原则,即晨东公司的负债应当由晨东公司、耿某某、刘某某实际承担。但耿某某、刘某某在其将持有的东驰公司股份转让、东驰公司已纳入振东医药物流公司经营体系的情况下,以关联交易的方式将本应由其自行承担的晨东公司债务转由东驰公司承担,与《合作备忘录》约定的晨东公司债务承担方式不符,有明显的摆脱债务嫌疑。其次,从案涉交易的履行情况来看,本案关联交易发生时,晨东公司与东驰公司均由耿某某、刘某某实际控制。在东驰公司已代晨东公司清偿绝大部分债务的情况下,晨东公司未能提供有效证据证明其向东驰公司转让的债权真实有效,从而导致东驰公司未能收回两份协议中约定的债权,损害了东驰公司的利益。一审法院判定耿某某、刘某某将晨东公司债务转入东驰公司,由东驰公司偿还,损害了东驰公司作为独立法人对其财产享有的权益以及其他东驰公司债权人的利益,有事实和法律依据。

3. 关联公司之间存在共同利益及行为的一致性,因此关联公司应承担共同责任。

在(2019)最高法民再214号案中,再审法院认为:中翔公司作为合同相对方负有向明达公司交付房屋、支付土地转让价款的给付责任。鑫宏公司作为开发案涉房地产项目的项目公司,名义上由中翔公司、明达公司出资成立,但明达公司并不参与公司经营管理,不投入任何资金,鑫宏公司实际由中翔公司为开发案涉项目的特殊目的而设立。合作合同约定中翔公司一方股东登记为唐某某、仲某某,这说明中翔公司为鑫宏公司实际股东并控制经营公司的事实是明确的。鑫宏公司成立后,在中翔公司控制下按照交易安排受让了明达公司案涉国有土地使用权,以自己名义对案涉项目进行开发,并于项目开发完成后成为案涉项目的名义所有权人及受益者,其在案涉项目上的开发行为及利益与中翔公司是一致的。鑫宏公司实际享有中翔公司在案涉合同中的权利,也部分履行了中翔公司在案涉合同中的义务,合同相对方有理由相信其应当作为合同主体履行合同义务。鑫宏公司虽然不是案涉合同的名义当事人,但其在中翔公司控制下实际享有案涉项目开发利益并部分履行开发义务的事实,表明其在开发案涉项目过程中与中翔公司具有共同利益,应对明达公司承担相应责任。

4. 交易数额即为侵权赔偿损失数额。

在(2021)京01民终9900号案中,二审法院认为:创智利德公司与中广公司签订的《补充协议》中,约定由创智利德公司代创联公司向中广公司垫付履约保证金人民币300万元。创联公司与创智利德公司作为关联交易方,彼此之间代表企业或由企业代表另一方进行债务结算,即创智利德公司代创联公司结算了履约保证金

300万元的债务,对上述损失创联公司应予偿还。

第三节 实务指南

一、财务资助制度对股权架构的影响及实务问题

公司财务资助,是指通过赠与、借款、担保、赔偿、债务免除、预付现金等方式,导致公司财产减少,为他人、公司控股子公司及参股公司取得本公司股份提供帮助或收购本公司股份提供便利的行为。

公司财务资助制度本质上属于减少公司资本、减少公司资产的一种制度,打破了公司、股东、公司债权人三者的利益平衡。从股权架构角度看,因公司资产不当减少,使得公司股权价值与公司实际价值不对等,损害了债权人信赖利益,违反了公司资本维持、资本确定原则,实质上动摇了股权架构赖以存在的根基。公司可以利用财务资助制度实施循环增资、杠杆收购、操纵股价等破坏股权架构,以及损害公司债权人利益的行为,因此,建立健全的财务资助制度对防范此类风险至关重要。

1. 规范依据

新《公司法》第163条。

2. 公司财务资助制度的原则禁止

这是指新《公司法》第163条第1款的规定:"公司不得为他人取得本公司或者其母公司的股份提供赠与、借款、担保以及其他财务资助,公司实施员工持股计划的除外。"对此可作如下理解:

(1)公司:因该条款被放置于新《公司法》"股份有限公司的股份发行与转让"章节,故属于股份有限公司的专有制度。

(2)目的:帮助他人取得本公司或者其母公司的股份。

(3)形式:赠与、借款、担保及其他财务资助形式。

3. 公司财务资助制度的例外情况

(1)具体例外

这是指新《公司法》第163条第1款后半部分的规定,即公司实施员工持股计划时,可以提供财务资助。员工持股计划,是指为了激发员工的工作热情和创造力,允许员工通过购买企业部分股票(股权)而拥有企业的部分产权并行使股东权利的一种激励制度。

新《公司法》第162条第1款规定:"公司不得收购本公司股份。但是,有下列情形之一的除外:……(三)将股份用于员工持股计划或者股权激励;……"

《证券法》第9条规定:"公开发行证券,必须符合法律、行政法规规定的条件,并依法报经国务院证券监督管理机构或者国务院授权的部门注册。未经依法注册,任何单位和个人不得公开发行证券。证券发行注册制的具体范围、实施步骤,由国务院规定。有下列情形之一的,为公开发行:……(二)向特定对象发行证券累计超过二百人,但依法实施员工持股计划的员工人数不计算在内;……"可见,各部门法对员工持股计划允许财务资助的规定是一致的。

(2)一般例外

这是指新《公司法》第163条第2款的规定:"为公司利益,经股东会决议,或者董事会按照公司章程或者股东会的授权作出决议,公司可以为他人取得本公司或者其母公司的股份提供财务资助,但财务资助的累计总额不得超过已发行股本总额的百分之十。董事会作出决议应当经全体董事的三分之二以上通过。"

对此可作如下理解:

①行为目的:以公司利益为出发点。

②权利来源:经股东会决议,或董事会依公司章程或股东会授权作出决议,并且应当经全体董事的三分之二以上通过。

③资助上限:财务资助的累计总额不得超过已发行股本总额的10%。

4.违法提供财务资助的法律责任

这是指新《公司法》第163条第3款的规定:"违反前两款规定,给公司造成损失的,负有责任的董事、监事、高级管理人员应当承担赔偿责任。"

对于该类纠纷,具备原告诉讼主体资格的可以是公司,也可以是股东。在股东作为原告的情况下,提起的是股东代表诉讼,被告是董事、监事、高级管理人员,并以公司受到实际损失为侵权责任构成要件。

另外,《上市公司股权激励管理办法》第21条、《上市公司收购管理办法》第8条、《非上市公众公司收购管理办法》第8条、《非上市公众公司监督管理办法》第16条、《关于国有控股混合所有制企业开展员工持股试点的意见》之"三、企业员工入股"、《中央企业控股上市公司实施股权激励工作指引》第62条等也对财务资助行为作出了规定。

二、关联交易制度对股权架构的影响及实务问题

关联交易是一把双刃剑。一方面,控股股东、实际控制人、董事、高级管理人员

利用关联交易转移掏空公司资产，具有先天的便利和优势，这样将导致公司逐渐枯萎，名存实亡；另一方面，关联交易基于对交易对象和交易规则的熟悉，可以减少交易的成本和风险，甚至在公司财务陷入困境时助力。基于这两方面的考虑，法律并未禁止关联交易，只是对其赋予规制规则，确保关联交易不偏离公司、股东、债权人利益的平衡点。

基于关联交易的双重特性，其对公司股权架构也相应产生两种不同的影响：一方面是消极影响，即动摇股权架构赖以生存的基础；另一方面是积极影响，对股权架构有黏合巩固之效。

1. 规范依据

新《公司法》第182条、第185条。

2. 关联人的范围

根据新《公司法》第182条，关联人包括董事、监事、高级管理人员、这些人员的近亲属及与这些人员有关联的人。

3. 报告义务

根据新《公司法》第182条第1款，报告义务人为公司内部的董事、监事、高级管理人员（要求与之相关联的公司外部关联人员履行报告义务是不现实的）；报告对象是董事会、股东会。注意，以上仅适用于非上市公司。对于上市公司，报告对象则限定为董事会，依据是新《公司法》第139条。该条规定："上市公司董事与董事会会议决议事项所涉及的企业或者个人有关联关系的，该董事应当及时向董事会书面报告。有关联关系的董事不得对该项决议行使表决权，也不得代理其他董事行使表决权。该董事会会议由过半数的无关联关系董事出席即可举行，董事会会议所作决议须经无关联关系董事过半数通过。出席董事会会议的无关联关系董事人数不足三人的，应当将该事项提交上市公司股东会审议。"

4. 同意权的主体

公司章程决定。根据新《公司法》第182条第1款，关联交易按照公司章程的规定经董事会或者股东会决议通过。

5. 回避表决制

根据新《公司法》第185条，董事会对涉及关联交易事项决议时，关联董事不得参与表决，其表决权不计入表决权总数。出席董事会会议的无关联关系董事人数不足三人的，应当将该事项提交股东会审议。

三、承诺函的效力与公司对外担保规则

出函人为了支持被担保人(他人、股东或实际控制人)履行债务而向作为担保人的公司出具函件,被称为承诺函或安慰函。这是种单方允诺,并非"要约",债权人不需要"承诺"即可凭借函件来主张权利。

(一)承诺函属于保证还是债务加入?

承诺函的性质是保证还是债务加入,影响着出函人如何对债权人承担责任。

《九民会议纪要》第91条规定:"【增信文件的性质】信托合同之外的当事人提供第三方差额补足、代为履行到期回购义务、流动性支持等类似承诺文件作为增信措施,其内容符合法律关于保证的规定的,人民法院应当认定当事人之间成立保证合同关系。其内容不符合法律关于保证的规定的,依据承诺文件的具体内容确定相应的权利义务关系,并根据案件事实情况确定相应的民事责任。"据此,承诺函是一种增信措施,可以初步认定其为保证合同关系。如果不符合保证规定,则可考虑认定为债务加入关系。何为债务加入?《民法典》第552条规定:"第三人与债务人约定加入债务并通知债权人,或者第三人向债权人表示愿意加入债务,债权人未在合理期限内明确拒绝的,债权人可以请求第三人在其愿意承担的债务范围内和债务人承担连带债务。"

辨别承诺函是保证还是债务加入的判断标准如下:

(1)在内容上,保证是典型的担保方式,法律对其设立、生效、保证期间、履行方式等均有严格规定,在没有双方当事人明确合意属于保证的情况下,原则上不认定为保证,而认定为债务加入。

(2)在形式上,是否将承诺函列为借款合同的附件或声明承诺函,构成借款合同的一部分。列入借款合同附件的,可考虑为保证;反之,为债务加入。

(3)区分保证与债务加入的关键在于是否存在履行顺序。有履行顺序的视为保证(因保证从属于主债务),在债务人无法履行时出函人才承担责任;若无履行先后顺序且债权人可同等要求债务人和出函人履行的,则为债务加入。

(二)承诺函属于债务加入性质时,其行为效力如何判断?

新《公司法》第15条规定:"公司向其他企业投资或者为他人提供担保,按照公司章程的规定,由董事会或者股东会决议;公司章程对投资或者担保的总额及单项投资或者担保的数额有限额规定的,不得超过规定的限额。公司为公司股东或者实际控制人提供担保的,应当经股东会决议。前款规定的股东或者受前款规定的

实际控制人支配的股东,不得参加前款规定事项的表决。该项表决由出席会议的其他股东所持表决权的过半数通过。"该规定表明,法律已将公司对外担保的代表权或代理权授予了董事会、股东会,履行公司内部决议程序成为公司对外担保是否有效的法定前置程序。在承诺函被定性为债务加入性质时,其行为效力直接受到公司决议程序的影响。

《民法典担保制度司法解释》第12条规定:"法定代表人依照民法典第五百五十二条的规定以公司名义加入债务的,人民法院在认定该行为的效力时,可以参照本解释关于公司为他人提供担保的有关规则处理。"

《九民会议纪要》第23条规定:"【债务加入准用担保规则】法定代表人以公司名义与债务人约定加入债务并通知债权人或者向债权人表示愿意加入债务,该约定的效力问题,参照本纪要关于公司为他人提供担保的有关规则处理。"

然而,《九民会议纪要》第17条规定,担保行为不是法定代表人所能单独决定的事项,而必须以公司股东会、董事会等公司机关的决议作为授权的基础和来源,法定代表人未经授权擅自为他人提供担保的,构成越权代表,并区分订立合同时债权人是否善意:债权人订立合同时是善意的,担保合同有效;反之,担保合同无效。

也就是说,公司对外担保需要履行公司内部决议的前置程序,该程序与债权人的"善意"密切联系,直接影响了担保合同的效力;而商事关系中出现的承诺函行为,若被认定为债务加入性质,其行为效力判断与公司对外担保行为效力的思路一样,仍然也需要判断债权人是否善意,同样依据越权代表,即判断作出债务加入的出函人公司其内部是否也履行了公司决议前置程序。

如果出函人履行了公司决议内部程序而作出承诺函,承诺函当然有效,出函人承担责任;没有履行内部决议程序而擅自出具承诺函的,分为两种情形:

一是可能构成表见代表。此时公司内部并没有作出出具承诺函的决议,但法定代表人或被授权人也有公司决议可以对债权人出具。一般是指该公司决议为伪造的情形,在外观上让债权人相信出具承诺函行为实际上是有权代表,此时出函人应承担与有权代表相同的承担责任。

二是可能构成越权代表,这是最普遍的情形。这就意味着债权人没有具备履行对公司决议合理审查义务之前提,但仍然与债务签署借款合同,属非善意,承诺函不产生法律约束力,参照担保无效的规定处理。

(三)承诺函无效,出函人的责任如何承担?

《九民会议纪要》第20条规定,担保合同有效,债权人请求公司承担担保责任的,人民法院依法予以支持;担保合同无效,债权人请求公司承担担保责任的,人民法院不予支持,但可以按照担保法及有关司法解释关于担保无效的规定处理。公司举证证明债权人明知法定代表人超越权限或者机关决议系伪造或者变造,债权人请求公司承担合同无效后的民事责任的,人民法院不予支持。

也就是说,在承诺函因欠缺公司决议的前置程序而不具有法律效力时,出函人不需要承担担保责任,但仍可能需要承担其他责任,比如缔约过失责任。《民法典担保制度司法解释》第17条规定:"主合同有效而第三人提供的担保合同无效,人民法院应当区分不同情形确定担保人的赔偿责任:(一)债权人与担保人均有过错的,担保人承担的赔偿责任不应超过债务人不能清偿部分的二分之一;(二)担保人有过错而债权人无过错的,担保人对债务人不能清偿的部分承担赔偿责任;(三)债权人有过错而担保人无过错的,担保人不承担赔偿责任。主合同无效导致第三人提供的担保合同无效,担保人无过错的,不承担赔偿责任;担保人有过错的,其承担的赔偿责任不应超过债务人不能清偿部分的三分之一。"

上述规定中的担保人,在此就是指出具承诺函的主体。有无"过错",其实就是指出函人在出具承诺函前是否履行了公司内部决议程序,债权人对该内部决议程序是否履行了合理审查义务。在承诺函场景下,可将上述条款改写为以下内容:"主合同(如借款合同)有效而出函人提供的承诺函无效,应当区分不同情形确定出函人的赔偿责任:(一)债权人与出函人均有过错的,出函人承担的赔偿责任不应超过债务人不能清偿部分的二分之一;(二)出函人有过错而债权人无过错的,出函人对债务人不能清偿的部分承担赔偿责任;(三)债权人有过错而出函人无过错的,出函人不承担赔偿责任。主合同无效导致出函人提供的担保合同无效,出函人无过错的,不承担赔偿责任;出函人有过错的,其承担的赔偿责任不应超过债务人不能清偿部分的三分之一。"

综上,对承诺函的债务加入行为性质之判断,可遵循如下思路。首先,应识别承诺函是保证合同还是债务加入:若为保证合同,履行债务有先后顺序;若为债务加入,则履行债务没有先后顺序。其次,判断出函人是否存在过错,即出函人是否履行了公司内部决议程序,以及债权人是否善意,即是否履行了对公司决议的合理审查义务。若出函人未履行公司决议程序擅自出具承诺函,构成越权代表。债权人非善意的,则承诺函无效,按担保无效规则处理;债权人善意的,则由出函人承担责任。

(四)债权人善意的判断与出函人无过错的判断

在对债权是否善意以及出函人是否无过错的判断上,有两点尤其值得注意:

第一,在承诺函属债务加入的场合,对债权人"善意"的判断,应区分不同的时间点。如果借款合同签署时承诺函也同时出现,则债权人有足够时间并负有合理注意义务来审查承诺函的授权基础和来源,足以判断承诺函的作出是否经过公司决议程序,没有审查承诺函就签署借款合同的,债权人属非善意,属于有过错;如果先签署借款合同,在履行借款合同的过程中才出现了承诺函,此时债权人善意的判断取决于出函人是否持有公司决议,这属于形式上的审查,无论公司决议真假,均可认定为善意;如果出函人没有提供公司决议,债权人就无法履行合理审查义务,此时是否存在证明其善意的方式?答案是否定的。债权人通常会从有利于自身的角度出发,在起诉或发函时不会否认承诺函的效力,反而会极力主张其有效,要求出函人承担责任。但因债权人无法证明自身的善意,依据越权代表规则,债权人将被定性为非善意相对人(通常情况下,承诺函的出具往往是债权人建议的结果,而非在其不知情的情况下突然出现),承诺函对出函人不产生法律效力。因此,债权人将难以扭转承诺函无效的局面。

第二,《民法典担保制度司法解释》第17条第1款第3项中的"担保人无过错"一般是指公司决议被伪造,或者没有产生公司决议程序,但债权人相信出具承诺函的行为实际上具有有权代表的外观,构成表见代表之情形。

四、如何认定关联交易的正当性

认定关联交易是否正当,从程序要件和实质要件两大角度判断:

(一)程序要件

1. 披露、报告

(1)披露

对于公众公司来说,信息披露是其常规的"必选动作"。涉及公司重大利益的事项都必须披露,比如,公司对外投资、对外担保和关联交易。各个层面的法律法规都对关联交易事项披露作出规定,比如《上市公司治理准则》《企业会计准则第36号——关联方披露》《上市公司信息披露管理办法》及各大证券交易所关于股票上市的规则等都有关联交易披露的规定。

(2)报告

新《公司法》第182条第2款规定:"董事、监事、高级管理人员的近亲属,董事、监事、高级管理人员或者其近亲属直接或者间接控制的企业,以及与董事、监事、高级管理人员有其他关联关系的关联人,与公司订立合同或者进行交易,适用前款规定。"也就是说,应当就与订立合同或者进行交易有关的事项向董事会或者股东会报告,并按照公司章程的规定经董事会或者股东会决议通过。可见,无论有限责任公司还是股份有限公司,关联人必须就涉及关联交易的事项履行向董事会或股东会报告的义务。

2. 公司决议批准

(1)遵循一般事项的表决程序

关联人应就关联事项向董事会或股东会报告,并按照公司章程的规定经董事会或股东会决议通过。

在公司章程未作出具体规定的情况下,关联交易可视为一般事项。

对于有限责任公司,根据新《公司法》第66条第2款,股东会作出决议,应当经代表过半数表决权的股东通过。根据新《公司法》第73条第2款,董事会会议应当有过半数的董事出席方可举行。董事会作出决议,应当经全体董事的过半数通过。

对于股份有限公司,根据新《公司法》第116条第2款,股东会作出决议,应当经出席会议的股东所持表决权过半数通过。根据新《公司法》第124条,董事会会议应当有过半数的董事出席方可举行。董事会作出决议,应当经全体董事的过半数通过。

此外,对关联交易事项的表决,还应遵守会议的召集与通知等程序性规定。

(2)关联董事表决权回避制度

在关联交易事项的表决中,实行关联董事表决权回避制度。新《公司法》第139条专门对上市公司关联关系的董事回避表决问题作出规定,出席董事会会议的无关联关系董事人数不足3人的,应当将该事项提交上市公司股东会审议。

新《公司法》第185条则规定:"董事会对本法第一百八十二条至第一百八十四条规定的事项决议时,关联董事不得参与表决,其表决权不计入表决权总数。出席董事会会议的无关联关系董事人数不足三人的,应当将该事项提交股东会审议。"

也就是说,在涉及自我交易、关联交易、谋取公司商业机会、竞业限制事项时,无论是有限责任公司还是股份有限公司,关联董事均不得参与表决。

(3)独立董事制度

上市公司治理准则和证券机构股票上市规则等文件也规定了独立董事须就关联交易事项发表独立意见,这也是必须遵守的程序。

(4)实施关联交易的主体是法定的

根据新《公司法》第22条,实施关联交易的主体包括公司的控股股东、实际控制人、董事、监事、高级管理人员,这意味着承担赔偿责任的主体是法定的。在实务中,关联交易中受益的公司亦可能被确定为责任承担的主体。

(二) 实质要件

《公司法司法解释(五)》第1条规定,关联交易损害公司利益,原告公司请求控股股东、实际控制人、董事、监事、高级管理人员赔偿所造成的损失,被告仅以该交易已经履行了信息披露、经股东会或者股东大会同意等法律、行政法规或者公司章程规定的程序为由抗辩的,人民法院不予支持。因此,仅有"程序正义"还不够,关联交易的正当性还要体现在"实质正义"上。

1. 交易内容合法

这是指关联交易不存在违反《民法典》所规定的公序良俗、环境保护等原则,也不存在恶意串通损害他人合法权益违反法律、行政法规的强制性规定等导致民事法律行为无效的情形。

2. 具备关联关系

关联关系是认定关联交易的前提。新《公司法》第265条第4项规定,关联关系是指公司控股股东、实际控制人、董事、监事、高级管理人员与其直接或者间接控制的企业之间的关系,以及可能导致公司利益转移的其他关系。但是,国家控股的企业之间不仅因为同受国家控股而具有关联关系。

该条提出了判断关联关系的两大核心标准:一是直接或间接控制,即控制标准;二是可能导致公司利益转移的标准。其中,利益转移是判断交易是否公允的核心标准。另外,在国有企业、企业会计准则、上市规则等层面都对关联方、关联关系有明确的界定。

3. 交易条件公允

在实务中,交易条件公允一般是指交易价格公允,需要结合合同签订背景、合同履行过程、市场通常价格对比、交易习惯和商业惯例等因素来综合分析。

第十三章 增资、减资

第一节 请求权基础规范

一、新《公司法》规定

第225条 公司依照本法第二百一十四条第二款的规定弥补亏损后,仍有亏损的,可以减少注册资本弥补亏损。减少注册资本弥补亏损的,公司不得向股东分配,也不得免除股东缴纳出资或者股款的义务。

依照前款规定减少注册资本的,不适用前条第二款的规定,但应当自股东会作出减少注册资本决议之日起三十日内在报纸上或者国家企业信用信息公示系统公告。

公司依照前两款的规定减少注册资本后,在法定公积金和任意公积金累计额达到公司注册资本百分之五十前,不得分配利润。[①]

第226条 违反本法规定减少注册资本的,股东应当退还其收到的资金,减免股东出资的应当恢复原状;给公司造成损失的,股东及负有责任的董事、监事、高级管理人员应当承担赔偿责任。

第227条 有限责任公司增加注册资本时,股东在同等条件下有权优先按照实缴的出资比例认缴出资。但是,全体股东约定不按照出资比例优先认缴出资的除外。

股份有限公司为增加注册资本发行新股时,股东不享有优先认购权,公司章程另有规定或者股东会决议决定股东享有优先认购权的除外。

第228条 有限责任公司增加注册资本时,股东认缴新增资本的出资,依照本法设立有限责任公司缴纳出资的有关规定执行。

股份有限公司为增加注册资本发行新股时,股东认购新股,依照本法设立股份

[①] 简易减资。

有限公司缴纳股款的有关规定执行。

二、其他法律规定

1.《公司法司法解释(二)》

第5条 人民法院审理解散公司诉讼案件,应当注重调解。当事人协商同意由公司或者股东收购股份,或者以减资等方式使公司存续,且不违反法律、行政法规强制性规定的,人民法院应予支持。当事人不能协商一致使公司存续的,人民法院应当及时判决。

经人民法院调解公司收购原告股份的,公司应当自调解书生效之日起六个月内将股份转让或者注销。股份转让或者注销之前,原告不得以公司收购其股份为由对抗公司债权人。

2.《公司法司法解释(三)》

第17条 有限责任公司的股东未履行出资义务或者抽逃全部出资,经公司催告缴纳或者返还,其在合理期间内仍未缴纳或者返还出资,公司以股东会决议解除该股东的股东资格,该股东请求确认该解除行为无效的,人民法院不予支持。

在前款规定的情形下,人民法院在判决时应当释明,公司应当及时办理法定减资程序或者由其他股东或者第三人缴纳相应的出资。在办理法定减资程序或者其他股东或者第三人缴纳相应的出资之前,公司债权人依照本规定第十三条或者第十四条请求相关当事人承担相应责任的,人民法院应予支持。

3.《公司法司法解释(五)》

第5条 人民法院审理涉及有限责任公司股东重大分歧案件时,应当注重调解。当事人协商一致以下列方式解决分歧,且不违反法律、行政法规的强制性规定的,人民法院应予支持:(一)公司回购部分股东股份;(二)其他股东受让部分股东股份;(三)他人受让部分股东股份;(四)公司减资;(五)公司分立;(六)其他能够解决分歧,恢复公司正常经营,避免公司解散的方式。

4.《公司法时间效力司法解释》

第1条 公司法施行后的法律事实引起的民事纠纷案件,适用公司法的规定。

公司法施行前的法律事实引起的民事纠纷案件,当时的法律、司法解释有规定的,适用当时的法律、司法解释的规定,但是适用公司法更有利于实现其立法目的,适用公司法的规定:……(五)公司法施行前,公司违反法律规定向股东分配利润、减少注册资本造成公司损失,因损害赔偿责任发生争议的,分别适用公司法第二百一十一条、第二百二十六条的规定;……(七)公司法施行前,公司减少注册资本,股东对相应减少出资额或者股份数量发生争议的,适用公司法第二百二十四条第三款的规定。

第二节 裁判精要

一、增资

(一)低于净资产价格增资

1. 考量公司负债情况及经营前景后决定引进增资和引进大股东,是企业根据自身经营发展状况作出的商业决定,属股东及管理层的商业规划范畴。法律并未规定公司增资必须经过审计或估价。对大股东主导的增资决议,应从是否具有"合理商业目的"以及小股东"合理预期"的角度予以审查。

在(2020)最高法民申2611号案中,再审法院认为:世纪公司和翠倚公司的案涉增资行为及相关股东会决议,均符合《公司法》规定的法定程序。案涉增资主要是为了对世纪公司和翠倚公司名下案涉地块进行房地产项目开发。世纪公司、翠倚公司拥有案涉地块土地的使用权,海碧公司负责投入资金进行开发,各方约定目标公司权益分配不按照各自所持股权比例进行,而是由海碧公司分配目标项目的住宅及车库的收益,包括盛乐公司、南星公司、大来公司、灏晴公司在内的原股东分配商业物业及剩余车位的收益。

因此,原审法院认为南星公司等大股东在对世纪公司、翠倚公司的负债情况及经营前景进行充分考量后,决定引进海碧公司增资并让海碧公司成为两公司的大股东,这是企业根据自身经营发展状况作出的商业决定,属公司股东及管理层的商业规划范畴,理据充分,予以认可。此外,并无法律规定公司增资必须经过审计或者必须以何种估价进行。就本案所涉大股东主导的增资决议而言,原审法院从是否具有"合理商业目的"以及小股东"合理预期"两方面予以审查,并认为目标项目所涉各方已在合作协议中对目标公司的经营负债及利益分配等情况进行了充分考量,由此作出的增资方案事实和法律依据充分,予以认可。

2. 公司是否增资扩股及如何增资扩股是公司自治的范畴,法律没有禁止性规定。增资虽引起股东出资比例减少,其股权比例降低,但降低后的股权比例所对应的原出资额并未发生变化,股权比例降低的结果系股东不增加资本而致,并非侵害行为所致。

在(2019)最高法民终469号案中,关于余某1、余某2、余某3是否侵占了郑某某持有的凤凰公司的股权的问题,一审法院认为:郑某某认为凤凰公司资产不断增值,具有采矿许可证等各种稀缺经营证照,公司净资产远高于公司注册资本,以远低于公司净资产额的注册资本进行增资扩股,严重削减了小股东股权的价值。法院认为,首先,余某1、余某2、余某3及凤凰公司依据已生效的股东会决议变更公司股权比例的行为,不具有违法性,不存在侵占郑某某持有的凤凰公司股权的情形。其次,凤凰公司增资虽引起郑某某出资比例减少,进而引起其股权比例降低,但降低后的股权比例所对应的原出资额并未发生变化,股权比例降低结果系郑某某不增加资本而致,并非侵害行为所致。故郑某某无充分证据证明余某1、余某2、余某3存在侵害其股权的行为及侵害结果,其主张无事实及法律依据

3. 资扩股必然导致未增资股东的股权被稀释,股权被稀释并不意味着权益被侵害,股权的价值与其出资存在对应关系。

在(2021)皖15民终859号案中,关于增资后各股东股权比例的确定是否无效的问题,一审法院认为:增资后各股东股权比例的调整涉及股东基本的财产权益,虽然法律没有明确规定增资时涉及股权比例调整的必须进行资产评估,但若增资时公司经营状况良好,存在大量资本盈余的情况下,依据注册资本计算的单位股权价格低于依据净资产计算的单位股权价格,如果依据原注册资本中各方的出资比例确定股权比例,等于稀释了小股东的股份,导致原有的利润也被稀释。

本案中,按照开发矿业的陈述及举证,股东会决议所形成的增资股权比例调整方案建立在已经失效的评估报告基础上,因此不能证明该股权比例调整方案对皖英矿业的实际权益没有造成损害。开发矿业作为增资后股权比例调整方案的制定方,负有举证证明其制定的增资后股权比例调整方案没有侵害小股东利益的义务,且在本案发回重审期间不能对增资时公司的资产状况进行评估。皖英矿业要求确认股东会决议中关于增资后各股东股权比例部分无效,应当予以采纳,公司章程中对该部分予以修改的内容也相应无效。

二审法院认为:公司是否增资以及如何增资,是公司自治的范畴,法律没有明确的禁止性规定。根据《公司法》规定,对公司增加或者减少注册资本作出决议,是

股东会的职权,股东会会议作出公司增加或者减少注册资本的决议,必须经代表三分之二以上表决权的股东通过。开发矿业的章程亦作了同样的规定。案涉股东会会议召集的程序、表决的方式、决议的内容不存在违反法律、行政法规的情形或者违反公司章程的情形,且增资扩股必然导致未增资股东的股权被稀释,但股权被稀释并不意味着权益被侵害,股权的价值与其出资仍然存在对应关系。开发矿业公司章程规定了股东有权优先按照出资比例认购出资,皖英矿业如有意保持其在公司的股权比例,可在本轮增资扩股中认购出资,但其在案涉股东会召开时明确表示不愿意增资,已对自己的权利进行了处分。因此,其主张涉案股东会决议无效,不予采纳。

(二)增资协议解除及投资款返还

1. 增资协议可适用《民法典》合同编的规定予以解除,合同解除后应恢复原状,目标公司应向投资方退回已收取的款项。

在(2019)最高法民终1993号案中,关于《6.8增资协议》是否应予解除的问题,二审法院认为:从《6.8增资协议》约定的内容看,"乙方承诺标的公司如未能实现本协议第二条之2.1款和第2.2款规定内容,则本协议无效,标的公司和乙方收到的甲方增资款及借款乙方必须负责足额退还,并按年利率15%计算占用期间之利息",该条款是双方对合同解除条件的约定。本案中,由于华帝公司的股东仍为陶某某一人,至今未完成股权变更登记、股东登记等,未能实现《6.8增资协议》约定的情形,且双方均认可目前矿山由华帝公司的债权人控制,蓝德公司无法参与经营,故蓝德公司起诉解除《6.8增资协议》,有事实和法律依据。

此外,对于华帝公司、陶某某对蓝德公司已付投资款是否应予返还的问题,双方在《6.8增资协议》约定了合同解除后,标的公司(华帝公司)和乙方(陶某某)收到的甲方(李某某)增资款及借款,乙方必须负责足额退还,并按年利率15%计算占用期间的利息。根据蓝德公司(甲方)和华帝公司(乙方)2016年4月1日至2017年7月31日的结算对账单看,双方认可甲方应收乙方累计欠款共35262063.39元。法律规定,合同无效、被撤销或者终止的,不影响合同中独立存在的有关解决争议方法的条款的效力,一审判决华帝公司、陶某某共同返还蓝德公司投资款35262063.39元,并按年利率15%支付利息,有事实和法律依据。

2. 股东已将资本金直接注入公司的,无论是计入注册资本还是计入资本公积金,都形成公司资产,不得请求返还。

在(2013)民申字第326号案中,关于新湖集团已注入青海碱业的资本公积金能否返还的问题,再审法院认为:《增资扩股协议》是由青海碱业原股东浙江玻璃、董某某、冯某某与新股东新湖集团就青海碱业增资扩股问题达成的协议。在该协议履行过程中,因浙江玻璃的根本违约行为,新湖集团采用通知方式解除了该合同。《增资扩股协议》解除后,新湖集团请求判令浙江玻璃、董某某、冯某某返还其出资款中的资本公积金336884976.80元。但《增资扩股协议》的性质决定了新湖集团所诉的该部分资本公积金不能被返还。《增资扩股协议》的合同相对人虽然是浙江玻璃、董某某、冯某某,但合同约定增资扩股的标的却是青海碱业。合同履行过程中,新湖集团也已将资本金直接注入了青海碱业。青海碱业系合法存在的企业法人。浙江玻璃、董某某、冯某某均不再具有返还涉案资本公积金的资格。至于青海碱业能否返还新湖集团已注入的这部分资本公积金,则关乎资本公积金的性质。新湖集团认为,本案中其因《增资扩股协议》注入的资本公积金不同于《公司法》中规定的"出资",可以抽回的主张依据不足。股东向公司已交纳的出资无论是计入注册资本还是计入资本公积金,都形成公司资产,股东不得请求返还。二审判决未支持新湖集团返还资本公积金的请求,并无不当。

3. 增资协议书的解除可适用合同相关法律制度的规定,但协议解除的后果,实际涉及处理原增资股东的退出问题。增资完成后经公司章程修改及工商变更登记,其股东身份、认缴数额、股权比例及公司注册资本均已对外公示,增资款已转化为公司资产,应按照《公司法》的特别规定适用执行。当事人虽确认协议解除,但未明确退出的具体方式和相应程序,仅就返还出资单独提出主张,不予支持。

在(2019)沪01民终11265号案中,关于上诉人出资已经完成认缴及工商变更登记的情况下,能否以合同解除的规定为依据,主张由合同相对方返还已实际缴付的出资款的问题,二审法院认为:首先,系争增资协议书系各方当事人的真实意思表示,并不违反法律、行政法规的强制性规定,对其合同效力应予认可。该协议中,各方当事人约定了合同解除条件,该增资协议书可予解除。其次,本案中上诉人虽主张恢复原状、返还钱款,但仍须基于系争合同的性质、钱款的性质,依照法律的具体规定处理解除后果。再次,从增资协议书的约定来看,上诉人投入的3250万元是其作为目标公司新股东所应缴纳的出资,并非对被上诉人西北工业公司、北方能源公司享有的普通债权。在经过公司章程修改及工商变更登记后,其股东身份、认缴数额、股权比例及公司注册资本均已对外公示,该3250万元转化为公司资本性质,已形成公司资产。然后,上诉人所谓因增资协议书解除而要求返还出资,从本质上说系基于其股东身份的退出。但正如上述认缴、出资、登记等均须由各方当事人按照《公司法》关于公司增资的程序完成，股东退出公司，包括采取何种退出方式、资本、股权的处分等等，亦应当适用《公司法》作为特别法的相关规定。最后，上诉人要求将其出资直接返还以"恢复原状"，实质上等同于股东未经法定程序任意抽回出资，将造成公司资产的不当减少，显然有违公司资本的确定、维持和不变原则，直接影响公司的经营能力和债权人利益保护。

综上所述，本案系争增资协议书的解除虽然适用《合同法》规定，但协议解除的后果实际系处理上诉人作为原增资股东的退出问题。在上诉人出资已转化为公司资本的情况下，应按照《公司法》的特别规定适用执行。现本案各方当事人虽均确认协议解除，但未予明确上诉人退出的具体方式，如通过股权转让、股权回购、公司减资、公司解散等，更未经相应的法定程序，上诉人仅就返还出资一节单独提出主张，不符合《公司法》的规定，不予支持。

4. 增资款尚未在工商登记部门办理变更登记，增资款对公司债权人尚未产生公示效力，此时公司债权人尚无需要被保护的信赖利益。依约解除增资协议并请求返还投资款，并不涉及因抽逃出资或非法减资损害公司债权人利益的问题。

在（2019）最高法民申 1738 号案中，关于二审判决解除投资协议及返还投资款是否错误适用《公司法》有关股东不得抽逃出资的规定的问题，再审法院认为：邹某某、宝威企业认为真金公司的出资款已转为占空比公司的法人财产，二审判决解除投资协议、返还投资款，违反了《公司法》关于股东不得抽逃出资的规定。在再审的审查过程中，各方当事人均确认，真金公司增资占空比公司的 2000 万元尚未在工商行政管理部门进行增资变更登记。《公司法》规定股东不得抽逃出资，以及公司减少注册资本应当履行相应的法定程序并依法向公司登记机关办理变更登记，主要目的之一在于保护公司债权人的利益。案涉 2000 万元增资款尚未在工商登记部门办理变更登记，该增资款对公司债权人尚未产生公示效力，公司债权人尚无需要被保护的信赖利益。真金公司依约定条件解除案涉《增资协议》并请求返还投资款，并不涉及因抽逃出资或不按法定程序减资损害公司债权人利益的问题。

5. 股东出资后，未成为公司的显名股东，也未能以隐名股东的身份享受股东权益，其出资目的无法实现，继续占有出资款无任何法律依据，应予返还并承担相应利息。

在（2017）鲁民再 27 号案中，再审法院认为：奥力公司应向李某某返还出资款及相应利息。理由如下：首先，李某某的 400 万元出资款经由王某、孙某某的账户注入奥力公司的验资账户，奥力公司收取并最终占有了李某某的出资款。该事实奥力公司于二审及再审中均予以认可,并且有奥力公司盖章的《出资证明书》、王某与李某某签署的《股权协议书》《股东名册》及信用社的转账凭证等证据予以证实。其次,李某某出资后,既未成为奥力公司在工商部门登记的显名股东,也未能以隐名股东的身份享受股东权益。奥力公司历次召开股东会、修改公司章程、转让股权变更股东,李某某均未能行使任何股东权利。李某某的出资目的无法实现。再次,李某某的出资权益受到损害,奥力公司存在重大过错。奥力公司原法定代表人王某办理奥力公司名称预先核准登记在先,登记的股东为王某和孙某某,之后才和李某某商量出资一事。李某某出资后,王某、孙某某隐瞒李某某签署了公司章程,向工商部门递交了《公司设立登记申请书》,将王某、孙某某登记为股东。而奥力公司在明知李某某不是登记股东、王某与李某某不存在股权代持协议的情况下,向李某某出具虚假的《出资证明书》。奥力公司与王某的行为存在共同欺诈的故意,由此造成李某某权益受损,应承担全部法律责任。

二、减资

(一)违法减资

1. 公司对减资决议作出后产生的债权人,或者对在减资基准日债权尚未到期或债权数额尚未确定的债权人负有通知义务。

在(2021)鲁0792民初527号案中,关于被告王某某、张某某、梁某某、于某某是否应该就减资行为对被告禾新盛公司的债务承担还款责任的问题,一审法院认为:原告与被告禾新盛公司之间买卖业务产生的债权大多发生在被告禾新盛公司减资前,以及工商登记变更前。减资是公司内部的重大行为,同时会影响到外部债权人的利益,结合被告禾新盛公司出具还款协议的时间,原告系被告禾新盛公司已知的、明确的债权人,被告禾新盛公司应当直接通知原告,以便债权人选择要求被告禾新盛公司清偿债务或者提供相应的担保。虽然被告禾新盛公司在报纸上发布了减资公告,但并未就减资事项直接通知原告,故该通知方式不符合减资的法定程序,被告禾新盛公司未履行通知义务,损害了债权人原告的合法权益。而各被告股东在禾新盛公司债务担保或清偿情况的说明中承诺,"若有未清偿的债务,全体股东按减资前的出资额及出资比例承担相应的债务",各被告股东虽辩称系减资时系统内格式文件,并非本人签字,但均未提交有效证据反驳。退一步讲,即使非本人签名,但经咨询工作人员,公司通过手机应用软件进行增资、减资操作过程中,须使用股东本人实名认证的手机或关联手机进行相应操作,即使由他人签名应视为股东对他人代为签名的一种授权,因此各被告股东对相关股东会决议、减资等行为是明知的事实具有高度盖然性,故对各被告股东的抗辩意见不予采信。

公司是否减资系股东会决议的结果,是否减资以及如何进行减资完全取决于全体股东的意志,股东对公司减资的法定程序及后果是明知的。同时,公司办理减资手续需要全体股东的配合,对于公司通知义务的履行,股东亦应当尽合理注意义务。被告禾新盛公司的股东就公司减资事项在2020年10月14日形成股东会决议,此时原告的债权已形成,作为被告禾新盛公司的股东,被告梁某某、张某某、于某某应当明知,但是三被告仍然通过股东会决议同意减资请求,并且未直接通知原告,既降低了被告禾新盛公司的清偿能力,又侵害了原告的债权,应当对被告禾新盛公司的债务承担相应的法律责任。公司未对已知债权人进行减资通知时,该情形与股东违法抽逃出资的实质以及对债权人利益受损的影响,在本质上并无不同。且三被告在禾新盛公司债务担保或清偿情况的说明中承诺,"若有未清偿的债务,全体股东按减资前的出资额及出资比例承担相应的债务",参照公平原则及诚实信用原则,可依照《公司法》相关原则和规定来认定相关责任。

2. 抽回出资是否违法,取决于是否履行了法定的减资程序及是否损害公司权益。如果存在上述情形,应当认定为抽逃出资,股东应承担责任。

在(2022)新民再168号案中,再审法院认为:抽逃出资是指公司股东未经法定程序将其出资取回的行为。从华隆金时公司在他案民事判决中自认的其曾经和华隆投资公司沟通过退出事宜,其向华隆投资公司转账3774100元系退还投资款和2021年3月6日的《华隆金时公司股东会决议》内容可知,虽然华隆金时公司股东同意华隆投资公司以减资方式抽回出资3774100元,但并未履行法定的减资程序,由此损害了公司和债权人利益,应认定为抽逃出资,华隆投资公司应当承担相应的民事责任。原判决认为华隆投资公司的行为不构成抽逃出资在适用法律方面存在错误,予以纠正。

3. 减资不符合法定程序,但公司减资前与减资后的财产未发生变化,违法减资并未实际导致公司责任财产减少的,该减资股东不应当被追加为被执行人。

在(2019)最高法民再144号案中,二审法院认为:抽逃出资的股东可以追加为被执行人,并未规定减资可以被追加为被执行人。减资行为是否合法不属于追加被执行人程序审查的范围,且寒地黑土集团因亏损原因将注册资本由5000万元减至3000万元,省农资公司并未抽回出资,公司减资前与减资后的财产未发生变化,未导致寒地黑土集团对外承担责任的财产减少或偿债能力下降。判决不得追加省农资公司为被执行人。

再审法院认为:在减少注册资本过程中,存在先发布减资公告后召开股东会、变更登记时提供虚假材料等违反《公司法》关于公司减资程序规定的情形,但作为寒地黑土集团股东的省农资公司并未利用寒地黑土集团减资实际实施抽回出资的行为。省农资公司虽将其登记出资由5000万元减至3000万元,但寒地黑土集团的权益并未因省农资公司的行为受到损害,资产总量并未因此而减少,偿债能力亦未因此而降低,二审法院判决不得追加省农资公司为被执行人,并无不当。

4.债权人的权利并不因公司前期出资已缴付到位、实际系针对出资期限未届期的出资额进行减资而受到限制,减资时既未依法通知债权人,亦未向其清偿债务,损害了债权人的合法权利的,应当对债务承担相应的补充赔偿责任。

在(2015)苏商终字第00140号案中,二审法院认为:在广力公司与万丰公司建立硅料买卖关系时,广力公司的注册资本为2500万元,后广力公司注册资本减少为500万元,减少的2000万元是丁某1、丁某2认缴的出资额。如果广力公司在减资时依法通知其债权人万丰公司,则万丰公司依法有权要求广力公司清偿债务或提供相应的担保,万丰公司作为债权人的上述权利并不因广力公司前期出资已缴付到位,且实际系针对出资期限未届期的出资额进行减资而受到限制。但广力公司、丁某1、丁某2在明知广力公司对万丰公司负有债务的情形下,在减资时既未依法通知万丰公司,亦未向万丰公司清偿债务,损害了万丰公司的合法权利。而基于广力公司的法人资格仍然存续的事实,原审判决广力公司向万丰公司还款,并判决广力公司股东丁某1、丁某2对广力公司债务在其减资范围内承担补充赔偿责任,既符合公司法人财产责任制度及减资程序的法律规定,又与《公司法司法解释(三)》关于"公司债权人请求未履行或未全面履行出资义务的股东在未出资本息范围内对公司债务不能清偿的部分承担补充赔偿责任的,人民法院应予支持"的规定一致,合法有据。

5.公司减资程序违法的,公司股东应比照抽逃出资相关规定在减资数额范围内对公司债务不能清偿部分承担补充赔偿责任。

在(2016)沪02民终10330号案中,二审法院认为:股东负有按照公司章程切实全面出资的义务,同时负有维持公司注册资本充实的责任。尽管《公司法》规定公司减资时的通知义务主体是公司,但公司是否减资系股东会决议的结果,是否减资以及如何进行减资完全取决于股东的意志,股东对公司减资的法定程序及后果亦属明知。同时,公司办理减资手续需要股东配合,对于公司通知义务的履行,股东亦应当尽到合理注意义务。博恩公司的股东就公司减资事项先后在2012年8月10日和9月27日形成股东会决议，此时德力西公司的债权早已形成，作为博恩公司的股东，上海博恩公司和冯某应当明知。但是在此情况下，上海博恩公司和冯某仍然通过股东会决议同意冯某的减资请求，并且未直接通知德力西公司，既损害博恩公司的清偿能力，又侵害了德力西公司的债权，应当对博恩公司的债务承担相应的法律责任。公司未对已知债权人进行减资通知，该情形与股东违法抽逃出资的实质以及对债权人利益受损的影响在本质上并无不同。因此，尽管我国法律未具体规定公司不履行减资法定程序导致债权人利益受损时股东的责任，但可比照《公司法》相关原则和规定来加以认定。由于博恩公司的减资行为存在瑕疵，致使减资前形成的公司债权在减资之后清偿不能的，上海博恩公司和冯某作为博恩公司股东应在公司减资数额范围内对博恩公司债务不能清偿部分承担补充赔偿责任。

6.公司减资应通知的债权人，既包括债权数额确定的债权人，又包括具体债权数额虽有争议但必然享有债权的已知债权人，否则构成减资不当。

在（2019）皖民终211号案中，一审法院认为：公司减资应当履行通知和公告程序，只公告未通知或只通知未公告都属于不当减资行为。公司减资应通知的债权人，既包括债权数额确定的债权人，又包括具体债权数额虽有争议但必然享有债权的已知债权人。本案中，赢天公司刊登减资公告，且刊登公告时已经与精工公司发生争议，精工公司属于具有争议的已知债权人，后经生效判决予以确认，但赢天公司未就减资事宜通知精工公司，属于履行通知义务不当，导致精工公司未能及时行使要求清偿债务或者提供相应担保的权利，应认定赢天公司减资程序不当。

（二）不同比减资

1.不同比减资会直接突破公司设立时的股权分配情况，如只需经三分之二以上表决权的股东通过即可作出不同比减资决议，实际上是以多数决形式改变了公司设立时经发起人一致决所形成的股权架构。对于不同比减资，除全体股东或者公司章程另有约定外，应当由全体股东一致同意，否则公司作出的决议因达不到法定的表决权比例而属于不成立决议。

在（2018）沪01民终11780号案中，二审法院认为：公司定向减资涉及股权比例的变化应当经全体股东一致同意。依《公司法》规定，股东会会议作出修改公司章程、增加或者减少注册资本的决议，以及公司合并、分立、解散或者变更公司形式的决议，必须经代表全体股东三分之二以上表决权的股东通过。圣甲虫公司章程也作出同样的约定。此处的"减少注册资本"应当仅仅指公司注册资本的减少,而并非涵盖减资后股权在各股东之间的分配。股权是股东享受公司权益、承担义务的基础,由于减资存在同比减资和不同比减资两种情况,不同比减资会直接突破公司设立时的股权分配情况,如只需经三分之二以上表决权的股东通过即可作出不同比减资决议,实际上是以多数决形式改变了公司设立时经发起人一致决所形成的股权架构。故对于不同比减资,除全体股东或者公司章程另有约定外,应当由全体股东一致同意。

本案中,首先,圣甲虫公司的股东中仅有某某公司进行减资,不同比减资导致华某某的股权比例从 24.47% 上升到 25.32%,该股权比例的变化并未经华某某的同意,违反了股权架构系各方合意结果的基本原则。其次,圣甲虫公司的财务报表显示,圣甲虫公司出现严重亏损状况,华某某持股比例的增加在实质上增加了华某某作为股东所承担的风险,在一定程度上损害了华某某的股东利益。涉案股东会决议的第一、三、四项均涉及减资后股权比例的重新分配以及变更登记,在未经华某某同意的情形下,视为各股东对股权比例的架构未达成一致意见,该股东会决议第一、三、四项符合《公司法司法解释(四)》规定的"导致决议不成立的其他情形"。上诉人华某某主张涉案股东会决议的第一、三、四项不成立的诉讼请求于法有据,应予支持。

2. 以多数决的形式通过不同比减资的决议,直接剥夺了小股东的知情权、参与重大决策权等程序权利,损害了股东合法权利,导致股东股权比例上升,增加了股东所承担的风险。从形式上看,决议的召集程序存在瑕疵;从决议的内容看,减资决议已经违反法律,减资决议无效。

在(2019)苏民申 1370 号案中,再审法院认为:联通公司两次减少注册资本,均未依照公司章程通知陈某某参加相关股东会会议,与会的相关股东利用持股比例的优势,以多数决的形式通过了不同比减资的决议,直接剥夺了陈某某作为小股东的知情权、参与重大决策权等程序权利,损害了陈某某作为股东的合法权利。且从联通公司提供的资产负债表、损益表看,联通公司处于亏损状态,不同比减资不仅改变了联通公司设立时的股权结构,而且导致陈某某持有的联通公司股权比例上升,增加了陈某某作为股东所承担的风险,损害了陈某某的合法利益。故尽管从形式上看联通公司仅仅是召集程序存在瑕疵,但从决议的内容看,联通公司股东会作出的关于减资的决议已经违反法律,原审认定相关股东会减资决议无效,并无不当。

3.注册资本的增减必然涉及具体股东出资额及出资比例的变化,若强求达成一致意见才能对注册资本进行增减,将有违资本多数决原则。在股东反对同比例减资情形下,股东会决议仅减少其他股东的出资额,保留异议股东的出资额,由于股东系以其出资额为限对公司债务承担有限责任,保留异议股东出资额股东会决议并未侵害股东权利,且股东会程序合法,故减资股东会决议合法有效。

在(2018)沪民申1491号案中,再审法院认为:虽然公司设立时对注册资本的确定以及各股东对具体出资额的认缴需要各股东形成合意,公司设立时股东之间的关系更类似于合同关系;但在公司成立后,股东缴纳的出资额已经转化为公司的注册资本,所有权属于公司,在公司运营过程中根据具体经营情况需要对注册资本进行增减时,需要遵守公司权力机构股东会作出的决议。《公司法》之所以规定对注册资本进行增减的股东会决议需要经代表三分之二以上表决权的股东通过,正是遵循了对公司重要事项的资本多数决原则。注册资本的增减必然涉及具体股东出资额及出资比例的变化,若强求达成一致意见才能对注册资本进行增减,显然有违《公司法》规定的初衷。本案中,在吕某反对2015年9月7日同比例减资的股东会决议的情况下,2016年7月22日股东会决议仅减少了霍某的出资额,保留了吕某的出资额,程序正当,内容合法,且已经办理工商变更手续,各股东理应按照股东会决议的内容履行。由于股东以其出资额为限对公司债务承担有限责任,因此该保留吕某出资额的股东会决议对其权利并未造成损害,决议有效。

第三节 实务指南

一、简易减资制度对股权架构的影响及实务问题

简易减资制度,是指在公司以法定公积金、资本公积金弥补亏损后仍有亏损的情况下,以亏损数额为限相应减少注册资本的制度。

简易减资最常用的分类是实质减资与形式减资。实质减资,是指公司通过减少注册资本方式,将闲置的资本退还给股东。在此情况下,应严格按照新《公司法》规定履行编制财产负债表、财产清单、通知债权人等程序。形式减资,是指在公司亏损的情况下,为了公司实际价值与注册资本更接近,通过减少亏损数额相应地调整公司资本金数额的行为。此举并未减少公司资产,对债权人也不会造成不利影响。

简易减资是主要为了平衡公司、股东、债权人的利益而作出的制度设计。从股权架构的角度看,它属于一种资本退出机制,股东的退出也意味着公司股权结构发生变化,股东持股比例发生变化。简易减资因其效率高,具有灵活性,可以改善公司的亏损状态,从而能够对股权架构产生重大影响。

1. 规范依据

新《公司法》第 225 条。

2. 适用对象

处于持续亏损状态下的有限责任公司、股份有限公司(股东认缴的部分不能进行简易减资)。

3. 适用前提

可以减少注册资本以弥补亏损。即按照新《公司法》第 225 条的规定,弥补亏损后,仍有亏损的,可以减少注册资本弥补亏损,但不得向股东分配,也不得免除股东缴纳出资或者股款的义务。弥补亏损的资金顺位为:当年利润→任意公积金→法定公积金→资本公积金→注册资本。可见,公司注册资本是弥补公司亏损的最后手段,只有穷尽其前面各种资金后仍有亏损的,才能减少注册资本弥补亏损。

4. 公告程序

应当自股东会作出减少注册资本决议之日起 30 日内在报纸上或者国家企业信用信息公示系统公告。

5. 遵守利润分配规则

在法定公积金和任意公积金累计额达到公司注册资本的 50% 前,不得分配利润。

二、新《公司法》普通减资制度实务问题

新《公司法》第 224 条和第 225 条规定了公司普通减资制度,对于其内容可作以下理解。

1. 第 224 条第 1 款

公司减少注册资本,应当编制资产负债表和财产清单。

2. 第 224 条第 2 款

股东会决议作出→10 日内通知债权人→30 日内公告(报纸、系统)→债权人自接到通知之日起 30 日内,未接到通知的自公告之日起 45 日内,可要求公司清偿债务或者提供相应的担保。

在实务中应注意如何通知债权人。对于减资决议作出后产生的债权人，或者对在减资基准日债权尚未到期或债权数额尚未确定的债权人，公司均负有通知义务。

3.减资的后果

（1）各股东同比减少出资额或股份。减少的基准：对于有限责任公司，以认缴出资额对应的比例减少（存在失权情况的，以失权生效之日该股东的实际持股比例来减资）；对于股份有限公司的，以股东认购的股份比例为基准减资。

新《公司法》原则上规定实行同比减资原则，即以认缴比例而非实缴比例为基准（通常，认缴比例≥实缴比例）。

（2）同比减资的例外情况。法律另有规定、有限责任公司全体股东另有约定，或者股份有限公司章程另有规定。需要强调一点，有限责任公司实行不同比减资的，必须经过全体股东一致同意，不能以资本多数决方式通过决议。

（3）实务中减资不符合法定程序的，视为抽逃出资，需要承担责任，在执行中也会被追加为被执行人。然而，公司减资前与减资后的财产未发生变化，违法减资并未实际导致公司责任财产减少的，减资股东往往不会被追加为被执行人。

4.几组概念的比较

（1）普通减资。即新《公司法》第224条规定的，需要履行通知债权人程序的减资方式。

（2）简易减资。即新《公司法》第225条规定的，无须履行通知债权人程序的减资方式。

（3）实质减资。将减少的资本按出资比例退还给股东，公司净资产流向股东，减损了公司的偿债能力。

（4）形式减资。公司的实际亏损额与减少注册资本的数额一致，真实反映公司的资产情况，实际上只在账目上做处理，减少的资本并不退还给股东，公司净资产不流向股东，并不减损公司的偿债能力。

（5）同比减资。按全体股东占有的股权股份比例同时减资，各股东持股比例不受影响，股权架构不受影响，影响的是实际股权的价值。

（6）非同比减资。不按全体各股东的持股比例来减资，减资后各股东持股比例发生变化，股权架构也发生变化。

从公司偿债能力是否受影响的角度来看，普通减资与实质减资直接相关，简易减资与形式减资直接相关；普通减资和简易减资均可能涉及同比减资或不同比减资。

第十四章 解散、清算

第一节 请求权基础规范

一、新《公司法》规定

(一)关于解散

第229条 公司因下列原因解散:(一)公司章程规定的营业期限届满或者公司章程规定的其他解散事由出现;(二)股东会决议解散;(三)因公司合并或者分立需要解散;(四)依法被吊销营业执照、责令关闭或者被撤销;(五)人民法院依照本法第二百三十一条的规定予以解散。

公司出现前款规定的解散事由,应当在十日内将解散事由通过国家企业信用信息公示系统予以公示。

第231条 公司经营管理发生严重困难,继续存续会使股东利益受到重大损失,通过其他途径不能解决的,持有公司百分之十以上表决权的股东,可以请求人民法院解散公司。

(二)关于清算

第232条 公司因本法第二百二十九条第一款第一项、第二项、第四项、第五项规定而解散的,应当清算。董事为公司清算义务人,应当在解散事由出现之日起十五日内组成清算组进行清算。

清算组由董事组成,但是公司章程另有规定或者股东会决议另选他人的除外。

清算义务人未及时履行清算义务,给公司或者债权人造成损失的,应当承担赔偿责任。

第233条 公司依照前条第一款的规定应当清算,逾期不成立清算组进行清算或者成立清算组后不清算的,利害关系人可以申请人民法院指定有关人员组成清算组进行清算。人民法院应当受理该申请,并及时组织清算组进行清算。

公司因本法第二百二十九条第一款第四项的规定而解散的,作出吊销营业执照、责令关闭或者撤销决定的部门或者公司登记机关,可以申请人民法院指定有关人员组成清算组进行清算。

第 235 条 清算组应当自成立之日起十日内通知债权人,并于六十日内在报纸上或者国家企业信用信息公示系统公告。债权人应当自接到通知之日起三十日内,未接到通知的自公告之日起四十五日内,向清算组申报其债权。

债权人申报债权,应当说明债权的有关事项,并提供证明材料。清算组应当对债权进行登记。

在申报债权期间,清算组不得对债权人进行清偿。

第 238 条 清算组成员履行清算职责,负有忠实义务和勤勉义务。

清算组成员怠于履行清算职责,给公司造成损失的,应当承担赔偿责任;因故意或者重大过失给债权人造成损失的,应当承担赔偿责任。

第 240 条 公司在存续期间未产生债务,或者已清偿全部债务的,经全体股东承诺,可以按照规定通过简易程序注销公司登记。

通过简易程序注销公司登记,应当通过国家企业信用信息公示系统予以公告,公告期限不少于二十日。公告期限届满后,未有异议的,公司可以在二十日内向公司登记机关申请注销公司登记。

公司通过简易程序注销公司登记,股东对本条第一款规定的内容承诺不实的,应当对注销登记前的债务承担连带责任。

第 241 条 公司被吊销营业执照、责令关闭或者被撤销,满三年未向公司登记机关申请注销公司登记的,公司登记机关可以通过国家企业信用信息公示系统予以公告,公告期限不少于六十日。公告期限届满后,未有异议的,公司登记机关可以注销公司登记。

依照前款规定注销公司登记的,原公司股东、清算义务人的责任不受影响。

二、其他法律规定

(一)关于解散

《公司法司法解释(二)》

第 1 条 单独或者合计持有公司全部股东表决权百分之十以上的股东,以下列事由之一提起解散公司诉讼,并符合公司法第一百八十二条规定的,人民法院应予受理:(一)公司持续两年以上无法召开股东会或者股东大会,公司经营管理发生严重困难的;(二)股东表决时无法达到法定或者公司章程规定的比例,持续两年以上不能做出有效的股东会或者股东大会决议,公司经营管理发生严重困难的;(三)公司董事长期冲突,且无法通过股东会或者股东大会解决,公司经营管理发生严重困难的;(四)经营管理发生其他严重困难,公司继续存续会使股东利益受到重大损失的情形。

股东以知情权、利润分配请求权等权益受到损害,或者公司亏损、财产不足以偿还全部债务,以及公司被吊销企业法人营业执照未进行清算等为由,提起解散公司诉讼的,人民法院不予受理。

第2条 股东提起解散公司诉讼,同时又申请人民法院对公司进行清算的,人民法院对其提出的清算申请不予受理。人民法院可以告知原告,在人民法院判决解散公司后,依据民法典第七十条、公司法第一百八十三条和本规定第七条的规定,自行组织清算或者另行申请人民法院对公司进行清算。

第3条 股东提起解散公司诉讼时,向人民法院申请财产保全或者证据保全的,在股东提供担保且不影响公司正常经营的情形下,人民法院可予以保全。

第4条 股东提起解散公司诉讼应当以公司为被告。

原告以其他股东为被告一并提起诉讼的,人民法院应当告知原告将其他股东变更为第三人;原告坚持不予变更的,人民法院应当驳回原告对其他股东的起诉。

原告提起解散公司诉讼应当告知其他股东,或者由人民法院通知其参加诉讼。其他股东或者有关利害关系人申请以共同原告或者第三人身份参加诉讼的,人民法院应予准许。

第5条 人民法院审理解散公司诉讼案件,应当注重调解。当事人协商同意由公司或者股东收购股份,或者以减资等方式使公司存续,且不违反法律、行政法规强制性规定的,人民法院应予支持。当事人不能协商一致使公司存续的,人民法院应当及时判决。

经人民法院调解公司收购原告股份的,公司应当自调解书生效之日起六个月内将股份转让或者注销。股份转让或者注销之前,原告不得以公司收购其股份为由对抗公司债权人。

第6条 人民法院关于解散公司诉讼作出的判决,对公司全体股东具有法律约束力。

人民法院判决驳回解散公司诉讼请求后,提起该诉讼的股东或者其他股东又以同一事实和理由提起解散公司诉讼的,人民法院不予受理。

（二）关于清算

【清算义务人】

1.《民法典》

第 70 条 法人解散的,除合并或者分立的情形外,清算义务人应当及时组成清算组进行清算。

法人的董事、理事等执行机构或者决策机构的成员为清算义务人。法律、行政法规另有规定的,依照其规定。

清算义务人未及时履行清算义务,造成损害的,应当承担民事责任;主管机关或者利害关系人可以申请人民法院指定有关人员组成清算组进行清算。

2.《公司法司法解释（二）》

第 18 条 有限责任公司的股东、股份有限公司的董事和控股股东未在法定期限内成立清算组开始清算,导致公司财产贬值、流失、毁损或者灭失,债权人主张其在造成损失范围内对公司债务承担赔偿责任的,人民法院应依法予以支持。

有限责任公司的股东、股份有限公司的董事和控股股东因怠于履行义务,导致公司主要财产、账册、重要文件等灭失,无法进行清算,债权人主张其对公司债务承担连带清偿责任的,人民法院应依法予以支持。

上述情形系实际控制人原因造成,债权人主张实际控制人对公司债务承担相应民事责任的,人民法院应依法予以支持。

第 19 条 有限责任公司的股东、股份有限公司的董事和控股股东,以及公司的实际控制人在公司解散后,恶意处置公司财产给债权人造成损失,或者未经依法清算,以虚假的清算报告骗取公司登记机关办理法人注销登记,债权人主张其对公司债务承担相应赔偿责任的,人民法院应依法予以支持。

第 20 条 公司解散应当在依法清算完毕后,申请办理注销登记。公司未经清算即办理注销登记,导致公司无法进行清算,债权人主张有限责任公司的股东、股份有限公司的董事和控股股东,以及公司的实际控制人对公司债务承担清偿责任的,人民法院应依法予以支持。

公司未经依法清算即办理注销登记,股东或者第三人在公司登记机关办理注销登记时承诺对公司债务承担责任,债权人主张其对公司债务承担相应民事责任的,人民法院应依法予以支持。

第 21 条 按照本规定第十八条和第二十条第一款的规定应当承担责任的有限责任公司的股东、股份有限公司的董事和控股股东,以及公司的实际控制人为二人以上的,其中一人或者数人依法承担民事责任后,主张其他人员按照过错大小分担责任的,人民法院应依法予以支持。

3.《公司法时间效力司法解释》

第 6 条 应当进行清算的法律事实发生在公司法施行前,因清算责任发生争议的,适用当时的法律、司法解释的规定。

应当清算的法律事实发生在公司法施行前,但至公司法施行日未满十五日的,适用公司法第二百三十二条的规定,清算义务人履行清算义务的期限自公司法施行日重新起算。

【清算人】

《公司法司法解释(二)》

第 11 条 公司清算时,清算组应当按照公司法第一百八十五条的规定,将公司解散清算事宜书面通知全体已知债权人,并根据公司规模和营业地域范围在全国或者公司注册登记地省级有影响的报纸上进行公告。

清算组未按照前款规定履行通知和公告义务,导致债权人未及时申报债权而未获清偿,债权人主张清算组成员对因此造成的损失承担赔偿责任的,人民法院应依法予以支持。

第 23 条 清算组成员从事清算事务时,违反法律、行政法规或者公司章程给公司或者债权人造成损失,公司或者债权人主张其承担赔偿责任的,人民法院应依法予以支持。

有限责任公司的股东、股份有限公司连续一百八十日以上单独或者合计持有公司百分之一以上股份的股东,依据公司法第一百五十一条第三款的规定,以清算组成员有前款所述行为为由向人民法院提起诉讼的,人民法院应予受理。

公司已经清算完毕注销,上述股东参照公司法第一百五十一条第三款的规定,直接以清算组成员为被告、其他股东为第三人向人民法院提起诉讼的,人民法院应予受理。

→附录参考:司法政策文件《九民会议纪要》

14.【怠于履行清算义务的认定】公司法司法解释(二)第 18 条第 2 款规定的"怠于履行义务",是指有限责任公司的股东在法定清算事由出现后,在能够履行清算义务的情况下,故意拖延、拒绝履行清算义务,或者因过失导致无法进行清算的消极行为。股东举证证明其已经为履行清算义务采取了积极措施,或者小股东举证证明其既不是公司董事会或者监事会成员,也没有选派人员担任该机关成员,且从未参与公司经营管理,以不构成"怠于履行义务"为由,主张其不应当对公司债务承担连带清偿责任的,人民法院依法予以支持。

15.【因果关系抗辩】有限责任公司的股东举证证明其"怠于履行义务"的消极不作为与"公司主要财产、账册、重要文件等灭失,无法进行清算"的结果之间没有因果关系,主张其不应对公司债务承担连带清偿责任的,人民法院依法予以支持。

16.【诉讼时效期间】公司债权人请求股东对公司债务承担连带清偿责任,股东以公司债权人对公司的债权已经超过诉讼时效期间为由抗辩,经查证属实的,人民法院依法予以支持。

公司债权人以公司法司法解释(二)第 18 条第 2 款为依据,请求有限责任公司的股东对公司债务承担连带清偿责任的,诉讼时效期间自公司债权人知道或者应当知道公司无法进行清算之日起计算。

第二节 裁判精要

一、解散

(一)"经营严重困难"的认定

【公司僵局】

1. 经营资金被公司单方改变用途作为贷款出借且长期无法收回,导致公司主营业务无法正常开展,使公司的设立目的落空的,可认定公司经营发生严重困难。

在(2019)最高法民申 1474 号案中,关于公司经营管理是否发生严重困难的问题,再审法院认为:金融管理公司作为省人民政府批准设立的省内唯一一家地方资产管理公司,主营业务为不良资产批量收购、处置,以防范和化解地方金融风险。但金融管理公司成立后不久,在未经股东会、董事会审议决定的情况下,宏运集团公司即利用对金融管理公司的控制地位,擅自将 10 亿元注册资本中的 9.65 亿元外借给其实际控制的关联公司宏运投资控股有限公司、辽宁足球俱乐部股份有限公司及宏运商业集团有限公司,这是股东之间产生矛盾,乃至其后公司人合性丧失的诱因。虽然此后金融控股公司及吉林省金融监管部门多次催促宏运集团公司解决借款问题、保障公司回归主营业务,宏运集团公司也承诺最迟于 2015 年年底前收回外借资金,但截至 2016 年 12 月 31 日,金融管理公司的对外借款问题仍未解决,其银行存款余额仅为 2686465.85 元。金融管理公司的经营资金被宏运集团公司单方改变用途作为贷款出借且长期无法收回,导致公司批量收购、处置不良资产的主营业务无法正常开展,也使公司设立的目的落空,公司经营发生严重困难。

2. 公司已无法正常运行、无法对经营作出决策,即使尚未处于亏损状况,也不能改变该公司经营管理已发生严重困难的事实,此时触发解散公司条件。

在(2010)苏商终字第0043号案中,二审法院认为:凯莱公司的经营管理已发生严重困难。判断公司的经营管理是否出现严重困难,应当从公司的股东会、董事会或执行董事及监事会或监事的运行现状进行综合分析。"公司经营管理发生严重困难"的侧重点在于公司管理方面存有严重内部障碍,如股东会机制失灵、无法就公司的经营管理进行决策等,不应片面理解为公司资金缺乏、严重亏损等经营性困难。本案中,凯莱公司仅有戴某某与林某某两名股东,两人各占50%股份,凯莱公司章程规定"股东会的决议须经代表二分之一以上表决权的股东通过",且各方当事人一致认可该"二分之一以上"不包括本数。因此,只要两名股东的意见存有分歧、互不配合,就无法形成有效表决,显然影响公司的运营。凯莱公司已持续4年未召开股东会,无法形成有效股东会决议,也就无法通过股东会决议的方式管理公司,股东会机制已经失灵。执行董事戴某某作为互有矛盾的两名股东之一,其管理公司的行为,已无法贯彻股东会的决议。林某某作为公司监事不能正常行使监事职权,无法发挥监督作用。由于凯莱公司已无法正常运行、无法对经营作出决策,即使尚未处于亏损状况,也不能改变该公司的经营管理已发生严重困难的事实。

3. 公司已经持续2年以上无法召开股东会议,且股东曾为查阅公司会计账簿而提起股东知情权纠纷诉讼,足以反映股东之间矛盾已达不可调和之程度。即便有两名股东可以作出有效股东会决议,公司具备正常经营所需的决策机制的抗辩,但仍然应认定公司陷入治理僵局,属于公司经营管理发生严重困难的情形。

在(2018)粤民终541号案中,关于遇上柠檬公司经营管理是否发生严重困难的问题,二审法院认为:根据遇上柠檬公司的章程,股东会定期会议每半年召开一次,代表十分之一以上表决权的股东,执行董事或监事提议召开临时会议的,应当召开临时会议。经查,遇上柠檬公司自2015年9月28日全体股东决议通过《公司章程修正案》后,已经持续2年以上无法召开股东会议。虽然卢某某提交了落款时间为2016年2月2日的"遇上柠檬酒店有限公司股东电话会议"记录,但因李某对此不予认可,该股东会形式亦不符合遇上柠檬公司章程规定,且遇上柠檬公司、卢某某、谢某某并未提交证据证明2016年年底遇上柠檬公司召开过股东会,故对遇上柠檬公司、卢某某、谢某某关于召开过股东会议的主张不予采信。

同时，李某曾为查阅公司会计账簿而提起股东知情权纠纷的诉讼，足以反映其与其他股东之间因公司经营管理产生的矛盾已达不可调和之程度。考虑到李某实际持有遇上柠檬公司35%股权，故一审法院认定遇上柠檬公司已经很难通过股东会对重大决策事项作出决议，遇上柠檬公司陷入治理僵局，并无不当，本院予以确认。卢某某主张在现有股权状况下，其与谢某某两名股东可以作出有效的股东决议，且其作为执行董事有权决定遇上柠檬公司日常经营事项，遇上柠檬公司具备正常经营所需的决策机制，但这并不足以改变遇上柠檬公司已经持续2年以上未召开股东会形成有效决议，以及股东之间矛盾严重到已引发诉讼的事实。客观上，遇上柠檬公司已丧失有限责任公司的人合性基础，其经营管理已发生严重困难。

4. 判断公司经营管理是否出现严重困难，应当从公司组织机构的运行状态进行综合分析，侧重点在于判断公司管理方面是否存在严重的内部障碍，如股东会机制失灵、无法就公司的经营管理进行决策、公司的一切事务处于瘫痪状态等。

在（2020）吉民终106号案中，二审法院认为：认定长春凯购公司是否符合法定解散条件，应当解散，应考虑公司经营管理是否出现严重困难。根据《公司法司法解释（二）》的规定，判断公司的经营管理是否出现严重困难，应当从公司组织机构的运行状态进行综合分析，侧重点在于判断公司管理方面是否存在严重的内部障碍，如股东会机制失灵、无法就公司的经营管理进行决策、公司的一切事务处于瘫痪状态等。就长春凯购公司而言，尚不存在经营管理严重困难的情形。根据长春凯购公司章程，公司股东会由全体股东组成，是公司的权力机构，股东会议由股东按照认缴出资比例行使表决权。公司不设立董事会，设立执行董事一名，执行董事职权包括召集股东会会议、决定公司的经营计划和投资方案、决定公司内部管理机构的设置等。股东会是长春凯购公司的权力机构。虽然长春凯购公司从2017年2月6日至杜某某起诉要求解散公司时未召开股东会，但根据工商登记，王某某持股51%（杜某某持股34%、吕某持股10%、刘某某持股5%）。王某某亦是公司执行董事，王某某具有召集股东会的权利，且按照王某某持股比例所享有的表决权，即便其他股东拒绝参加，也不影响股东会按照公司章程对一般经营事项形成有效决议。2019年8月18日长春凯购公司召开临时股东会议并形成决议即印证了此点。公司虽未按章程召开股东会，但未召开不等同于无法召开股东会，也不等同于股东会议机制失灵。在执行董事对公司经营计划、投资方案具有决定权的情况下，杜某某主张公司经营管理严重困难无法正常运转依据不足。

5. 判断公司是否出现严重困难,应当从组织机构的运行状态综合分析。公司是否处于盈利状态并非判断经营管理发生严重困难的必要条件,其侧重点应在于公司是否存在严重的内部障碍,股东会或董事会是否因矛盾激化而处于僵持状态,从而导致股东无法有效参与公司经营管理。

在(2017)最高法民申2148号案中,关于判断公司的经营管理是否出现严重困难的问题,再审法院认为:就本案而言,可以从董事会、股东会及监事会的运行机制三方面进行综合分析。第一是董事会方面,东北亚公司董事会有5名成员,其中,董某某方3人,荟冠公司方2人。自2013年8月6日起,东北亚公司已有2年未召开董事会,董事会早已不能良性运转。第二是股东会方面,自2015年2月3日至今,东北亚公司长达2年没有召开股东会,无法形成有效决议,更不能通过股东会解决董事间激烈的矛盾,因此股东会机制失灵。第三是监事会方面,东北亚公司成立至今从未召开过监事会,监事亦没有依照《公司法》及公司章程行使监督职权。综上,客观上东北亚公司董事会已由董某某方控制,荟冠公司无法正常行使股东权利,无法通过委派董事加入董事会参与经营管理。东北亚公司的内部机构已不能正常运转,公司经营管理陷入僵局。

6. 不应判决解散公司的情形包括:按照股东持有公司股权比例,不影响形成有效表决和股东会决议的;公司处于亏损状态,但仍在正常经营,且具有一定经营规模和营业收入的;根据法律及公司章程通过其他救济途径可解决问题的。

在(2014)浙甬商终字第802号案中,一审法院认为:本案不符合公司解散的法定条件。其一,常某、王某和捷珂公司分别持有君超公司20%、20%和60%的股权,可以达到君超公司章程规定的表决比例。其二,君超公司成立至今,仅召开过三次股东会和董事会,最后一次股东会时间至今已经有2年,而常某、王某的持股比例和其君超公司董事的身份,完全可以根据章程约定提议召开董事会和股东会,但常某、王某并未提供证据证实其提出过相应提议。据此,君超公司自2011年9月27日至今未召开股东会和董事会只表明了一种事实状态,而非表明君超公司存在股东会和董事会无法召开的障碍和僵局。其三,现有证据表明,常某、王某和捷珂公司在股权转让的价格上有重大分歧,但并无证据显示常某、王某和捷珂公司在君超公司的经营方向、计划上有分歧,常某、王某也未证实其就与捷珂公司在君超公司经营管理上的矛盾提议召开股东会和董事会,故无法认定常某、王某和捷珂公司在公司经营上存在不可调和的矛盾。其四,从常某、王某具体列举的股东权利和董事权利被剥夺的情形看,未看过君超公司财务报表属于知情权方面的内容,不属于公司解散的因由。其五，君超公司现仍在继续经营，每年经营收入可观，且君超公司已通过宁波市环境保护局江北分局对公司年产 12 万平方米单面、双面印制电路板项目的审查并取得同意生产批复意见，其继续存在并不一定会使常某、王某的股东利益受到重大损失。其六，该院作出他案法律文书驳回常某和王某的起诉的理由是捷珂公司并非该案的适格被告，而并非常某、王某不能对外转让股权，并未阻碍常某、王某继续履行其股权转让协议。公司解散作为股东矛盾无法解决的最后手段，非必要不得轻易采取，从维护公司经营稳定的角度，亦不应在尚有救济手段未穷尽之前直接适用。现有证据不能证明君超公司的经营管理发生严重困难，其存续会使股东利益受到重大损失，也不能证明常某、王某已经穷尽途径解决常某、王某和捷珂公司的矛盾，故对常某、王某的诉请不予支持。二审法院持相同观点。

7. 召开股东会的渠道畅通，公司可以形成有效的决议，且公司仍在正常经营管理，没有处于歇业状态，不能认定公司经营困难，亦不能解散公司。

在（2018）浙民终 1202 号案中，二审法院认为：建设公司经营管理不存在严重困难。公司经营管理出现严重困难的一个重要表现是公司的股东会和董事会等公司机构的运行状况出现严重困难，但现有证据并未体现这一点。

一是建设公司不存在无法召开股东会的情形。根据建设公司章程规定，股东会以召开股东会会议的方式议事，股东会会议由董事会召集，董事长主持。林某某作为建设公司的董事长，其在一、二审庭审中均陈述其既没有向建设公司书面提出要求召开股东会，也没有向建设公司其他股东徐某某、同济公司提出要求召开股东会，因此建设公司 2012 年以后未召开股东会不属于"无法召开股东会"的情形，林某某召开股东会的渠道是畅通的。

二是林某某诉称建设公司由案外人吴某某把控，吴某某和徐某某不告知其公司经营财务状况以及公司基本处于歇业状态，但其没有证据证实；其亦诉称公司多年未分红的情形是没有股东会决议所致。即使这些情况都存在，亦不构成解散建设公司的法定条件，也不必然导致公司解散的法律后果。从现有证据看，建设公司仍在正常经营管理，没有处于歇业状态。同时，建设公司提交的证据证实林某某仍然作为公司董事长参与建设公司的经营管理，林某某庭审中亦认可其以董事长身份参与处理建设公司的一些事务。

三是根据按照公司股权结构，林某某只持有 33% 股权，而持有公司股权 67% 的同济公司和徐某某均不同意解散建设公司，故建设公司不存在会产生不能形成有效决议的情形。

【股东压迫】

1. 判断是否构成股东压迫的三个角度：股东压迫的明显性、是否存在联合压迫的利益动因、公司是否丧失人合基础。

在(2020)浙06民终281号案中，一审法院认为：鑫银公司存在股东压迫，公司的人合基础已丧失。"股东压迫"通常指闭锁性公司中的控股股东为限制、排除少数股东参与公司经营管理或获取资产收益而实施的各种排挤、欺压、压制类的策略性行为。鑫银公司共三名股东，即鸥宇公司(51%)、荣邦公司(32%)、昊邦公司(17%)。本案中存在鸥宇公司联合昊邦公司压迫荣邦公司的情形：第一，鸥宇公司的代表是王某某，荣邦公司的代表是尉某某，王某某与尉某某之间已不具备人合性，且王某某在明知其担任鑫银公司法定代表人有悖《公司法》的情形下，排除尉某某的监事职务，具有股东压迫的明显性。第二，第一期出资到位后，昊邦公司将其出资510万元已于2014年2月前转回(鑫银公司认为是借款，荣邦公司不认同)，且鑫银公司称昊邦公司是向鑫银公司借款，然鑫银公司在其出借后至今未向昊邦公司主张归还，也未反映有利息收入，有悖常理；且昊邦公司明知鑫银公司的法定代表人王某某担任执行董事与法定代表人有悖《公司法》，仍选择其继续担任法定代表人，说明其有联合压迫的利益动因。第三，鑫银公司章程约定各股东第二期出资的时间在2015年5月15日前，但鑫银公司的三股东均未按章程约定出资，表明三股东事实上已不再打算出资，进一步说明丧失人合基础。第四，鑫银公司已多年无有效管理。综上，鑫银公司已不具备人合与资合基础，欠缺经营与管理要件，经营管理发生严重困难，其存续会使股东利益受到重大损失，且上次判决后仍不能通过其他途径解决，故对荣邦公司的诉请予以支持。

2. 利用大股东地位剥夺其他股东参与公司管理的权利，损害其他股东利益的，构成股东压迫，但未必是解散公司的原因。

在(2018)鄂民终5号案中，关于凯凌公司是否因构成"股东压迫"而应被解散的问题，二审法院认为：从陈某某所陈述的股东间纠纷情形看，其核心是董某某利用其大股东地位剥夺其参与公司管理，进而损害其利益。这种情形在理论上属于"股东压迫"。法院认为，即使本案构成股东压迫，仍不能判决解散公司。理由如下：其一，解散对于公司而言，是最严厉、最具破坏性的后果，若非万不得已，就不宜选择解散公司的手段来解决股东之间的矛盾。不能因为公司具有股东压迫情形就直接解散公司，仍应当结合公司组织机构是否运行正常、公司经营管理是否正常进行综合认定。其二，公司解散涉及多种利益，不仅仅涉及股东利益，还涉及公司债权人、公司员工等多方利益主体,涉及市场经济秩序的稳定和安宁。其三,作为持股比例较低的股东,在公司权力机构能够运行的情况下,若认为其意见不被采纳进而损害自己的利益,《公司法》为其规定了多种救济途径,如撤销股东会决议诉讼、股东知情权诉讼、分红请求权诉讼、股权退出机制等。可见,陈某某并非不能通过其他途径对其权利进行救济,也并非已经穷尽了其他救济手段,在此情况下不宜采用最为严厉的公司解散措施。

3.公司在长达5年的时间内未召开股东会,无法形成有效决议,股东会机制已经失灵,股东利用其大股东优势地位,架空股东会,构成股东压迫。

在(2021)新02民终21号案中,二审法院认为:自2015年起至本案一审诉讼期间,陆林公司在长达5年的时间内未召开股东会,无法形成有效决议,可以说明陆林公司股东会机制已经失灵。庭审中,王某某陈述近年来陆林公司重大的经营事项为环保设备投资、项目改造,其未告知李某某,亦认为自己享有陆林公司75%股权,可不经过股东会由其自行决定,可以证实王某某利用其大股东优势地位,架空股东会。综观上述事实,客观上陆林公司已由王某某单方控制,李某某无法正常行使股东权利,无法参与经营管理,陆林公司的内部机制已不能正常运转,公司的经营管理陷入僵局。陆林公司试图在一审诉讼中召开股东会,并向李某某送达股东会会议通知,但其召开股东会的目的是审议修改陆林公司的经营期限,即否认本案公司解散的目的,李某某完全否认股东会召集程序的合法性,且股东双方已经对簿公堂,证明股东之间的矛盾已经激化至无法调和,股东会机制已经不能正常运行和发挥作用。在此情形下,继续维持公司的存续,只会产生大股东利用其优势地位单方决策,压迫损害小股东利益的后果。

【涉及社会公众利益】

1.公司解散,必然会影响公司所经营的房地产项目的顺利进行,进而影响众多购房者合法利益的顺利实现,此时公司不宜解散。

在(2015)鲁民再字第5号案中,一审法院认为:案涉房地产项目已经过相关政府职能部门的审核和批准,已办理除最后一个项目行政审批手续即预售许可证之外的所有十几个建设开发手续,杰盛公司的唯一经营的房地产项目进展顺利。而如果杰盛公司解散,必然会导致其经营的房地产项目不能顺利进行,且李某某也未证明杰盛公司经营的房地产项目继续进行会如何对其利益造成重大损害。杰盛公司所经营的最终产品为住宅房屋,不同于一般公司经营生产的动产产品。本案所涉房地产项目与一般房地产项目相比又有其特殊性,本案房地产项目起初系违法建筑,并已向社会出售了 568 户,青岛市政府已对该违法建筑完善了建设开发手续,568 户原购房者急于办理房屋产权证,并且已经出现过多次多人上访的现象。如果杰盛公司解散,势必会影响杰盛公司所经营的房地产项目的顺利进行,进而影响杰盛公司外部几百户购房者合法利益的顺利实现。从《公司法》的立法目的和杰盛公司承担的对众多已购房户的义务角度出发,杰盛公司目前不宜解散。二审法院、再审法院均持相同观点。

2. 公司解散必然会导致博润公司经营的房地产项目无法对外销售,房屋产权手续无法办理,进而影响大量被拆迁居民的顺利回迁和外部购房者合法利益的顺利实现及社会秩序的稳定,不予解散公司。

在(2019)鲁民终 79 号案中,二审法院认为:《公司法》明确规定,公司从事经营活动,应诚实守信,接受政府和社会公众的监督,承担社会责任。本案中,博润公司自成立以来主要经营开发莱西旧城改造长平祥和园项目,该项目属于旧城拆迁改造项目,具有其特殊性。现项目正处于施工收尾阶段,博润公司已经办理了房屋预售许可证,项目房屋已具备对外销售条件,尽管因资金困难导致项目在一段时间内处于停滞状态,但青岛市人民政府已经对该项目投入大量资金并予以接管,项目房屋正在进行对外销售,公司正处于投资收益回收阶段。本案博润公司所经营的最终产品为住宅房屋,不同于一般公司经营生产的动产产品,且本案所涉房地产项目与一般房地产项目相比又有其特殊性,如果博润公司解散必然会导致博润公司经营的房地产项目无法对外销售,房屋产权手续无法办理,进而影响大量被拆迁居民的顺利回迁和外部购房者合法利益的顺利实现及社会秩序的稳定。且仇某某也没有举证证明博润公司经营的房地产项目继续进行会对其利益造成重大损害。因此,从《公司法》规定的立法目的和博润公司承担的对众多回迁户及购房户的义务角度出发,博润公司目前不宜解散。

3. 解散公司将影响其义务的履行和购房者合法利益的实现的,不予解散公司。

在(2019)豫 05 民终 1040 号案中,二审法院认为:蓝天产业园公司部分厂房正对外出租,另有部分厂房正待对外销售,投资收益正处于回收或等待回收阶段,蓝天产业园公司的存续不会给魏某造成重大经济损失。《公司法》规定中"通过其他途径不能解决"是股东请求解散公司的前置性条件,魏某可以通过要求公司或者其他股东收购其股权,或者向股东以外的其他人转让股权的方式退出公司,以解决与其他股东之间存在的分歧和矛盾。蓝天产业园公司同意收购魏某的股权,且双方对收购事宜也进行过协商,即使在协商不成的情况下,还可以向股东以外的其他人转让股权,故不属于"通过其他途径不能解决"的情况。蓝天产业园公司对外出售了许多厂房,并承诺为购房者办理房产证,但目前这一问题并未得到妥善处理,解散公司将影响其义务的履行和购房者合法利益的实现,引发社会问题。魏某的上诉理由不能成立,不予支持。

(二)"继续存续会使股东利益受到重大损失"的认定

1. 股东参与公司管理的权利难以保障,公司处于盈利状态却长期不向股东分红的,应认定为公司"继续存续会使股东利益受到重大损失"。

在(2019)最高法民终1504号案中,关于金濠公司的存续是否会使股东利益受到重大损失的问题,一审法院认为:对有限责任公司的股东而言,其投资公司的最终目的是获得收益,而股东获得收益的方式为参与公司的决策、行使股东权利等。本案中,金濠公司的权力机构的运行机制已失灵,董事会无法正常召开,建坤公司推选的柏某某担任金濠公司的董事长,控制金濠公司的经营管理,而作为兴华公司及侨康公司推选的董事没有正常的渠道参与到金濠公司的决策中。同时,金濠公司至今未分配红利,通过公开查询,金濠公司2011年度年检报告反映金濠公司净利润为－5705780.61元,金濠公司2011年度之后的年检报告,因金濠公司选择不公开,无法通过工商行政管理部门查询获知。因此,兴华公司及侨康公司无法有效行使其作为金濠股东所应享有的权利,金濠公司继续存续将进一步损害作为股东的兴华公司及侨康公司的合法权益。

关于金濠公司继续存续是否会使股东利益遭受重大损失的问题,二审法院认为:兴华公司、侨康公司、欣意公司作为金濠公司的股东,应当享有对金濠公司进行经营管理、分配收益等股东权益。一方面,依照前述关于金濠公司的权力机构运行机制失灵的认定,兴华公司、侨康公司、欣意公司参与金濠公司管理的权利难以保障。另一方面,金濠公司确认目前处于盈利状态,但就长期不向股东兴华公司、侨康公司等分配红利的行为没有作出合理解释。在此情况下,兴华公司、侨康公司、欣意公司关于因金濠公司权力机构运行机制的失灵,其对金濠公司在管理、收益等方面的股东权益难以保障,并将因金濠公司继续存续遭受重大损失的主张,具有合理性。金濠公司、建坤公司主张股东利益不会因金濠公司继续存续受到重大损失,理据不足,不予支持。

2. 股东之间无法就公司投资运营等问题达成共识,股东冲突持续存在且无法解决,导致公司无法按照股东投资设立公司时的合作初衷有效经营,基本的股东知情权都无法保障,应认定为公司"继续存续会使股东利益受到重大损失"。

在(2015)苏商终字第00161号案中,关于公司继续存续是否会使公司股东权益受到重大损失的问题,一审法院认为:一方面,从弘健公司的经营状况来看,股东的投资长期未能获得回报。依照弘健公司和生健公司的自认,弘健公司自成立至今一直处于亏损状态,弘正公司、玮琪公司作为股东不仅从未享受盈利,甚至对弘健公司的借款债权都需要通过诉讼及司法拍卖弘健公司核心资产方可实现,已经造成股东经济利益的重大损失。另一方面,由于双方股东的冲突始终不能得到解决,弘健公司一直处于生健公司委派董事沈某的单方管理之下,作为弘健公司股东的弘正公司、玮琪公司却不能基于其投资享有适当的公司经营决策、管理和监督的股东权利,甚至连基本的股东知情权都无法保障,自始至终未能查阅到弘健公司的财务账簿。了解弘健公司财务状况的唯一途径是在股东会或董事会会议上听取弘健公司或生健公司的通报。综上,可以认定弘健公司继续存续会使公司股东权益受到重大损失。

关于弘健公司的存续必然使得股东利益持续受到损失的问题,二审法院认为:股东投资设立公司的最终目的是获得收益,即通过参与公司决策、行使股东权利来确保利益的及时获取和最大化。本案中,弘健公司的股东之间无法就公司投资、运营等问题达成共识,股东冲突持续存在且无法解决,导致弘健公司无法按照股东投资设立公司时的合作初衷有效经营。弘健公司的核心资产"重组人生长激素专有技术"在股东之间的严重分歧和矛盾冲突中被拍卖用以偿还弘正公司对弘健公司的借款,进而导致弘健公司已经无法实现其设立目的,股东合作经营的基础已不复存在,该事实对股东的实际利益必然造成侵害。此外,在弘健公司召开的股东会及董事会会议中,弘健公司及生健公司亦多次陈述弘健公司经营状况十分困难,结合原审法院调取的弘健公司的财务报表可以看出,股东冲突已经使得公司不能正常运营而出现持续亏损且不断扩大。因此,弘健公司的经营困难和管理困难存在关联,其管理困难的背景之下必然导致经营的困难,经营困难的表现形式以及核心资产因股东冲突被拍卖的事实亦可以说明公司的管理存在严重的困难。弘健公司的存续不仅无法使得各股东设立公司的期待利益得到满足,反而会使股东的合法权利及利益均受到损害。弘健公司若维持存续的现状,必然会使股东利益受到持续的损失。

3."公司继续存续会使股东利益受到重大损失",一般指在公司经营管理发生严重困难的状态下,已不能正常开展经营活动,公司资产不能有效维持并不断减损,股东将直接面对投资失败的情形。

在(2017)鲁01民终8498号案中,一审法院认为:根据2011年至2015年绿杰公司的资产负债表、利润表以及借款名单显示,公司经营管理过程中,不断耗损公司原始资产,利润极低且逐年减损,仍负外债1226万元,连续5年没有分红。绿杰公司抗辩,其虽未营利,但其自2007年至2014年的科学技术鉴定成果等资质证明公司运行良好,继续存续能够为股东带来利益。对此,法院认为,绿杰公司提供的上述科研成果仅仅是资质上的证明,并不能构成经营管理上的成果,对该项抗辩不予采纳。依目前的状况,绿杰公司的经营管理已陷入困境,继续存续必然会使股东特别是天泰公司的利益受到重大损失。

(三)"通过其他途径不能解决"的认定

1. 试图通过调解、修改公司章程、第三方收购股权等方式缓解经营困难,但均未能成功,加之股东及董事之间长期冲突,公司决策管理机制失灵,公司存续必然损害公司的重大利益,且无法通过其他途径解决公司僵局的,解散公司条件已经成就。

在(2017)最高法民申2148号案中,再审法院认为:基于有限责任公司的人合性,股东之间应当互谅互让、积极理性地解决冲突。在东北亚公司股东发生矛盾后,荟冠公司试图通过修改公司章程改变公司决策机制解决双方纠纷,或通过向董某某转让股权等退出公司的方式改变公司僵局状态,但均未能成功。即使荟冠公司向东证公司转让部分股权,也由于荟冠公司与董某某双方的冲突历经诉讼程序方能实现。同时,一审法院基于慎用司法手段强制解散公司的考量,多次组织各方当事人进行调解。在二审法院调解过程中,荟冠公司、东证公司主张对东北亚公司进行资产价格评估,确定股权价格后,由董某某收购荟冠公司及东证公司所持东北亚公司的股权,荟冠公司及东证公司退出东北亚公司,最终各方对此未能达成一致意见,调解未果。东北亚公司僵局状态已无法通过其他途径解决。综合来看,东北亚公司股东及董事之间长期冲突,已失去继续合作的信任基础,公司决策管理机制失灵,公司继续存续必然损害荟冠公司的重大利益,且无法通过其他途径解决公司僵局,荟冠公司坚持解散东北亚公司的条件已经满足。

2. "通过其他途径不能解决"实际是诉讼前置程序,股东应当优先穷尽公司内部救济手段或通过提起股东知情权诉讼等方式主张权利,而不是径直提起解散公司的诉讼。

在(2018)浙民终1202号案中,二审法院认为:"通过其他途径不能解决"实际是诉讼前置程序。现有证据不能反映林某某曾通过其他途径解决建设公司存在的问题。鉴于解散公司在结果上的终局性、不可逆转性及谦抑性适用司法解散的审理理念,强制解散公司是公司纠纷的司法救济最终途径,司法机关应采取审慎态度,能通过其他诉讼解决的,不宜轻易启动解散公司,以维护市场主体的稳定性,林某某应当优先穷尽公司内部救济手段或通过提起股东知情权诉讼等方式主张权利。故林某某的上诉请求不能得到支持。

3. 法院多次组织双方进行调解,试图通过股权转让、公司增资、公司控制权转移等多种途径解决纠纷,但股东双方均对调解方案不予认可,最终未能达成调解协议的,可以判决解散公司。

在(2019)最高法民申1474号案中,再审法院认为:金融控股公司与宏运集团公司因资金外借出现矛盾后,双方自2015年起即开始协调解决,但直至本案成讼仍未妥善解决,股东间的信任与合作基础逐步丧失。其间,双方也多次沟通股权结构调整事宜,但始终未能就股权转让事宜达成一致。一审法院多次组织双方进行调解,试图通过股权转让、公司增资、公司控制权转移等多种途径解决纠纷,但股东双方均对对方提出的调解方案不予认可,最终未能达成调解协议。在司法解散之外的其他途径已经穷尽仍无法解决问题的情形下,一、二审法院判决解散金融管理公司,均无不当。

(四)解散公司诉讼的适格原告

【实际出资人】

1. 实际出资人的股东资格得到确认后,可提起解散公司诉讼。

在(2017)粤09民终2143号案中,关于潘某某是否具备提起公司解散之诉的原告主体资格的问题,二审法院认为:《公司法》规定有权提起公司解散诉讼的适格主体为单独或者合计持有公司全部股东表决权10%以上的股东,已经生效的他案民事判决确认潘某某享有橡胶公司的股东资格和持有橡胶公司50%的股权,故潘某某具备提起公司解散诉讼的原告主体资格。

2. 法律保护实际出资人所享有的投资权益,"投资权益"不等同于"股东权益",实际出资人不当然享有股东身份,不能行使股东权利提起公司解散之诉。

在(2016)粤03民终7868号案中,关于沈某某、叶某某作为宏美公司的"实际出资人",是否有权以股东身份提起解散宏美公司之诉的问题,二审法院认为:首先,沈某某、叶某某主张其为宏美公司的在册股东,但并未提交登记有其二人名称的股东名册,沈某某、叶某某的主张与事实不符,不予支持。其次,虽然沈某某、叶某某的实际出资人身份已由他案生效民事判决予以确认,但依据《公司法司法解释(三)》的规定,直接受到法律保护的是实际出资人所享有的投资权益。《公司法》规定:"公司股东对公司依法享有资产收益、参与重大决策和选择管理者等权利。",因此,"投资权益"并不等同于"股东权益",沈某某、叶某某不能当然享有股东身份、行使股东权利提起公司解散之诉。至于沈某某、叶某某股东身份的确认,其应另循法律途径解决。再次,虽然沈某某、叶某某与刘某某、潘某某签订的《协定书》约定刘某某、潘某某仅为沈某某、叶某某的代办人,所有经济事务、权益及法律责任均属于沈某某、叶某某,但这种约定只在双方之间发生法律效力,不能对抗公司及其他股东。故沈某某、叶某某无权依据《协定书》对宏美公司提起公司解散之诉。

【股东名册、工商登记上的股东】

1. 因股权权属仍未变动,依据股东名册记载的公司股东持有公司21%的股权,达到法律所规定的股权份额,具备解散公司的原告诉讼主体资格。

在(2017)鲁01民终8498号案中,关于天泰公司诉讼主体资格的问题,一审法院认为:绿杰公司抗辩,其与天泰公司已经达成股权回购合意,天泰公司亦收取绿杰公司原股东薛某某20万元的订金,故天泰公司的身份已经转为债权人,不具有提起公司解散的诉讼资格。对此,法院认为,2010年5月13日天泰公司通过增资方式,实际出资1200万元,获得绿杰公司21%的股份,且修改后的章程、股东情况均在工商登记机关进行了变更登记、备案。《还款承诺书》上仅载明"购买天泰公司持有绿杰公司的订金(股份)"字样,不能证明转让股权的具体份额等信息,既未有书面的股权转让协议予以确认,亦未有天泰公司法定代表人或主要负责人的签名或公司公章。且在此期间,根据股东名册记载,天泰公司仍是绿杰公司的合法股东。天泰公司持有绿杰公司21%的股权,达到了法律所规定的股权份额,具备原告的诉讼主体资格。

2. 股权转让款项未能支付到位的,不影响股东提起公司解散诉讼的主体资格。

在(2019)最高法民终1504号案中,关于兴华公司、侨康公司是否具备提起公司解散之诉的主体资格的问题,二审法院认为:涉案《合资经营合同书》、金濠公司章程、17号案生效判决以及工商公示信息等显示,兴华公司、侨康公司自原股东金濠国际有限公司处分别受让取得金濠公司10%、14%的股权,享有推选董事参与金濠公司董事会、表决决定金濠公司重大事宜等权利。虽然金濠公司、建坤公司抗辩称,兴华公司、侨康公司未完全支付《合资经营合同书》项下的付款义务,所持有的表决权不符合提起公司解散之诉的法定要求,但兴华公司、侨康公司提供证据证明了兴华公司、侨康公司在他案民事判决作出后于2009年将其欠付金濠国际有限公司的相关股权转让款打入原审法院的执行款专户,因金濠国际有限公司未领取该笔款项,原审法院于 2012 年退回款项等事实。在金濠公司、建坤公司不能提供相反证据予以否定的情况下,应当认定兴华公司、侨康公司有作出积极履行股权转让款支付义务的行为,故股权转让款项未能支付到位的结果不影响其提起公司解散诉讼的主体资格。

3. 公司能否解散不取决于公司僵局产生的原因和责任,《公司法》并未限制过错方股东解散公司。

在(2011)民四终字第 29 号案中,关于公司解散是否应当考虑公司僵局产生的原因以及过错的问题,二审法院认为:富钧公司上诉认为,仕丰公司委派的董事张某某擅自离职,不参加董事会会议,人为制造公司僵局,损害富钧公司利益,法院不应支持仕丰公司具有恶意目的的诉讼;仕丰公司则抗辩认为永利公司以欺诈方式取得董事长职位而导致公司僵局。对此,法院认为,公司能否解散取决于公司是否存在僵局以及是否符合《公司法》规定的实质条件,而不取决于公司僵局产生的原因和责任。《公司法》并未限制过错方股东解散公司,因此即使一方股东对公司僵局的产生具有过错,其仍然有权依据该条规定,请求解散公司。本案中仕丰公司提出解散富钧公司的背景情况为,富钧公司已陷入公司僵局并由永利公司单方经营管理长达七年,仕丰公司持有 60%的股份,其行使请求司法解散公司的诉权,符合《公司法》规定,不属于滥用权利、恶意诉讼的情形。

二、清算

1. 有限责任公司的股东、股份有限公司的董事和控股股东,应当依法在公司被吊销营业执照后履行清算义务,不能以其不是实际控制人或者未实际参加公司经营管理为由不履行清算义务。

在(2010)沪一中民四(商)终字第 1302 号案中,二审法院认为:存亮公司按约供货后,拓恒公司未能按约付清货款,应当承担相应的付款责任及违约责任。房某某、蒋某某和王某某作为拓恒公司的股东,应在拓恒公司被吊销营业执照后及时组织清算。因房某某、蒋某某和王某某怠于履行清算义务,导致拓恒公司的主要财产、账册等均已灭失,无法进行清算,房某某、蒋某某和王某某怠于履行清算义务的行为,违反了《公司法》及其司法解释的相关规定,应当对拓恒公司的债务承担连带清偿责任。拓恒公司作为有限责任公司,其全体股东在法律上应一体成为公司的清算义务人。《公司法》及其相关司法解释并未规定蒋某某、王某某所辩称的例外条款,因此无论蒋某某、王某某在拓恒公司中所占的股份为多少,是否实际参与了公司的经营管理,两人在拓恒公司被吊销营业执照后,都有义务在法定期限内依法对拓恒公司进行清算。

2. 有限责任公司的股东承担清算责任的前提是其过错导致公司无法清算。

在(2020)最高法民申2293号案中,再审法院认为:有限责任公司的股东、股份有限公司的董事和控股股东因怠于履行义务,导致公司主要财产、账册、重要文件等灭失,无法进行清算,债权人主张其对公司债务承担连带清偿责任的,应予以支持。据此,有限责任公司的股东承担清算责任的前提是其过错导致公司无法清算。本案中,蓝天虹公司被吊销营业执照而解散后未自行清算,哈药医药公司亦未申请法院强制清算,蓝天虹公司是否无法清算的事实尚未确定,哈药医药公司主张蓝天虹公司股东承担清算责任的前提条件尚不具备。故哈药医药公司径行要求陈某某二人承担连带清偿责任的主张,缺乏事实和法律依据。

3. 账册文件的保管方式为股东内部约定,属于公司内部治理范畴,而组织启动清算程序为法定义务,内部约定并不能作为当事人不履行法定清算义务的理由。

在(2020)沪01民终10577号案中,关于江某、吴某、刘某某与置业公司是否存在怠于履行清算义务的情形的问题,二审法院认为:A公司于2016年12月被吊销营业执照,直至2018年11月江某、刘某某才申请对A公司强制清算,时间间隔远超法律规定的15日期限。江某、吴某、刘某某主张2005年之后,其对A公司并无实际控制权和经营管理权,公司印章合同等重要文件由B公司控制,基于客观原因未能取得启动清算程序所需的相关财务资料,并非主观怠于履行清算义务。对此,法院认为,账册文件保管方式为股东内部约定,属于公司内部治理范畴,而组织启动清算程序为法定义务,内部约定并不能作为当事人不履行法定清算义务的理由。因此江某、吴某、刘某某该主张并不成为其未履行清算义务的免责事由。

置业公司主张其在A公司被吊销营业执照后即与江某联系沟通清算事宜,因此不存在怠于履行清算义务的情形。对此,法院认为,启动清算程序作为法定义务,有其明确时间要求与程序方式之规定,有赖于清算义务人的积极作为才能实现。现有证据并不足以证明置业公司已积极推进启动清算程序,且就结果而言,清算程序也未按期启动,因此置业公司的上述主张,不予采信。

关于江某、吴某、刘某某与置业公司是否应当就A公司对第三机床厂的债务承担连带清偿责任的问题,A公司未能清算,不仅是因为缺少1994年至2002年间的会计资料,其他会计基础材料不完整、内部控制缺失也是无法清算的重要原因。江某、吴某、刘某某与置业公司虽然主张可以进行清算,但其所提交证据并不足以推翻生效判决的认定,对其主张不予采信。江某、吴某、刘某某与置业公司另主张,A公司早已于2012年停止运营,从另案执行程序中也可以证明公司没有可供执行的财产。对此,法院认为,执行程序与清算程序性质不同,江某、吴某、刘某某与置业公司作为清算义务人未能充分举证证明A公司于清算条件成就时已无财产的事实,对该主张亦不予采信。

4.有权申请对企业法人强制清算的职工应限定于可能参与法人财产分配的主体范围内。

在(2021)最高法民申7223号案中,再审法院认为:清算义务人未及时履行清算义务时,只有主管机关和利害关系人才有权要求清算义务人履行清算责任或者赔偿损失。利害关系人的范围除债权人外,还应包括公司股东以及职工等其他可能参与法人财产分配的主体。因此,有权申请对企业法人强制清算的职工应限定于可能参与法人财产分配的主体范围内。本案中,虽他案生效民事判决确认何某某与长江石粉厂自1983年7月至2005年7月18日期间存在劳动关系,但何某某另案起诉长江石粉厂主张停工补贴、停工待岗生活费、经济补偿金等均被驳回,在何某某无其他证据证明其对长江石粉厂享有权利并可能参与长江石粉厂财产分配的情况下,不能作为利害关系人申请人民法院对长江石粉厂进行强制清算。

第三节 实务指南

一、新《公司法》公司清算义务人制度实务问题

清算义务人,是指基于其与法人之间存在的特定法律关系而在法人解散时对法人负有依法组织清算的义务,并在法人因未及时清算给相关权利人造成损害时依法承担相应责任的民事主体。清算义务人与清算人是两个不同的法律概念。清算义务人的义务是组织清算,故又有人称之为法人清算的组织主体。而清算人是在清算中具体实施清算事务的主体。当然,清算义务人亦可直接担任清算人。[①]

新《公司法》确立了清算义务人制度,现简述如下:

[①] 参见最高人民法院民法典贯彻实施工作领导小组主编:《中华人民共和国民法典总则编理解与适用(上)》,人民法院出版社2020年版,第358页。

1. 规范依据

新《公司法》第 232 条。

2. 明确公司清算义务人为公司董事

根据新《公司法》第 232 条第 1 款规定，公司的清算义务人为董事。

新《公司法》第 75 条规定："规模较小或者股东人数较少的有限责任公司，可以不设董事会，设一名董事，行使本法规定的董事会的职权。该董事可以兼任公司经理。"第 128 条规定："规模较小或者股东人数较少的股份有限公司，可以不设董事会，设一名董事，行使本法规定的董事会的职权。该董事可以兼任公司经理。"在公司只设一名董事而不设董事会的情形下，清算义务人就是该唯一董事。如果公司设立了董事会，则任何一名董事均为清算义务人。

3. 明确清算义务人应负的义务

除公司合并、分立而解散之外，应当在解散事由出现之日起 15 日内组成清算组进行清算。

4. 清算组成员的构成

根据新《公司法》第 232 条第 2 款规定，清算组由董事组成，除非公司章程另有规定或者股东会决议另选他人。

5. 清算义务人的责任承担

根据新《公司法》第 232 条第 3 款规定，清算义务人未及时履行清算义务，给公司或者债权人造成损失的，应承担赔偿责任。

二、新《公司法》强制注销制度实务问题

强制注销制度，是指工商登记机关针对被吊销营业执照、责令关闭或者被撤销，满 3 年仍未向公司登记机关申请注销公司登记的公司，依照法定程序给予注销的制度。新《公司法》新增了公司强制注销制度，现简述如下。

1. 规范依据

新《公司法》第 241 条。

2. 适用情形

强制注销的对象限于三类公司，分别是被吊销营业执照、责令关闭或者被撤销，满 3 年未向公司登记机关申请注销公司登记的公司。

3. 履行程序

通过国家企业信用信息公示系统予以公告，公告期限不少于 60 日。公告期限

届满后,未有异议的,公司登记机关可以注销公司登记。概言之,就是"公告、无异议、注销"。

4. 民事责任承担

新《公司法》第 241 条第 2 款规定,注销公司登记的,原公司股东、清算义务人的责任不受影响。也就是说,已在处理的与公司有关的债权债务等事宜,不因公司注销而受影响。如果清算义务人怠于履行清算义务给债权人造成损失,由清算义务人承担责任。清算义务人履行了清算义务,公司被强制注销后,法律责任由清算组承担。

第十五章 公司章程

第一节 请求权基础规范

一、新《公司法》规定

第 5 条 设立公司应当依法制定公司章程。公司章程对公司、股东、董事、监事、高级管理人员具有约束力。

第 9 条 公司的经营范围由公司章程规定。公司可以修改公司章程,变更经营范围。

公司的经营范围中属于法律、行政法规规定须经批准的项目,应当依法经过批准。

第 21 条 公司股东应当遵守法律、行政法规和公司章程,依法行使股东权利,不得滥用股东权利损害公司或者其他股东的利益。

公司股东滥用股东权利给公司或者其他股东造成损失的,应当承担赔偿责任。

第 30 条 申请设立公司,应当提交设立登记申请书、公司章程等文件,提交的相关材料应当真实、合法和有效。

申请材料不齐全或者不符合法定形式的,公司登记机关应当一次性告知需要补正的材料。

第 45 条 设立有限责任公司,应当由股东共同制定公司章程。

第 46 条 有限责任公司章程应当载明下列事项:(一)公司名称和住所;(二)公司经营范围;(三)公司注册资本;(四)股东的姓名或者名称;(五)股东的出资额、出资方式和出资日期;(六)公司的机构及其产生办法、职权、议事规则;(七)公司法定代表人的产生、变更办法;(八)股东会认为需要规定的其他事项。

股东应当在公司章程上签名或者盖章。

第 94 条 设立股份有限公司,应当由发起人共同制订公司章程。

第 95 条 股份有限公司章程应当载明下列事项:(一)公司名称和住所;

(二)公司经营范围;(三)公司设立方式;(四)公司注册资本、已发行的股份数和设立时发行的股份数,面额股的每股金额;(五)发行类别股的,每一类别股的股份数及其权利和义务;(六)发起人的姓名或者名称、认购的股份数、出资方式;(七)董事会的组成、职权和议事规则;(八)公司法定代表人的产生、变更办法;(九)监事会的组成、职权和议事规则;(十)公司利润分配办法;(十一)公司的解散事由与清算办法;(十二)公司的通知和公告办法;(十三)股东会认为需要规定的其他事项。

二、其他法律规定

1.《民法典》

第79条 设立营利法人应当依法制定法人章程。

2.《上市公司章程指引》(全文)

第二节 裁判精要

一、公司章程的约束力

1.公司章程虽然约定了包括解散公司在内的重大事项应由代表五分之四以上表决权的股东表决通过,但在有证据证明公司僵局已出现,股东之间已不可能达成有效的股东会决议的情形下,持有一定股权比例的股东有权提出解散公司的请求。

在(2009)一中民终字第4745号案中,二审法院认为:森林公园公司章程规定股东会对所议事项由代表五分之四以上表决权的股东表决通过,对公司解散等事项由全体股东一致表决通过,虽然该章程规定并不违反法律规定,但新中实公司、西山林场在森林公园公司的股权比例分别为70%和30%,该股权比例表明在股东产生矛盾无法达成一致意见的情况下,必然会因各执己见而无法形成有效的股东会决议,进而对公司经营产生阻碍。新中实公司关于森林公园公司章程对资本多数决及全体股东一致决的规定符合法律规定,并没有导致森林公园公司的经营管理出现严重困难的上诉理由,证据不足,不予支持。西山林场系持有森林公园公司30%表决权的股东,符合《公司法》规定的申请通过司法程序解散公司的股东所应持有股东表决权数额,故西山林场有权提出解散公司的请求。

2. 公司章程关于在一定条件发生后应强制转让股权的规定有效,该规定对投反对票的股东亦产生约束力,否则将违背股东平等原则,也将违背资本多数决原则。

在(2016)苏01民终1070号案中,二审法院认为:根据公司章程的规定,公司股东因故(含辞职、辞退、退休、死亡等)离开公司,其全部出资必须转让。此后,该公司股东会决议通过的《股权管理办法》也规定,公司股东因故(含辞职、辞退、退休、死亡等)离开公司,亦应转让其全部出资。虽然戴某某主张第一次股东会决议中的签名并非其所签,但章程系经过股东会决议通过,其不仅约束对该章程投赞成票的股东,亦同时约束对该章程投弃权票或反对票的股东。反之,如公司依照法定程序通过的章程条款只约束投赞成票的股东而不能约束投反对票的股东,既违背了股东平等原则,又违背了资本多数决的公司法基本原则。第二次股东会决议中所通过的股权管理办法,戴某某亦签字确认,公司章程及《股权管理办法》体现了全体股东的共同意志,是公司、股东的行为准则,对全体股东有普遍约束力。戴某某于2013年11月30日退休,故从该日起戴某某不再具有公司出资人身份,也不应再行使股东权利。戴某某公司请求查阅公司账簿,以及请求公司支付2013年11月30日之后的分红,缺乏事实与法律依据,不予支持。

3. 公司章程未规定股东享有审计权的,股东无权提起公司财务状况的审计要求。

在(2015)苏商外终字第00035号案中,二审法院认为:ROONEYLIMITED 无权要求进行审计。ROONEYLIMITED 主张,依据雍康公司章程规定,其行使知情权包括自费聘请审计人员对合资公司进行审计。对此,雍康公司认为,审计不属于 ROONEYLIMITED 股东知情权的范畴。对此,法院认为,审计系指由接受委托的第三方机构对被审计单位的会计报表及其相关资料进行独立审查并发表审计意见。注册会计师审计工作的基础包括:接触与编制财务报表相关的所有信息以及审计所需的其他信息,注册会计师在获取审计证据时可以不受限制地接触其认为必要的内部人员和其他相关人员。但雍康公司章程仅载明:"任何一方可以在任何时间,雇用一名审计人员或派其内部审计人员检查合资公司的财务记录和程序,并自行承担相关费用。合资公司和其他方必须尽最大努力配合、协助审计人员。"该条款并未赋予股东单方委托第三方机构进行审计的权利,而是约定了股东行使知情权的具体方式,且在一审判决中已经明确 ROONEYLIMIED 享有股东委派审计人员检查公司财务记录和程序的权利。ROONEYLIMITED 在一审中明确其主张的是审计权,没有事实和法律依据。

二、公司章程的约定内容

1.《公司法》并未禁止有限责任公司股东会通过公司章程自主地将一部分决定公司经营方针和投资计划的权力划分给董事会,因此该公司章程合法有效,对股东、董事、监事、高级管理人员产生效力。

在(2017)最高法民申1794号案中,再审法院认为:《公司法》有关股东会和董事会职权的相关规定,并不属于效力性强制性规定。公司股东依法享有选择管理者的权利,相应地该管理者的权限也可以由公司股东会自由决定,《公司法》并未禁止有限责任公司股东会自主地将一部分决定公司经营方针和投资计划的权力赋予董事会。故珠峰商贸公司章程中有关应由股东大会作出决议的重大事项中"公司自主对公司资产开发,由董事会决定并向股东大会报告,不受上述金额(300万元)限制"的例外规定,并不存在因违反法律、行政法规的强制性规定而无效的情形,且公司章程系由公司股东共同制定,在未被依法撤销之前,对公司、股东、董事、监事、高级管理人员具有约束力。

2. 董事长的任选程序可以由公司章程规定。

在(2015)鄂来凤民初字第01266号案中,一审法院认为:董事会成员是由股东会选举产生,股东会是通过选举董事会成员间接实现控制董事会的目的,所以股东会只有权选举和更换非职工代表担任的董事。根据凤城出租公司章程的规定,董事长由董事会选举产生,即董事长的任免由董事会决定,股东会不能直接决定董事长的任免,董事会选举产生董事长所形成的董事会决议并非《公司法》所指股东会"审议批准董事会的报告"的对象。股东会审议批准董事长的任免有越权之嫌,决议的内容违反了公司章程规定,但决议的内容没有违反法律、行政法规的效力性强制性规定,不存在导致决议内容无效的情形。

3. 公司章程可以细化独立董事的任职条件,确保独立董事按照公司章程独立行使职权,以便公司决策得到正当的落实。

在(2014)浙嘉商初字第00011号案中,一审法院认为:海利得公司在认购股份前,对地博公司的资产财务状况委托多家中介机构做了尽职调查,并未发现异常。海利得公司作为上市公司,将其对地博公司的考察情况进行了公示披露,其独立董事对认购地博公司新增股份事项也发表了独立意见,其中指出:"此次投资目的符合公司股东的长远利益。同时,公司从未涉足矿产业务,没有相关经验,存在一定投资风险,仍须提请公司全体股东关注投资风险";"因公司董事孟××先生也是地博公司的董事,地博公司与海利得公司存在关联关系。因此该增资事项已经构成关联交易。此次关联交易以事实为基础,交易经双方协商一致达成,定价公允,遵循了客观、公正、公平的交易原则,不存在损害公司及全体股东利益的情形"。其后,海利得公司召开股东大会,表决通过了《关于公司增资广西地博矿业集团股份有限公司的议案》。

从以上过程来看,海利得公司认购地博公司新增股份是经过深思熟虑、全面考察后的投资决策,意思表示真实。现海利得公司基于其入股前进行考察的相同财务报表,得出地博公司财务虚假的分析结论,不予采信,对其要求重新审计的请求,亦不予支持。此外,海利得公司对其入股地博公司的投资风险也有清楚的认识,其入股后地博公司发生亏损,海利得公司以此反证地博公司在缔约时存在欺诈行为的主张不能成立。因此,海利得公司认购地博公司新增股份的该部分协议内容合法有效,海利得公司以受欺诈为由要求撤销,缺乏事实依据。

第三节 实务指南

一、公司章程划分股东会与董事会职权的效力分析

新《公司法》第 59 条规定了股东会的职权,并且在第 1 款第 9 项中规定了"公司章程规定的其他职权"之兜底条款;第 67 条规定了董事会职权,并且在第 2 款第 10 项中也规定了"公司章程规定或者股东会授予的其他职权"之兜底条款。据此,实践中出现了很多通过公司章程将股东会职权授权给董事会行使的情形,股东会与董事会职权出现了一定程度的重合,公司章程将法定的股东会职权与董事会职权进行重新划分调整,是否有效?讨论这个问题的重大意义在于,如果认定划分行为有效,那么董监高只需依据公司章程行事即可,不存在违反忠实义务的情形,也就无须承担任何风险。

最高人民法院有判决观点认为,有关股东会和董事会职权的相关规定,并不属于效力性强制性规定。公司股东依法享有选择管理者的权利,相应地,该管理者的权限也可以由公司股东会自由决定,《公司法》并未禁止有限责任公司股东会自主地将一部分决定公司经营方针和投资计划的权力赋予董事会,公司章程划分股东会与董事会职权的规定有效。

上述观点是建立在个案的基础上,在实践中,公司章程对股东会与董事会的任何事项的划分调整并非全部有效,新《公司法》中的以下规定属于效力性强制性规定,且相关权利不能授权董事会行使:

(1)关于公司为股东或者实际控制人提供担保的,应当经股东会决议,不能授权董事会决议,请参见新《公司法》第15条。

(2)对涉及修改公司章程、增加或者减少注册资本的决议,以及公司合并、分立、解散或者变更公司形式的决议这些特别事项的,只能由股东会作出决议,不能授权董事会作出决议,请参见新《公司法》第66条。

(3)对涉及股东共益权事项的,只能由股东会作出决议,不能授权董事会作出决议。比如,剥夺股东资格将其除名的决议,只能由股东会作出,这在《公司法司法解释(三)》第17条有明确规定,即对于股东完全未履行出资义务或者抽逃全部出资的股东,由股东会来作出将其除名的决议。

(4)在授权资本制中,公司章程或者股东会可以授权董事会在3年内决定发行不超过已发行股份50%的股份,但以非货币财产作价出资的应当经股东会决议,不能授权董事会决议,请参见新《公司法》第152条。

(5)在新《公司法》第59条关于股东会的法定职权的规定中,有些事项只能由股东会作出决议,不能授权董事会行使:选举和更换由非职工代表担任的董事、监事;决定有关董事、监事的报酬事项;审议批准监事会的报告;修改公司章程。可以授权给董事会作出决议的事项,通常与经营方针、投资计划、利润分配有关。

二、如何判断公司章程自行约定内容的效力

新《公司法》规定了很多可以由公司章程自行约定的事项,仔细研究这些规定,可以发现尽管它们都属于公司章程可以自行约定的内容,但与新《公司法》本身内容的关系并不相同,因而自行约定的规则也有所差异,导致认定这些自行约定内容之效力时的判断标准也不一样。

(一)公司章程的自行约定是对新《公司法》的细化

这是指新《公司法》中未对该事项的具体操作细则进行规定,而交由公司章程自行约定。比如,新《公司法》第70条第1款规定:"董事任期由公司章程规定,但每届任期不得超过三年。董事任期届满,连选可以连任。"该条款规定了董事任期必须小于或等于3年,在此范围内可以自行约定,且没有规定连任的次数。理论上可以无限次连任,只是每次连任的任期必须小于或等于3年。

若公司章程约定董事任期为 2 年,连任次数不得超 3 次,即属有效的约定。这种细化的自行约定规则是建立在新《公司法》允许的范围内,具有一定的弹性。

(二) 公司章程自行约定内容是对新《公司法》的补充

这是指在新《公司法》对该类事项的具体规则已有规定的基础上,公司章程可以进行细化。某些事项允许提高标准,某些事项则允许降低标准,还有一些只能维持新《公司法》规定的比例。判断一切围绕已有规则的调整是否有效的标准在于,它们是否直接或间接剥夺了股东的固有权利。

1. 允许提高比例

比如,新《公司法》第 66 条规定:"股东会的议事方式和表决程序,除本法有规定的外,由公司章程规定。股东会作出决议,应当经代表过半数表决权的股东通过。股东会作出修改公司章程、增加或者减少注册资本的决议,以及公司合并、分立、解散或者变更公司形式的决议,应当经代表三分之二以上表决权的股东通过。"

在该条第 1 款中,规定公司章程可以对股东会的议事方式和表决程序作出特别规定,但不得违反新《公司法》规定。比如,第 61 条至第 64 条涉及的议事规则之规定不得违反;又如,第 66 条第 2 款、第 3 款涉及的表决权规则之规定也不得违反,其中第 2 款中的"过半数"是一个最低比例,公司章程只能设定更高的标准。同样,第 3 款中关于特别事项的"三分之二以上"表决权比例也是一个最低比例,公司章程只能设定更高的标准。

2. 只能降低比例

还有一些条款则只能规定低于新《公司法》的标准。比如,新《公司法》第 212 条规定:"股东会作出分配利润的决议的,董事会应当在股东会决议作出之日起六个月内进行分配。"公司章程只能规定低于 6 个月的期限,超过 6 个月的,该条款无效,且不应再适用《公司法司法解释(五)》第 4 条规定的"一年"期限,应适用新《公司法》的规定。

3. 只能维持比例

新《公司法》第 115 条第 2 款规定,单独或者合计持有公司 1% 以上股份的股东,可以在股东会会议召开 10 日前提出临时提案并书面提交董事会。该款在最后特别强调,公司不得提高提出临时提案股东的持股比例。因此,章程规定的比例条件必须维持在 1%,任何提高比例的章程规定均无效。

(三) 公司章程内容是对新《公司法》规定的替换

这是指在某些条款中,新《公司法》提出了推荐规则,但允许公司选择是否采用。例如,新《公司法》第 65 条规定,股东会会议由股东按照出资比例行使表决权;但是,公司章程另有规定的除外。例如,公司章程可规定按照实缴出资比例行使表决权。判断这类替换条款是否有效的标准在于,它们是否直接或间接地剥夺了股东享有的固有权利。

(四) 公司章程内容对新《公司法》规定进行了转换

"转换"是指尽管新《公司法》规定了该类事项,但公司章程对此作出不同的处理,导致新《公司法》的相关规定并没有适用的余地,从而走向新《公司法》规定的反面。典型的例子是新《公司法》第 84 条第 2 款,规定了股东向股东以外的人转让股权的,其他股东享有优先购买权,并规定了一系列该权利行使的保障性程序。但有些公司章程则直接规定,基于考虑有限公司的人合性和封闭性,股东不得将股权对外转让,股份只能在公司内部股东之间转让,从而取消了优先购买权的适用前提。这种"转换式"条款谈不上是对股权转让权利的剥夺,而是对股权转让权利的限制,对于仅限对外转让而不限制内部转让的规则的效力,实务中多认为其有效。